湛庐文化
Cheers Publishing
a mindstyle business
与 思 想 有 关

MY LIFE IN SCIENCE

BRIEF CANDLE IN THE DARK

道金斯传 下

我的科学生涯

[英] 理查德·道金斯◎著
（Richard Dawkins）
魏薇◎译

北京联合出版公司
Beijing United Publishing Co.,Ltd.

Nyeri
Gilgel
Lyamungu
nja
enengai
Kabete
Nairobi

献给拉拉

Brief

Candle

in the Dark

Brief
Candle
in the Dark

My Life
in
Science

引言

盛宴时的旧梦

我怎么会身处新学院的大礼堂，准备为数以百计的晚宴贵宾朗诵我的诗歌呢？我这个人，主观年龄只有 25 岁，而客观实情是自己已经绕日运行 70 圈。我在庆祝，却有些不知所措。我究竟是怎么走到今天的呢？看着身旁烛光闪闪的长条餐桌，上面摆放着精美的银质餐具和光亮的葡萄酒杯，我回想着那些智慧的瞬间和美妙的诗句，不禁陷入脑海一幕又一幕的旧日回忆中。

我回到了在非洲度过的童年时代，身边漫天飞舞着振翅高飞的大蝴蝶；从早已不复存在的利隆圭花园偷回来的旱金莲叶，带着一股特别的胡椒味道；而芒果触及味蕾的感觉，则远远不只是甜味而已，还带有松节油和硫黄的辛香；在津巴布韦那散发着松柏清香的温巴山脉中，我在寄宿学校读书，后来，回到了位于英国的“家”，仰望着高耸入云的索尔斯伯里和奥多；读本科的日子，记得牛津的小船和尖塔，也记得梦中少女的翩翩裙裾，还有最初对科学燃起兴趣的一刹，以及那些只有科学才能给出答案的深刻哲学问题；在牛津和伯克利的教学生涯，开始着手进行科学研究时的那些早期“探险”；还记得作为年轻教师怀着满腔热情重返牛津；更多的科研工作都是与我的第一任妻子马莉安合作进行的（她今天也来到了现场），之后出版了我的第一部著作《自私的基因》。这样一幕幕的记忆，将我带到了 35 岁那一年，也正是我 70 年人生的半路。记忆中的流年，都在我上半部自传中，化为文字，讲成故事。

我还清楚地记得我的 35 岁生日。那次生日让我想起笑星阿兰·科伦（Alan Koren）写的一篇关于他自己 35 岁生日的文章。文章中，科伦开玩笑说，他一想到自己已走完人生的一半，从此开始一路走下坡路，就觉得沮丧。而我却并不以为然，也许是因为，当时的我正在为第一部略显稚嫩的作品润色和收尾，很期待著作的出版及其反响吧。

没想到，这部著作竟然出乎意料地热卖，挤上了那些名家大作的行列，而我也像那些名家一样，被记者频繁邀请撰写专栏文章，还总被要求列出心目中希望共进晚餐的人物名单，这着实让我受宠若惊。那段日子，我早已习惯回答这样的问题，而我的答案，当然少不了要邀请一些著名的科学家，与此同时，还包括邀请各类作家和创意精英。其实，当年我给出的那些名单里，每一份都包括至少 15 位今天莅临我生日晚宴的贵宾，其中有小说家、剧作家、电视明星、音乐家、笑星、历史学家、出版商、演员和跨国商界领袖等。

我环视着宴会桌旁一张张熟悉的面孔，暗自沉思，若回到 35 年前，在一位科学家的寿宴上，让如此多元化的文学名人和艺术家齐聚一堂，似乎是不可想象的。关于科学与文学之间的鸿沟，自查尔斯·珀西·斯诺（C. P. Snow）发表感叹之后，我们的时代思潮是否发生了变迁？宴会之时的追忆，流年若梦。而那些岁月，又发生了什么呢？记忆的幻影，将我带到过往岁月的中点，令我永远无法忘却的、巨人般伟大的道格拉斯·亚当斯（Douglas Adams），虽无法亲赴今日的晚宴，但他又栩栩如生地出现在我眼前。记得1996年时，我55岁，他比我年轻10岁。我和他为BBC第四台（知识频道）一部名为《打破科学壁垒》（*Break the Science Barrier*）的纪录片录制了一段访谈对话。这档节目的初衷，正是为了告诉人们，科学需要突破重围，挺进更加广阔的文化视野。我与亚当斯的访谈，正是节目的亮点。以下引述一段亚当斯在节目中说过的话：

> 我认为，小说在人们生活中扮演的角色已经发生了一些变化。19世纪时，人们在阅读小说的过程中，能够得到深刻的自省，思考关于人生的严肃问题。为追求这样的目标，人们会去阅读托尔斯泰和陀思妥耶夫斯基的作品。而如今，我们都知道，关于这些问题，与小说家相比，科学家能提供给我们更多的信息。因此，以我自己为例，如果我想要获取真材实料的知识，我就会阅读科学著作，若想要放松一下，换换心情，就会拿本小说来看。

亚当斯所指的变化，是否属于后浪推前浪的时代大潮中的一部分？被查尔斯·珀西·斯诺划归到“第一种文化”的小说家、记者和其他文艺工作者，是否逐渐开始接纳“第二种文化”？如果亚当斯还健在，那么现在的他，在剑桥读英国文学25年之后，是否会再回头，翻开小说，发现原本被自己划分到科学领域的人物，同样创作出了小说作品，比如伊恩·麦克尤恩（Ian McEwan）或A.S.拜厄特（A.S. Byatt）？或是看到了其他热爱科学的小说家，比如菲利普·普尔曼（Philip Pullman）或马丁·艾米斯（Martin Amis），威廉·博伊德（William Boyd）或芭芭拉·金索尔弗（Barbara Kingsolver）？还有那些取得巨大成功的、以科学为灵感的剧作，沿袭着汤姆·斯托帕德（Tom Stoppard）和迈克尔·弗莱恩（Michael Frayn）的传统？

由爱妻为我组织筹办的这场众星云集的寿宴，是否也是某种文化变革的标志，同时也是我人生的一座里程碑？说到爱妻拉拉·沃德（Lalla Ward），她本是艺术家兼演员出身，却也饱读科学著作，我们是否正在目睹科学与文学的大融合？一种全新的“第三种文化”是否正在孕育之中？这也正是我的文学代理约翰·布罗克曼（John Brockman）一直在幕后默默耕耘的目标。他拥有精心维护的网络沙龙，也在不断发展壮大自己身后的那个众星云集的科技名人群体。是否已经产生我在著作《解析彩虹》（*Unweaving the Rainbow*）中所向往的那种文化熔融？我在拉拉的影响下，也曾尝试着去探索文学世界，希望搭建起从科学通往文学的桥梁。今昔之隔，仰望查尔斯·珀西·斯诺，我该从何道来？

这里的两个小故事就能说明一切（如果读者对离题的趣闻轶事不感兴趣，那就最好不要再往下看了）。今晚出席寿宴的嘉宾有探险家雷德蒙德·欧汉伦（Redmond O'Hanlon），他是数本游记的作者，代表作有《走进婆罗洲深处》（*Into the Heart of Borneo*）和《再入虎口》（*In Trouble Again*）等，欧汉伦文笔古灵精怪，不乏趣味。他与妻子筹办的文学派对和晚宴，总能将整个伦敦的文学圈子都请到场。小说家和批评家，记者和编辑，诗人和出版商，文学代理和文化名人，都不约而同地出现在他们位于牛津郡郊外的偏僻别墅里，而室内则琳琅满目地摆放着毒蛇制成的饰物、风干的头颅、皮包骨头的尸体和皮革装订的书籍，还有古人类学家考古时发现的诡异小物件，其诡异程度甚至让人怀疑，它们是不是从食人族那里得来的。每逢这样的聚会，人群中总会出现重量级人物的身影，而当萨尔曼·鲁西迪（Salman Rushdie）等人到场时，楼上还会为保镖们另辟一个交流区域。

记得就在这样一个场合，我和拉拉碰巧请到了硅谷最具创造力的著名极客、微软首席技术官纳森·梅尔沃德（Nathan Myhrvold）到家中做客。梅尔沃德是数学物理学家出身。他在普林斯顿大学获得博士学位之后，便前往剑桥大学，在那里与史蒂芬·霍金（Stephen Hawking）共事了一段时间。当时，霍金还能讲一点话，但只有最熟悉他的人才能听懂，于是这些人就担当起翻译的角色，为全世界传播宝贵的知识。梅尔沃德也成了这些高水平物理学抄录师中的一员。梅尔沃德坚守初心，现在是高科技领域最具创新精神的思想家之一。当欧汉伦和妻子邀请我们参加聚会活动时，我们如实相告，说家中还有另一位客人。而他们也是一如既往地好客，让我们带上客人一同赴会。

梅尔沃德为人谦和礼让，不会在谈话时霸道地抢占主角的位置。当时，很可能是餐桌边邻座的某个人问到他的职业，于是谈话主题就发展成了现代物理学的弦理论和其他深奥的知识。然后，这群原本自我感觉很良好的文化名人，便齐刷刷地被下咒一般，满脸错愕。一开始，他们还像往常一样与邻座谈笑风生，但没过一会儿，一股对科学的好奇与兴趣，便以梅尔沃德为起点，席卷了长长的宴会桌，于是，整个晚上就成了一场关于现代物理学各种奇妙理论的非正式研讨会。而当一场研讨会的座上宾，融合了这样一群异彩纷呈的杰出人士时，就注定会发生点儿趣事。我和拉拉为这场典型的“第三种文化”聚会带来了一位“不速之客”，我们感到洋洋得意、满心喜悦。后来，欧汉伦还特意给拉拉打来电话，说他办了这么多年的聚会，还是头一次看到那些赫赫有名的文学大腕们瞠目结舌、插不上话的样子。

第二则小故事，可以说是我自身的反照。一次，剧作家、小说家迈克尔·弗莱恩和他妻子——著名作家克莱尔·托玛琳（Claire Tomalin）来我家做客，当时正值弗莱恩的大作《哥本哈根》在牛津剧院上演之时。这部话剧，讲的是两位伟大的现代物理学家尼尔斯·玻尔（Niels Bohr）和维尔纳·海森堡（Werner Heisenberg）之间发生的故事，以及科学史上的一个谜团：海森堡为什么会在 1941 年去哥本哈根拜访玻尔，而海森堡又在第二次世界大战中发挥了什么样的作用？演出结束后，弗莱恩来到剧院上层的一个房间，与牛津的几位物理学家进行交流。我十分荣幸地旁听了这场文学和哲学贵族与牛津顶尖科学家之间针锋相对的论战，在科学家阵营中，还包括几位英国皇家学会的院士。这个傍晚，成了“第三种文化”值得纪念的日子，也足以令 30 年前的查尔斯·珀西·斯诺感到惊喜。

我衷心地希望，从 1976 年出版《自私的基因》开始，自己的那些著作，也能为文化视野的变革添砖加瓦，与伟大的科学家一道，用著作改变世界。那些伟大的作家包括史蒂芬·霍金、彼得·阿特金斯（Peter Atkins）、卡尔·萨根（Carl Sagan）、爱德华·O. 威尔逊（Edward O. Wilson）、史蒂芬·琼斯（Steven Jones）、史蒂芬·杰伊·古尔德（Stephen Jay Gould）、史蒂芬·平克（Steven Pinker）、理查德·福提（Richard Fortey）、劳伦斯·克劳斯（Lawrence Krauss）、丹尼尔·卡尼曼（Daniel Kahneman）、海伦娜·克罗宁（Helena Cronin）、丹尼尔·丹尼特（Daniel Dennett）、布莱恩·格林（Brian Greene）、马克·里德利（Mark Ridley）与马特·里德利（Matt Ridley）、两位肖恩·卡洛尔（Sean Carroll）（一位物理学家，一位生物学家）、维克多·斯滕格（Victor Stenger）等人，他们的著作引发的评论和新闻报道热潮经久不息。虽然科学记者面向大众所创作的科普文章也大有裨益，但我这里所指的并非这类文章，而专指专业科学家将自己的同事和其他专业领域的科学家作为目标读者写出来的那些著作，但他们的写作风格平实易懂，感兴趣的普通读者稍加努力便可接受。我一直希望，自己也能是这类科学家中的一员，笔耕不辍，助力“第三种文化”蓬勃发展。

我这本传记下部，与上部有所不同，并非单纯按时间顺序来写，也不仅仅是古稀之年的回首。这部著作，是以主题为单元而组成的一系列往事，中间不时跑一下题，讲几个小故事。既然通篇的梗概已脱离了年代的线索，因此，文中主题的顺序也是随意的。传记上部中，我曾说过：若谈到我人生的基石，当属牛津。那么，我不妨从重归牛津的日子开始讲起，细数那闪烁着光芒的石灰岩墙壁所凝练的点滴往事。

Brief
Candle
in the Dark

My Life
in
Science

目录

第二部分 一位生物学家的世界观

我的 12 本著作，是我几十年职业生涯的里程碑。我将在这一部分指出贯穿各本著作的主题，并将这些主题融汇为一体，体现出一位生物学家的世界观。当我以主题为线索将几本书结合在一起来谈时，时间的先后顺序仅是次要因素。每一个主题，都能在若干本著作中寻到痕迹，这一主题走进我生活的时间起点，也是清晰可见的。

庐

Brief

Candle

in the Dark

第一部分

我的科学生涯

Nyeri
Gilgel
Lyamungu
enengai
Kabete
Nairobi

Brief Candle in the Dark

01

牛津那些事儿

是否录取某个学生，不是看他知识是否渊博，而是看他智慧是否超群。就生物学专业来说，横向思维、生物学直觉和接纳新知识的能力这三点特别重要。如果一个 17 岁的学生在世界地图上找不到非洲的位置，我们就不该让他来牛津读书。

My Life in Science

1970—1990 年，我在牛津大学动物学系担任动物行为学讲师，后于 1990—1995 年升任副教授。这期间，讲课的任务并不繁重，至少以美国标准来看是这样的。说到动物行为学课程的讲授，就不得不讲由我开创的进化论授课方法（进化论一直是本课程的核心特色内容，但新的授课方法，能给学生们一个机会，更多地利用好牛津大学在动物行为学领域的长久积淀）。除了给动物学系和生物科学系的学生上课之外，我还为主攻人类科学和心理学的学生们开设了课程，我的动物行为学，是这两个专业的必修课，结课时要进行闭卷考试。

同时，我还在动物学系开设了计算机编程相关的课程。通过这门课程，我发现，学生的能力的确存在着巨大差异。而同学中能力强弱之间的差距，是我在讲授其他课程时从未发现过的。能力最弱的学生，即使完全掌握课程的非计算部分，再加上我竭尽全力的引导，还是没办法真正做到领悟。而能力最强的学生呢？我举个例子。

凯特·莱索斯（Kate Lessells）因为有事而耽误了前半学期的编程实践课。我面对迟到的她，批评道："你以前从来没碰过电脑，还逃了四周的课。怎么可能做得了今天的实践练习？"

“您在之前的课上都讲了什么内容？”这位目光沉着、假小子似的姑娘，冷静地给了我这样一句回答。

我不禁有些困惑：“你的意思，是让我把四周的课程内容浓缩到五分钟？”

她点了点头，依旧那样沉着，脸上挂着一丝略带讽刺的笑意。

“好吧，”我说道，没想明白这个挑战究竟是给她的还是给我自己的，“这可是你主动要求的。”于是，我字斟句酌地将四周的课堂内容浓缩在了五分钟之内，讲给她听。而她，就是在我说完每句话之后淡淡地点点头，既不记笔记，也不说话。随后，这位聪明得让人有些害怕的姑娘，坐在计算机前，默默地完成了练习，然后离开了教室。

在我的记忆中，上面这段叙述，就是曾经发生的事实。其中可能有一点点夸张，但从凯特·莱索斯毕业之后的事业发展来看，我即便有所夸张，也是可以忽略不计的。

除了在动物学系讲课并主持实践课之外，我还要上辅导课。辅导课在新学院进行，虽然名叫新学院，但其成立之日可以追溯到 1379 年，其实是牛津大学最古老的学院之一。1970 年，我成了新学院的院士。牛津和剑桥这两家联邦制大学，由三四十所半独立学院组成，而大学的大部分讲师和教授，同时也是各个学院的院士。我的工资一部分由牛津大学支付，在大学层面，我的职责主要是在动物学系讲课、做研究；另一部分工资则由新学院支付，在学院层面，我每周要上至少六小时的辅导课，辅导的学生一般都是其他学院的，而我则要和他们的辅导老师共同安排学生在学院间的交换辅导，这样的安排虽然在其他学科不常见，但在生物科学领域却是例行的。我刚刚开始教书时，辅导课都是一对一进行的，后来逐渐演变为一位老师面对两位学生。记得我当年在牛津念本科时，非常喜欢这套辅导体制，尤其偏爱一对一的辅导课，在课上，我会为导师朗读自己的论文，而导师则要么记下笔记，在我读完后与我讨论，要么打断我直接发表意见。如今，牛津的导师每次上辅导课，一般都会带两三个学生，论文也不会在课上朗读，而是由学生交给老师，在课前审阅。

在新学院的早年生涯，学生都是男性。1974 年，院士中支持女性入学的人数比例，未能达到规定的 2/3。有些反对者甚至公然发表抵制女性的言论。所幸，那些最不堪的言辞，早已尘封，我们也没必要再提。我很欣慰，自己当初在学院大会上，利用统计数据，击溃了那些对女性学术能力的贬抑之辞。

其实，在 1974 年的第一次投票中，我们获得了胜利。在众人的努力之下，新学院的章程终于得到了修订，这让女生入学成为可能。但是，与议会操控相似，胜利终归要付出代价，我们不得不做出让步:我们同意，在随后一学期，再举行一次跟进式投票，以决定是否开始实际招收女生。我们本以为，第二次投票结果也会偏向我们一方，但没想到事与愿违。这些提出让步条件的反对者，当初是否能有如此犀利的先见之明，预见到第二次投票时，一位关键的投票人会因休假而缺席，我不得而知。但结果就是，新学院虽然是首批修改章程允许招收女生的学院（而且新学院早在我入职之前，就开始为招收女生而展开正式讨论，名列所有学院前茅），但并未能如我们所愿，成为首批正式招收女性学生的五所学院之一。

后来，直到 1979 年，我们才跨越了最后一步，和牛津大部分学院一起，共同向女生开放。虽然我们无法在 1974 年招收女生，但学院章程的修改，使得我们能选举女性院士。可惜，我们选出的第一位女性，虽然是所属研究领域的权威学者，但她本人却并不欣赏女性。她不喜欢女学生，也不欣赏年轻的女同事（其中一位这样的女同事，后来和我成为好朋友，我也是从她那里了解到这一情况的）。而随后的院士选举，则越走越顺，如今，新学院早已成为男女兼备、蓬勃发展的和谐团体，而由此带来的好处，也不胜枚举。

如何做个好考官？

我有一项职责是为新学院筛选生物学专业的学生，而这项职责也时常令我备感纠结。其中最难的事，莫过于因激烈竞争而不得不拒绝众多满怀热忱的优秀青年。每年 11 月，全英国，乃至全世界的有识青年，都怀着一腔热血，奔赴牛津参加面试。这些年轻人，似乎还不太适应西装的约束，不知是因为天气寒冷，衣衫单薄，还是因为紧张兴奋，他们都有些战栗之态。学院将本科生宿舍清空，供这些候选学生暂住，只留下几位志愿者，像“牧羊人”般照顾他们的生活起居，带他们四处游走，确保他们心无挂碍地应对接下来的面试。

除了候选学生的面试工作之外，我还要审阅牛津入学考试的答卷，一直到考试取消为止。而针对这份怪异的考卷，我也要参与出题工作（说它怪异，一点儿不为过，请看下面这两个问题：“为什么动物有头？”“为什么奶牛有四条腿，而挤奶工坐的凳子有三条腿？”顺便澄清，上述两个问题都不是我出的）。在入学考试和面试中，我们并不考察候选学生所掌握的实际知识。我们想要测评的特质，其实很难下定义。我们要的是智慧，没错，但不是智商的那种智慧。我认为，这里所指的智慧，类似于“以学科所需的特定方式，进行建设性推理的能力”。从我的角度来看，生物学需要横向思维，即生物学直觉，也许还有“接纳新知识的能力”。可能我还会思考一下：“教这个学生，是否会有所收获？牛津的教育经历，特别是我们独特的导师体系，是否会令他受益？”

在此跑个题，待我讲完之后，读者自然就能明白其中的联系。1998 年，我受邀在“大学挑战赛”（University Challenge）决赛上颁奖。这是 BBC 播出的一档综合知识测试赛，比赛中，各个大学的代表（牛津和剑桥的众多学院也作为独立团体参赛）在复杂的淘汰赛制中形成激烈竞争。比赛中，学生们所展示出的综合知识水平，达到了令人震惊的程度。著名的《谁想成为百万富翁》（*Who Wants to Be a Millionaire?*）节目，相比之下就显得十分稚嫩，而这档节目之所以受欢迎，很可能是选手们为争得大奖而赌一把的刺激因素使然。1998 年，我在曼彻斯特为“大学挑战赛”的获奖团队颁发奖杯，当年获胜的是牛津大学的莫德林学院，他们在决赛中击败了伦敦大学伯贝克学院。颁奖致辞中，我这样说道（以下引文摘自维基百科，内容与我的记忆保持一致）：

> 我准备和牛津的同事共同发起一项倡议，争取今后不再将 A-level（英国全国性高中毕业考试，对各学科知识进行测试）成绩作为录取学生的指标，而以“大学挑战赛”取而代之。我是很严肃的。在“大学挑战赛”中获胜所需的头脑，关键不在知识本身，而是那种走到哪学到哪、包容性极佳的学习精神。这样的头脑，在大学里同样需要。

我曾讲过一个故事，有一位牛津学历史的本科生，在世界地图上找不到非洲的位置。我跟同事说，这样的学生本就不该被我们学校录取，哪个学校都不该录取这样的学生，而同事却辩护说，也许是她上高中时落下了一节地理课。但这根本就没说到点上。如果说你 17 岁时，还没有因为潜移默化的渗透或单纯的好奇心而了解非洲在地球上的位置，为了知道非洲在哪里，还要特意上一节地理课，那么你肯定不具备从大学教育中受益的头脑。上面讲的这个极端的例子，是为了说明我为什么建议用“大学挑战赛”风格的综合知识测评作为录取流程中的一部分。我们要考察的并非综合知识本身，而是将综合知识的掌握情况，作为拥有“接纳新知识的能力”那种头脑的试金石。

我的建议（虽只是说辞，但绝非虚情假意）至今依然没人当回事。但牛津的确采取了行动，不仅仅针对与专业领域密切相关的实际知识进行测试。我在面试中会问到的典型问题是这样的：

> 艺术家埃尔·格列柯（El Greco）画作中的人物，都特别瘦长。

有人认为，之所以如此，是因为他的视觉存在缺陷，导致每样事物在他的眼中都沿垂直方向拉伸。你认为这样的解释合理吗？

有些学生立刻就明白了问题的用意，我会给这些学生打高分。他们的回答是："不合理，因为如果的确如此，那么当他看自己的画作时，画中的形象会拉伸得更严重。"有些学生一开始没太明白，但我能通过一系列推理，引导他们自己想出答案。有人在引导后会恍然大悟，可能还会因自己没能直接想明白而后悔不迭。我也会给这些学生打比较高的分数，因为他们也具备接纳新知识的能力。有些人还会展开争论，我也认同他们的态度。他们会说："也许埃尔·格列柯的视觉，只有在观察模特等远距离物体时才会有缺陷，而观察画布等近距离物体时则没有问题。"还有一些学生，始终摸不着头脑，就算我把他们往正确答案的方向引导，也无济于事。对于这些学生，我不会打高分，因为他们不太可能从牛津的教育中受益。

我想在此多讲一讲牛津导师在面试时问到的问题类型。部分原因是因为，在我看来，大学入学面试这门艺术，本身就很有趣。但同时也是因为，如果我透露点儿内部消息，很可能会对申请大学的同学们有所帮助，尽管现在保留面试传统的大学已经没有几所了。

再举个例子，这道题与埃尔·格列柯的问题相仿，我有时也会用到：

镜子为什么会反转影像的左右，却不会颠倒影像的上下？这个问题，属于心理学、物理学、哲学，还是哪个学科的范畴？

同样，这个问题的目的也是对学生接纳新知识的能力进行测评，即使他们没能立刻给出正确答案，也要具备跟随推理引导，并找到最终答案的能力。事实上，这道题的难度还是很大的。如果能换个方式将问题问出来，想象一扇玻璃门，比如酒店入口处那种写着"大堂"字样的玻璃门，而非一面镜子，就会有所帮助。当你从另一边看这扇门时，上面的字就变成了"堂大"，而非上下颠倒。比起镜子来，更容易解释在玻璃门两面看到字体左右反转的情况。而将这一现象推及镜子，则属于物理学范畴。这个例子，生动地说明了换个方式问问题的重要性。很可能换个方式，原本很难看透的问题就变得清晰起来了。

或者，我会提醒说："我们视网膜上的影像是上下颠倒的，但我们看到的世界却是正常的。给我讲讲这一现象如何解释。"我经常提到的另一个问题，就是对学生的生物学直觉进行测试的。"你有几位祖父母？"4 位。"几位曾祖父母？"8 位。"几位曾曾祖父母？"16 位。"没错。那你认为，追溯到 2 000 年前的基督时代，你有多少位祖先？"聪明的学生，会立刻告诉你，不能无限地将祖先数量做简单叠加，因为用不了多久，这个数量就会超过全世界现有的数十亿人口总数，更别说基督时代相对少得多的人口数量了。这样一句推理，很容易引导学生们做出结论，认识到我们所有人都是兄弟姐妹，不用追溯到很久之前，就能找到数位共同的祖先。将问题换种方式问出来，就是这样："你认为，需要追溯到多久以前，才能碰到你我共同的祖先？"我很欣赏一位来自威尔士农村的女生给出的答案。她用充满情绪的眼神上下打量了我一番，然后不紧不慢地给出了她的最终判断："那要追溯到猿人时代了。"

可惜，这位女生未能被录取（当然不是因为上面所说的原因）。还有一位从公学毕业的男生。我记得他懒洋洋地靠在椅背上，还将双脚翘到桌上（一定是我记错了，很可能是他桀骜不驯的形象给我留下了这样的记忆），拉长了声调，说出了一句令我无法忘却的经典台词："这问题真是缺心眼！"我必须承认，自己当时对他还是很感兴趣的。但无奈竞争太过激烈，只好将他推荐给了另一所学院的一位酷爱抬杠的同事，结果他被录取了。后来，这位年轻人去了非洲做野外考察，据说单凭眼神，就能击退一头被惹怒了的大象。

哲学系的一位同事很喜欢下面这个问题，我也觉得问得很好："你怎么知道，此刻的你并非在梦境之中？"

还有一位同事十分钟爱下面这个问题：

> 一个和尚（不清楚为什么必须是和尚，可能只是为了渲染气氛而已）清晨从山脚出发，沿一条长长的崎岖山路走向山顶。他用了一天时间到达山顶。到达顶峰之后，他在山间小屋中过夜。第二天清晨的同一时间，他又沿同一条路走回山脚。我们能否确定，在小路上存在某一特定地点，和尚赶路的两天，都在同一时间经过这个地点？

答案是肯定的，但不是每个人都能想明白或解释得通个中原委。同样，解答这个问题的技巧，在于如何将问题换一种方式问出来。请想象，当和尚从山脚出发走向山顶时，另一个和尚同时沿同一条路从山顶出发走向山脚。显然，两个和尚一定会在当天的某一特定时刻，在小路的某一特定地点相遇。这道题的确很有意思，但我从来没有在面试中用过。因为一旦想明白其中的道理，就不会像埃尔·格列柯问题那样（以及镜子问题、视网膜颠倒成像问题和梦境问题那样），引导出更加深入的讨论。但这个问题再一次印证了换种方式提问题的重要性：我想，这就是横向思维的一方面吧。

有个问题我从来没用过，而这个问题可以很好地对生物学家所需要的那种数学直觉进行测试（这里所说的数学直觉，是相对于代数技巧或算数计算等数学技能而言的。当然，拥有数学技能也没有坏处）。问题是这样的：为什么重力、光、无线电波、声音等影响力，都遵循反平方定律？当你离开源头，影响力的强度会以距离平方的速度迅速减弱。为什么会出现这种现象？若用直觉来回答这个问题，可以这样说，影响力，无论是具体哪一种，都朝各个方向散射，分布在一个不断扩大的球体的内壁上。球体内壁面积越大，影响力就分布得越稀薄。球体的面积，与半径的平方成比例（如果记得欧几里得几何定律，可以试着做证明，但面试时就不必了）。如此，就得到了反平方定律。这就是不需要数学技巧的数学直觉，也是我们要在生物学专业的学生身上寻找的宝贵特质。

面试中的问题，还可能进一步深入到非数学话题上。这些话题也十分耐人寻味，主要讨论可行的生物学应用，由此也能看出学生掌握新知识的能力。例如，雌性蚕蛾通过释放一种化学“信息素”来吸引雄性。雄性蚕蛾在极为遥远的距离就能察觉到信息素。在这个例子中，反平方定律是否适用？表面看来，答案也许是肯定的，但学生可能会指出，信息素会在风力的作用下被带到某个特定方向。这会产生什么样的影响？学生可能还会指出，就算没有风，信息素也不会以不断扩大的球体状态向四面散射。球体的一半会被地面阻断，另一半的大部分则太高。说到这里，导师就很可能会将下面的知识透露给学生。而几乎可以肯定，这些有趣的知识，是学生完全不了解的。

由于气压和温度变化率的相互作用，与其他媒介比起来，声音在海洋的某个深度区域能传播得更远（传播速度更慢）。有一个海水层，叫作声呐通道（亦称声音通道），在这个通道中，声音从通道边缘反射回同一海水层，由此，其传播形式更类似于扩张的圆环，而非扩张的球体。著名鲸鱼专家、自然保护学家罗杰·佩恩（Roger Payne）认为，当歌喉较为洪亮的鲸鱼位于海洋中的声音通道时，它们的歌声可以传到大西洋的另一端（这个理论本身也很有意思，能给面试的学生以启迪）。反平方定律适用于鲸鱼之歌吗？如果说声音是“涂抹”在扩张圆环的内侧，学生可能会得出这样的推理，认为与“涂抹”的面积成比例的，可能会与半径更为接近，而非半径的平方（圆周与半径成正比）。但显然，圆环不会是完美的平面圆圈。我十分欣赏的一个合理的答案是这样的：“问题太复杂了，我已经无法凭借直觉进行解答。我们给物理学家打个电话吧。”

我想，自己可能与大多数导师一样，都对自己面试过的学生怀有某种特殊的情感。按照规定，我必须拒绝大部分学生，为此很是伤心。我会不遗余力地寻找机会，看是否能让他们进入牛津的其他学院，每次我都跟同事再三强调，这是“我的”学生。新学院因为招生人数的限制，总是拒掉很多天资聪颖的年轻人，而每当我看到其他学院从他们自己的名单中招收的学生，其水平还不及新学院拒绝的那些优秀青年时，就会心生怨念。但我想，我那些其他学院的同事，也会对他们面试过的学生怀有同样的特殊情感吧。牛津的所有学院，都是分别进行新生选拔和录取的，而这套体制，好处不多，弊端不少。我猜想，单凭这套体制的复杂程度，就足以令许多有志青年望而却步，放弃报考牛津的想法。这样一个不报牛津的理由，总比那些荒谬的误解，认为牛津高高在上、恃才傲物要强一些（必须承认，牛津以前的确如此，但如今早已时过境迁，姿态 180° 大调转了）。

成年之后的大部分时光，我本人外表看起来都要比实际年龄年轻（等到电视那一章，我们再回过头来细讲此事），因此也在面试时引发了一桩趣事。记得有一次，在一整天的面试工作结束后，我身心俱疲、口干舌燥，来到新学院外的国王之臂酒吧，准备放松一下。我正站在吧台外等啤酒，这时一位高个子年轻人溜达过来，满怀同情地将胳膊搭在我肩膀上，说："嘿，你面的咋样？" 我一眼便认出他，就是我刚刚面试过的学生。他也肯定记得我的面孔，但误将我记成白天遇到的其他同学，还以为我是他的竞争对手。这个学生是安德鲁·珀米安考斯基（Andrew Pomiankowski），他在新学院赢得了一席之地，后来以优异的成绩进入萨塞克斯大学，跟随约翰·梅纳德·史密斯（John Maynard Smith）攻读博士，现在是伦敦大学的进化基因学教授。我很荣幸，能为众多极具天赋的学生讲课，而珀米安考斯基正是其中一位。

还有一桩趣事，也是关于一位在导师制中如鱼得水的优秀学生的。记得我在新学院上辅导课时，总是拖堂，后面的学生只能在外面等。我当时并不知道，自己的声音会穿过教室的大门，传到外面。直到有一次，我正就某个话题滔滔不绝地讲着，突然，等候在外面的一位学生冲进教室。他愤愤不平地嚷道："不行不行，我实在不能苟同您刚才的说法。" 这则趣事的主角，就是西蒙·巴伦-科恩（Simon Baron-Cohen）。无疑，他是对的，我讲错了。如今，他已成为剑桥大学的教授，因在自闭症领域的奠基性科研成果而享誉世界。他的表兄萨夏·巴伦-科恩（Sacha Baron-Cohen）则更出名，萨夏是位演员，总是言辞犀利又不乏幽默感。

我的研究生艾伦·格拉芬（Alan Grafen）是一位明星学生，后来也成了一名导师。我会在后面的章节讲到很多关于他的故事。格拉芬并不是我在新学院的学生，但他的朋友兼同事马克·里德利读本科时上过我的课。马克不像格拉芬那样富有数学头脑，而是一位天才般博闻广识的学者、生物历史学家、集大成者、批判思想家。他博览群书，有着优雅而富有特色的写作风格。他在写作方面颇有建树，创作了多部重要著作，其中的两本书，后来成为进化论的经典教材，就是美国大学书店大量订购，还定期引进新版充实库存的那种教材。格拉芬和马克在几个项目上都有合作，其中包括信天翁的野外考察。那次考察，他们在加拉帕戈斯的一个小岛上露营，同去的还有一位名叫凯蒂·莱柯顿（Catie Rechten）的非常聪明的德国姑娘。后来，格拉芬告诉我，那次旅行时，他和马克同乘飞机前往加拉帕戈斯群岛。在飞机上，他听到一阵诡异的低声呢喃从旁边的座位传过来。他侧耳细听，发现原来是马克在自顾自地背诵拉丁史诗。没错，这就是马克的风格，毫无疑问，他所背诵的挽歌对句，数量一定不会出错。另外一件非常具有“马克”风格的事，就是他在自己的第一本著作中，写给理查德·萨斯伍德（Richard Southwood）教授的感谢之辞。萨斯伍德教授曾在“理查德·道金斯离开两学期去往种植园”时，担任他的论文指导老师。“种植园”指的是佛罗里达。

与马克·里德利年龄相仿的，还有在牛津执教的马特·里德利，单从名字来看很容易弄混（两人之间并没有关系，马特·里德利为此还特意调查了一番，并得出结论，确定他们同属于Y染色体一族）。他们二人都是我的挚友，也都是一流的生物学家和硕果累累的作家。有一次，一位杂志编辑让他们二人在不知情的情况下，为对方的著作写评论，还将评论发表于同一期杂志之中。二人都给予对方好评，马克还写到，马特的著作可以为“二人的联合履历锦上添花”。

1984年，马克和我应邀成为牛津大学出版集团新推出的年刊《牛津进化生物学调查》(*Oxford Surveys in Evolutionary Biology*)的创刊编辑。我们做了三年，后将这份工作移交给了保罗·哈维(Paul Harvey)和琳达·帕特里奇(Linda Partridge)。虽然时间不长，但我们很欣慰，能在三年中为杂志找到一些著名作者(杂志中的论文是委托给作者的，而非作者上交的)，还组织了众星云集的编辑委员会，使得杂志封面也熠熠生辉。

在牛津给本科生上课的生涯快要接近尾声时，我开始非常严肃认真地对待为学生辅导结业考试这件事。美国的学生，通常要在每学期末参加各门课程的考试(有时还有期中考试)，牛津则完全不同。平时有名为“小测验”的非正式考试，由各个学院分头举办。目的是评测教学进展，结果不计入正式成绩。除此之外，牛津的学生，在第一学年结束后，到第三学年期末之间，并没有成规模的考试。几年的学习和积累，都塞进了结业考试这场酷刑里。更有甚者，这场酷刑还要求学生身着正装学士服来参加。记得我读书时，正装学士服就是男生着深色西装，系白色领结，女生着深色裙装，白色衬衫和黑色领带，男女均着黑色学士袍，头戴黑色学士帽。自从2012年以来，牛津校方又琢磨出一句话，以此来显示自身正确的性别盲视态度：“识别为任一性别的学生，可按历史传统，穿着男性或女性服装。”

身着正装学士服的规定，为考试平添了一股颇具震慑力的气氛，而更加令人不寒而栗的是极其严格的监考制度。正式来讲，考试过程中想去卫生间的学生，需要由同性别的陪考员一同前往，确保学生不会在卫生间里偷看什么东西。但到了我当监考老师的时候,已经基本上不太理会这个规定了。至少，我那个时候，无须给学生搜身，看是否携带了能上网的手机。而如今，这一关注定是免不了的。

整场考试的本意，无非就是要吓唬学生。而到了结业考试的日子，学生精神崩溃的事件也时有发生。有一次，我的同事、在贝利奥尔学院做辅导的心理学教授戴维·麦克法兰(David McFarland)接到了监考老师从考场打来的电话：“我们有些担心你辅导的学生某某。自从考试开始，他的笔迹就越写越大。现在每个字母居然有 5 厘米宽。”

我认为，在最后一个学期，学院导师有责任多安排与学生见面，时常给予他们安慰和鼓励，帮助他们平稳度过考试之前的复习阶段，并顺利通过这场酷刑般的考试。我常常将所有辅导的学生叫到一起，在办公室里给他们讲解考试技巧，还让学生们做大量的模拟考试，时间准确地把握在一个小时内。这个自定的时间限制，非常重要。因为在每份答卷中，学生都要从 12 个给定的题目中，选出 3 个，并用 3 个小时完成 3 篇文章。在我的辅导大课堂上，我总是要求学生，3 篇文章中，每篇文章的写作时间不要偏离平均时间太远。平均时间，就是一个小时。为了予以警示，我还稍作夸张地告诉学生们，以前有很多人都在自己最擅长的题目上花费了太多时间，而不擅长的题目则没有时间完成，那样的结果是可想而知的。

我这样对学生们讲：“假设你是自己最擅长题目的世界级权威专家，在给定的时间里，你所能写下的内容，依然连你头脑中知识的零头儿都到不了。”引用海明威的比喻，我提出了“冰山”的概念。冰山的 90% 都隐藏在水下。如果你是某个题目的世界级权威专家，就算写到花儿都谢了，你也写不完。而你和其他学生一样，只有一个小时。所以，不妨向考官展露出你最精彩的冰山一角，让考官感受到你头脑中潜藏的大量知识。你可以写“尽管布朗和麦卡利斯特会持不同意见……”，这句话的意思就是要让考官了解，如果你有时间，能与他就布朗和麦卡利斯特的观点聊个不醉不归。不要真的写出来，因为占用的时间太多，以至于你没时间展示出脑海之中漂浮着的众多冰山。只要点到名字，就达到了目的，考官自会明白。

有一点要补充，展露冰山一角的方法之所以奏效，是因为我们知道，考官都十分博学。而在用户手册、使用说明等文字中，冰山一角便不再适用，因为作者心里有数，而读者一无所知。史蒂芬·平克在其优秀著作《风格意识》（*The Sense of Style*）中，曾有力地指出，这就是“知识的诅咒”。当你想要向某个比你懂得少的人解释某事时，冰山一角的做法就是个大大的反例。只有在考试时，才能用上冰山一角这招，因为我们可以很自然地假设，文章的读者，也就是考官，是学识非常渊博的人。

我还在念本科时，充满智慧和经验的哈罗德·普希（Harold Pusey）也给我们一群同学上过类似的辅导课，而冰山一角，就是他告诉我们的小窍门。我记得，他当时用的比喻，不是冰山，而是商店橱窗，这个比喻同样奏效。令人眼前一亮的商店橱窗，陈设并不多。只需几件颇具品位的商品，用优雅的风格展示出来，便能吸引有钱人走进商店，奉上钞票。优秀的橱窗设计者，不会将商店里的每一样东西都塞进橱窗。

普希先生（没错，我们对他的称呼是先生。这位导师，从来没把博士学位放在眼里）当年传授给我的另一个小窍门，我也逐字逐句地传授给了我的学生。这个小窍门就是，当你看到考卷找到最擅长的题目时，不要立刻开始答卷。首先，确定12个问题中，哪3个是你准备回答的。随后，在正式动笔之前，为3篇文章分别立提纲，每个提纲写在不同的答卷纸上。在你写第一篇文章时，你有所准备的头脑中，会不断出现关于另外两篇文章的想法。当想法出现时，在那3张写着提纲的纸上，迅速做个笔记。之后，等你开始回答第二个和第三个问题时，你会发现，绝大部分的思考工作已经完成，而且基本上没有占用时间。据说，这个小窍门，同样适用于那些参加美国大学预修课程考试的学生。

我没有勇气将普希先生的第三条建议告诉我的学生。这条建议是，在结业考试开始前一周，不要再复习任何知识内容。在最后一周，不妨去河上泛舟，让心绪沉淀。而我传授给学生的，还有普希先生这样一则充满智慧的经验：准备牛津结业考试的几周时间，很有可能是你这辈子头脑中知识最为集中的时间。在复习的同时，各种知识在头脑中风云激荡，而你的任务，是将知识进行系统化梳理：在头脑中知识储备的不同区域之间寻找联系，构建关系。

我在动物学系工作的那些年，还偶尔客串考官。考官所担负的责任十分重大，除了为此要付出辛勤的劳动外，还会时刻怀着一个念头，那就是，你的每一个决定和判断，都会影响到那些有前途、有激情的年轻人，影响到他们未来的整个人生。这套体制，本身就有其不公平的因素。考试结束后，学生被分到三个不同的班级之中，而大家都知道，一个班级的最后一名与下面一个班级的第一名之间的差距，要比与本班级第一名的差距小得多。我在《专横的不连续思想》（*The tyranny of the discontinuous mind*）一文中，对此有所评论，这里无须复述（此文发表于《新政治家》杂志，当时我正在该杂志社任特约编辑）。

而针对其他一些不公平的做法，考官就能够采取措施，而且也应该采取措施。你是否真的确定，判考卷的先后顺序是无足轻重的？一份接一份地判卷子，你是否会觉得疲劳？而疲劳是否会令你的判断标准上浮或下调，并影响你给出的成绩？就算你体力尚未透支，在你一遍又一遍地看着同样一道受欢迎的题目的答案，而这些答案之间又存在着不可避免的相似性，你是否会觉得越看越无聊？这种心情，是否会让那些选择冷门题目的学生，享受到差异化带来的优势？这样的优势是否真的不公平？这种“疲劳加无聊效应”是否令那些你一开始读到的答卷，或是你后期读到的答卷，享受到了不公平的优势？我曾尝试过，利用生物学家在实验设计中所掌握的一些基础原则，来防范“顺序效应”。不要一口气通读同一位考生的三篇文章，之后读另一位考生的三篇文章，而是先读每一位考生的第一篇文章，之后再掉过头来，读每一位考生的第二篇文章，最后读所有人的第三篇文章。每次读过一遍，最好打乱考卷的顺序，随机抽取，而不是每次按照同样的顺序判卷。

另外，考官是否会被某位考生漂亮工整的字迹所吸引，而对另一位笔迹潦草的学生怀有偏见？书法的好坏，与学术水平的高低没有关系，还是存在某种联系？我的第一任妻子马莉安和我在牛津动物学系工作期间，都有过几次考官的经历。我们也尝试过为彼此大声朗读答卷的做法。朗读，可以在一定程度上避免“字迹效应”的发生，而且还有额外的好处。读完一篇文章之后，我们彼此不做评论，而是从一数到三（以此避免相互影响），同时说出各自为文章打出的分数。若两人分别打出的分数相近，我们就会觉得更放心。所有牛津的考卷，无论考试科目是什么，都会打两个分。由两位互不影响的考官分别给分。这种做法，可以很好地避免某些不公平现象。而且，现在考生的名字不体现在考卷上（我做考官的年代，还没有这样的规矩），每份答卷只有一个随机分配的编号。这样做能避免考官偏向或针对某个学生，尤其是在动物学系这样的小集体，基本上所有的学生都与考官打过交道。

我在其他决策性场合也曾担心过顺序效应的影响。比如我在委员会对新教员进行甄选或评奖时，都免不了产生这种顾虑。皇家学会每年会颁发“迈克尔·法拉第奖”（Michael Faraday Prize），奖励那些向大众成功普及科学知识的人士。我于 1990 年荣获该奖，后来进入了评选委员会，开始从事获奖人的筛选工作。委员会实行轮值制，我在委员会的五年中，后三年担任主席一职。前两年，委员会主席还是我的前任时，我曾因顺序效应的影响而感到忧虑。每位候选人都有一份卷宗，里面装有履历和推荐信等材料。委员会的所有成员都会在面试之前认真阅读卷宗。直到这里都没有问题。但随后，我们会举行会议，按顺序对所有候选人展开讨论，这里的顺序，大概是按字母排序的，字母排序会令问题更加严重，但这并不是我要讲的重点。无论你选择怎样的排序原则，都无法避免顺序效应。在会议过程中，一个很明显的现象就是与会成员会针对头几份卷宗展开长时间讨论，而随着下午的到来，时间一点点耗尽，针对每份卷宗的讨论时间也开始渐渐缩短。若在会议开始之时，我们花了大量时间去讨论某位候选人的细节问题，而最后发现，此人并没有希望入选，也没有得到委员会任何一位成员的支持，就会令人感到十分无奈。

后来，在我担任主席期间，我对这套体制进行了改革。我也推荐所有类似的委员会机构，都考虑采纳我们的做法。因此，我认为有必要在此进行详细介绍。委员会开始讨论之前，每一位成员都事先阅读候选人的卷宗，并在一张纸条上，偷偷写下他认为值得我们首先进行讨论的三位候选人的名字，并为每位候选人打一个分数。最佳候选人打 3 分，第二位打 2 分，第三位打 1 分。之后，我会将所有纸条收上来，将分数加总，然后据此宣布讨论顺序。我明确地向委员会解释，这种方式，不是投票决定谁入选，而是投票决定我们针对候选人展开讨论的顺序。随后，我们便针对卷宗展开恰如其分、详细缜密的讨论。但我们的讨论并非按字母顺序，也不是逆字母顺序（有时人们会采用逆字母顺序的方式，目的是打破以字母 A 和 C 开头的名字比以字母 T 和 W 开头的名字占优势的现象，但这种做法不过是徒劳一场），更不是主观臆断的顺序，而是按照由预先的秘密投票而定的顺序。完成全部讨论之后，我们会进行最后一轮秘密投票，以确定胜出者名单。最终的胜出者名单，有可能与预先的“顺序”投票首选名单一致，也可能不一致：下午时段进行的详尽讨论，常常会改变人们的想法。旧体制之下，讨论时间中最大的一部分，总是浪费在那些本来就没有机会入选的候选人身上。新体制下，我们能有充裕的时间去更加透彻地讨论那些至少有点儿希望的候选人，并且以公平的顺序对其展开讨论。

尽职尽责的“副院长”

在新教师选举委员会任职，是我在牛津执教生涯中比较重要的工作之一。除此之外，还有其他职责，涉及财务、照护、监管等方面。在牛津或剑桥的学院担任院士，随之而来的还有大型慈善机构的托管工作。对于像新学院这样经济上相对较为富裕的学院而言，慈善活动的投资与支出数额相当大。另外，院士作为一个群体，要对学生福利和纪律负责，对教堂和其他珍贵的中世纪建筑的维护负责，还有其他许多零碎职责。我们从院士群体中选举出不同的负责人，主管各项工作。我很庆幸，自己从未被选举负责任何一项工作（群众的眼睛是雪亮的，即使我当选，也肯定会把工作搞得一塌糊涂）。但有一项工作，是新学院的每一位院士无论如何都逃不掉的：副院长（Sub-Warden）。牛津的其他学院，会通过选举的方式，确定院长的副手人选——助理院长（Vice-Warden）。根据牛津各个学院为领导加封的头衔不同，副手的头衔也可能是副主管、副主任、副教务长等。新学院则不同，我们并不针对副院长的人选进行选举。副院长的职责为期一年，学院院士人人有份，谁也逃不掉。1989年之前的很多年，我都在心中默默计算着，轮到我之前，还有多长时间的逍遥日子。我在心中计算的年数，永远比实际年数要多。因为一旦某位排在我前面的同事去世，或离开新学院去其他学府高就（这是经常发生的事），就会有一年时间被很“不吉利”地减去了。之所以“不吉利”，是因为我打心里不想做这个副院长。

副院长这份工作十分繁重，但好在时间不长，只占用生命中一年的时间。作为副院长，我必须出席所有的委员会会议，这就意味着，所有的分属委员会、所有的任命和选举委员会以及学院全体大会，一场都不能落下，而且我还要为学院全体大会写会议纪要。没想到的是，我居然很享受撰写会议纪要的过程，常常用纪要作为表达幽默的方式，博同事们一笑（这里所指的同事，当然不是全体，有时在全体大会的后续会议上就能发现，很多人根本不看会议纪要）。每逢院长因故无法出席学院会议时，或当会议讨论内容涉及院长本人令他不得不回避时，副院长便要担当起会议主持的职责。尤其是在学院选举新院长的时候，副院长的工作职责就变得尤为繁重，因为此时的副院长需要主持整个投票流程。谢天谢地，我当副院长那年，没摊上这份差事。我参加过的全部四次院长选举，时任副院长的同事，要么本身就积极能干，要么也能做到灵活应对。有一次，赶上学院的一位教授轮值副院长负责新院长选举工作，因为这位教授性情急躁，远近闻名，学校不得不巧妙地将他的轮值年往后延迟，并将那一年让给了一位众人尊敬的“靠谱”教授。碰巧，我经历过的四次院长选举，其中有三次，我提名的都是位列第二的人选，这一事实，也充分说明了我缺乏职场操纵的手腕。

担任副院长时，我要负责主持在礼堂举办的晚餐会，并在餐前（benedictus benedicat）和餐后（benedicto benedicatur）做祷告。我和大多数人一样，都将最后这个词读成“benedicahta”，而有些上了年纪、受过传统教育的老教授，则将其读为“bene-dye-cay-tour”。我对这种传统读法颇感兴趣，但从不敢效仿。我想，他们不一定真的认为古罗马人就是这样发音的，但他们的表达方式，也肯定是经过深思熟虑后精心呈现的，也许这个发音的衍生过程，还曾于往昔历经学者大家们的一番争论。历史学家杰弗里·德·圣克罗伊克斯（Geoffrey de Ste Croix）在我之前担任了副院长，他曾一度本着一本正经的态度，拒绝做祷告（他宣称自己是“无神论者，怀有温和的军事精神”）。而他也会本着同样一本正经的态度，不遗余力地找其他人替他做祷告。一次，我应邀参加国王学院的晚宴（国王学院是新学院在剑桥的姊妹学院，那里的教堂是全英国最美的建筑之一），那次主持晚宴的是著名教授——举世无双的悉尼·布伦纳（Sydney Brenner）。布伦纳是分子基因学的开创者之一，实至名归地荣获了诺贝尔奖（这个奖项有时有欠公允，但布伦纳获奖却毫无争议）。布伦纳轻敲木槌，众人应声起立。随后，他庄严地向旁座的一位教授吟诵道：“博士，你可代为祝祷？”而我，则沿袭了伟大哲学家阿尔弗雷德·艾耶尔（Alfred Ayer）爵士学派的思想，当我担任副院长时，秉承着“不说假话谎话，但不反对给出无意义声明”的原则，乐呵呵地做祷告。

我曾因表达同样的立场而受到犹太教拉比朱丽娅·纽伯格（Julia Neuberger）的猛烈抨击。纽伯格是英国著名的犹太教拉比，其显要身份毋庸置疑，受封女爵士，也是英国上议院的成员。在一次正式午宴中，她碰巧坐在我旁边，激烈地指责我是个虚伪之徒，因为我在新学院礼堂主持用餐仪式时做过祷告。我反驳，虽然祷告一事对她而言非常重要，但对我来说毫无意义，又为什么要反对呢？在我看来，祷告仪式，无非就是一场单纯的礼仪活动，就像走进印度教或佛教寺院时，需要脱鞋一样。我对古老的传统表示尊重，又有什么错呢？其实我并不确定，“Benedictus benedicat”的说法是不是真的很古老；这个说法会不会和许多“古老”的传统一样，至多只能追溯到19世纪。记得有一次，我参加了一场在惠灵顿公学举办的辩论赛，一同参加的还有牛津主教、哲学家A.C.格雷灵（A.C.Grayling）和记者查尔斯·摩尔（Charles Moore）。摩尔出于某种原因，还带来了几位重量级人物前来助阵。

辩论赛结束后主办方举行了晚宴。晚宴开始之前，公学校长、大名鼎鼎的安东尼·塞尔顿（Anthony Seldon）热忱地邀请我为晚宴随便说句祷告。我被校长点名，没时间细想，只得说了句“感谢大厨，为我们烹饪了这顿即将入口的美餐”。

在副院长这份工作中，最棘手的就是发表演讲。演讲的主题，一般是向新教师表示欢迎或向即将离开的同事道别。随着我的苦难之年一天天临近，听着别人那些时而蹩脚、时而精彩的“副院长致辞”，我也愈发畏惧这类演讲。结果没想到，我还是可以讲几段的，只不过无法做到即兴演讲。我需要提前花大量的时间准备演讲稿，而在这方面，我得到了伦敦经济学院哲学家兼科学史学家海伦娜·克罗宁的巨大帮助。相比之下，克罗宁的演讲风格更加自然诙谐。当时，我和她因工作原因形成了紧密的合作关系，我们也互相帮助，为对方的著作进行完善。在后文中我会详细讲述相关内容。

针对新来的教授发表演讲并非易事，因为新人的特征，就是没人了解他们，所以只能依靠书面履历做参考。比如，新来的法学教授苏珊娜·吉布森（Suzanne Gibson）在履历中写道，她对“人体”充满职业兴趣，将其视为“视觉和叙述的结构”。我为此着实揶揄了她一番，以一位假想中的在新学院读法律的未来大律师的口气讲了这样一段话：

> 法官大人，我博学广识的朋友已提交证据，称我的客户被人看到在深夜埋藏一具人体。但是，陪审团的诸位先生女士，常言道，人体就是视觉和叙述的结构。无法因证据证实某人埋藏了无外乎视觉和叙述结构的东西而给他定罪。

对这个笑话，吉布森很大度地一笑置之，我们后来也成了亲密的朋友。记得那个晚上，我还向大家介绍了另一位新同事韦斯·威廉姆斯（Wes Williams）。威廉姆斯是一位法语学者，后来成了我非常重要的同事。当时，新学院已经有两人姓威廉姆斯，于是我就此展开话题：

> 以前的很多年，我们只有一位威廉姆斯教授。我们靠这一位威廉姆斯坚持了许久，甚是孤单。多年之后，我们终于迎来了第二位威廉姆斯。所以，今晚我由衷欣慰，因为第三位威廉姆斯终于加入了我们的大家庭，我也可以正式宣布，以后所有的选举委员会，都要至少请一位威廉姆斯做代表，才算公平。

我们一般在“甜点”时段致欢迎辞。正式甜点，如一场古色古香的仪式表演。大多数牛津学院都沿袭了这一习俗，而我却并不喜欢。晚餐后，人们要来到另外一个房间，进行甜点仪式。在这里，人们将波特酒、红酒、苏玳甜酒和白葡萄酒沿顺时针绕圈传递，并由年轻教员负责分发坚果、水果和巧克力。新学院有一套名为“波特酒轨道”的神奇装置。读者估计已经猜到，这套装置从 19 世纪一直使用至今。装置的作用是通过皮带轮系统，跨过壁炉旁的间隙，以转圈的方式来传送酒瓶和醒酒器。传统上，甜点仪式时还会分发鼻烟，但没人会取用。以前有一位深受尊敬的老教授，每次吸完鼻烟都会打出个富有智慧色彩的响亮喷嚏，然后这喷嚏声就在房间里徐徐萦绕，久久不散。从他以后，基本就没人再去碰鼻烟了。

虽然新学院不像有些学院那样，要求副院长为来宾及客人安排座位，但却要求副院长在甜点仪式上担当起和蔼可亲的主人角色。我那时已经尽力了，但还是遇到了一件颇为尴尬的事。有一次，我正忙着帮人们寻找他们的座位，突然隐隐产生一阵不祥的预感，似乎什么地方出了问题。当天来宾中有著名哲学家迈克尔·达米特（Michael Dummett），他是接替阿尔弗雷德·艾耶尔爵士担任威克汉姆逻辑学教授（Wykeham Professor of Logic）的人选；语法规则的坚定护卫者；针对种族歧视，以良知和热情作为武器的英勇抗争者；卡牌游戏和投票理论的世界级权威。同时，他也是尽人皆知的暴脾气。一旦发作起来，他的脸色就会变得超乎寻常地惨白，而在这种惨白的映衬下，他的眼睛则放射出威吓的红色，虽然这可能出自我恐惧的想象。总之，不是一般的恐怖。而我作为副院长，有责任去一探究竟，解决问题。

达米特爵士不满的咕哝逐渐演变成狂怒的咆哮。“我这辈子从来没受到过这样的侮辱。你的行为真够歹毒的。你简直就跟伊顿公学出身的人没什么两样。”幸好，这顿臭骂的对象不是我。撞上大运的，是我们聪明绝顶的古典历史学家罗宾·莱恩·福克斯（Robin Lane Fox）。只见福克斯诚惶诚恐，想要道歉却一头雾水。“可我究竟做了什么呢？究竟做了什么呢？”我当时，也没能一下子搞明白问题到底出在哪里，但由于我当晚扮演着主人的角色，所以知道，他们两人的座位相隔很远。直到事后，我才弄清楚个中原委。这要从那天午餐时讲起。我们的午餐是非正式的自助餐，院士们随便选座，而传统上，大家都按顺序沿桌而坐。福克斯在用餐时注意到，一位新来的院士正犹豫不决地寻找座位。他出于礼貌，邀请这位新院士来坐，但倒霉的是，这张椅子也被达米特爵士看中了，正往这边走。这种被人忽视的冷落感令爵士难受不已，在整个下午不断酝酿，终于在晚餐后的甜点时分爆发了。最近我和福克斯聊天，谈及此事，没想到整个故事竟以喜剧收场。这场令人不快的事件过去后几天，达米特爵士来找福克斯，诚挚地向他道了歉，说看遍整个学院，他最不想侮辱的人就是福克斯。谢天谢地，我从来没撞上过达米特爵士的枪口，而我本来很可能是个危险目标，因为他本人是虔诚的罗马天主教徒，而且一直对劝人入教充满热情。

说个与此无关的事，福克斯碰巧还真是伊顿公学毕业的。他还在《金融时报》担任园艺记者，著有《更美园艺》（*Better Gardening*）一书。书中的章节里，《更美树木》一章之后是《更美灌木》。这章的开篇部分，带着优雅的古旧气息，同时也富有鲜明的个人色彩：

> 从枝头飘摇而下，来到更美灌木的所在。怎能抛开那幼年时的世界不提呢？那时，水杉刚刚出现在属于恐龙的年代。在乳齿象和异齿龙的世界中，有什么比我自身这日渐衰落的物种——牛津古典历史学家更契合的呢？虽然一直是垂暮之态，但我们却远不至于灭绝。

福克斯是研究亚历山大大帝的世界级权威，也是一名热情积极的骑手。他接受邀请，为奥利弗·斯通（Oliver Stone）做顾问，在拍摄史诗电影《亚历山大》时帮忙出谋划策。他的条件是，他要作为龙套演员出镜，拍摄率领骑兵冲锋的镜头。结果，福克斯真的上镜了。我在职业生涯中，很开心能遇到这些千奇百怪的同事，就连委员会例会，都能让他们搞得充满娱乐色彩。类似的关于我同事和朋友们的故事，还有很多很多，但我先就此打住，仅用这一则来代表全部，虽然以偏概全的做法，似乎冲淡了“千奇百怪”这个形容词的意义。

我对新学院充满感情，对多年来在那里结识的众多朋友，一直念念不忘。毋庸置疑，如果当初被分配到另一所学院，哪怕是剑桥的一所学院，我也同样会产生深深的依恋。因为这些学院彼此十分相似，都非常优秀，它们将不同学科的学者融为一体，秉承着同样的学术和教育价值观。我深信，这样的价值观会让学生受益。但虽如此说，新学院还是充满着古怪的个性人物，牛津的各个学院也是出了名的难治理。许多从外面调来担任院长一职的领导，都对此深有体会。的确，我们有着属于这个圈子的学术派挑事分子，他们都是天赋异禀的优秀人物，但由于自负和高傲，令他们觉得自己的水平远比实际水平高出许多。相比之下，我们还有与此恰恰相反的典型，有些同事实在太过缺乏自信心。记得一位学者在午餐时，笑呵呵地给大家讲了这样一个关于自己的故事：

> 今天，学生报的小记者打电话给我说：“教授，您今天上午上课时，一位同学哈欠打得太过猛烈，一不小心下巴都脱臼了，对此您有何评论？”

巧合的是，同一份学生报也对我做过电话采访。这家报纸名为《查韦尔》[①]（*Cherwell*）。那次采访，主要针对教师们展开调查，看看我们这帮人究竟有多么“酷炫”。学生记者给了我几个问题，用以评估我在社会上“混迹”的能力。一个问题是：“一盒杜蕾斯多少钱？”另一个问题是：“巨无霸多少钱？”关于

① 以牛津的一条河流命名。——编者注

巨无霸的问题，我给出的答案是："嗯，彩色屏幕的话，要 2 000 英镑吧。"学生记者听后，在电话那头笑得快断了气，无法自持，只得挂掉了。

我在新学院担任副院长期间的一次讲话，是为我们的附属教堂牧师杰拉米·希伊（Jeremy Sheehy）送别。那时，按照惯例，希伊牧师要去做国教修道。在一些富有争议的事件上，我们二人常常站在同一边，支持自由开明的一方。我在讲话中提到，每逢学院会议，我都能深切感受到与他在政治上的亲近感。"跨越差异的深渊，捕捉会意的眼神。"当时，新学院的厨房经常准备一道颇为美味的点心，湿润绵软的黑色海绵蛋糕上浇着浓滑的奶油酱，但这道美味，却在菜单上有个颇为蹩脚的名字：Nègre en Chemise（黑人的衬衫）。希伊牧师常常为此表达不满。我想借担任副院长的机会，将这道点心的名字改过来，作为我送给他的临别礼物。我去找大厨（这是副院长为数不多的权限之一），请他在晚餐开始时就首先上这道菜，但要换个名字。当晚，我在甜点仪式讲话时，提到这件事，并解释说，我以牧师的名义，将菜名换作：Prêtre en Surplice（牧师的法衣）。唉，可惜希伊牧师离开没多久，这道美味又被改回到最初的名字，而到了那时，我已经没有副院长的权力，爱莫能助了。

无独有偶，我听说了发生在一家英国养老院的类似事件。有一天，菜单里加上了一道名为 Spotted Dick（发现迪克）的传统英式点心，主要是融合了葡萄干和卡仕达酱的长条奶油卷。当地政府监管人员竟以点心名字太过"色情"，而拒绝为养老院报销这部分费用。

新学院副院长的演讲职责中，难度最大的就是在院士重聚晚宴上的讲话。这场一年一度的晚宴中，来宾的年龄段每一场都依次往后推几年。随着与死神的战线越拉越长，晚宴的年龄段也越推越远，直到最后一批"老前辈"。这批"老前辈"，都是在早年某个日子之前加入新学院的老院士。之后，整个循环又从最年轻的"小晚辈"开始，也就是那些离开学院十年左右的学者。而我担任副院长的那一年，正好轮到"老前辈"重聚，结果没想到，仅存的几位在世的老前辈，没办法占满一张餐桌，于是只好找新鲜血液"小晚辈"前来充数。小晚辈，都是三十来岁、羽翼未丰的年轻人。可以想见，我面前的艰巨任务，是要同时吸引两批宴会来宾的注意力，而这两批人，彼此之间隔一场世界大战、一场经济萧条，还有五十年时间。这份演讲稿，还真不好写。我尝试着在两者间做对比，一边是咆哮的20世纪20年代，那时，老前辈们正在读本科，另一边是20世纪70年代，而70年代跟我所属的60年代相比，还是略显稚嫩一些。我将自己描述为“来到了人生的午餐时刻”，拼凑了什么“镀金的长者遇上浮躁的年轻人”等词句，我想，这样说既能让老人们开心，也不会真的惹怒年轻人，因为他们根本不会听信我这派胡言。

我还朗读了学院档案保管员慷慨借给我的、20世纪20年代的《青年教师休息室建议册》（*Junior Common Room Suggestions Book*）去调动老人们的怀旧情愫，结果搞得这帮青年接班人发出一阵阵不敢置信的笑声。举个例子，有封信上写着：“今早在从左数第五间浴室隔间里洗澡，想要唱歌却总跑调的先生，今后可否稍加自控？”听到这里，年轻人们不敢相信，20世纪20年代的人洗澡，都是在公共浴室的小隔间里。同样令他们不敢相信的还有当时的人对学院服务人员的专横态度，以及“布拉兹海德一代”固有的傲慢自大。而如今在牛津的各个学院，这些风气早已无影无踪（备受人们诟病的“布灵顿俱乐部”除外）。

> 若需要茶歇时送一份黄瓜三明治到房间，厨房要求上午11点前得到通知。这个要求实在太不方便了。
>
> 擦靴匠或是浴室服务生，能否在浴室中清理一下足球靴上的泥土（如有需要，再一并打上鞋油）？

许多抱怨，都是针对青年教师休息室那吱呀作响的大门的。我想，20世纪70年代的一代人，很可能会悄悄地给大门的合页上点油，而不会颐指气使地找别人来为他们做这点事。

而我朗读的这些陈旧文字，最令来宾动容的，还是那对往昔岁月的温柔怀旧：

> 能否在旧浴室里，放两把新的硬齿发刷和一把新梳子？
>
> 我能否建议为青年教师休息室放一些烟斗通条？我觉得这些物件比牙签更有用。
>
> 今早本来想打电话的，没想到却发现电话箱不见了。电话箱出了什么问题吗？作为转呈相关部门的建议，我能否再说一句，根本没理由更换电话箱的嘛。

我自己感觉，那次讲话效果还不错。一位老前辈还给院长写了封感谢信，说我的讲话，让他想起了他当年的导师戴维·塞西尔（David Cecil）勋爵。听起来像是表扬，但根据英国著名小说家金斯利·艾米斯（Kingsley Amis）在自传中对那位贵族学者的回忆，我不禁想要重新揣摩这位老前辈的态度了。

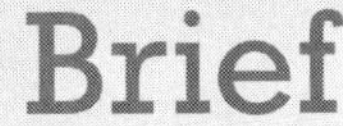

Brief Candle in the Dark

02 探访巴罗科罗拉多岛

丛林密布的巴罗科罗拉多岛，面积仅有 15 万平方公里，其生物多样性远远超出了所有其他的大型生态系统，因此众多科学家都以能亲临这个小岛为一大幸事。1980 年，我有幸与鼎鼎大名的约翰·梅纳德·史密斯成为巴罗科罗拉多岛的两只“候鸟”。

与约翰·梅纳德·史密斯同行

巴拿马运河上的巴罗科罗拉多岛，生活着115种哺乳动物。其中的一群，名叫“人类科学家”。他们总会不定期地迁徙到此，包括应邀前来的短期访客，他们在岛上停留一个月左右，与久居当地的生物学家一同工作生活。人们也希望能借此机会，为长期留在此地的生物学家注入新鲜空气，带来新的活力。1980年，我有幸应邀，成了两只候鸟中的一只。而与我同行的另一位，则是大名鼎鼎的约翰·梅纳德·史密斯。

丛林密布的巴罗科罗拉多岛，位于加通湖中央，而加通湖则占据了巴拿马运河的很大一部分。岛上建有史密森尼热带研究院（Smithsonian Tropical Research Institute，简称STRI）附属的享誉世界的热带研究中心。丛林之中，为何会拥有如此丰茂的物种群落，这是个令生态学家常年思索的问题。巴罗科罗拉多岛的生物多样性远远超出了所有其他的大型生态系统，它的面积只有15万平方公里，但这15万平方公里是在全世界所有的森林里人们研究最精密、探寻最细心、分析最彻底的，无数的科学家用望远镜观察过这片土地（可能只有牛津附近的怀特姆森林能与此岛一争高下）。这15万平方公里，也是地球上被人们绘制地图最多的一块土地。由此可见，应邀前往巴罗科罗拉多岛，是多么荣幸之至的一件事。

我到访时，最初邀请我前来的 STRI 总监埃拉·鲁比诺夫（Ira Rubinoff）即将休假。鲁比诺夫将研究院交与他的副手、我的老友，能干而富有亲和力的迈克尔·罗宾逊（Michael Robinson）代为领导。20 世纪 60 年代，罗宾逊和我同为简·丁伯根（Jan Tinbergen）的研究生。罗宾逊年纪比我们其他同学稍长一些。在他人眼中（我除外），他曾是一名左翼煽动者，将大好年华和青春岁月荒废在了政治活动上。后来，他重返校园，将热情全部投入昆虫学研究。在他人生的那个阶段，英国军队正在与马来亚叛军交战，罗宾逊曾用一整晚的时间，跑遍曼彻斯特的大街小巷，用油漆在墙壁上一遍又一遍地书写着口号："放手马来亚。""放手马来亚。""放手马来亚。"（Hands off Malaya.）黎明来临时，他准备回家爬上床休息一下，一整夜的奔忙，既没被抓，又能给曼彻斯特这座城市好好上一课，心中满载着成就感。他心满意足地叹了口气，望向窗外的最后一幅涂鸦作品，却惊恐地发现上面写着："握手马来亚。"（Hands of Malaya.）无须回过头去检查之前的作品，他就意识到了自己的错误。当晚他写下的所有口号，都落下了一个字母"f"。从第一个开始，他就一直机械性地重复着同样的写法。

罗宾逊在牛津大学以优异的成绩完成博士学业、提交了关于竹节虫的毕业论文后，获得了在 STRI 的工作机会。单位给他安排的去巴拿马的行程，途经迈阿密。由于他的政治立场，美国当局拒绝给他签证，不让他去迈阿密，就算他不离开机场的安检区也不行。而他在巴拿马工作的薪水，也是美国政府掏腰包的。罗宾逊真是着实被将了一军。我记不清问题是如何解决的，但他最终还是来到了巴拿马。那些往事，后来肯定是既往不咎了（至少没人再提了），因为罗宾逊后来升任成为世界著名的华盛顿国家动物园的园长。我到访 STRI 时，罗宾逊的身份已经为人所接纳，担任 STRI 的代理主任。而他那时的样子，和我记忆中的他毫无二致：散发着红光的脸庞，下巴上留着一撮红色的小山羊胡，头顶上还有一丛与之相呼应的头发。记得在牛津时，一位年轻姑娘对罗宾逊不熟悉，想在一群人中找到他，于是在我耳边悄悄地问："那个留着小胡子的是他吗？"而这位姑娘说话时，却用手在头顶做了个俏皮的手势。

我抵达巴拿马后，给我当向导的也是牛津的一位老友——蜘蛛专家弗里兹·沃尔拉特（Fritz Vollrath）。如果说罗宾逊是个整天喜气洋洋的人，那么沃尔拉特就是世界级的兴高采烈。有人属于“为派对注入生命和灵魂”的风格，而且沃尔拉特则更进一步，为每天的日常生活都注入了生命和灵魂。记得我第一次和沃尔拉特相遇，就对他那活泼嘻笑的眼神和表情印象深刻。当时他刚刚从德国来到牛津，在丁伯根的团队中充当未成年“小跟班”。沃尔拉特是他的堂兄胡安·德利厄斯（Juan Delius）介绍来的。当时，德利厄斯在团队中担任领导。沃尔拉特很快就融入了这个大家庭，操着一口蹩脚的英语，有时自己都会把自己逗笑，笑声比我们其他人还大。多年之后，当我与他在巴拿马重逢，看到的还是那个他，一点儿都没有改变。当然，他的英语说得比以前好多了，而且西班牙语听起来也很不错。我们开车在巴拿马城观光，还停在半路，观察一只树懒慢吞吞地从树上爬下来，进行一周一次的排便活动。我们爬上了达里恩山脉的一座顶峰，可惜不是那座山峰——“雄壮的科尔特斯，目光如炬，凝视着太平洋面，手下彼此互望，满心狂野的猜测”。沃尔拉特在巴拿马城办公，而我则要赶路去到位于巴拿马腹地的巴罗科罗拉多。能与他在巴拿马见面，共处一天，已经令我非常开心了。现在，沃尔拉特回到了牛津，依然是我的挚友。他在蜘蛛研究领域是权威专家，对蜘蛛的习性和蛛网无与伦比的特性有着深入而独到的见解。

从巴拿马城到巴罗科罗拉多的交通工具是狭小简陋的火车，火车里面安放着没有坐垫的木质座椅。我记得当年是这样的情形，不知如今是否有所改观。火车开到半岛中间位置时，在加通湖有一站。站台很小，几近荒废，完全没有火车站的样子。小站紧挨着一处栈桥，每次火车到达时，都有一只小船，或说应该有一只小船，在此等候，准备送旅客去岛上。我在此地停留的那一个月里，有一天，约翰和他太太希拉·梅纳德·史密斯去巴拿马城办事。他们回来的时间很晚，搭乘了末班火车。下车之后，很欣慰地看到小船正朝码头方向划来。而紧接着，他们又眼睁睁地看着小船突然掉头，朝岛屿驶去。很显然，船夫肯定觉得末班火车不会有人下车，不愿驶到码头来看一眼。史密斯夫妇又是叫又是喊，而船上发动机的声音太大，船夫完全没有听见。小站没有电话，于是，这对老夫妻只得在那里过夜。小站几乎没什么能遮风挡雨的地方，只有几块木板可以凑合躺下。第二天清晨，他们二人对此竟一笑置之。我不知道船夫是否会因此事而被炒鱿鱼，也不清楚，当时他究竟是怎么想的，突然决定掉转船头，而不去查看一下是否有人在等他；我更疑惑的是，他既然不想去火车站码头，那为什么又将船驶出去呢。

我第一次抵达小站时，小船如期在码头等候。在岛上的小码头上岸，要爬上陡峭的石阶，才能来到研究院的园区。园区里，有一片专门建造的红顶房屋和实验室。我的卧室陈设极为简单，但功能齐备，我也不介意那些与我为伴的大蟑螂。研究院的两位厨师，会在固定时间，在公共食堂准备热气腾腾的餐食。研究人员会在食堂相聚，边吃边聊。我在的那个时候，园区大概有十几个人，大多数都是研究生和博士后（博士后是优秀的年轻科学家完成博士学业后，在学术生涯中迈出的下一步），研究对象从蚂蚁到棕榈树，各不相同。大多数人都来自北美，一位来自印度。这位名叫拉甘文德拉·迦达卡尔（Ragavendra Gadagkar）的印度生物学家，令我尤为关注，因为他研究的是黄蜂这种天生带有社会性的昆虫，而关于黄蜂的研究成果，很可能为我和简·布罗克曼（Jane Brockmann）合作论文的图表内容锦上添花。这篇论文探讨的主题是昆虫社会性的进化起源，于之前一年发表于《行为》（*Behaviour*）杂志上。

食堂和园区的氛围，与我所熟悉的科学家群体的工作氛围相比，要稍显冷淡一些。我觉得，这种感觉，并非是时过境迁后我在头脑中凭空想象出来的。在一个月的时间里，这种距离感渐渐消融，我也终于为这个群体所接受。我和其他科学家谈及我的感受，交流过程中，我了解到，原来此地的工作氛围向来如此，而人们认为，之所以如此，是因为大家都居住在一个岛上，几乎与世隔绝。我不知道，应将这种心理感受和我对岛屿生物地理学理论的了解搭建起怎样的联系。《岛屿生物地理学理论》这本名著，出自两位曾在巴罗科罗拉多岛生活过的科学家之手，他们是英年早逝的罗伯特·麦克阿瑟（Robert MacArthur）和爱德华·O. 威尔逊。而当我在此地居住了一个月之后，我发现，自己也对新来的人怀有某种领地意识。因此，我特意有意识地反直觉而行之，在我离开之前的新年晚会上，我主动与刚刚来到此地的南希·嘉尔伍德（Nancy Garwood）攀谈。后来我才了解到，她之前就曾来过这个岛，根本不需要我刻意如此，但我很高兴能与她交流，希望她也不反感我的热情。

我对那次晚会记忆犹新还有另一个原因。记得那天晚上，一艘巨大的轮船沿运河驶去，正好在经过小岛时，开始燃放烟花。烟花炫目，我们隔着重重树影，看得真切。而这段记忆，竟有所偏差。多年以来，我一直笃定地认为，那次晚会庆祝的不仅仅是新年，而且还是一个新的十年。因为那天是 1980 年 1 月 1 日。关于“新十年”的记忆，在脑海中如此详细而完整，我不相信会是自己记错了。直到观看了埃拉·鲁比诺夫、拉甘文德拉·迦达卡尔和南希·嘉尔伍德好心寄给我的几部纪录片，里面的事实证据才最终说服我，原来那记忆犹新的印象，竟是错的。那个日子，是 1981 年 1 月 1 日，而非 1980 年。我认识到这个错误时，自己也感到十分震惊。由此，我不禁担心，还有多少“记忆犹新”的往事，是从来没发生过的（在这里，也一并提醒一下本书的读者）。

从林深处如梦幻般现身的巨大轮船，是我关于当地最鲜活的记忆。记得有几次，我和几位住在那里的科学家，乘橡皮艇到河中游泳。看着那些庞然大物般的轮船不动声色地前行，在距离丛林不过几米开外明镜般平稳的水面上保持着出奇的寂静，简直是一种超现实体验。有些女科学家喜欢日光浴，我总是禁不住去想，船员们看到丛林深处这些倩影，从小艇上轻盈地俯身跳水，会有何感想。如果船员来自希腊，他们会不会想到塞壬（古希腊传说中的女海妖，用歌声诱惑航海者，使船只触礁沉没）？如果是德国人，是否会想到罗蕾莱（德国传说中的女妖，歌声令水手受诱惑而使船毁沉没）？如若透过繁茂的热带植被向岛上望去，船员们是否能看到伊甸园中夏娃般的纯洁？船员们永远都不会想到，这些热带丛林之中的仙子，都是美国顶尖学府的科学博士吧。

人人都有领地意识

刚才提到，我贸然闯入了这座岛屿堡垒，而生活在其中的这群忙碌而敬业的科学家，似乎怀有一点儿领地意识。但这种意识仅是有迹可循而已，并不严重。在那里度过的一个月时间，无论是在野外，还是在食堂，我基本上每天都能从性情友善的专家那里学到新东西。伊丽莎白·罗伊特（Elizabeth Royte）的著作《貘的晨沐》(*The Tapir's Morning Bath*)，讲的是她本人的巴罗科罗拉多岛之行。其中，她也提到了一开始感觉到的那种细微的冷漠氛围。随着她慢慢融入岛屿团队，为其他科学家所接纳，共同展开研究活动，这种感觉才渐渐消融，而我也经历了同样的过程。第一位把罗伊特当朋友看待的是气质古怪却招人喜欢的资深科学家埃格伯特·利（Egbert Leigh），他那时对我也十分友好。在与埃格伯特·利相识之前，我已久闻他的大名。因为他著有一篇关于“基因议会”的论文，其内容发人深省。而当我发现这位思想深刻的理论家竟然深藏于中美洲丛林时，也感到十分惊讶。但他真的在那里，而且是拖家带口地常住在那里，生活在岛上唯一一栋不易主的住宅之中。这座房子有个名字，叫“蛤蟆堂”。后来我了解到，埃格伯特·利博士口中的“像蛤蟆一样”，竟然是对事物大加赞扬时的褒义词。我没有找到机会去了解这个词在他看来具体是什么意思，很可能含有很多面的含义，微妙而含蓄。就像英国数学家G.H. 哈迪（G. H. Hardy）口中的“旋转”（spin）一词一样（spin在哈迪口中带有赞许和批准的意思，是从他打板球的经历中沿用过来的，而这个词，令查尔斯·珀西·斯诺在自传中，满心感怀地谈到哈迪时，费了些笔墨才解释清楚其含义）。我和埃格伯特·利都十分欣赏R.A. 费舍尔（R.A.

Fisher)，在这个话题上找到了共同语言。还记得费舍尔那时用“元音易激综合征”（irritable vowel syndrome 从 irritable bowel syndrome“肠易激综合征”演变而来）这个说法来形容对口音的理解。

如果说岛上的理论火力是以埃格伯特·利为代表存在的，那么当约翰·梅纳德·史密斯到来时，这里的智慧军火库就再一次得到了充实。史密斯是作为访问顾问来到岛上的。他刚到这里的前半个月，正好与我在这里的后半个月时间重叠。史密斯一向勤奋好学，而且诲人不倦。和他在一起，在热带雨林中的小径漫步，聆听生物学的教诲，实在是一种难得的享受。他还教给我如何从招待我们的当地专家那里学到新东西。记得有一位年轻人向我们介绍了他自己的研究领域。之后，史密斯说了句话，令我直到今天仍难以忘怀：“此人是真心喜爱他的动物的。听这样的人讲话，是多么美好的事情啊。”“动物”在这里指的是棕榈树。这就是史密斯言语之中的真实风格，也是我敬爱他、怀念他的原因之一。

相对于利用光合作用生长的“名义”动物，还有一群真正的动物。其中一种，就是名字十分形象的蜘蛛猴。蜘蛛猴的尾巴能卷曲并握紧树干，可以说是它的第五肢。还有吼猴，它们身上带有靠骨结构产生扩音效果的声箱，其所产生的时强时弱的声波，很容易被人误以为是天上咆哮着驶来了一个中队的战斗机。一次，我偶遇一只成年貘，距离之近，足以让我看清它脖子上的虱子正在贪婪地吸食它的血液。在热带雨林中行走一天，很难摆脱虱子的骚扰，而且虱子所带来的负担还颇为沉重。但在虱子刚刚搭上人类的便车时，身体还是小小的。每个人都随身带着一卷胶带，以便把它们黏下来。貘这种动物，应该从未在非洲出现过。由此看来，斯坦利·库布里克（Stanley Kubrick）在其著名电影《2001：太空漫游》（*2001:A Space Odyssey*）的开头，描绘了一幅古人类祖先猎杀貘的场景，就似乎有些讲不通了。

要说我在巴拿马的那段日子，做过哪些建设性的工作，那就要算上我完成的《延伸的表现型》（*The Extended Phenotype*）几章内容的写作了。写作过程中，还通过和岛上科学家的讨论，找到了一些灵感。从日期上看，我知道自己是在岛上度过了 1980 年的圣诞节，但脑子里竟一点儿也回忆不起来了，从中也可以推断出，那次圣诞节可能并没有什么令人印象深刻的内容。我能想起来，那时似乎举办了一场派对，还有卡巴莱歌舞表演，也许是跟圣诞节有关吧。拉甘文德拉·迦达卡尔被指派担任派对主持人，我想，他一定会感到有些不知所措，因为当时他也刚到岛上没多久。

我发现，自己对切叶蚁产生了一种特别的兴趣。切叶蚁是艾伦·赫尔（Allen Herre）带我认识的，同时，他还让我了解了更加凶险的行军蚁。记得一天晚上，行军蚁入侵了一间浴室，密密麻麻地爬满墙壁。墙上仿佛挂上了令人厌恶的棕黑色窗帘。另外，提醒我要小心巨型子弹蚁的，不止是赫尔一位常驻科学家。被子弹蚁蜇到，可不是闹着玩的。出于这个原因，子弹蚁也成了雨林中最热门的话题“人物”。我这双充满恐惧的眼睛，总能看到它们的身影。我也怀着最崇高的敬意保持着与它们之间的距离。

观察切叶蚁

切叶蚁对我的吸引力更大，能让我站在那里几个小时，一动不动地看着由行走的树叶组成的不断向前涌动的绿色湍流。成千上万的工蚁，每一只都高举嫩绿色的太阳伞，一路走向阴暗的地下，走向它们的菌类花园。我心中充满幻想，猜测它们剪下叶片，不是为了满足自己现在和今后对绿色口味的向往，而是为了将其制成堆肥，一部分留着种植菌类，一部分在它们自己死后，留给热闹群落中的其他伙伴。它们的动力，是否源于蚁类所感受到的“胃口”？这种胃口不是通过饱腹感得到满足，而是通过衔一片树叶于口中的感觉或是某些更为间接的感受得到满足？无须约翰·梅纳德·史密斯提醒，我也能想到，自然选择会对不同的“策略”产生影响，而执行这些策略的动物，并不了解其意义。蚂蚁是否能有意识地感受到胃口或欲望，需求或饥饿，并不是我们能做判断的。我因领悟这一道理而备感欣喜，这种感受在一次偶遇行军蚁时，又再一次涌上心头。后来，我在自己的第三部著作《盲眼钟表匠》(*The Blind Watchmaker*) 中，对此进行了描述。我解释说，从小在非洲长大的我，看到行军蚁比看到狮子或鳄鱼还要惧怕。但我还是引用了爱德华·O. 威尔逊的说法，其大意是说，行军蚁群落，“其奇异与奇妙之处，远远超过其恐惧和威胁。行军蚁所代表的进化历程，与哺乳动物大相径庭，其差异程度，是在这个世界中所能构想出来的极限”。我在书中接着写道：

> 成年的我，在巴拿马静静观察“新世界”中的行军蚁——这种令童年时身处非洲的我异常恐惧的蚁类。蚂蚁的队伍在我身边涌动，如河流般“噼啪”作响。我能体会到其奇异与奇妙之处。我等着观察蚁后，而时间就这样一小时一小时地过去了，庞大的蚂蚁队伍依旧在行军，它们有的走在地面上，有的走在彼此身上。终于，蚁后出现了，而它的出现是如此壮观。我根本看不到它的身躯。它现身时，只有一大团翻涌着的工蚁，它们彼此相连，沸腾着、蠕动着。蚁后，就在那团状的沸腾着的工蚁群包围之中。周围一圈，环绕着大批兵蚁，它们大张着颚部那钳子般的武器，准备迎战外部威胁，每一只，都为保护蚁后而随时准备投入战斗、献出生命。请原谅我想要目睹蚁后的好奇心。我捡了根长木棍，去拨弄那一大团工蚁，结果却是徒劳一场，未能看到蚁后的庐山真面目。木棍刚刚触到蚁团，就有二十余只兵蚁用它们巨大而有力的钳子狠狠攻击我的木棍，可能就此不再松口。继而，又有几十只兵蚁顺着木棍迅速向我袭来，我只好赶快放了手。
>
> 我没能亲眼见到蚁后的模样，但它就在那团沸腾的工蚁之中。它是中央数据库，是整个群落的DNA储藏室。那些张着大颚、时刻准备为蚁后牺牲的兵蚁，并不是因为它们深爱自己的母亲，也不是因为它们向往利他主义理想，而是因为它们的大脑和颚钳，都打着蚁后本身所携带基因的烙印。它们拥有英勇无畏的士兵形

> 象，是因为它们遗传了长久以来众多先辈蚁后的基因，这些蚁后的生命和基因，由像它们一样无畏的兵蚁保护了下来。兵蚁们保护着的这份主拷贝，正是令它们采取保卫行动的指南。它们保卫的，是祖先的智慧，是约柜（Ark of the Covenant）[①]……
>
> 然而，我在感受到那奇异与奇妙的同时，还掺杂着些许渐渐唤起的记忆之中的恐惧感。如今的我，已了解这一壮观场面的意义所在。而童年在非洲时，我并不具备成年之后的理解能力。记忆中的恐惧，为这种理解力所美化和加强。之所以说加强，是因为我了解，这支蚂蚁大军，不止一次，而是两次达到过同样的进化高潮。眼前的这些行军蚁，并非我童年梦魇之中的蚁类，虽然它们外表很像，但却是其相隔甚远的“新世界”表亲。眼前的行军蚁，和童年的行军蚁，出于同样的原因，做着相同的事。夜幕降临，我转身回家。仿佛又回到了那个满心敬畏的童年，但同时又因自己崭新的理解力战胜了黑暗的非洲恐惧，而感到满心欢喜。

我曾粗心地尝试过对切叶蚁进行定量观察，但后来因时间不足而半途而废。而且，我觉得自己也不是很擅长从事那类有着指定结论的、经过精心规划的研究工作。我能做“试点实验”，随着兴趣的指引，像蝴蝶一样四处飘摇。但若做真正的研究，就要写下项目的时间进程，并严格遵循，否则，就很容易在得到想要的结果后中止研究。而这种做法，虽不至于被冠以蓄意欺骗的骂名，但也是科学史上产生诸多严重错误的原因。

我用了几乎一天时间，怀着带有恐惧的痴迷感，观察了两个敌对切叶蚁群落之间的交战。这场战争，让我想起了第一次世界大战。巨大的战场上，布满了散碎的肢体、头颅和腹部。我希望，也半信半疑地认为，蚂蚁没有疼痛感或恐惧感。它们的一切动作，都是遵从基因程序的无意识行为，而这些

---

① 约柜，指的是一个神秘的柜子，据说里面藏有两块石板，这石板就是由摩西从山上带下来的十诫，据说是藏在古代犹太教的圣殿里面；但经过悠久的历史与许多的战乱，约柜的真实下落已经成为历史谜题了。——编者注

程序在它们小小的大脑中像发条一样旋紧着，也就是约翰·梅纳德·史密斯所谓的“策略”。但策略本身，并不意味着蚂蚁们感觉不到疼痛。如果它们真的会疼，我会感到惊悚，但我无法给出这个问题的答案。

学者的头脑，需要偶尔来点儿小插曲，就像我与敬爱的约翰·梅纳德·史密斯在巴拿马共度的那段时光。待我重返牛津，回到从前的生活之中后，我感觉日子过得更快更轻松了。

Nyeri
Gilgil
Lyamungu
Kabete
Nairobi

Brief Candle in the Dark

03 三剑客

简·布罗克曼是威斯康星大学的博士，研究方向是大黄掘土蜂。她来到牛津时，带着大量极为细致的系统化观察记录。我的学生艾伦·格拉芬，数学功底非常好。我们三人共同组成研究进化稳定策略的“三剑客”。我们结构独特的论文，为读者呈现出一条清晰连贯的叙述线索。

My Life in Science

自然选择是一位吝啬的“经济学家”，在无形间把一分钱分成八瓣来花，它掌握着细微至极的成本收益平衡，其细微程度太过微妙，连我们这些全神贯注的科学家都无从察觉。人类经济学家对“效用函数”进行计算。效用函数，是个人、公司或政府等代理，选择进行最大化处理的替代性量化指标。最大化的目标，可以是国民生产总值、个人收入、个人财富、公司收益，也可以是个人幸福感的总和。上述所有效用函数，若抛开其他而独立出来，都不会是“正确”的。同理，也没有独立存在的代理。你可以任选一个效用函数，用它代表任何一个你所选定的代理，然后，你会得到一个合理但不一样的结果。

自然选择则不同。自然选择只会最大化一个“效用”——基因生存。如果你将基因做拟人化处理，将其比喻为向最大化目标而努力的“代理”，就能得到正确答案。但实际上，基因并不直接表现出代理的行为，于是，我们将目光转移到决策层面上，也就是转移到个体有机体上。个体有机体和基因不同，因为它们拥有洞察外部世界的感觉器官，拥有储存过往事件记忆、随时随地进行决策的大脑计算装置以及执行这些决策的肌肉组织。

那么，生物学家为何会觉得拟人化的方法，也就是将基因或个体视作“代理”的方法，有所助益呢？我猜想，可能是因为我们人类是拥有强烈社会意识的物种，是遨游在由人群构成的汪洋大海之中的社会之鱼。我们所处的环境中，有多少是是非非，都是人有意为之的。这样看来，将研究对象做一般化处理，并冠以“代理”的名号，是再自然不过的做法。这种倾向自我证实的方法，就是迷信，与对鬼神怀有的敬畏一样。这是这样做的缺点。但其优点是，科学家只要能做到对手头的研究心中有数，就能利用合理的拟人化手法，作为简易、便捷的途径，得到正确的结论。记得诺贝尔奖获得者、生物学家雅克·莫诺（Jacques Monod）曾讲过一句话，因其丰富的想象色彩而令我记忆犹新。这句话是这样说的：“当我遇到这类化学问题时，我会问自己，如果我是个电子，在这种情况下我会怎么做？”

物理学家通过对光子进行拟人化处理来解释折射现象。因不同的介质会在不同程度上减缓其速度，所以光子会调整角度，以缩短穿越介质的旅行时间。光子，就像沙滩上的救生员一样，以溺水之人为目标来优化其行进轨道，再对应到沙滩与海水交界上的一点。光子沿沙滩快速奔跑出大部分距离，然后调整角度开始游泳（速度不可避免地会慢下来）。光子要选择两个角度，以尽量减少总体的行进时间。当光子从空气中（快速行进）来到玻璃中（速度减慢），若假设光子如代理般行动，就能得出正确的折射角度，虽然这个代理不可能真的像救生员那样进行有意识的计算。用手抛出去在空中掠过的石头，它所经过的轨道，就仿佛是它“想要”减少某种物理学家能算出来的数学量。在化学反应中，若假设反应物“想要”提高另一种叫作“熵”的数学量，就能得到正确答案。当然，不会有人真的认为这些冰冷的事物是真的“想要”做什么事。只不过假设这些事物有这样的想法，我们就能得到正确的计算结果，因此，人类的大脑更倾向于借用“有目的的代理”这种形式来进行思考。

生物学家将我们这套合理的拟人化方法的重心，从基因层面转移到个体有机体层面。有机体是不是有意识的代理，我们先暂且不谈。而我们知道，基因不是有意识的代理。有机体采取的决策，是经过计算（我们先暂且假设是无意识计算）得出的，能令体内基因的长期生存最大化。基因通过胚胎发育过程，对做出决策的神经系统进行编程。决策的方方面面，都散发着一股精明的经济学家的气息，仿佛是为将基因传递给未来世代而部署（分配、维持）有限的资源。一棵土豆苗的有限资源，来自太阳、空气和土壤。精明的经济学家，也就是土豆苗，需要“决定”如何在根茎（为未来做准备的储藏库）、叶片（吸收水分和无机盐）、花朵（吸引授粉昆虫，并付出昂贵的花蜜作为报答）、茎（将叶片举向空中，朝向太阳）等处配置资源。如果在某一处（比如根茎）太过慷慨，而在另一处（比如叶片或花朵）表现吝啬，那么就可能长成一棵孱弱的土豆苗，结果远不及在植物经济体的各个部分进行平衡分配取得的效果理想。

动物做出的每一个决策，无论是行为决策（何时拉伸哪一块肌肉）还是发展决策（身体的哪一部分要长得比其他部分大），都是经济决策，都是在相互竞争的需求间对有限资源进行分配的抉择。关于将时间预算中多大一部分用来喂哺后代，多大一部分用来制服对手，多大一部分用来追求配偶等，都是经济决策。关于照料子女的决策（将多少有限的食物、时间和风险用在现在的孩子身上，将多少资源留给未来出生的孩子），也是经济决策。关于生命发展历程的决策（用生命中多长时间来做一只毛毛虫，通过吃植物来成长，继而花多长时间做一只蝴蝶，在追求配偶的同时，吸食花蜜来充当自身的航空燃料），也是经济决策。放眼望去，四处都是经济学。这些无意识的计算，“仿佛”是有意在成本和收益之间做权衡。

这些都是理论，似乎有些凭空杜撰之嫌。我们能否走进大自然，记录下动物们时时刻刻的行为，然后对它们的时间预算进行计算，并将结果作为它们经济决策的实例呢？是的，我们可以这样做。但这需要我们针对固定的某种动物，在它们的自然生活环境中进行持续观测。而且只能由一位熟练而缜密的观察者来完成记录，这位观察者还要怀有充沛的耐心、毅力、智慧和奉献精神。现在，请允许我向读者介绍这样一位科学家——简·布罗克曼。

记得第一次与简·布罗克曼见面，是在 1977 年的夏天。她如一阵清风，笑容满面地走进了我的办公室。我的同事、领导，简·丁伯根的继任者，绝顶聪明的鬼才戴维·麦克法兰接受了简·布罗克曼的申请，让她来牛津做博士后。后来因为其他事情，她来牛津报道的日子晚了整整一年，而此时，麦克法兰正在休长假。于是，遵照惯例，布罗克曼就与麦克法兰的副手（也就是我）开始共事。我觉得，这是偶然发生在我身上的最幸运的一件事，也希望简·布罗克曼不会因我们的相识与合作而感到后悔。

简·布罗克曼在威斯康星大学的博士研究主题是大黄掘土蜂。她来到牛津时，带着大量极为细致的系统化观察记录。这些记录，采集于美国新罕布什尔州和密歇根州的两处野外地点。记录的内容是打上了个体标记的雌性黄蜂的行为。简最初决定采集这些观测数据的目的与后来的实际应用有很大区别。她原本与麦克法兰的研究领域更为接近，却阴差阳错地和我走到了一起。

并非所有的黄蜂都具有社会性，比如美国人所熟悉的、被称为“黄马褂”的条纹胡蜂，以及我们在花园中享受茶歇时光时，跑来吃果酱、破坏气氛的小黄蜂等就不具社会性。许多黄蜂物种都是独居的，包括大黄掘土蜂在内。雌性掘土蜂一旦交配，就独自负担起所有的工作，不需要工蜂的帮忙。雄性在交配后就消失得无影无踪，只留下雌性“抱孩子”。说是抱孩子，可能有些言过其实。典型的循环是这样的。雌性挖掘出一个约 20 厘米深的地洞。地洞稍稍偏出一些角度（不是完全 90° 垂直），并以一条较短的旁路隧道为底，隧道延伸到一个宽敞的小室。随后，雌性掘土蜂动身出发去寻找猎物。它们的猎物有纺织娘（身形优雅、长有长角的蚂蚱，通常为绿色）等昆虫。它抓住纺织娘，将其蜇到麻痹的状态，但留着活口，然后带着猎物飞回家，拖进地洞中的小室内。它重复做着上述工作，在地洞中储藏下五六只纺织娘。它将猎物整齐地码放在一起，然后在上面产下一枚卵。有时，它还会在地洞中开凿出另一间小室，再去捕捉新鲜的纺织娘，然后继续产卵。最后，它将洞口封上，去别处挖个新洞，重复着捕捉和产卵的工作。有些掘土蜂物种，会在口中衔一块小石子，并用石子做锤子，将土壤夯实。这样的技艺，一直被人们夸张地吹捧为“使用工具的能力”。而使用工具的能力，曾一度被认为是人类独有的特征。当蜂卵在安全而黑暗的小室中孵化而出时，幼虫就以麻痹的纺织娘为食，吸收纺织娘丰富的营养使自己长得又白又胖，最后化身为蛹。等它们再次出现时，已是下一代成年黄蜂的身姿，其中有雌性，也有雄性。

之所以说这些大黄掘土蜂是独居型的，是因为它们不住在巨大的群落之中，也不与大批无生育能力的工蜂为伍。但从另一个角度来看，它们也并非独居。掘土蜂一般在它们自己孵化而出的洞穴附近掘洞。于是，“传统”的筑巢区域便自然而然地形成了。而掘土蜂的地盘，也散发着一种村庄般的氛围，几十只雌性大黄掘土蜂在一起各忙各的，基本上互不干扰，但有时也会不小心相撞。这样一个挨一个的状态，使得简·布罗克曼能坐在原地，拿着笔记本，在同一区域观察所有黄蜂。每一只黄蜂，都由简用不同的颜色在身上做了记号。简以每一只黄蜂身上的颜色记号为它们命名，比如红红黄、蓝绿红等，并在笔记本上画出地图，标注上每一只黄蜂的地洞所在的位置，以及同一只黄蜂的下一个地洞，再下一个地洞的位置等。简观察到的一个行为就是，如果一只雌性黄蜂偶然发现另一只黄蜂已经掘好的地洞，那么它可能就不会去自己挖一个新的，而是利用上这个现成的地洞。而这种行为，就引出了我们即将讲到的故事。

有些人的视角和我们不尽相同。掘土蜂并不会将猎物直接杀死，而是将猎物蜇麻痹，这样幼虫就能享用到新鲜的食物了。对这样的行为，达尔文深感残忍。但如果猎物被直接杀死，那么它们就会腐烂，进而会不适宜幼虫食用。猎物的肌肉组织被幼虫慢慢吞食，自己却因麻痹而无法反抗，在这种情况下，它是否会感觉到痛苦，我们无法得知。我真切地希望猎物此时已没有痛觉，但其存在痛苦的可能性，已令达尔文感到恐惧不安。根据伟大的法国博物学家、达尔文同时代的让 - 亨利·法布尔（Jean-Henri Fabre）的观点，大黄掘土蜂蜇伤猎物的精准动作，从临床角度分析是极为残忍的。法布尔称，黄蜂小心地瞄准，一下一下地蜇在猎物腹部突起的神经中枢上，很可能是利用了最少量的毒液来达到麻痹猎物的目的。

哲学家受到一些经典实验的启发，也利用大黄掘土蜂提出了他们的理论。这些实验同样从法布尔开始，继而由其他人进行重复。当狩猎归来的黄蜂带着猎物回到地洞时，它不会立刻将其拖到地底下，而是将猎物放在入口处，然后两手空空地钻进地洞。等它再次回到地面上时，才把猎物拖进去。研究人员将这种行为描述为地洞“检查”，也就是说，黄蜂在将猎物拖入洞口之前，要先下去检查一下洞里是否有障碍物。多次重复实验发现，如果实验人员在黄蜂进洞进行“检查”时，将猎物移开几厘米，那么当黄蜂爬上地面时，它会去寻找自己的猎物。找到猎物之后，它也不会直接将其拖入洞中，而是会再进行一次“检查”。实验人员曾连续几十次这样“捉弄”黄蜂。每一次，“傻傻”的黄蜂都“想不起来”它刚刚“检查”过地洞，不需要再次重复“检查”。看起来，这是某种机器人般的自动行为，就像将洗衣机设定到之前的一步工序，在洗衣机就要开始“最后漂洗”时，将其设定回“清洗”模式一样。无论重复多少次，傻傻的机器就是“想不起来”它已经将衣服洗过一遍了。大黄掘土蜂的名字，甚至还因此有了新的含义。在哲学术语中，“黄蜂行为”（sphexish behaviour）或“黄蜂状态”（sphexishness）专门用来指代这类不经大脑的自动行为。

简·布罗克曼在观察黄蜂的同时，对这种观点持怀疑态度。她不认为黄蜂采取的是不经大脑的自动行为。这种“自动行为”的误解，源于人们假设黄蜂先行进洞，是去进行“检查”。简和其他一些学者认为，黄蜂在从洞里往外爬时，是面朝猎物的。当黄蜂拖着猎物向洞里爬去时，其腹部的朝向是正确而精准的。也就是说，黄蜂先是头部朝下进入地洞，在洞内转身，然后头部朝上钻出地洞的。这样，当黄蜂抓住猎物，将其往下拖时，腹部就是朝向地洞的方向。黄蜂是为了将腹部瞄准地洞，并非是为了“检查”。

魂牵梦绕的进化稳定策略

简·布罗克曼初到牛津之时，《自私的基因》刚刚出版。我脑子里想的全是书中的中心思想，也就是约翰·梅纳德·史密斯提出的进化博弈论思想——进化稳定策略（ESS）。当时，我正在准备一场演讲，主题是《优秀策略还是进化稳定策略》，并将在第二年于华盛顿举行的社会生物学大会上做公开发言。那段时间，无论何时，只要听到关于动物行为的故事，比如简讲的关于黄蜂的故事，我的脑子就会不顾一切、激情四射地急速跳跃，将故事转换成进化稳定策略的格式。

当某动物的最佳策略取决于群体中其他动物所采用的策略时，进化稳定策略理论就有了用武之地。进化稳定策略中的“策略”一词，并不是指有意识的谋划，而只是指单纯的行为规则，就像计算机程序或发条装置一样。比如：“先攻击。如果对手报复，就逃跑，否则就继续攻击。”或者：“以和平友好的姿态开始。如果对手攻击，就报复，否则继续保持和平友好的状态。”有时，从绝对意义上讲，无论群体中盛行什么样的策略，都存在一条最佳策略，而自然选择会直接对其产生偏好。但很多时候，并没有单一的最佳策略，因为最佳策略取决于主导群体的其他策略。假设群体中每位成员都采取某一策略，且该策略是最佳选择，那么这一策略就是进化稳定的。为什么“每位成员都采取”那么重要呢？因为如果其他策略比“每位成员都采取”的策略更优秀，那么自然选择就会偏好其他策略。这样，经过几代的自然选择，“每位成员都采取”的策略，也就是最初的行为，就不再为每位成员都采取。这样，就不是进化稳定的，而是进化不稳定的。从进化的角度来看，群体就是被替代性策略所侵犯的，而替代性策略就是之前提到的“其他”策略。

某些鸟类有一种叫作“偷窃寄生”（kleptoparasitism）的习惯（简·布罗克曼本人后来和一位同事认真研读了有关这一主题的科学文献）。这些鸟类，会从其他鸟儿那里偷窃食物。军舰鸟靠从其他鸟类那里偷鱼为生（我后来在加拉帕戈斯群岛亲眼看到了这一行为，还和简一同在佛罗里达观察到了同样一幕)。偷窃寄生也会发生在同一种群内部，比如某些鸥类。偷窃，是否属于进化稳定策略呢？我们不妨这样来回答这个问题。假设有一群鸥类，群体之中，基本上每一只都是小偷，谁也不去捉鱼。这样能实现稳定吗？当然不能。小偷会饿死，因为没鱼可偷。想象你自己是这群小偷中唯一一位诚实的捕鱼者。就算你捕到的鱼中，有很大一部分注定会被周围虎视眈眈的窃贼偷走，你的伙食还是会比群体中任何一只以偷窃为生的同伴要好。这样，随着时间的延续、进化的发展，全部由小偷组成的群体，就会被诚实的捕鱼策略所“侵犯”。自然选择会偏好诚实捕鱼的行为，因此，诚实捕鱼者出现的频率也会逐渐增加。但增加的幅度，只能到达某一点，也就是偷窃行为开始收获更多的那个点。

因此，偷窃并非进化稳定策略。诚实捕鱼是不是进化稳定策略呢？假设一个群体完全由诚实的捕鱼者所构成。从进化的角度讲，这个群体是否会被小偷所侵犯呢？是的，很有可能。如果你是一群诚实捕鱼者之中唯一的窃贼，那么你随手都能捡到大便宜。这样来看，自然选择就会偏好偷窃，而小偷出现的频率就会逐渐增加。

但同样，增加的幅度也只能到达某一点，在这一点，偷窃行为的回报不再比诚实行为更高。由此，我们就获得了在窃贼和诚实捕鱼者之间的平衡，可能是“10%的窃贼、90%的诚实捕鱼者”这样的临界比例。在平衡点上，偷窃和诚实所带来的收益是完全相等的。如果群体成员的比例偏离了平衡点，自然选择就会通过偏好那个暂时处于优势的“策略”来恢复平衡，因为其数量低于临界比例。

该理论很重要的一点就是，我们所指的比例，是策略的比例，并不一定与个体决策者的比例保持一致（而我之所以选择令二者保持一致，是出于简化表达的目的）。“10%的窃贼”，可能意味着每一只个体海鸥都随机用10%的时间来偷窃，并用其余90%的时间来捕鱼。也可能意味着，有10%的个体海鸥用所有时间来偷窃。这句话指的是任何形式的组合，只要达到群体中的偷窃策略占到10%的比例就符合条件。无论这样的最终比例是如何达到的，数学计算的结果都是一样的。另外，10%这个数字也没有什么特别之处。我只不过是用这个数打个简单的比方。实际的临界比例，取决于许多经济要素。这些要素的数值很难获取，需要有一位像简·布罗克曼一样专注的海鸥爱好者才能做到。

这些想法，都会在华盛顿会议的演讲中进行讨论。而当简·布罗克曼来到牛津，神清气爽地出现在我办公室，坐下来开始与我讨论起她的研究课题——黄蜂时，我满脑子转的都是这些内容。大黄掘土蜂有时自己挖洞，有时图省事占用别人的地洞，可能还顺便占有了别人捕获的纺织娘猎物。我那充斥着进化稳定策略思想的大脑，一听到这样的案例，简直激动得无以复加。窃贼和诚实的掘土蜂！诚实的掘土蜂，是否属于进化稳定策略？如果群体中大部分成员都去掘土，那么掘土的策略，是否会被“寄生于他人的地洞”的竞争性策略所侵犯？“寄生”，又是否属于进化稳定策略？也许不是，因为如果没人掘土，也就不会有可以劫持的地洞。是否存在一个临界比例，在该点上，掘土的黄蜂和偷窃的黄蜂所获得的收益是相等的？令我激动万分的是，简·布罗克曼正好收集了大量的详实数据。也许，我们可以利用她的数据，对两种策略的经济收益和成本进行实际测量。关于我准备在华盛顿演讲时提到的鸟类窃贼和诚实捕鱼者，谁也没有任何真实的支持性数据。而简·布罗克曼对打有个体标识的黄蜂进行的标注着具体时间的行为记录，极有可能成为首次复合进化稳定策略理论的真实野外实验。

我与简·布罗克曼决定在该项目上展开合作，但除了我们二人的努力之外，还需要更加详实的理论支持和更为精湛的数学演算。是请名角登场的时候了。在我们这个圈子里，最有名的“角儿”就是我的学生艾伦·格拉芬。我心目中的权威兼导师，实际上是我自己的学生。这句话说出来似乎有些奇怪，但事实的确如此。格拉芬就是这样一位学生。格拉芬和我一样，对进化稳定策略理论充满热情，他帮助我了解了其中细枝末节的要点和进化生物学中的许多其他内容。虽然我无法跟随格拉芬的脚步，穿行于由符号交织而成的密林，但他教会了我如何获得一位数学家所具备的直觉和本能。许多数学家和物理学家昂首阔步地闯入生物学的大门，认为自己能用一周的时间为生物学做一次大整顿。但事实证明，他们做不到。因为他们缺乏生物学家所具备的直觉和知识基础。而格拉芬则不然，他融合了数学和生物学两方面的直觉。这类人才极为少见，格拉芬心中的偶像 R.A. 费舍尔也属于这一类人。而拥有双重直觉，就令格拉芬能立刻嗅出问题的正确答案，像费舍尔一样敏锐（我做不到）。如果有需要，格拉芬随后就可以继续用代数方法予以证明。现在，格拉芬是我在牛津的同事、理论生物学教授，也是英国皇家学会实至名归的院士。

第一次遇到格拉芬是在 1975 年。那时，他还在读本科，而我则是新学院动物学系的导师，正在埋头撰写《自私的基因》。另一所学院的导师，一反常态地向我推荐了一位来自苏格兰的年轻人，我也应承了下来，答应为他上动物行为学的辅导课。那个年代，辅导课的惯例是本科生首先大声朗读论文，然后和导师共同讨论。我已经记不得格拉芬的第一篇论文是什么内容了，但还能清晰地回忆起我在听他朗读时，浑身汗毛倒竖、鸡皮疙瘩暴起的那种敬畏感。“一反常态”这个说法，实在是太含蓄了。

格拉芬本科读的是心理学（他的课程安排中，有动物行为学的选修课，所以他才能名正言顺地来上我的辅导课）。我曾希望他能继续跟着我读博士，但他决定啃下硬骨头，去攻读牛津的数学经济学硕士学位。这个专业的导师是詹姆斯·莫里斯（James Mirrlees），后来荣获诺贝尔奖，成为詹姆斯爵士。这位居于世界领导地位的数学经济学家，也是苏格兰人。经济学在进化论研究中占据着越来越重要的位置，因此，数学经济学这个选择，对格拉芬来说十分理想，因为他既可以回过头来进军生物学，也可以在经济学领域发展。后来，格拉芬果然回到了生物学的怀抱，做了我的博士生。而当简·布罗克曼走进我们的生活时，格拉芬还在读数学经济学，可以在我们三人共同合作的黄蜂研究中，充分施展他的专业知识。

故事还是要从头道来。简·布罗克曼来到牛津后的第二天，她记得（但我却忘记了）正是年度平底船大赛的比赛日。这场比赛没有牛津和剑桥之间的赛艇比赛那么激烈严肃，而是充满了乐趣。参加比赛的队伍，有我们的动物行为学研究小组，还有爱德华·格雷野生鸟类研究院。这一机构是动物学系下面的隶属单位，其命名是为了纪念前任外交部长、著名鸟类学家爱德华·格雷（Edward Grey）勋爵。格雷勋爵在第一次世界大战前夜，道出了令世人铭记的哀叹："全欧洲的灯火都将熄灭，我们此生不会再见其重燃。"参赛的两支队伍都毫无章法地随意部署了几支平底船（平底船靠竹竿撑住河床前进，竹竿还会时常卡在河床中）。这场比赛的精髓，不在速度，而在彼此陷害。令简记忆犹新的是约翰·克雷布斯（John Krebs），克雷布斯后来成为约翰爵士，如今已是克雷布斯勋爵，英国皇家学会院士，英国著名的生物学家。根据简的回忆，克雷布斯代表野生鸟类研究院参赛，表现得尤为彪悍。也许，格拉芬还能从中找到一点进化稳定策略数学建模的灵感：诚实划船策略还是窃取暗害策略？也许格拉芬不会，因为他还有更多的想法，而且他也正忙着埋头划船呢！

接下来，我们就要讲讲关于黄蜂的正事了。简·布罗克曼选择了两处不同的野外考察地点，主要的一处位于美国新罕布什尔州，次要的一处位于密歇根州。在这两个地方，简用了超过 1 500 个小时，详尽地记录下了每一只用颜色打上标记的大黄掘土蜂的行为。她拥有 410 个地洞的完整历史发展记录，还有在 68 只大黄掘土蜂完整的一生中，那些与巢穴相关的活动记录。我之前讲到过，她一开始对这些记录有着完全不同的计划，已经写进了她在威斯康星大学的博士论文中。和格拉芬一起，我们的三人团队决定再次利用起这些原始数据，将测量得来的真实数值应用在进化稳定策略理论的成本和收益计算上。

我在动物学系的办公室，窗外可以看到马休·阿诺德（Matthew Arnold）的梦想尖塔。在这里，我和简每天都对着我的 PDP-8 计算机埋头工作。我们将她那卷宗般的黄蜂记录一个数字接一个数字地敲进计算机，然后对这些数字进行一次又一次的统计分析。格拉芬每隔几天过来一次，用他那敏锐而犀利的目光审视一遍我们的统计结果，然后耐心地教我和简，如何像数学经济学家一样思考问题。我们三人一同将他的经济学思想注入最终的进化稳定策略模型里。那是一段魔幻般的时光，是我工作生涯中最富有建设性的一段岁月。要学的东西太多了，我的这两位同事，也教会了我许多知识。我觉得，自己天生就是个善于协作的人。这一生的一大遗憾就是没能更多地利用自己这方面的能力。

我们测试的第一个模型（我们为它取了个非常形象的名字——模型 1），后来被证明是错误的。但本着教科书式的科学哲学思想——模型 1 的反证，恰恰给我们提供了线索，并由此开发出了更加成功的模型 2。当我们首次提出模型 1 时，我们将“加入”视为盗窃策略，从诚实挖洞者的掘洞行为和捕获猎物行为中占便宜。结果，模型 1 的所有假设都是错的。于是我们回到原点，从头再来，构思出了模型 2。模型 2 假定有两个策略，一个叫作挖掘，一个叫作进入。“挖掘”，从字面就能了解其意义。“进入”的意思是，“进入一个已经掘好的地洞，并将其视为自己挖掘的地洞一样去使用。”“进入”和模型 1 中的盗窃行为“加入”是不一样的，这里面有一个很有意思的原因。

这个原因起源于黄蜂的另一个特征：黄蜂经常会放弃他们挖掘好的地洞。它们为什么会放弃挖好的地洞，原因并不确定，因为实际原因总在变化。也许地洞当时有蚂蚁或蜈蚣入侵，或是黄蜂在离开巢穴时死在了别处。黄蜂的这一特征，意义在于，进入者可能会发现某个地洞无人占用，于是将其据为己有。或者，如果之前的洞主人并没有放弃这个地洞，那么两只黄蜂就会继续在同一个地洞中忙碌，彼此无视对方的存在，只不过若它们在巢穴中相遇就会打架（这种情况非常少见，因为大部分时间它们都在外捕猎）。

模型 2 认为，在一个平衡比例上，挖掘策略和进入策略应该能取得同样的成功。当许多黄蜂都在挖洞时，进入策略就会更加成功，因为会有许多被黄蜂放弃了的地洞。但如果进入策略的比例上升得太高，就不会有足够的地洞被挖掘出来，因此，也就不会有足够多的被放弃的地洞，供进入策略兴旺发达。这就出现了一个颇有意思的现象。黄蜂可能在任何时刻放弃它的洞穴，就算它已经在里面储备好了一批纺织娘也不例外。这样，进入者就有可能在获得挖好的地洞的同时，还白捡了一洞的猎物。模型假设，进入者无从得知地洞是否真的已经被放弃了，还是洞主人只不过是暂时离开外出捕猎。关于这一假设，我们通过简的测量数据得到了证实，并在一篇论文中对此进行了剖析。我们还在另一篇论文中提出观点，认为每只黄蜂的行为，都好像是知道自己捕获了多少只纺织娘，却无视另一只黄蜂放在地洞中的纺织娘的数量。

如果一只黄蜂是地洞中唯一的住户，无论它是不是最初掘出地洞的那一只，都要冒着有进入者加入进来的风险。而进入者的风险在于，它选择进入的地洞，依然被其最初的所有者占据。上述两种情形，都不如独自占有那么理想，虽然在共享巢穴之中，很有可能因为两只黄蜂同时捕猎而存有更多的纺织娘（被我们弃之不用的模型 1 就对这一点加以强调），而且在两堆纺织娘上都产卵的那只黄蜂，能获得“赢家通吃”的收益。换成非正式的拟人化说法就是：黄蜂可能会掘个新洞，“希望”不会有另一只黄蜂前来加入；或者它有可能进入一个已经挖好的地洞，“希望”这个洞已被前任主人放弃。在模型 1 中，加入是个决策。在模型 2 中，加入和被加入，都是不理想的意外事件，是进入决策的不幸结果。相比之下，挖掘和进入，是相互可替代的决策。在平衡点上，对于黄蜂而言，两种策略是无差异的。由此，模型 2 可以总结成一首打油诗：

一种黄蜂，个头大还会掘土。
两只相遇，免不了互相添堵。
进还是挖，它们谁也不在乎。
大错特错，加入或是被加入。

但是，我们如何对收益进行衡量以便对比，并对模型2进行测试呢？我们要仔细斟酌，如何利用简·布罗克曼的数据，去评估每种策略不断累积的收益和成本。数据显示，个体黄蜂并非每次都使用相同的策略，因此，没有必要以个体黄蜂为单位来合计收益与成本。我们要以策略本身作为合计的单位，然后按黄蜂的数量进行平均。在进行这一步工作的过程中，我们认识到了什么是所谓的“决策”。成年黄蜂的一生，由一系列的决策所组成，每一个决策，都占用黄蜂一段明确的、可测量的时间，而这段时间与某一特定地洞相关联。每一个时间段结束的时刻，正是下一个决策开始的时刻，并随之启动与一个新地洞的关联，无论这个地洞是挖的还是直接进入的。每一个决策，都计入相应的收益和成本。之后，我们就能对与挖洞决策和进入决策相关联的收益进行平均了。

成功决策的结果是在洞中的纺织娘上产下一个卵。如果黄蜂在同一个地洞的两个不同小室内分别产了两个卵，那么决策成功程度就会翻倍。但是，我们能否通过将产卵对象——纺织娘考虑在内，而对我们的收益衡量法做进一步的精练呢？可以假定，产在一只纺织娘上的一个卵，不像产在三只纺织娘身上的一个卵那样成功，因为前者孵化出来的幼虫不会享受到那么多的营养。而且，纺织娘大小不一。简·布罗克曼对黄蜂行为的执着精神，驱动着她对纺织娘的大小进行了测量。

前面跑题，讲到哲学里的“黄蜂状态”，以及黄蜂将猎物留在洞口处，自己钻进地洞，并很快再次爬出地面的事情。这就给了简·布罗克曼一个机会。当黄蜂下到地洞之中时，她会迅速地对纺织娘的长度进行测量，并精心放回原处，从而避免“黄蜂状态”的重复。从营养价值的角度来看，体积比长度是更适用的测量方法，于是我们假定，体积是长度的立方。在共享地洞的情况下，我们将纺织娘的总和算到在联合猎物堆上产卵的那只黄蜂的收益上——赢者通吃。

这就是我们对收益的衡量方法：把黄蜂成功产下卵的纺织娘数量作为标

准（或称纺织娘肌肉组织的估算体积）。那么，成本又如何测量呢？格拉芬极力主张将时间定为评估成本的单位，而这一观点让我和简二人恍然大悟。对于黄蜂来说，时间是宝贵的资源。夏季短暂，生命有限。黄蜂基因的成功，取决于它们能在夏季过去、生命终结之前，多少次进行重复挖洞 / 筑巢的循环。而这一现实，也是我们认识到“决策”概念的基础和根据：黄蜂为某一特定地洞所承诺的时间，而该时间段由下一个决策的启动所终止。这样来看，黄蜂的每一分钟，都以成本计入某一策略的决策账目中。挖掘的净收益以平均数进行计量，也就是所有挖掘决策的收益总和除以时间成本的总和。同时，我们也对进入策略相对应的净收益进行计算。

讲到这里，就是我们开始“进化稳定策略思维”的地方了。根据进化稳定策略模型，我们预期，挖掘和进入会以一个平衡比例共存，在这个比例上，两者成功的概率是相同的。如果进入策略的比例上涨到平衡点之上，自然选择就会开始偏好挖掘策略，因为同一个地洞中会有过多的进入者，这些进入者很可能会参与搏斗，甚至输掉搏斗，并由此承担风险，而这样做的成本十分高昂。反之亦然：如果进入策略下降到平衡点之下，那么进入策略就会受到偏好，因为到处都是被放弃了的地洞。在新罕布什尔州，黄蜂被观测到的进入策略比例是 41%。我们推测，这一比例很可能是新罕布什尔黄蜂群体的实际均衡比例。在这种情况下，针对挖掘和进入策略进行测量所得到的实际成功数值应该是相等的。于是，我们开始对其进行验证。

计算结果得到的实际数值，并不完全相同（分别为每 100 小时产 0.96 个卵和每 100 小时产 0.84 个卵，对纺织娘体积打分也得出了相似的结论）。但两者间并不存在统计上的显著差异，而是十分接近。这足以给我们动力，对模型进行下一步测试。格拉芬做了些高明的代数运算，从模型中推断出了更为深入的预测数字，使得我们能够利用这些数字与实际观测数据进行对比。这里所说的数字，是四类黄蜂的比例。而根据我们的进化稳定策略模型，如果群体处于均衡状态，那么预测数字应该与实际观测数据相吻合。表 3-1 给出了我们的结果：新罕布什尔州的观测数据，无法证明模型 2 的预测是错误的。对此结果，我们备感欣慰。

表 3-1　新罕布什尔州的观测数据

	观察数据	预测数据
掘土后抛弃	0.272	0.260
掘土后不抛弃	0.316	0.303
进入后发现只有自己	0.243	0.260
进入后发现与他人同享	0.169	0.176

但尽管如此，我们还是十分谨慎。模型的预测没有被观测数据所推翻，只能在有限的范围之内站得住脚，因为这些预测可以轻而易举地被证实是错误的。如果为了推出预测，而用上了太多的观测数据，那么这样的预测则很难不正确。我们利用计算机模拟（用可能范围之内的随机假设数据替换简·布罗克曼获得的真实数据），证明了我们的模型 2 预测完全不属于此类。其实，这个模型很容易出错，但事实证明它并没有错。我们的模型 2 久经沙场，完胜而归。卡尔·波普尔（Karl Popper）① 一定会十分满意的。

没错，模型 2 在新罕布什尔州的沙场上凯旋。但若换个地方，它很可能就经不住枪林弹雨的洗礼了。事实上，对简·布罗克曼所研究的第二群位于密歇根州的黄蜂来说，这个模型就是错误的。我们很失望，但同时也获得了动力，对其错误原因进行了建设性思考。我们得出了几条不同的建议，其中最有意思的一条就是认为密歇根的黄蜂适应了一种与简做研究时不一样的环境。也许，密歇根的黄蜂有些“过时”，它们的基因适应的是一些先前的条件，就像我们人类基因本来适应的是非洲狩猎采集的生活方式，但我们现在却身处大都市，穿着鞋子，开着汽车，吃着精炼白糖和过剩食物一样。密歇根黄蜂的工作环境是个大型花圃，而这样的环境，肯定和它们的天然环境存在着差异，也与新罕布什尔黄蜂那更加天然的环境有所区别。

① 波普尔是批判理性主义的创始人，其理论又被称为证伪主义。——编者注

虽然挖掘/进入模型在密歇根州失败了，但在新罕布什尔州的成功依然十分振奋人心，直至今日，针对约翰·梅纳德·史密斯提出的“混合进化稳定策略”理论，我们的模型一直在为数不多的几个量化实地测试中占有一席之地。能够与性情相投的同事合作，在彼此身上找到互补的知识和技能，这样的工作，带给了我数不清的欢乐。

结构独特的论文

我们在进化稳定策略模型上的工作结束了，并将成果发表于《理论生物学杂志》(*Journal of Theoretical Biology*)上，从此被学者们引述为“布罗克曼、格拉芬与道金斯，1979”。这样的引述，总能激起一阵美好的成就感。我和简·布罗克曼继续合作，而这次的工作量更大，最终的论文题目是《挖掘者黄蜂的联合筑巢行为作为社会性的进化稳定预适应》。这篇论文以统计数据的方式，对我们在进化稳定策略论文中所使用的背景资料进行了验证。同时，论文还有自身的理论目标。在昆虫的社会行为是否源于独居祖先的激烈大讨论中，我们的论文给出了自己的观点。独居大黄掘土蜂那种非合作、不经意的巢穴共享行为是进化稳定的。而这种行为，会不会是庞大的合作型黄蜂、蚂蚁和蜜蜂巢穴的先驱呢？那些庞大的合作型巢穴是地球生命中多么壮观的特色啊。我的同事比尔·汉密尔顿（Bill Hamilton）以颇具说服力的言论给出了他的观点，汉密尔顿认为，社会性昆虫巢穴中，个体昆虫之间存在的密切基因关系肯定是重要因素。但是，是否存在其他将昆虫向社会性引领的压力，而其中是否存在适用于古代黄蜂祖先的进化稳定策略模型之类的东西呢？我和简在这篇论文上着实下了些功夫，大多数时间，我们都是在她牛津的宿舍里一起工作的。回忆中，总是能带出当时的味觉和嗅觉体验。每当我想起那段富有成果的时光，就会忆起仙山露酒的味道，还有酒杯中叮当作响的冰块和一片柠檬。最终，我们将论文发表于《行为》杂志上。

这篇论文的组织和架构十分与众不同。我为此颇为骄傲，也希望能看到有人对其进行接纳和传承。科学论文的标准结构一直维持不变。我从 1974 年到 1978 年在《动物行为学》杂志担任编辑的四年间（得到了活泼爽快的吉尔·麦克法兰的帮助。吉尔是我当时的领导，杂志前任编辑戴维·麦克法兰的妻子），一直希望能对论文的标准结构加以改变，但却以失败告终。这种标准结构是：引言、方法、结论、讨论。这种结构，虽然沉闷无趣，但对某些类型的科学研究还是十分适用的。这类研究通常涵盖单一实验的规划、执行和讨论。但是，若进行一系列的实验，实验之间还存在顺序，又该采用什么样的论文结构呢？提出问题，尝试用实验 1 去解答。实验 1 的结论又提出了一个新的问题，于是用实验 2 来解答。实验 2 需要实验 3 来澄清，而实验 3 的结论又引出了实验 4，以此类推。在我看来，这类论文的结构应该是这样的：引言；问题 1，方法 1，结论 1，讨论 1，引出问题 2，方法 2，结论 2，讨论 2，引出问题 3，方法 3，以此类推。但做编辑时，我收到的论文结构总是千篇一律：引言；方法 1，方法 2，方法 3，方法 4；结论 1，结论 2，结论 3，结论 4；讨论。拜托！这是多么精神错乱的写法，简直就是专门为了打乱叙述线索，让人兴趣尽失，摸不清段落与主题之间的关系！我作为编辑，一直努力劝说作者们放弃这样的结构。无奈，积习难改。

我和简的这篇论文，引述的是一系列的观察测量数据而非实验。但我们还是想为读者呈现出一条清晰连贯的叙述线索。我们的结论，包括一系列关于黄蜂的事实陈述，每一条都需要统计数据做支持，而且每一条都提出了一个新问题，新问题又引出了下一个事实陈述，从而逐渐构建起论文的中心论点——可能的昆虫社会性起源。就这样，我们写出的论文摘要包括 30 道独立的事实命题，而每一道命题，都有定量证据作为支持。而后，30 条道题中的每一道都是论文中的一个小标题。每个小标题下面，都有文字、表格、图表、统计分析等内容，而这些内容都是为了体现小标题的实际内涵。只要读一遍小标题，读者就能掌握论文的主旨。由于杂志要求在每篇论文结尾处附上摘要，我们就简单地将所有小标题按顺序整合作为摘要。巧合的是，詹姆斯·沃森（James Watson）在他撰写的分子遗传学的经典教材中，也采用了同样的思路。

很久以后，我在《地球上最伟大的表演》(*The Greatest Show on Earth*) 一书的最后一章中，再次沿用了同样的手法。我将达尔文《物种起源》中那著名的最后一段中的每一句话,都作为我最后一章的分段小标题。每一段落的内容,都是以达尔文的原话为基础而形成的思考。

我和简的论文包含了如下标题句，而这些标题句，就构成了我们展现出来的事实的简明摘要。读者若是逐句看下去，就能了解论文的梗概。而完整版的论文，在每一个标题后面，都通过文字、数据和分析对该标题的观点进行了佐证。

> 有观点认为，昆虫社会性的进化起源是同世代雌性的联合筑巢行为。
>
> 早在自然选择开始偏好联合筑巢行为之前，就有可能已经偏好了一些其他的伴随性预适应，譬如，在通常处于独居状态的大黄掘土蜂中发现的“进入”被放弃的地洞的习惯。
>
> 我们拥有打上了个体标识的黄蜂全面的经济数据记录。
>
> 无充分证据证明筑巢成功存在连续的个体差异。
>
> 黄蜂经常会放弃它们已经挖掘的地洞,其他个体会采纳“进入”这些空置的地洞。
>
> “挖掘 / 进入”是混合进化稳定策略的良好选择。
>
> 挖掘和进入策略并非特定个体的特征。
>
> 进入策略的概率不由季节的早晚而定。
>
> 个体大小与其挖掘或进入的倾向之间不存在相关性。
>
> 个体产卵的成功与其挖掘或进入的倾向之间不存在相关性。
>
> 个体不基于最近的过往成功经历来选择挖掘或进入。
>
> 个体不会一直选择挖掘或进入，也不会在两者间交替轮流。
>
> 黄蜂不会在寻找时间长短的基础上选择挖掘或进入。
>
> 一次研究中，现场的挖掘和进入策略基本同样成功，而在另

一次研究中，进入策略可能略为成功一些。

选择进入策略的黄蜂，似乎并不区分空置、被放弃的地洞还是依然被占据的地洞。

由于进入策略对地洞不加选择，使得有时会有两只雌性同时占据一个地洞的情况出现。

共同占据不应被称为“公用”，因为黄蜂通常不仅仅共享同一个地洞，而且还共享同一个孵化室。

有观点认为黄蜂会从“共同占据”这种行为中获得利益，但实际上并不会。

在共享孵化室中，只有一个卵产在那里。显然，两只黄蜂中只有一只能将卵产下。

两只黄蜂在一起，并不能比单独一只明显捕获更多的食物。

两只黄蜂在一起，并不能比单独一只更加快速地将孵化室装满食物。

黄蜂在共同占据巢穴时，有时会重复对方的工作。

共同占据巢穴的黄蜂，常常会面临代价高昂的争斗。

联合筑巢行为的优点是其可能会减少寄生状态。

联合筑巢的风险在于黄蜂放弃了占领一处已经挖好而被放弃的地洞所带来的优势，并由此付出代价。

数学模型假设“挖掘 / 进入”是混合进化稳定策略，并取得了一些预测成功。

如果参数出现定量变化，黄蜂模型可据此预测对联合筑巢的选择偏好。

需要十分强大的选择压力，才能克服联合占巢的缺点。

黄蜂模型的变体可应用于其他物种，亦可帮助我们了解群体生存的进化。

进化稳定策略理论，不仅与行为的维持有关，而且与行为的进化改变有关。

我们的结论是，若已命名的经济参数随进化时间而发生变化，那么适用于新罕布什尔大黄掘土蜂群的挖掘 / 进入模型，就有可能来到一系列“空间”，其中包括“社会空间”。我们利用模型 2，假设系统化地对代数中的两项进行改变，即 B4——加入的收益，以及 B3——被加入的收益。这样一来，两个收益的值都变了，模型还能得出稳定进化稳定策略的结论吗？

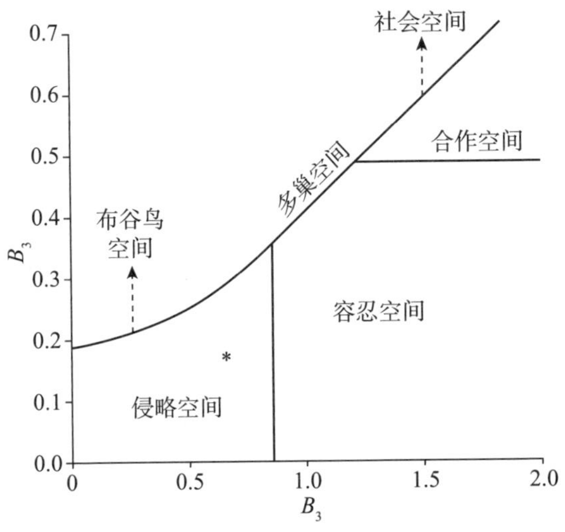

图 3-1　大黄掘土蜂的“侵略空间”

图 3-1 的星型，代表新罕布什尔的大黄掘土蜂群，在“侵略空间”（此空间中，独处的黄蜂更占优势）中保持稳定。我们的分析显示，随着 B 值的变化（在漫长的进化时间中），模型会给出一条平滑的梯度变化曲线，穿过“容忍空间”（此空间中，黄蜂在其他个体加入时比独处黄蜂更具优势，但加入者则处于劣势），到达“合作空间”（此空间中，加入者比独处黄蜂更具优势，而被进入者所加入的黄蜂，处于最优）。这条进化梯度曲线从头到尾，都存在稳定的解决方案，挖掘和进入两种策略，都在（不断变化的）均衡比例上得到偏好。我们的分析显示，就算不存在许多案例中体现出来的强大的亲缘因素，社会行为也能通过大黄掘土蜂类型的祖先进化而来。而亲缘因素更增加了压力，使得动物朝向社会化发展，并保持社会化状态。

佛罗里达的小插曲

1978 年，简 · 布罗克曼在牛津的生涯告一段落，我们满怀伤感地与她告别，目送她走向人生的下一站：佛罗里达大学盖恩斯维尔分校。但我们三剑客的缘分，并未就此画上句号。1979 年，我学术休假期间，来到了简位于盖恩斯维尔的实验室，她还特意安排格拉芬在我即将离开时，到佛罗里达与我们相聚。当时，简正在研究另一种独居黄蜂——泥蜂。泥蜂是掘土蜂的近亲，而且有着类似的习性。但泥蜂不是挖地洞，而是在墙壁上、桥梁下和石头上搭建空中“洞穴”。这些洞穴呈中空管状，由泥土构成，而泥土都是黄蜂从小溪中一块一块衔回来的。这些管状洞穴，经常是一个挨着一个地排成一排，它们的主人也因此有了“风琴管泥蜂”的名字。泥蜂建好洞穴之后，就像掘土蜂那样在里面装上食物，但泥蜂捕捉的是蜘蛛，而非纺织娘。泥蜂还将捕获的蜘蛛在一个洞穴中按顺序码放好，中间由泥制隔墙分开。简在一座桥下对泥蜂进行观察，就像她观察掘土蜂那样，对打有个体标识的泥蜂的来来往往进行记录。在理论的搭建上，格拉芬助简一臂之力。我和格拉芬两人，还有简的学生们，也一同在桥下度过了一段时光，帮助她对泥蜂进行观测。在桥下的时光，我要随时躲闪神出鬼没的棉口蛇，我对此蛇的畏惧，远远超过当地人对它的态度。

我很喜欢观察泥蜂的筑巢行为，一部分原因是因为我当时正在撰写《延伸的表现型》，而由动物所搭建的建筑作品，能为我在内容的论述上锦上添花。物理学中有一个术语，叫作触变现象。泥蜂的一个习惯，就是利用类似触变的手法进行“焊接”。我对这种技巧尤为感兴趣。当泥蜂口中衔着一个泥球回到管道般的巢穴时，它会将泥球贴附在管道开口处。之后，它会鼓起翅膀，大声蜂鸣，随之而来的震动通过口部传到泥球，使得那一团泥像流沙般“融化”。融化的不仅仅是刚刚衔来的泥球，而是整个管道的开口处，这样泥球就与管道融为一体。融化、融合、焊接，这一动作确实达到了焊接的效果。在我看来，震动对泥巴所发挥的作用，就像焊接工使用的乙炔焰对金属发挥的作用一样，都是将开口处做暂时的液化处理，这样新泥巴就能与旧泥巴牢固结合。根据简的回忆，之前还没有人使用过“触变现象”这个类比，那么就由我在这里提出，以便读者理解吧。

我和简在盖恩斯维尔举办了一期关于进化和行为的研讨班。另有两位教授加入了我们的队伍。回忆这场为期一周的讨论会，总记得那时讨论的内容，日益受到格拉芬智慧力量的影响。表面看来，他不过是众多研究生中的一位（而且年纪较轻），但到了后来，无论是学生还是教授，都养成了一种习惯，那就是一旦遇到什么难题，就去找格拉芬，等着他用他那清亮的苏格兰口音告诉我们如何清晰地思考问题，并得到正确的结论。

我在佛罗里达度过的假期，并没有全部用在泥蜂和工作上。我、简和格拉芬，再加上简在动物学系的朋友唐娜·吉利斯（Donna Gillis），共同踏上了一场佛罗里达的探索之旅。我们驱车去了迪士尼乐园（格拉芬坚持要去玩那些让人汗毛倒竖的过山车游乐项目）和海洋世界（格拉芬第一个自告奋勇，让表演的海豹将他推进游泳池）。我们去了位于墨西哥湾岸边的海洋生物研究站，在那里，我们自己下厨，睡在宿舍里的上下铺。我们见到了“鲎”这种生物（别名马蹄蟹，但其实并非蟹类，而是蜘蛛的远亲；后来，简还专门对这种“活化石”进行了研究）。我们看到了成千上万的沙蟹（这是真的蟹类），随着我们逐渐靠近而纷纷钻入地洞，留下一串串线索分明的脚印。最令人难忘的是海洋浮游生物中微生物所发出的磷光。我们玩打水漂，将扁平的石头投向大海，看着石头掠过水面，留下一圈圈散射着光芒的波纹。吉利斯在夜晚的沙滩上翩翩起舞，她的脚趾陷入湿软的细沙，留下的印记在磷光中或闪耀或幻灭。她那嘤嘤的歌声美妙动听，像个旁观者似的吟唱着“她在跳舞”。

在另外一处海滩，格拉芬和我跑去裸泳。这让简和吉利斯颇为担心，因为此处裸泳是违法的，就算是夜间也不例外。这样的规矩让我和格拉芬颇感意外。现在回想起来，此后许多年发生的一件事让我相信，非法裸泳在美国还是很为人重视的事情。记得那是个炎热的夏季，我在美国西北大学结束了一整天的会议演讲，在那个温暖的夏日夜晚和人类学家海伦·费舍尔（Helen Fisher）去密歇根湖裸泳。这时，一辆警车开过来，停在了距离我们100米的路边。当时天色昏暗，我不知道警察是怎么发现我们的。只见他们将探照灯射向我们，通过手提扩音器声嘶力竭地大吼："举起手来！举起手来！举起手来！"我和费舍尔惊恐万分地慌忙上岸，来不及擦干身子，就匆匆套上衣服逃离了现场。而在洒满月光的佛罗里达海浪中，我和格拉芬的那次轻快而短暂的裸泳，并没有遇到什么打扰。现在想想，当时裸泳这个决定，更多的是抱着冒险心态，而并非是为了享受。简告诉我，她不鼓励学生们去那处海滩游泳，因为附近时常有鲨鱼出没。

回到盖恩斯维尔之后，我这次学术假期的大部分时间都用在了撰写《延伸的表现型》这篇文章上。我充分利用了大学的图书馆资源，基本上每天都要和格拉芬讨论一会儿，共同研究进化论中的议题以及如何清晰地思考其中的问题。我也用了一些时间，与简合作（并采纳了格拉芬的许多建议）共同创作了一篇名为《挖掘者黄蜂是否会犯协和谬误？》的论文。

协和谬误

经济学家口中的"沉默成本"谬误，说的是花了冤枉钱还执迷不悟，继续往里扔钱的行为。我在听到这个说法之前，在进化生物学中也发现了同样的现象，并将其命名为"协和谬误"。首次使用这个词，是在1976年《自然》杂志发表的一篇我和牛津本科生塔姆欣·卡莱尔（Tamsin Carlisle）合著的论文之中，后来在《自私的基因》中也用到过这一术语。下面是安德鲁·科尔曼（Andrew Colman）编辑的《牛津心理学词典》中为"协和谬误"给出的定义：

> 继续在某一项目中投资，仅仅为了证明既往投资的合理性，而并不对当前投资的合理性进行评估，亦不考虑之前的损失。赌

> 徒经常花了冤枉钱还执迷不悟，继续往里扔钱，想要借此逃脱不断高筑的债台……雌性大黄掘土蜂准备投入一场地洞纷争的时间，并不取决于洞中有多少食物，而取决于它自己在洞中放了多少食物。在洞中存放了最多猎物的掘土蜂，一般就是最不愿意放弃斗争的那一只。这一现象，由英国动物行为学家理查德·道金斯（生于1941年）和他的本科生塔姆欣·卡莱尔（生于1954年）于1976年在《自然》杂志中首次提出并命名。也叫作沉默成本谬误，特别是在决策理论和经济学中……（其命名引自英法两国联合研制的超音速飞机——“协和”号。20世纪70年代，在飞机的研发阶段，其成本迅速上升，很快便令飞机的研制丧失经济意义，但英法两国政府依然继续投资支持该项目，以证实既往投资的合理性。）

我使用过的另一个名称是“我们的孩子不该白白死去谬误”。记得20世纪60年代，我在加利福尼亚躲闪催泪弹的日子，在反对越战的呼声前所未有地高涨之时，有一种不支持撤军的论调是这样说的：“许多美国人已经在越南牺牲。如果我们现在撤军，他们就白白丢了性命。我们不能让这些孩子白白死去，因此我们要继续战斗。”（而还将会有更多的孩子死去，但他们对此绝口不提）。我和简在对数据进行再次分析时，发现掘土蜂的行为中也存在它们的协和谬误。一丝烦扰之感涌上我们二人的心头。

进入的掘土蜂在共享地洞中遇到洞主人的事情并非时常发生。而一旦双方陷入交战，落败的一方便一去不返，让获胜者独自享有两只掘土蜂在洞中存放的所有纺织娘。掘土蜂之所以争斗，很可能是为了决定谁得到这个地洞，因为地洞对双方都很有价值。当地洞中有很多纺织娘时，其价值就更高。而读者可能会认为，地洞对两只掘土蜂而言，价值相等，无论洞中的纺织娘是谁捕获的。因此，如果掘土蜂的行为是理性的，而非陷入协和谬误，那么我们就会认为，与一个空空如也的地洞相比，两只掘土蜂会为一个猎物充盈的地洞打得更凶。

但事实并非如此。两只掘土蜂都陷入了协和谬误，其争斗力度所体现的巢穴价值，取决于它自己在洞中放置了多少只纺织娘，而非地洞真正的未来价值。这一现象通过两种方式表现出来。第一，统计数据显示，为地洞贡献最多纺织娘的掘土蜂，赢得最终胜利的概率更大。第二，每次争斗的时间长短，与失败者为地洞贡献的纺织娘数量相关。这一结论的协和谬误思路是这样的。当其中一只掘土蜂决定逃跑时，争斗结束，并标志着逃跑的掘土蜂失败了。采用协和谬误的掘土蜂，如果贡献的纺织娘数量较少，会早早放弃争斗，如果贡献数量较多，会迟迟不放弃争斗。因此，争斗时长和失败者捕获的纺织娘数量产生了相关性。

简半开玩笑地说，协和谬误由我命名，没想到我们研究的掘土蜂也犯这样的错误。借用约翰·梅纳德·史密斯的幽默，会不会是“自然选择又砸锅了”？我们像往常一样去找格拉芬，征求他的意见。他指出了一个关键问题：动物设计，就像人类工程师的设计一样，不会有绝对的完美。优秀的设计永远是存在约束的。悬索桥并不保证能经受得起所有的考验：工程师在设计之时，要在指定的安全范围内尽量降低成本。如若出于某些原因，掘土蜂用于计算共享地洞中纺织娘数量的感知和神经器官有着高昂的成本，而用于计算自身捕获纺织娘数量的器官十分廉价，会有怎样的表现呢？这样一来，最具经济性的掘土蜂“设计”，看起来就像是协和谬误。毕竟，共享地洞的情况也并非十分常见。

正如格拉芬所料，有间接证据证实，黄蜂可能用于清点猎物数量的神经/感觉器官，使用起来的确需要昂贵的代价。这些证据来自掘土蜂的近亲蜾蠃。该研究由杰勒德·贝仁德（Gerard Baerends）在荷兰进行，而贝仁德碰巧是我的老师简·丁伯根带出来的第一位研究生。贝仁德研究的蜾蠃，和简的大黄掘土蜂有所不同，它们在食物供应方面十分积极主动。蜾蠃不像掘土蜂那样，先收集好全部食物，再在食物上产卵，然后封闭地洞并离开，而是每天将食物（是毛虫，而不是纺织娘）带回到茁壮成长的幼虫身边。而且，在任何时段，一只蜾蠃都有两到三个需要照料的地洞。几只幼虫的出生日期不同，其食物需求也相应有所差别。蜾蠃“知道”年幼的幼虫比年长的幼虫需要的食物量少，也会按需给它们哺喂数量不等的食物。而现实情况却非常令人意外。蜾蠃只会在清晨检查所有地洞时，对幼虫的需求进行评估。这一轮检查完毕之后，随后一整天的行为，都好像它完全无视洞中食物有多少一样。

贝仁德设计了一个十分精练的实验。他将幼虫在地洞间进行系统化移动。无论某个地洞中的幼虫有多小，蜾蠃都会继续喂给它大个头的猎物，而这样的食物量，是适合在早间地洞检查时占据此洞的那只体型更大的幼虫的。反之亦然。就好像蜾蠃有一部测量地洞内容物的仪器，但运行这部仪器，需要高昂的成本，于是它每天只在早间地洞巡视时打开一次。接下来的一整天，这部仪器都处于关闭状态，以便节约运行成本。这样就能解释贝仁德实验中蜾蠃的无心之失，而蜾蠃的失误，是因为它们此时已看不到地洞中的内容物了。当然，这样的失误在一般情况下无伤大雅，因为只要贝仁德不在场，幼虫们是不会自己在地洞间钻来钻去的。

蜾蠃的确需要配备一个评估工具，因为其通常的习性是积极地为成长于地洞中的幼虫提供食物，而幼虫的年龄又有大有小。但即便如此，蜾蠃还是严格控制使用评估工具的时间。而大黄掘土蜂一次只养育一只幼虫，仅在极少的情况下与其他掘土蜂共享巢穴，对这种代价高昂的工具并没有强烈的需要，因此大黄掘土蜂从不将其开启，或根本不配备这种工具。这样，掘土蜂就表现出协和谬误的行为。总之，这就是我们对实验结论的理解。我们也不应该对掘土蜂的表现感到失望，更何况还有哲学家认为，它们理应表现出“黄蜂行为”。拥有智慧和权力的人类都会犯协和谬误，何况黄蜂？我们人类对风险、成本和收益进行评估时，所做的决策有时远比协和谬误愚蠢得多，丹尼尔·卡尼曼等心理学家就向我们揭示了这一点。

Brief Candle in the Dark

04 以会结友

在 1977 年举办的国际行为学大会上，我有幸一睹“社会生物学”之父爱德华·威尔逊的风采。在挪威北部小岛上开会时，我陶醉于贝蒂·佩特森的甜美歌声。2011 年，摩洛哥加纳利群岛的一次聚会上，我结识了阿姆斯特朗，他是第一个登上月球的人。

My Life

in

Science

戴维·洛奇（David Lodge）在他的校园小说《小小世界》（*Small World*）中，将学术会议和乔叟笔下的朝圣相提并论：

> 现代会议，有些类似于中世纪基督教世界的朝圣，因其放任与会者沉浸在旅行所带来的各种愉悦和消遣中，同时还表现出一副为自我提升而鞠躬尽瘁的模样。

洛奇这一愤世嫉俗的观点，并非完全错误。记得我在撰写《自私的基因》一书时，曾参加过一次令我印象颇深的会议。那次会议的赞助方是勃林格殷格翰药业公司，会议地点定在一处奢华至极的德国城堡，主题是“科学和医学的创造性过程”。这次会议，无疑是我参加过的所有会议中最光鲜、最奢侈的。嘉宾名单中，包括了一些名声大噪的科学家和哲学家，许多人都是诺贝尔奖获得者。每一位大人物都可以带上几位年轻的下属，充当骑士身边的随从。我的导师简·丁伯根就是这样一位“骑士”，而他身边的随从就是德斯蒙德·莫里斯（Desmond Morris）和我。其他一些与会的骑士（有些人真的是贵族出身）有彼得·梅达瓦（Peter Medawar）爵士（免疫学家、散文作家，也是富有传奇色彩的博学大师），卡尔·波普尔（哲学权威，批判理性主义创始人），汉斯·克雷布斯（Hans Krebs）爵士（全世界最著名的生物化学家），雅克·莫诺（伟大的法国分子生物学家），还有其他几位家喻户晓的科学泰斗。

他们每位都带着几个助手前来赴会。与会嘉宾，总共只有 30 人左右。我为能参加这样高级别的会议，深感荣幸，在会场上谨慎得一个字都不敢说。毕竟，沉默是金。

我们围坐在一张光滑锃亮的大桌子边上（这张桌子不一定是真的可以围坐的圆形，但若不是圆形，就与我那“骑士”的比喻不吻合了），每人前面还摆放着名牌（顺带提一句，为什么这样的场合，名牌上写着名字的一面总是朝向本人，而不是朝向另一面，为其他可能用到的人所见呢？本人一般都知道自己叫什么吧）。桌上散落着笔记本和铅笔，矿泉水瓶，甜品和大量香烟。最后这样东西，这次真是出现在了错误的场合，因为卡尔·波普尔对烟味是出了名地厌恶。还有一次，在另一个会场，波普尔从席中起立，提出特别要求，不允许任何人吸烟。如今，这样的请求已经没有必要，因为在室内，人们会自觉地不吸烟。但那个时候，情况有所不同。正是因为这位伟大的哲学家拥有至高的威信，大会主席才答应了他的要求。或者说部分接受了他的要求。当时，大会主席是这样说的：“出于对波普尔爵士的尊重，若有哪位与会者想要吸烟，请离开会场，到室外进行。”波普尔爵士再次起身：“不行，这样还不够。因为等他们吸完烟回到会场，我还是能从他们的气息中闻到烟味。”

讲到这里，读者一定能想象得到，那座奢华宫殿会议桌上摆放着的琳琅满目的香烟，引起了多大的恐慌。每次，当有人忘记正襟危坐，将手伸向桌面时，就会有仆人迅速冲上前去，慌忙扯住此人的袖子，然后悄声低语：“请不要吸烟，波普尔爵士忍受不了……拜托。”在我的记忆中，桌上的香烟一直完好无损地留到了最后，用整场会议的时间考验了人们的烟瘾。

会议的日程安排，松散地围绕着一系列应邀准备的演讲进行。演讲过后，留有时间供与会者提问和讨论。德国人的严谨名不虚传。每天早餐时，会议主办方都会给每个人呈上厚厚的一摞文件，里面的内容是之前一天的会议纪要，纪要内容逐字逐句，详细至极。每一个磕巴，每一处嗯啊，每一次说到半截觉得不妥又重新开始，还有那些重复了一遍又一遍的车轱辘话，都被记载下来。我打心底里同情那位红着眼睛熬夜的打字员，她不得不加班加点地敲打这一大堆洪流般的冗词赘语。但还是有个问题：如何将每颗珍珠划归到属于它的蚌壳？换句话说，就是谁说了哪句话到底如何分辨呢？会议主持事先提出，要我们在每次发言开始时报上自己的名字。彼得·梅达瓦是开场讨论的主持，他也是第一个提出问题的人，于是他就用那富有特色的从容自若，对着录音机报上了自己的姓名："鄙人梅达瓦，厚颜无耻地占用了主持的特权。"但大多数人在你来我往的热烈讨论中，都忘掉了要报上名字，于是主办方只好另想办法。结果，新办法比桌上的香烟还让人魂不守舍。只见一张光亮的大桌子上，高高地支起了一把转椅。一位身着短裙的年轻女郎坐在了上面。每次有人讲话，她就像战舰上的炮楼一样迅速掉转身子，瞄准讲话的人，然后在本子上记下他的姓名和说出的第一句话。之后，这些笔记就交给夜班打字员，为辛勤敲打出来的每一段话找到主人。

对一位年轻的科学家来说，有机会旁听同一领域的泰斗们开怀畅谈，是多么荣幸的一件事啊。汉斯·克雷布斯在谈到如何拿到诺贝尔奖这个话题时，实在谦逊得过了头，他说："简而言之，就是每天早上 9 点去实验室，干活干到下午 5 点，然后回家。重复这一流程 40 年。"我之前已引用过雅克·莫诺那令人心驰神往的自白。他有一个习惯，就是将自己想象为一个电子，然后决定下一步该怎么做。我跟随心中的科学英雄比尔·汉密尔顿也做过类似的事。常常自问，如果我是一个基因，想要将自身的拷贝传承给未来的世代，我会怎么做。

一位应邀前来参会的日本物理学家整场一言不发。在会议快要结束时，他羞怯地询问，能否最后说几句话。他说，如果没有在会议上发言就回到日本，是很没面子的事。从理论上讲，他说完这番话，就已经完成任务了，但他却继续讲了下去，而随后讲述的内容还颇有意思。他指出，大部分物理学家都执迷于各种类型的对称。而日本传统美学则偏好不对称之美。也许正是这样的审美观，令日本的物理学界有不一样的视角。这让我立刻想到了年轻的加拿大人类学家帕米拉·阿思奎斯（Pamela Asquith）做过的一项研究。这项研究可以被称为“元灵长动物学”（meta-primatology），是以灵长动物学家为对象的比较研究。阿思奎斯的论点是，日本灵长动物学家从不同的文化视角出发进行猿类研究，从而与西方视角形成互补。还有一个关于女性灵长动物学家也有类似观点，她认为因为女性在灵长动物学家中所占的比例和其他学科相比有所不同。

彼得·梅达瓦，影响了我的写作风格

在所有诺贝尔奖获得者中，彼得·梅达瓦尤其令我尊重。在我心中，他一直如英雄一般，凭借其精湛的写作风格和高超的科研水平让人折服。可惜的是，他时值壮年便罹患中风，由他的妻子吉安无微不至地照顾着（从他的领带结上就能看出来，与男性手法相比，梅达瓦的领带打得更加柔和松弛）。梅达瓦讲话时那隐约的含混，丝毫不影响人们对他智慧和博学的敬仰。只有一次，我在不经意间觉察到，他那坚定而温和的气质下还潜藏着一丝弱点。那时，我参会差点迟到，正在走廊里匆匆忙忙地赶路。正巧碰上梅达瓦一家，他们也着急地一个劲儿快走，速度已经到达了梅达瓦的极限，而这个极限还是不够快。吉安急得气喘吁吁，连声叫我。她请我帮把手，一同将梅达瓦带进会场。我帮着忙，心中已是满满的感动，一方面因为吉安对丈夫的关心和牵挂，另一方面因为梅达瓦那一脸焦虑生怕迟到的模样。那个时刻，梅达瓦放下了平日高冷的贵族派头，流露出了平实的一面。

还有一次，梅达瓦提到，他跟我父亲在马尔伯勒学院是同一年级的同学。“你父亲和我，都很讨厌一个叫 A.G. 朗兹（A.G.Lowndes）的人。”朗兹是他们敬爱的生物学老师，他的教学成功经验颇具传奇色彩。我提醒梅达瓦爵士，他还为这位旧时的导师写过一篇情意深切的悼词。“哦，是啊，那个老家伙翘辫子了，我怎么也得表示一下嘛。”

那段时间，我受到《泰晤士报文学增刊》(*Times Literary Supplement*) 编辑雷德蒙德·欧汉伦的邀请，为梅达瓦的一本书撰写评论。我交上去的稿子，充满了热情洋溢的赞美之辞，那是我写过的最富激情的一篇书评（我还写过一些毫无特色的书评，现在回想起来，若是早点从梅达瓦那里找些灵感就好了）。那篇文章通篇中唯一一句稍带负面色彩的语言还是为了随后加以反驳的："有些人说梅达瓦我行我素，但我要对这种说法极力抗议……" 报社从未跟我提过要对文章内容进行更改，但等那期杂志出版，我才惊慌地发现，他们将我那些最为华丽的溢美之辞全部删除，还给书评冠以《我行我素》的标题。我满腔愤怒地冲到欧汉伦的办公室。他的办公室就设在其妻贝林达位于牛津那间著名的"安娜贝林达时装店"的楼上。一走进欧汉伦的办公室，只见四周全是各种奇异的收藏品，有爬行动物标本、干枯的猴爪、迷信器具等旅行中得来的古怪纪念品。他一言不发地听我滔滔不绝的指责加抱怨，然后一声不吭地离开了房间。等他回来，手里多了一样东西。他依旧保持沉默，将东西递给我。这是一柄双管猎枪。我永远都不会知道，当时那把枪里是否装了子弹（欧汉伦有种怪异的探险精神，保不齐还真给枪上了膛）。但不管怎样，他的这一举动竟然让我稀里糊涂地消了气。其实，我不认为是欧汉伦本人在编辑文章时做了手脚，而当我将这则轶事讲给梅达瓦听时，他也宽宏大量地一笑置之了。

十年之后，梅达瓦的一生走到了末尾。吉安邀请我参加在他们位于伦敦北部汉普斯特德的别墅举办的晚餐会。自从德国一别，梅达瓦的健康每况愈下，但他的思想还是一如往昔地敏锐。吉安每周都会邀请两到三位客人，来陪梅达瓦解闷。我们这些极少与他有私交的人，因为受到邀请而感到荣幸之至。那是个难忘的夜晚。和我一同受邀的，还有著名记者凯瑟琳·怀特霍恩（Katharine Whitehorn）。她带给梅达瓦的笑声，比我要多得多。为此我对她心怀敬意。当晚，梅达瓦表现出对疾病的唯一一次妥协，他向我们表达歉意，说要早点上床休息："无奈，我是个病入膏肓之人。"

后来，在2012年6月，我再一次感受到了同样的荣幸。查尔斯·梅达瓦（Charles Medawar）送给我一本他父亲图书馆中珍藏的书籍。这本书是在伟大的苏格兰博物学家达西·汤普森（D'Arcy Thompson）退休时，送给彼得·梅达瓦的《纪念文集》。彼得·梅达瓦亲自担任文集的编辑，而且书中还有所有作者的亲笔签名，包括V.B.威格尔斯沃斯（V.B.Wigglesworth）、J.Z.杨（J.Z.Young）、J.H.伍杰（J.H.Woodger）、E.C.R.利夫（E.C.R.Reeve）、朱利安·赫胥黎（Julian Huxley）、O.W.理查兹（O.W.Richards）、A.J.卡瓦纳（A.J.Kavanagh）、N.J.贝里尔（N.J.Berrill）、E.N.维尔莫（E.N.Willmer）、J.F.丹尼尔利（J.F.Danielli）、W.T.阿斯特伯里（W.T.Astbury）、A.J.洛特卡（A.J.Lotka）、G.H.布什奈尔（G.H.Bushnell），还有两位编辑W.E.勒古罗斯·克拉克（W.E.Le Gros Clark）和彼得·梅达瓦本人。达西·汤普森自己也签上了名字，为保险起见，汤普森自己的签字还是用纸条粘上去的。上述作者，对于我和动物学系的同学来说，都是如雷贯耳的大名。而达西·汤普森则尤为伟大。这里引用一段彼得·梅达瓦对汤普森的描述：

> 这位学术贵族所拥有的智慧和天赋，很难再次汇集到同一人身上。他是一位荣誉满堂的古典主义学者，曾担任英格兰、威尔士和苏格兰古典协会的主席。他是一位卓越的数学家，其所创作的一篇纯数学论文，被皇家学会发表。他是一位优秀的博物学家，在重要的组织中担任领导职务已有46年之久……他非常健谈，还是著名的演讲大师（人们总认为健谈之人必定擅长演讲，其实不然），他还撰写了一本著作，此书属于文学范畴，其艺术风格，可媲美W.H.佩特（W.H. Pater）或洛根·皮尔索斯·史密斯（Logan Pearsall Smith）的优雅文笔。而且，他还身高1.8米、身材壮硕如北欧海盗，言谈举止中流露着因外表俊朗而带有的骄傲。

如果有人让我指出一位对我本人写作风格影响最大的科学家，我认为是另一位学术贵族彼得·梅达瓦。也许读者能通过阅读上面这段简短的摘录，

图 1 是我在新学院的办公室，计算机屏幕上显示的是生物形态，窗外是牛津的风景。

图 2 是我女儿朱丽叶和她的狗及两只猫，以及远处的城堡。

图 3 是我在非洲的童年时光。

在我 50 岁生日时，我母亲在橱柜(图4)上画了三幅风景画（图 1- 图 3），描绘了我的生活。

5
6
7
8

我心中的英雄，除了伟大的查尔斯·达尔文之外，还有彼得·梅达瓦（图5）、简·丁伯根（图6）、比尔·汉密尔顿（图7）、约翰·梅纳德·史密斯（图8）、道格拉斯·亚当斯（图9），卡尔·萨根（图10）和戴维·爱登堡（图11）。

2C Gainesville Sun Friday, May 11, 1979

UF's 'Wasp Lady' Is Branching Out

By The Associated Press

Dr. Jane Brockmann's been watching wasps so long that she is known as the University of Florida's "wasp lady."

Again this summer she's heading for more of the same, this time joined by Dr. Richard Dawkins, an Oxford University professor who studies small animals and insects.

They believe their work will help explain how behavior evolves in wasps, crickets, frogs and other animals — perhaps even humans.

Ms. Brockmann, 32, worked with Dawkins in England last year while she was on a North Atlantic Treaty Organization fellowship.

"The big question is, 'Why is there such diversity of behavior?'" said Dawkins, author of "The Selfish Gene."

As an example, he cited a behavior pattern in frogs: a male frog may sit in a pond and croak beguiling love songs, awaiting females to come to his call. Meanwhile, other male frogs lurk in the dark around him in hope of intercepting the females.

Another evening, Dawkins said, the croaker may become one of the "sneakies" and another act as "caller."

"We tend to think of one strategy as successful and one as a loser's approach, but obviously they're not, or else evolution would favor one above the other," Ms. Brockmann said.

She began watching wasps in preparation for her doctoral degree and estimates she put in 3,500 hours at it from 1973-75.

While working with Dawkins in England, she said, "we analyzed my wasp data in a way I never thought of before.

"Variability in animals' response to new situations has long been considered the province of higher animals, yet recent studies, mine included, using individually marked animals, show that insect behavior can be surprisingly variable too."

Females among Ms. Brockmann's golden digger wasp subjects may dig new nests or move into old ones to lay eggs, and she sees no way to tell which they will do.

"You'd think thee's got to be some little cue to guide her decision, but maybe there isn't," the scientist said.

She found her wasp studies helped in teaching a basic biology course on population genetics and ecology.

"As I prepared my lectures, I came to realize the field is very relevant to understanding adaptive behavior, such as that of my wasps. And I had to go back to basic concepts like 'fitness,'" she said. "To teach people about a concept like that, you have to know what it really means and not just be using it as a piece of jargon."

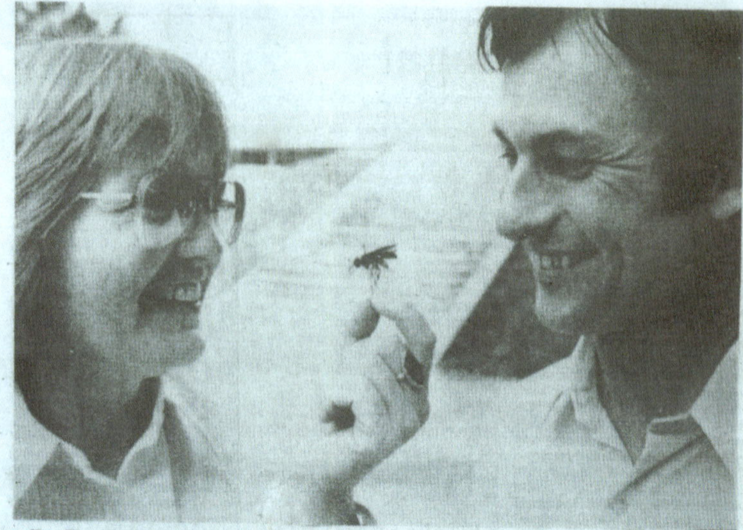

(AP Wirephoto to the Sun)

Dr. Brockmann at One Point Spent Close to 3,500 Hours Studying Wasps

12

13

14

图 12 是关于我的学生简 · 布罗克曼和她研究课题的报道。

图 13 是一只大黄掘土蜂在它的地洞口。

图 14 是泥蜂建造的“风琴管”蜂巢——一个“延伸的表现型”的例子。

图 15 是巴拿马的巴罗科罗拉多岛，从码头第一眼看到的是史密森尼热带研究所。

图 16 是切叶蚁。我对切叶蚁着了迷，这些切叶蚁正在搬运材料，目的是为建设地下真菌花园制造堆肥。

图 17 是乐天派的弗里茨 · 沃尔拉特，也是研究所的常务副所长。

图 18 是迈克 · 罗宾逊，他正在和他的鸟类“朋友”在一起。

图 19 是一座富丽堂皇的德国城堡，1974 年，我跟随导师丁伯根在那里参加了一次阵容豪华的会议。

坚决不能容忍吸烟行为的卡尔·波普尔教授，是那次参会的一位天才人物（图 20）。

图 21 是 2011 年“星乐”节上，我们在“加纳利大型望远镜”里聚会的情景。与会者是一群光彩夺目的精英。

非常和善的太空行走第一人阿里克斯·利昂诺夫，给了阿波罗 13 号英雄人物吉姆·洛弗尔 一个热烈的俄式熊抱（图 22）。

利昂诺夫除了天文学方面的天赋之外，还拥有艺术天赋。他在菜单的背面，寥寥几笔就画出了活动组织者盖瑞克·伊斯瑞利安的小儿子亚瑟的一 幅肖像（图 23）。

图 24 是 1989 年我在伊利诺伊州埃文斯顿参会的留影。照片中的人物被称为“社会生物学鼻祖”。从左至右分别是：艾雷尼厄斯 · 埃比贝斯菲尔德、乔治 · 威廉姆斯、爱德华·威尔逊、我和比尔·汉密尔顿。

1989 年，迈克尔 · 鲁斯在挪威北部风景秀丽的小岛梅尔比（图 27）主持召开了一次会议，我看上去已迷失在这次会议里了（图 25）。“北方的夜莺”贝蒂 · 佩特森（图 26）的甜美歌声，已把我给震慑了。

图28是无神论“四大骑士”的合影，从左至右分别是克里斯朵夫·希钦斯、丹尼尔·丹尼特、我和萨姆·哈里斯。不幸的是，没过几年，我不得不说：“再见，希钦斯！”（图29）

事实证明，相互上辅导课既能让大家开心，又富于启发性。这样的事例包括：我与尼尔·泰森讨论“科学的诗意”（图30）；我与劳伦斯·克劳斯在拍摄纪录片《无信仰者》时坐在一辆闷热的豪华汽车里所进行的讨论（图31）。

略感一二。

语无伦次

1977年，我应邀前往位于德国的比勒费尔德，并在那里举办的国际行为学大会上进行演讲。在我事业的那个阶段，能得到邀请（而非自荐）在动物行为学领域的高级别大会上发言实属荣幸。为此，我在演讲稿上着实下了些功夫，将其命名为《重复选择与延伸的表现型》。后来，这篇演讲稿发表于《动物行为学》（*Zeitschrift für Tierpsychologie*）杂志上。这是我首次将这一思想介绍给学界，而“延伸的表现型”这一说法，也成为我第二本著作的名字。

国际行为学大会每两年举办一次，每次都在不同的国家举行。我参加过8次，分别在海牙、苏黎世、雷恩、爱丁堡、帕尔玛、牛津、华盛顿和比勒费尔德。在自传的上部，我提到过1965年在苏黎世举行的那次会议。当时，我在大会上第一次向学界介绍了我的博士研究，还遇到了点儿技术难题，得到了奥地利动物行为学家沃夫冈·施莱特（Wolfgang Schleidt）的帮助。国际行为学大会的渊源，要追溯到很久之前。最初，大会不过是一小部分学者的聚会，由康拉德·劳伦兹（Konrad Lorenz）和简·丁伯根负责主持。劳伦兹性格热情似火，外表俊朗过人。而丁伯根性情沉默，热爱思考，但也十分英俊。那时，会上的演讲都要拖很长时间，因为这两位老前辈（当时年龄并不大，但已属学界前辈了）要轮流做英德互译，帮助听众更好地理解演讲内容。到了我开始参加会议的时候，会议规模已壮大了许多，以德语进行的演讲数量骤减，也没有足够的时间留给翻译了。

但语言问题并没有就此解决。后来，两年一度的会议在法国雷恩召开时，一位来自荷兰的年长嘉宾在演讲目录中明确指出，他的演讲将以德文进行。结果，当他起身准备上台时，观众席中大多数来自英美国家的学者，都面带愧色地纷纷向大门走去。我出于面子和礼貌，坐在座位上没动。这位尊贵的荷兰老学究，站在讲台上耐心地等待，面带微笑，一直等到最后一位因听不懂德语而羞愧难当的人偷偷溜走。随后，他收起微笑，宣布他改变了主意，决定用英语演讲（荷兰人也许是欧洲最具语言天赋的人群）。没想到，这样一来，离场的人更多了。

那次大会时，法国代表团团长在演讲之前的一个晚上，进行了一次非正式的民意测验，询问如果她遵从法国导师的要求，用法语进行演讲，有多少人能听懂。举手的人寥寥无几。结果，她只好用英语进行。她改变主意的时间要提前许多，也为她那场出色的演讲招揽了一大批优秀听众。

还是在雷恩举行的那场大会上，一位来自剑桥的同行演讲时语速过快。到最后，一位提问的听众站了起来，用同样激昂的语速气愤地用荷兰语指责他。虽然我在语言方面一窍不通，但也和大多数在场观众一样，基本领会了这位听众的意思。我们这些生来就讲英语的人，不应该滥用我们的特权。在历史发展的过程中，我们所讲的英语，逐渐成为新兴的通用语言。我想，这位聪明的荷兰人一定听得懂我那位剑桥同行的演讲，他之所以有怨言，是为了替其他人鸣不平。也许这些人并非来自荷兰，但在理解高语速剑桥口音的英文时颇为吃力。我也做过同样的事情，不是因为语言，而是因为深奥难懂的科学问题。当时，我很担心，讲台上那位老师的讲解，并不能为同学们所领会。换句话说，可能就像我听我敬爱的导师迈克·库伦（Mike Cullen）讲课一样，有时我会装作听不明白，逼迫讲课之人把问题解释得更加清楚。无论如何，我为这位荷兰科学家替公众说话的精神所深深感动。回到牛津，我再次捡起中学时代就荒废掉的德语，还得到了尤塔·德利厄斯（Uta Delius）的英明指导。只有一次，一位不善与人交际的同事跟我说："嗨，你真不该找德利厄斯辅导德语。这样做只能怂恿他。"同事和朋友们，应该可以凭借这特色鲜明的话语，不费吹灰之力就能微笑地猜出来说这句话的人到底是谁。

我希望，自己在贝勒费尔德大会上的讲话，足够缓慢清晰，所有与会来宾都能听懂。至少，我听到的唯一一句负面评论，来自一位熟练掌握多国语言的荷兰人，他对我领带的颜色猛烈抨击。的确，那天我系的领带是炫目的紫色。显然，以他脆弱而敏感的洞察力看来，这条领带与我全身的着装完全不搭配。

顺便提一句，如今的我再也不会在着装上失礼了。我现在系的领带，全是我多才的爱妻拉拉亲手绘制的，上面都是她原创的动物图案。这些领带上，绘有企鹅、斑马、黑斑羚、变色龙、红鹳、犰狳、竹节虫、云豹，还有……疣猪。不得不承认，这最后一条领带，饱受众多大人物诟病，完全入不了皇室成员的眼。记得有一次，我应邀去参加女王在白金汉宫举办的每周一次的午宴活动，我打上了这条疣猪领带。一同受邀的客人大约有十几位。来宾们真是五花八门，令人眼花缭乱。其中有国家美术馆馆长，澳大利亚橄榄球队队长（此人的身型和气势与读者想象中的一模一样），一位沉静的芭蕾舞者，英国最著名的穆斯林教徒，还有至少 6 只威尔士犬（桌子下面）。女王陛下一如既往地尊贵优雅，但对我的疣猪领带并不喜欢。“你的领带上为什么画着如此丑陋的动物？”面对女王，我当场脱口而出的答复，自我感觉并不牵强：“陛下，如果说领带上的动物很丑陋，那得需要多少艺术才华，才能绘制出如此漂亮的领带啊？”其实，我认为，女王不是将话题局限于毫无意义的客套，而是通过说出她的真实想法来表达对客人的尊重，这本身就令人敬佩。至于疣猪这种动物，我的审美观和女王保持一致，因为它们确实不好看。但当疣猪奔跑起来，它们的尾巴会笔直地指向天空，散发着一种活泼而漫不经心的气质。这种气质并非迷人，也肯定不美丽，但那种洋洋自得、兴高采烈的样子，让我很喜欢有它们的形象伴随身边。而且，这条领带非常夺人眼球。我想，女王陛下若还记得，应该会认同我的看法。

我们回到之前那段打紫色领带的岁月吧。话说那位批评我的荷兰人，并没有将“延伸的表现型”这一思想纳入他愤怒的攻击范围。我为此心怀感激，因为此人不仅智慧过人，而且嘴巴也不饶人。他在我们这个研究领域是德高望重的长者，提出了关于人类起源的一个重要理论，但他并不是人见人爱的老好人。伊夫林·沃（Evelyn Waugh）笔下的一个小角色佩里格林大叔，“是个臭名远扬的烦人精，他只要现身，便会令人心中一沉，在任何一个文明汇集处，他都能起到清场的效果”。遗憾的是，我那位领带批评者，也有着类似的名声（单是提到他的名字，就能在动物行为学界清空整条走廊的人），而且他还患有极为严重的受迫害妄想症。据传言（并非空穴来风），他从阿姆斯特丹大学领着全额教授薪水，但校方有个严格的前提条件，那就是他永远不能踏足阿姆斯特丹。后来，他搬到了牛津。

恐怕，他在荷兰还是其他一些刻薄段子的攻击对象。一次，他用英语撰写了一篇论文，提交到一家荷兰的杂志社，申请发表。其中有一处笔误：“人类是荒唐的（ridicolous）物种。”他本想写“留巢”（nidicolous）一词，意思是这个物种的幼崽非常依赖父母（就像鸟类刚孵出的幼崽一样），与“离巢”（nidifugous）一词相对（就像小鸡和羊羔一样，年幼时就凭借自身结实的肢体离开巢穴）。杂志社那些德高望重的编辑肯定一眼就看明白了作者的意思，但他们却还是在后来一期的勘误表中，打着道歉的旗号嘲讽了作者一番。他们说作者在非洲丛林中，联系不上。而编辑必须要迅速做决定，因此就诉诸概率法则：“荒唐”（ridiculous）一词在英语中出现的频率，比“留巢”（nidicolous）一词高出许多，而且两个词都与打错的那个词（ridicolous）相差一个字母。就这样，最终版本就成了“人类是荒唐的物种”。也许，那位荷兰人的受迫害妄想症并不是完全没有道理的。如今，计算机可以替他检查拼写错误，但估计编辑还是会做出同样的更改决定。

爱德华·威尔逊，被泼水的社会生物学家

接下来，我要讲一讲 1978 年在华盛顿召开的会议。因为那次会议期间发生的一件事，成了那段“社会生物学论战”传说中的一部分。而且，和那些一提起这段传说便滔滔不绝的人相比，我算是亲眼见证了事实经过。那次大会的召集人是我在伯克利的老朋友、动物行为学家乔治·巴洛（George

Barlow）和人类学家詹姆斯·西尔弗伯格（James Silverberg）。会议目的是讨论社会生物学的变革以及如何将其发扬光大。《社会生物学》（*Sociobiology*）一书的作者爱德华·O. 威尔逊是会议的明星演讲嘉宾。由于《自私的基因》当时逐渐受到关注，因此我也获得了邀请。威尔逊那部壮观的巨著，和我这本小书存在许多的不谋而合之处。但两本书的写作过程，并没有互相影响。其中一个重要的不同之处就在于约翰·梅纳德·史密斯的伟大理论“进化稳定策略”在《自私的基因》中发挥了突出作用，而在《社会生物学》中却不见踪影。在我看来，这是威尔逊这本大作的一个严重缺陷，虽然当时并没有为评论家们所指出。我在前面一章中已经提到，我在华盛顿会议发表的演讲内容就是进化稳定策略。也许，评论家将关注点全部放在了威尔逊著作最后一章关于人类的讨论中，并对其进行了一连串枪林弹雨般的愚蠢攻击，连《自私的基因》也附带着中了枪（虽然受损程度并不严重）。这段不光彩的历史在社会学家乌利卡·塞格斯特罗勒（Ullica Segerstråle）的著作《真理的捍卫者》（*Defenders of the Truth*）中，有全面而公允的叙述。

华盛顿会议时，我正坐在观众席中听取一个分论坛的讨论，一群由学生和左派同行构成的乌合之众突然冲上讲台，其中一人将一满杯水泼向爱德华·O. 威尔逊，而威尔逊当时因参加波士顿马拉松的训练而受伤，不得不拄着拐杖。有些记者将当时的情形描述成“一大罐冰水直浇在他的头上”。也许这件事在别的场合的确发生过，但我所见到的一幕，是一杯水从一侧朝威尔逊所在的方向泼了过去，还被戴维·巴拉什（David Barash）拦截了一下，并用他那萧伯纳风格的美髯，以经典的灵长类动物格斗姿态，反甩向泼水之人。巴拉什著有一本可读性很强的社会生物学教科书。后来，他又撰写了几本著作，并成为我们这个领域的智者，扮演着满怀人道主义精神的先知角色。攻击者口中所喊的口号，很明显是受到由理查德·列文廷（Richard Lewontin）和古尔德领导的哈佛集团的启发。而古尔德本人则与威尔逊和巴拉什一同站在台上。这个分论坛的主席以同样激烈的风格表示着愤怒。他站起身来，发表了一段怒气冲天的讲话，并总结道：“我要以个人名义，向威尔逊教授道歉。”

威尔逊用他那富有特色的幽默感接受了道歉。我希望他能知道，在那天的喧闹中，他于不经意间赢得了一场沉默的胜利。

贝蒂·佩特森，声音甜美的女歌手

1989 年，《生物学与哲学》（*Biology and Philosophy*）杂志的创刊编辑迈克尔·鲁斯（Michael Ruse），举办了一场会议，主题是“进化科学与哲学之间的边缘地带”。会议的主题本身并没有什么惊人之处，但令人难忘的是会议召开的地点：挪威北部海岸之外的一座小岛上一个名叫梅尔比的村庄。此地的风景美不胜收，夜空中的太阳也是难得一见的，而最令人难忘的，应该算是会议现场的“群体生态学”。梅尔比在历史上曾一度因渔业而繁荣，而后由盛及衰，经历了一段艰苦岁月。为了应对如此不幸的变迁，一位牙医领导着一群市民成立了社区中心，通过建设并运营会议场馆，为村庄带来财富。这一组织最不寻常的地方在于其运营完全依靠志愿者。这些志愿者出于纯粹、利他的公益精神，无私地投入时间、金钱和资源。也许我的叙述多少有些夸张之嫌，但我们这些来自国外的与会成员，在茶余饭后、夜半漫步时，聊天的主题更多是围绕在对村民理想主义的惊叹上，而会议本身的正题反而是次要的了。

记忆中的那次梅尔比会议，有两个十分有趣的小插曲。村庄中有个鱼饲料市场，那座建筑呈巨大的圆柱形。虽然由于渔业衰落，建筑早已更名改姓，但依然隐约散发着当年的气味。就在这座往昔的市场中，我们参加了一场盛大的庆祝晚宴。我们按时赴宴，结果发现门外有一条长长的队伍等待入场。原来，前来此处的不仅包括与会来宾，还有许多村民，而这些村民都是组织中的志愿者。我们等啊，等啊，等了很久，队伍也不向前移动。终于，一位同来的挪威生物学家按捺不住走出长队，前去一探究竟。等他回来，用十足的幽默感给出了让人哑口无言的解释：“厨师喝高了！”这就是梅尔比，与电视剧《弗尔蒂旅馆》（*Fawlty Towers*）中《美食家之夜》一集的情节一模一样。

当时等得几乎快要失去耐心的我们，听到这句话，顿时愁云散去，开怀大笑。等我们终于进入到这座巨大的鼓型建筑中时，看到几千只蜡烛围成一圈，散发着烁烁光芒，情绪依然十分高涨。当晚的美食还是十分可口的。

“依然是那悦耳的声音，夜莺已苏醒。”会议的第一个晚上，在社区中心，我正在享用自助晚餐，突然被我这辈子听到过的最美妙的声音震慑住了。这声音来自隔壁房间。我如同被催眠了一般，离开餐厅，脚步也不听使唤，径直向歌声的方向走去，仿佛中了仙女的诱惑魔法。一位美丽的女高音歌手，正和着专业水平的弦乐五重奏，柔声用德语吟唱着一支怀旧的维也纳华尔兹小调。我听得出神，上前询问他们来自何处。这群弦乐演奏者们的确是专业出身，每年都会从德国来到梅尔比演奏。他们分文不收，之所以来到此处，完全是出于对这个地方和这里理想主义的热爱。那位甜美的女高音歌手，并非德国人，而是挪威人。她名叫贝蒂·佩特森（Betty Pettersen），是梅尔比的医生，也是与那位牙医领导人建立团队共同成立社区中心的成员之一。在会议召开的那几天，我们成了朋友。很可惜，岁月更替，我们早已断了联系。

故事还没有结束。2014 年 9 月，我受邀来到位于牛津附近伍德斯托克的布莱尼姆宫参加文学节活动。布莱尼姆宫由约翰·范布勒（John Vanbrugh）设计，是一座壮丽的建筑，属于马尔伯勒公爵家族（即丘吉尔家族，温斯顿·丘吉尔就是在那里出生的）。那里风景优美，十分适宜举办文学活动。我时常去那里参加文学节推广新作。这一次，我为自传上部而来，而推广形式却与以往不同。这次采访，中间会插入我亲自选定的音乐，并利用这些音乐来反映我人生历程中的一个个场景，就像 BBC 广播节目《荒岛唱片》（*Desert Island Discs*）一样（我还曾经在节目中扮演遇难者）。而布莱尼姆宫的这次采访，有一个很大的不同之处，就是所有的音乐都由圣约翰交响乐团现场演奏，指挥是约翰·卢伯克（John Lubbock），同还配有一位女高音、一位女低音和一位小提琴家。

我最终选定了 15 首音乐，而内心最渴望的就是那首在我心中挥之不去的维也纳华尔兹。一想到这首歌，我就会想起梅尔比的崇高精神。我既不知道这首歌的名字，也不知道作者是谁。但它的曲调却牢牢地印刻在我的脑海中，那是我清晨沐浴时经常哼唱的小调。于是，我在电吹管上吹奏出来，录入计算机麦克风，然后将这段旋律以电子邮件的形式发送给了 6 位音乐家，希望其中能有人听出这首歌来。所有音乐家中只有一位听了出来。她就是安·麦凯（Ann Mackay）——拉拉和我的好朋友。而且非常凑巧的是，麦凯正好在我那场布莱尼姆音乐会上有高音独唱的表演。她对这首歌曲十分熟悉，经常演唱，而且还有乐谱。歌曲的名字，叫作《维也纳，我梦中的城市》（*Wien, du Stadt meiner Träume*），作者是鲁道夫·希克辛斯基（Rudolf Sieczynski）。一切都完美到极致。麦凯用她悠扬的歌喉，在布莱尼姆宫那长长的、洒满阳光的柑橘暖房内，细腻地诠释了这首歌曲的美妙，也勾起了我对梅尔比夜莺的甜蜜回忆。

萨奇公司，戛纳电影节开幕式的制作人

说到电吹管，又引出另一个故事。2013 年，拉拉参加了一档叫作《未完结》（*Loose Ends*）的 BBC 流行广播节目，介绍她的一幅展示于伦敦国家剧院的艺术作品。在节目中演奏音乐小插曲的乐队的一位成员是山姆·戴维森（Sam Davidson），他是电吹管大师级人物。拉拉十分感兴趣，和他聊了几句。等拉拉回来跟我提到此事，我这个竖管爱好者比她兴趣还要高涨。我和戴维森通了几封电子邮件，一直想着如果哪天有机会，很想亲自尝试一下电吹管的演奏。

与此同时，伦敦的萨奇广告公司（Saatchi & Saatchi）与我取得联系。这家公司负责制作戛纳纪录片电影节的开幕式。他们选定了“模因”（Memes）这个主题，希望能请我参加。我的任务是上台（站在舞台左侧）发表一篇三分钟的关于模因的演讲。之后将舞台让给一部诡异的迷幻电影。影片中，我

演讲内容中的词汇和句子仿佛被施了魔法一般，通过不断旋转，与我的面部影像整合为一体。响亮而富有震慑力的音乐，奇幻的灯光效果，从四面八方传来，我的声音被扭曲了，带着回声与和声，仿佛被赋予了音乐的色彩。整场节目的制作，用上了最前沿的计算机图像和音效技术。这是否就是人们所指的后现代主义，谁知道呢？

整场节目的设计，仿佛一场幻象中的魔术，计算机制作出来的声光表演，捕捉到了我演讲中的词汇和句子，然后立刻为它们赋予魔力，在碎片和扭曲的回声中，编制成一幅迷幻织锦。对观众来说，这场节目就好像是关于演讲奇异梦幻般的记忆，被捕捉后又立刻重新编排，重新上演。但事实上，萨奇团队早在几周前就已经在我牛津的工作室中一字一句地录下了我的演讲内容，他们有充裕的时间从录像资料中提取片段，制作出这部幻魅般的影片。

萨奇团队的想法是，随着音效和灯光冲向高潮，告一段落，我再次回到舞台上，而这次手中拿着一支竖笛，演奏刚刚还在喧嚣的乐曲之中的副歌。“嗯，你会吹竖笛，是真的吧？”实话实说，我已经有50年没碰过竖笛了，甚至连一支竖笛都没有，我并不确定是否真的能胜任。但此时，拉拉提醒我，可以考虑电吹管。于是，我向公司解释了电吹管为何物。现在轮到萨奇团队感兴趣了。我是否有信心去学习电吹管的演奏，从而在这场魔幻般的华丽表演中，来一次现场演奏，将整场节目推向巅峰呢？这样的机会，我怎能轻言放弃？“就让我试试吧。”于是，我们双方都准备迎接这场挑战。他们给我买了一部电吹管，我也安排出时间准备学习。

电吹管是个又长又直的乐器，形状像竖笛或双簧管，一端有一个吹嘴，另一端有一根连到计算机上的电线。两端中间是木管乐器风格的按键。吹嘴里装有电子传感器。对着吹嘴吹，声音会从计算机里出来。音色有竖笛、小提琴、苏萨大号、双簧管、大提琴、萨克斯、小号、巴松管等。对真实音色的模仿非常逼真，已能做到软件效果的极致。如果计算机能连到戛纳的大型扩音器和音响上，就会产生颇具震慑力的效果。

电子键盘也标榜能模仿真实的乐器，但吹奏电吹管时，演奏者所施加的控制力量，会使其效果大不相同。用电吹管模仿管弦乐所诠释的细腻情感，是键盘无论如何也做不到的（用钢琴也可以表达情感，那是因为钢琴的琴键对敲击的轻重十分敏感）。电吹管的演奏手法，与竖笛或双簧管十分类似。这就令初学者可以十分轻松地演奏出大提琴的浑厚音色，还能表现出美妙的共鸣颤音效果，或是演奏出小提琴的悠扬音色，而无须像我们印象中那些初学弦乐的孩子们一样，为了练琴而弯腰低头，奏出的曲调却如锉刀猫爪般尖利刺耳。用舌头用力顶住电吹管的吹嘴，软件就会将其识别为琴弓撞击琴弦时发出的那独有特色的尖啸。当软件调成小号模式时，用舌头触及吹嘴，就能得到吹奏小号时的唇音。若是低音大号模式，则能得到令人心驰神往的嗡姆吧声。在竖笛模式用上舌头，能得到惟妙惟肖的真实竖笛音色。无论在哪种模式下，越吹越用力，再慢慢轻下来，就可以领略到发自心灵的蓬勃洋溢的渐强，而后是叹息般的渐弱。萨奇公司筹划的这场演出真正登上舞台时，到了最后的高潮阶段，我在小号模式下吹奏了电吹管，吹得震天响。由于怯场，我还吹错了一小段，但幸运的是想办法弥补了回来。下台之后，萨奇团队十分好心地赞扬了我一番，说那段即兴创作非常有新意。后来，他们告诉我，这段视频在 YouTube 获得了大量点击。

尼尔·阿姆斯特朗，第一个登上月球的人

2011 年，天文学家兼音乐家盖瑞克·伊斯瑞利安（Garik Israelian）在加纳利群岛的特内里费岛组织了一场别具特色的集会。这处位于摩洛哥海岸之外的火山列岛，是天文学的重要中心，因为这里的山峰高耸入云，而峰顶能穿过大部分云层到达晴空区。天文学家利用这一优势，在特内里费岛和拉帕尔玛岛都建有观测站。伊斯瑞利安的想法是，将科学家、天文学家和音乐家召集到一起，看看这些人能产生怎样的交流和共鸣。由此，就得来了这次活

动的名称：星乐节（Starmus）。参加活动的音乐家，有皇后乐队前任首席小提琴手布莱恩·梅（Brian May），他的为人，十分的和蔼有礼；科学家包括杰克·绍斯塔克（Jack Szostak）和乔治·斯穆特（George Smoot）等诺贝尔奖获得者；天文学家有尼尔·阿姆斯特朗（Neil Armstrong）、巴兹·奥尔德林（Buzz Aldrin）、比尔·安德斯（Bill Anders）、查理·杜克（Charlie Duke）、吉姆·洛弗尔（Jim Lovell，险些遇难的阿波罗 13 号的船长）、阿里克斯·利昂诺夫（Alexei Leonov，太空漫步第一人）以及克罗德·尼克里埃尔（Claude Nicollier，瑞士宇航员，曾在太空行走，维修哈勃望远镜）。

会议开到一半，其中几位与会者（包括我本人）乘小飞机抵达临近的拉帕尔玛岛，在那里进行分论坛讨论。讨论的地点位于一处天文台之中。这里配备了全世界最大的光学望远镜——加纳利大型望远镜。望远镜上装有 10.4 米的巨大镜子。我和拉拉与尼尔·阿姆斯特朗一同乘机前往，攀谈间我发现，阿姆斯特朗的谦恭果然是名不虚传。而他谦逊的性格，与他从不给陌生人签名的原则并不矛盾。这次旅程中，阿姆斯特朗遇到一位狂热的签名收集者。阿姆斯特朗解释道，自从有一次，他发现自己的签名，甚至假签名，在 eBay 上标出了上万美元的天价，就再也不随意签名了。

拉帕尔玛岛上那座巨大的望远镜的确令人叹为观止。如此壮观的科学仪器以及位于夏威夷岛凯克天文台上同等规模的望远镜，都令我感触至深。也许是因为这些装置代表着人类最高的成就吧。而且，正如我的朋友迈克尔·薛莫（Michael Shermer）所写的那样，位于洛杉矶附近的圣加布里埃尔山脉之中的威尔逊峰 2.5 米望远镜，也曾让他感慨万千，这座望远镜曾经是全世界最大的望远镜，也是埃德温·哈勃（Edwin Hubble）首次解密宇宙扩张的望远镜。在威尔逊峰望远镜之前，世界最大望远镜的美名属于罗斯伯爵位于爱尔兰比尔城堡的 1.8 米“帕森城的利维坦”（Leviathan of Parsonstown）。这处望远镜占据“世界最大”的桂冠时间也最长。我对这座望远镜有着极其深厚的感情，因为这里与拉拉的家族有关联。在参观欧洲核子研究组织（CERN）和大型强子对撞机时，我也感受到一股强烈的情感在胸中奔涌。同样，对人类跨国界跨语言障碍而形成的合作，我始终怀有感慨万千的骄傲。

在国与国之间建立合作的精神，贯穿整场星乐节。当巴兹·奥尔德林迟迟来到会场时，阿里克斯·利昂诺夫正坐在观众席的第一排。这位与赫鲁晓夫长得十分相似的宇航员，兴高采烈地站起身来，全然不顾台上正有人演讲，大声喊道:“巴兹·奥尔德林！”只见他伸出双臂,朝向正在走过来的奥尔德林，用大大的俄罗斯式熊抱，将奥尔德林紧紧地包裹起来。晚餐时，大家了解到，利昂诺夫除了天文学方面的天赋之外，还拥有艺术天赋。我和拉拉亲眼看见他在菜单的背面，寥寥几笔就画出了盖瑞克·伊斯瑞利安的小儿子亚瑟的一幅肖像(此画收录在了本书的插图部分)。我们一直不明白画中的领带为何意，但领带确实为画作增色不少。而他熊抱阿波罗 13 号的英雄人物吉姆·洛弗尔的照片中，背景则是一群光彩夺目的精英。

在从拉帕尔玛回到特里尼弗岛的飞机上，尼尔·阿姆斯特朗与拉拉同排而坐。他们聊到了许多话题，其中提到摩尔定律的真实例子。阿姆斯特朗指出，阿波罗 11 号的全部计算机内存只有 32 千字节。这个容量，只占邻座小孩手中的任天堂游戏机内存的很小一部分。可叹的是，三年之后，盖瑞克·伊斯瑞利安再次举办星乐节时，这位谦和有礼的绅士已不能到场。第二届星乐节同样给了我难忘的体验。这一次，参会人数比上次多出许多，而且还请来了特邀嘉宾史蒂芬·霍金。

时光转回 20 世纪 70 年代。每逢回想起华盛顿社会生物学大会这些我事业早期参加过的会议，都会有一丝怀旧的情愫悄然升起。那段日子，我只不过是个普普通通的与会者，安静地倾听着感兴趣的演讲，之后主动接近演讲嘉宾，与他们攀谈，运气好了说不定还能共进晚餐。而最近参加的各种会议，尤其是在《上帝的错觉》(*The God Delusion*）出版之后，则带给了我与以往完全不同的体验。虽然我并非家喻户晓的名人，走在街上也没人认识我（谢天谢地），但在现世主义者、怀疑论者和无宗教信仰人士的圈子中，我也有了点小名气，时常受到这类会议的邀请。另一个大变化就是自拍照的兴起。在这里我不想多说，只想指出，手机摄像头的发明是个喜忧参半的事。读者在理解这句话时，请记住，我是带着礼貌的英式低调口吻写出来的。

Nyeri
Gilgil
Lyamungu
Kabete
Nairobi

Brief Candle in the Dark

05 圣诞大讲堂

1991 年春天，著名科学家约翰·迈里格·托马斯邀请我在伦敦科学研究所圣诞儿童大讲堂上开课，这个大讲堂是法拉第创办的，在英国享有盛誉。第一堂课，我用折纸的方法演示了人口指数级增长的巨大力量。那年，我在科学研究所消磨了大把时间，也对那里产生了亲切感。

My Life in Science

来自约翰·托马斯的邀请

1991 年春季的一天，电话响起，我接起电话，另一端传来轻快温和的威尔士口音:“我是约翰·托马斯。”原来，他就是著名的科学家兼英国皇家科学研究所所长约翰·迈里格·托马斯（John Meurig Thomas）爵士，他打来电话是想邀请我在科学研究所儿童圣诞大讲堂上开课。我听着他的叙述，心中忽热忽冷，起伏不定。开始时因受到著名人物的邀请，幸福的暖流涌上心头，随后又有不安的冷水迎面浇来。我当时心里清楚，自己不能拒绝这份殊荣，但同时我又没有信心，觉得自己做不好。我知道，这一系列享誉世界的课程是由迈克尔·法拉第（Michael Faraday）创办的，而法拉第则亲自上了 19 次课，以他著名的《蜡烛的化学史》系列课程将该活动推向巅峰。我知道，近几年，BBC 在录制圣诞大讲堂的电视节目，讲师包括理查德·格里高利（Richard Gregory）、戴维·爱登堡（David Attenborough）和卡尔·萨根等科学英雄。如果我小时候在伦敦长大，很可能也曾经以小观众的身份参加过这一系列活动。

托马斯爵士对我的担忧表示理解（他自己也做过圣诞大讲堂的讲师），他并没有要求我立刻做决定，而是邀请我到科学研究所参观，共同讨论讲课的可行性。我乘车北上前往伦敦，见到了爵士本人。果然，托马斯爵士和他电话中的声音一样安静随和。他带我参观科学研究所时，着重介绍了他心目中的英雄迈克尔·法拉第留下的许多传统。而其中的一个传统是我早就熟知的。大概一年前，我有幸受邀参加科学研究所主办的“周五晚间讨论”。这是科学研究所另一个定期活动，其起源可以追溯到19世纪20年代。“周五晚间讨论”的传统，十分讲究，有着各种令人望而却步的繁文缛节。演讲者和观众都要身着正式晚装。当准备钟声响起时，演讲者必须站在演讲礼堂门外。在最后一声钟声响起时，一位官员猛地推开两扇门，演讲者坚毅果断地冲进礼堂，从开口第一句话就要立刻进入正题，完全不能有引言或“很高兴来到这里”之类的寒暄。这样的传统值得称道。而难度更大的则是演讲的最后一句总结陈词，必须在第二次钟声敲响的时刻，以板上钉钉的决绝态度大声说出。如果上述规矩还不够令演讲者心烦意乱的话，那么还有另一个规矩。在演讲开始之前的20分钟，演讲者要被锁在法拉第厅，手拿法拉第本人所写的笔记。里面的内容是演讲时应避免的失误。不过这个时候看，未免有些晚了。后来我得知，锁门的传统源自19世纪。那时，一位演讲者觉得规矩太过复杂，难以承受，于是在演讲开始前最后一刻溜走了。托马斯爵士并不确定，但他觉得此人可能是查尔斯·威特斯通（Charles Wheatstone，即威特斯通桥的发明者）。我在那20分钟的禁闭时间里，还真的翻看了法拉第的笔记。我自己在钟声再次响起时，准时收尾结束演讲，这也完全出乎自己的意料。而在演讲过程中，我眼前竟出现了些许似真亦幻的影像，稍稍打乱了一点进度。待我偷偷摸摸地用余光瞄了好几眼之后，才最终确定观众中那位身着晚礼服的绅士正是菲利普王子。

我深吸一口气，接受了托马斯爵士的邀请，决定为“少年观众”（引自法拉第本人的说法）接下五节圣诞大讲堂的任务。在传统上，课堂很少使用PPT（早年的时候，叫作幻灯片。如今已改成PowerPoint或Keynote了），而是偏重于现场演示。如果想讲大蟒蛇，那么不要给观众展示蟒蛇的图片，而是最好去动物园借一条蟒蛇来。如果还能从观众席中请一个孩子上台，将蟒蛇缠在他的脖子上，那就更好了。这类现场展示，需要大量的前期准备工作。

很快，我就发现自己低估了这项工作所需要投入的时间。之后的日子，随着圣诞节的日益临近，我不知疲倦地一次又一次奔向伦敦，和科学研究所的首席技术官布莱森·戈尔（Bryson Gore）以及BBC分包商印加电视公司（Inca）的理查德·梅尔曼（Richard Melman）和威廉·伍拉德（William Woollard）共同策划课堂内容。

那时，戈尔是个技术独创性和即兴创作的忠实拥护者（他现在一定还是如此，只不过已离开科学研究所，去其他地方高就了）。他的办公区域是个与大车间一样的地方，里面横七竖八地散落着有用的垃圾，包括之前活动用过的道具（说不定哪天还能派上用场）。他的工作是制作或监督制作活动所需的仪器和其他用品。他不仅仅对圣诞大讲堂负责，还要兼顾“周五晚间讨论”和许多其他活动。我一直称呼戈尔为“布莱森”，“布莱森”听起来很像姓氏，而非朋友间直呼的名字。而我在演讲过程中叫他“布莱森”的时候，观众会以为我是个守旧老派的人。而更早些时候，演讲者在称呼戈尔的前任时，的确是直呼其姓，而非称名的。科学研究所让戈尔和他的助手来帮我，而我则要绞尽脑汁地思考如何为他们分配工作，同时还要与戈尔、伍拉德与梅尔曼进行多次讨论。

圣诞大讲堂的一大特色在于，其本身的响亮名号就是一把金钥匙，无论我往哪一边拧动，都能开启好运气。这是我之前没有想到的好事：

> 你想借用一只鹰？嗯，这有点难办。我真不知道我们怎么把鹰借给你，你难道真的想要我们……哦？你是说你要上科学研究所的圣诞大讲堂吗？你为什么不早点儿说？当然能借。想借几只？报个数吧！
>
> 你想要对你自己的大脑进行核磁共振成像？嗯，你的医生是哪一位？你是公费医疗吗？还是上商业保险的？你有保险吗？你知道核磁共振有多贵吗？你知道排队等着做核磁共振的人有多少吗？……哦？你要上圣诞大讲堂？嗯，那就另说了。我偷偷帮你

插个队，做个研究测试。没人会查的。你能不能周二午餐时间来一趟放射科？

我只不过是放出了圣诞大讲堂的大名，就轻轻松松地借到了一台电子显微镜（此仪器个头非常大，而且非常重，运输费用全部由出借者承担），一套完整的虚拟现实系统（此设备的所有者，还大费周张地制作了科学研究所演讲礼堂的虚拟效果），一只猫头鹰，一只老鹰，一幅巨大的计算机芯片磁力电路示意图，一个婴儿，还有一个四处疯跑、能爬墙的日本机器人（它爬到墙上，就像一只被放大了的吱吱叫的笨拙壁虎）。

有苦有乐五堂课

我这一系列课程，共由五节课组成，每节课的时间是一小时。我为系列课程选定的名字是《在宇宙中成长》。其中，“成长”一词，有三重含义。第一，从进化的角度看待生命在地球上的成长。第二，从历史的角度看待人类走出迷信，学会用自然科学的眼光去领悟现实而经历的成长。第三，从个体的角度看待从童年到成年的理解力的成长。这三条线索，贯穿五节课中的每一节内容。这五节课的题目分别是:《在宇宙中苏醒》《设计与拟设计之物》《攀登不可逾越之山》《紫外线花园》《使命的起源》。

第一堂课是典型的科学研究所圣诞大讲堂风格，沿用了传统的演示手法，进行了多项展示。为了展示在拥有无限食物和不存在任何限制条件的假设情况下，人口出现指数级增长的巨大力量，我用折纸的方法作为例子。每折一次纸，纸的厚度都会翻倍。第二次折，纸的厚度就成了最初的 4 倍。连续折下去，厚度依次增加，一直折到第 6 次，此时的纸已有 64 张那么厚。无论你用多大的纸，至多只能折 6 次。因为此时，手中的一团纸已经太厚，无法再次重叠，而且面积也变得很小。但如果你有办法继续折下去，就算只折 50 次这么少的次数，这摞纸的厚度也能到达火星轨道。由于是在圣诞大讲堂上讲课，我没有对计算过程进行讲解。只需扯出一大张纸，叫两个孩子上来折纸，折到第 6 次，有 64 张那么厚时，两个孩子就开怀大笑起来。我觉得，这是让孩子们记住指数级增长拥有巨大力量的好办法，但贯穿圣诞大讲堂始终，我总是偶尔会担心，明喻的手法会令模拟对象变得更加晦涩难懂，而非是其真实形象的写照。

第一堂课也对科学方法中所谓的信仰进行了演示。戈尔在科学研究所演讲礼堂那高高的倾斜房顶上，用钢丝悬挂起一枚大铁球。我面对墙壁立正站好，用手扶住铁球，让其停留在与鼻子等高的位置，然后放手。需要小心操作，不能用力将铁球推开。如果能单纯地放手，把铁球交给引力，那么物理学定律就会确定，等铁球荡回到你面前时，会在你鼻尖处停下，而不会把你的鼻子砸扁。真正操作起来，当那个黑色的大铁球朝自己飞来时，还是需要那么一点点定力的。

我听说，有一位加拿大物理学家，正在做此实验时，做到一半，观众便爆发出雷鸣般的掌声。物理学家甚是感动，在铁球朝自己飞来时，面向铁球鞠了一躬……

在第一堂课上，我还借来了一个婴儿（理查德·梅尔曼的侄女小哈娜）。在讲述迈克尔·法拉第的名段时，我将婴儿抱于怀中。有人问法拉第："电有何用？"法拉第答道："新生婴儿有何用？"（这个故事也有其他名人的版本）我在讲到这一段时，怀中抱着天使般的小哈娜，一阵感动从心中油然而生。为了不惊扰到她，我要轻声细语地述说。我讲到生命的可贵，讲到怀中的小宝贝诞生之前，生命的繁衍生息。20 年后，我在自己的网站上看到哈娜给我的留言，甚是欣喜。

另一段在我心中珍藏许久的感动记忆出现在第五堂课上。那时，我正在讲解眼膜图像移动的两种不同方式。如果闭上一只眼，隔着眼皮用手指轻轻推动另一只眼球，那么眼中的整个图像就会开始移动，仿佛经历一场地震一样。我请观众席中的孩子们自己动手做一做。但如果你用专门牵动眼球的肌肉来控制眼球并使其移动，就不会感受到“地震”，虽然眼膜图像的移动，与你用手指触碰眼球时的移动并无差别。整个世界固若磐石，而随着眼球的运动，你也看到了周边的不同景象。德国科学家认为，当大脑给出指示，让眼球在眼窝中转动时，会给负责理解图像意义的那部分大脑发送一份命令“副本”。这份副本，使得大脑“期望”图像以命令给出的方式进行移动。这样，眼中的世界就是稳固的，因为在观测与期望之间没有不符之处。而当你用手指推动眼球时，大脑不会发出副本，因此，眼中的世界就仿佛真的在移动一般，就像地震了一样，因为此时在观测与期望之间，出现了差异。

我假装要用一个重量级实验来演示这一效果。我要用针管注射的方式，麻痹移动眼球的肌肉。这样，当大脑发出移动眼球的命令时，眼球会静止不动，但命令的副本却依然会被发送出去。于是，即使眼球没有移动，人眼也会感受到地震现象，而这种表象上的移动，是由期望和实际眼球运动之间的不符所造成的。

由于是在圣诞大讲堂，因此下一件要做的事情就是请志愿者上台……我制作了一个巨大的兽医使用的皮下注射针管，足以将犀牛撂倒，然后询问哪位小观众想要参加实验。一般情况下，科学研究所讲堂的孩子们，都会争先恐后地举手参与。而这一回，台下鸦雀无声，没人愿意出头。正当我即将宣布，刚才不过是开个玩笑时，一位 7 岁的小女孩迟疑地举起了手。她可能是观众席中年纪最小的一位。原来，那是我的宝贝女儿朱丽叶，她正害羞地坐在妈妈身边。在面对我手中那猛兽般的兽医使用的大针管时，朱丽叶竟能鼓起勇气，义无反顾地用她的忠诚来替我化解冷场的局面，如今想起当时的情形，我依然感动得有些哽咽。现在，她已经成了一名前途无量的白衣天使，这难道和她幼年时就展露出来的侠肝义胆没有关联吗？

我们把话题从我最年幼的志愿者转到最年长的志愿者。在第四堂课上，我正在讲人类对动物道德的观念以及人类对动物的掠夺史。我引述了牛津历史学家基思·托马斯（Keith Thomas）曾经提到过的中世纪信仰，他认为动物的存在纯粹是为了给人类取用。龙虾之所以有大钳子作装潢，是因为我们能从夹碎钳子的行为中不断长进，不断受益。野草之所以会生长，是为了让我们在拔草的辛苦工作中锻炼毅力。马蝇被创造出来，是因为“人们会动用智慧与勤劳，保护自己免受伤害”。

牛儿自己日思夜想
带着羊儿来到屠场
每种动物都有归宿
自愿成为盘中之物

道格拉斯·亚当斯将这样的幻想在《宇宙尽头的餐厅》(*The Restaurant at the End of the Universe*)一书中进行了超现实的总结。其中写道，“一大块四条腿的牛类肉食走向餐桌，宣布自己是今晚的主菜，询问用餐者“是要来一块用白葡萄酒酱焖制的肩肉？还是来一块从我身上切下来的砂锅炖肉？”书中继续写道，人们太过担心食用动物所带来的道德问题，最后决定，“一不做二不休，只饲养那些真正想要被吃掉、并且有能力清楚明确地说出自身意愿的动物。于是，我就来到了世上”。餐厅中的大部分食客都点了珍贵的牛排，然后，这只牛兴高采烈地小跑到厨房，“人道地”开枪自杀了。

我需要找个人来朗读这段充满哲学色彩的黑色幽默。于是又到我从“少年观众”中邀请小志愿者的时候了。像往常一样，几十只小手迫切地举向空中，我点了其中一位。只见一身高快两米的壮汉从观众席中站了出来。我示意他到台前来。

“你叫什么名字？”
“嗯，道格拉斯。”
“姓什么呢？”
“嗯，亚当斯。”
“道格拉斯·亚当斯！多么神奇的巧合。”

年龄大一些的孩子们还能想明白，其实我讲的是植物。但这不重要。亚当斯扮演的“今日主菜”非常出色，当他说到“臀肉也十分美味。我经常锻炼，还吃很多谷物。那个地方的肉质特别好”时，还惟妙惟肖地用动作加以模仿。

虽然课堂上的大部分道具都是戈尔和他的助手制作的，但我也将我那位富有艺术细胞的母亲拉来帮忙。在第一堂课上，我想介绍关于地理时间那绵延无限的直观概念。很多人都曾提出过各种各样的类比，我自己也在几个不同的场合借用过。这次，我沿用经典思路，用距离来代表时间，每一步代表一千年。一开始迈出的几步，将时间带回到征服者威廉、耶稣、大卫王和埃及法老的年代，而等我走到如今的化石所生存的那个年代时，舞台已经不够大了。于是，我将一步换作一公里，用附近的城镇来表示距离：曼彻斯特……卡莱尔……格拉斯哥……莫斯科。我提到的每一种动物化石，都配有母亲在大纸板上亲笔绘制的动物画像。戈尔将这些画像预先分配给观众席中的孩子们，在我点到一种动物化石时，就有一个孩子应声站起，手中高举画像。我母亲还精心制作了一个“不可逾越之山”的模型，也就是在第三堂课中出现的那座巨大的山峰（后来我出版的一本著作，沿用了这个称谓）。山峰的一侧是陡峭的悬崖。从山脚到山顶那无法逾越的险峻之路，代表着眼睛等复杂器官的进化，不可能一蹴而就。但转回到山峰的背面，则是从山脚到山顶循序渐进的绵延而上。一步一步沿缓坡向上攀登，就是进化的表现形式——累积选择。在本书的插图部分，收录了一张讲座时的照片。在里面，能看到我身后的“不可逾越之山”，还有戈尔和他的助手。

照片中的我，为什么戴着个“二战”士兵一样的头盔呢？课堂以科学研究所经典风格的演示射炮步甲作为结束。射炮步甲是神创论人士最心仪的昆虫。这种昆虫，通过喷射出由化学反应制造出来的热蒸汽，来保卫自己免受捕食者的侵犯。合成喷雾的反应剂分别存放在甲虫体内的独立腺体内，彼此不接触，直到从甲虫屁股里喷出来的一刹那才会融合。神创论人士之所以喜欢这种甲虫，是因为他们认为，其存在说明那些过往的中间阶段是子虚乌有的，从而证明进化是不可能的。而在戈尔的精心帮助下，我的演示表明，的确存在一条通往这座不可逾越之山的缓坡。

射炮步甲的喷雾反应，依赖于过氧化氢的反应，同时需要一种催化剂。两者之间有一条平滑的剂量 - 反应曲线。在没有催化剂的情况下，完全没有可察觉到的反应。我利用这样的现实，来讽刺神创论者的危言耸听。我还在工作台上摆放了一排装有过氧化氢的烧杯，并在每个烧杯中加入不同剂量的催化剂。只放一点点催化剂时，过氧化氢的温度会稍有上升，比较温暖。随着催化剂剂量的增加，反应的强度也越来越剧烈，而当剂量足够大时，只见一道蒸汽直冲房顶，台下的小观众立刻爆发出一阵满意的惊呼。这样的效果，足以给任何捕食者以警示，如果谁胆子足够大，还想要袭击射炮步甲的话，说不定会被烫伤。因为是在圣诞大讲堂，我才煞有介事地带上了安全帽，还告诉台下的小观众，如果害怕，可以暂时回避（结果没人离开）。

我做了这么多年的大学老师，从来没有像为圣诞大讲堂这样，反反复复、兢兢业业地准备，就差配上舞蹈了。伍拉德和梅尔曼为我的舞台表现出谋划策，具体到每个动作。随着 12 月份圣诞季的到来，巨大的 BBC 实况转播卡车停靠在了位于阿尔伯马尔街科学研究所的门前。伍拉德和梅尔曼又迎来了一位新成员——BBC 舞台经理斯图亚特·麦克唐纳（Stuart McDonald）。麦克唐纳的工作是对电视拍摄、摄像机部署等事项进行指导。而我，就是麦克唐纳、伍拉德和梅尔曼手中的木偶，任由他们牵线摆布。还有戈尔，他在课堂进行过程中，一直不停地上下奔波，装道具、拆道具，从化石到图腾柱，再到巨大的眼睛模型，都归他负责。有很多次，戈尔还帮我一起做道具展示。而当活物也加入到道具的行列时，所谓的舞台效果瞬间失去意义。记得有一次，一只竹节虫爬到了我满是花朵图案的衬衫上，戈尔和我费了些周折才将其擒住，不经意间制造了一个笑点。还有一次，为了展示人为选择的力量，我们请来了几只外表差异巨大的犬类和它们那位性格直率的女主人。当我误将她那只价值连城的德国牧羊犬称作阿尔萨斯犬时，她当机立断地予以纠正，结果，场面再一次失去了控制。

这五堂课，每两堂之间有两天的间隔。而每一堂课在最终直播之前，都要整体彩排三次。之前一天彩排两次，当天上午，在晚间直播之前，最后进行一次全副武装的彩排。也许，演员们早已习惯了这样的重复，而我则是头一次这样紧锣密鼓地重复做同一件事情，我居然没有觉得厌烦，连我自己都颇感惊奇。如此的彩排频率，相当于我连续将五堂课中的每一堂都讲四遍，总共连着讲了 20 小时的课。我承认，每堂课讲到第三遍时，我会产生些许的倦意。但只要看到观众坐在台下，倦意便瞬间烟消云散。拉拉告诉我，这叫“剧场治愈”。

主持圣诞大讲堂的那一年，我在科学研究所里消磨了大把时间，也对那里产生了一种亲切的熟悉感。每次去，都有种回家的感觉。也许其他的主讲人也有同感吧。据说，在“我”那一周时间里，我的面孔在英国电视频道中的曝光率，比其他任何人都高。当然，其他主讲人也是一样。而圣诞大讲堂的播出时间，并不是在高峰时段。我很庆幸，没有因为上了电视而被人在大街上认出来。

Brief

Candle

in the Dark

06

探险与朝圣

我把圣诞大讲堂的课程带到了日本，但从 5 堂课删减为 3 堂课。我还去小笠原群岛探险，寻找大王乌贼这种传说中的海洋怪兽。加拉帕戈斯群岛是像我这样的达尔文主义者的朝圣之地，我和拉拉两次造访加拉帕戈斯，各有各的精彩。

日本之行

科学研究所的传统，是在圣诞大讲堂随后一年的夏天，将节目带到日本。我那次也不例外。即使在 6 月份，节目依然叫作圣诞大讲堂，但课程则从五堂删减为三堂。这三堂课，我一共上了两遍。一次在东京，一次在仙台。仙台是一座大型省会城市，乘新干线从东京出发，需要两个半小时的车程。拉拉与我一同前往，帮助我进行课程删减的工作。戈尔在我们之前就先行抵达日本，从伦敦带去了成箱的道具。英国文化委员会在东京聘请了一位当地的科学达人。这位科学达人与戈尔一起，为演示做准备，整理装备，饲养动物。

日本的课程并没有录制播出。因此，舞台效果不用做得那么完美（当地也没有威廉·伍拉德或是理查德·梅尔曼来承担这项工作）。其实这样也好，因为我们并没有与英国圣诞大讲堂完全一致的道具和龙套演员。一次，我们从一处动物饲养机构借来一条巨蟒，于是跑龙套成了“爬”龙套。而这也给我们造成了之前没有想到的困难。巨蟒被运达现场时，装在一个箱子里，而箱子上的标签却用日文写着“活乌龟”。之所以这样写，是因为动物饲养机构担心快递员看到标注着“活蟒蛇”的箱子，会拒绝搬运。开课之前，有人告诉我们，日本孩子不可能主动申请与蟒蛇互动，于是就安排拉拉身缠蟒蛇，精彩亮相。运输过程中，装蟒蛇的箱子里放满了冰冻的抱子甘蓝，以便令蟒蛇处于不活跃状态。等到开课的时候，蟒蛇从拉拉的身体上获得温暖，变得活跃起来。课讲到一半，蟒蛇便哧溜一下滑走了，而我和戈尔、拉拉三人，则忙不迭地开始追捕。台下的孩子们看得目瞪口呆，要么吃惊得不敢出声，要么吓得嚎啕大哭。

我们没有气馁，继续沿袭科学研究所用实体演示代替幻灯片的传统。我们用一箱活螳螂做演示，并利用摄像机将螳螂的影像投射到我头顶上方的巨大屏幕中。我讲完关于螳螂的段落之后，继续下一节内容的讲解，却忘记了这些螳螂还在屏幕中活生生地移动。过了一会，我发现，台下小观众的注意力已经不在我身上了。就算是同声传译存在一定的延迟，孩子们也没有如我所希望的那样，对我讲解的内容做出反应。后来，我发现，他们的眼睛都聚精会神地盯着我头顶上方的某样东西。我抬头一看，只见屏幕上，一只巨大的雌性螳螂，正抱着伴侣那刚刚被砍下的头颅，津津有味地大快朵颐（这个词真是非常适合形容螳螂嘴巴上那对巨大的钳子）。雄螳螂剩下的身体，依然在顽强地继续与雌螳螂交配，其英勇程度，丝毫不亚于它将自己的脑袋奉献给雌螳螂作美食的胆量。螳螂上演的这段画面，实在太让人分心。我只得请技术人员将视频关掉。为此，小观众们颇为扫兴。有证据证实，雄性昆虫的性行为受到大脑神经脉冲的抑制。有一次，我的好友兼室友迈克尔·汉塞尔（Michael Hansell）发表了一篇关于石蛾幼虫的演讲，其中提到，他很可惜没能想出办法让成年石蛾在观察箱里交配。一听到这里，当时坐在第一排、受人欢迎而能言善辩的昆虫学教授乔治·瓦利（George Varley）按捺不住，大吼一句："难道你没试试把它们的脑袋切下来吗？"

与伦敦那些为了获得上台演示机会而争先恐后、前簇后拥的小志愿者相比，日本孩子要害羞得多，但也可能是因为礼堂大得有些吓人。在东京和仙台，我讲课的礼堂都比伦敦科学研究所的剧场大出许多。另外，语言也是个麻烦事。不管原因究竟为何，总之基本没有日本孩子主动举手申请上台参加演示，在东京和仙台都一样。我记不得在仙台的情形了，但在东京，基本上每一次演示的志愿者，都是英国大使约翰·博伊德（John Boyd）爵士那三位可爱的女儿。

博伊德爵士与夫人邀请戈尔、拉拉和我到大使宅邸共进晚餐。晚餐后，博伊德夫人和三个女孩儿带我们到使馆的泳池嬉水。一眼就能看出，博伊德爵士对此颇为纠结，因为夜半游泳是违反使馆规定的。作为新近上任的大使，他担心因家人破了规矩，而自己失去在下属心目中的威信。另一方面，他的客人们又玩得非常开心，而他本人又是一位慷慨包容的主人。

从那时起，我们就与博伊德一家建立起了深厚的友谊。直到今天，我们都是非常好的朋友。在日本圣诞大讲堂结束的两年之后，我荣获中山人文科学奖（Nakayama Prize for Human Sciences），拉拉和我重返东京，准备在颁奖大会上发言。博伊德一家邀请我们入住大使宅邸，我们欣然接受，尽管为我们备好的酒店也同样奢华。我们住在博伊德大使家中时，恰巧赶上了一场地震。拉拉和我当时正在卧室，看到墙壁晃动，水晶灯摇摆，不禁警惕起来。大使阁下亲自敲开房门，脸上挂着见怪不怪的笑容，随手递来两顶安全帽，让我们安心不少。第二天用早餐时，同住在大使宅邸的一位英国下议院议员见我和拉拉走了进来，笑眯眯地逗趣道："昨晚大地有没有因你而撼动？"

博伊德一家十分赏光地出席了中山奖颁奖仪式。我已记不得当时的情形，只保留了仪式后拍下的集体照。摄像师有一位助理，身着干练利落的黑色西装。她的工作是让我们在拍照时依次站好，而她也极为认真地执行着自己的任务。我们这些坐在第一排的人，要双手相握，放在大腿上。所有人两只手的上下位置必须保持一致。我们的膝盖要紧紧合拢，鞋子的前后位置也要排成一排。约翰·博伊德和我都按要求将四肢蜷缩在身体前方，突然我们听到右侧传来咯咯的窃笑声。我们摆着僵硬的姿势，目视前方，却不禁大着胆子偷偷瞟了一眼。这一看可不得了，只见我们二人的妻子也并排坐着，正在由摄像师助理纠正姿势。我们男性只要将鞋子和膝盖排成直线即可，而女士们则要将贴身丝袜也重新拉直。为了达到这一目标，摄像师助理正把手伸进她们二人的裙子，在里面鼓捣着。由此，才引来了那压抑的窃笑声。

等我和拉拉于 1997 年重返日本时，约翰·博伊德的大使任期已经结束，我们无法再享受在大使官邸的小住了。新任大使很周到地为我们举行了招待会。这次去日本，同样是为了领奖，而且是为了奖金更加丰厚的考斯莫斯国际奖（International Cosmos Prize）。对我而言，这是一份巨大的殊荣。颁奖典礼在大阪举行，王储和公主也出席了典礼。典礼时，我可以选择一首音乐，请现场交响乐团以我的名义进行演奏。由于主办方对音乐的时长有十分严格的限制，因此我的选择也受到了局限。我向拉拉的老朋友迈克尔·博凯特（Michael Birkett）寻求建议。他经过一番深思熟虑，选了一支舒伯特的曲子，时间恰好合适。而碰巧的是，舒伯特也正是我最欣赏的作曲家。曲子到一半时，从舒缓转向激动，令人情绪昂扬。乐队的演奏十分优美。我还有幸与王储和公主单独饮茶。整场活动都弥漫着高雅绝伦的气氛。

下面是获奖感言的开场部分。从措辞上，读者就能感受到我从英国使馆的外交官那里得到了多少帮助。

> 尊敬的殿下，女士们，先生们，能来到这里，我荣幸之至。首先，我想借此机会，对王储和公主殿下亲临会场，表示最衷心的感谢。特别感谢王储殿下的讲话，感谢您的谦和、用心（他讲话时提到在牛津大学度过的两年时光）。也要对首相先生今天的贺电表示感谢（此处删去三大段致谢的外交辞令）。
>
> 对日本历史和文化感兴趣的人都了解，与自然和谐统一在日本文化中占有重要位置。传统日本艺术，无论是射箭、书法还是茶道，其核心都体现着天人合一的美好愿望。春夏秋冬，四个季节，每一时节都各具特色，这也为日本特色的艺术和设计注入了充沛的灵感。在春季欣赏樱花烂漫，秋季凝望月光如水，每当想到日本人民所体会到的这种快乐，我自己也被日本文化所深深吸引。
>
> 从另一个角度看，最近几十年来，在世界人民心目中，日本

已成为一个由技术和财富创造所驱动的国家。我们怀着崇敬和些许的艳羡之心，看着无穷无尽的、令人震撼的新产品从日本工厂中源源不断地流出。与此同时，你们还成为全世界第二大经济体。但是，我也知道，日本政府正在积极地宣传基础科学，倡导人们跟随内心的好奇去探索大千世界。我有信心，下个世纪，我们将能看到基础学科研究在日本大学和研究机构中百花齐放，包括与基金会目标一致的对环境及其问题的研究。日本的成就一直令世人刮目相看。我相信，借用一句英国俗话来说就是："好时候还没到呢！"

典礼之后，还有公开演讲的环节。我选择"自私的合作者"作为演讲主题。后来，我将这篇演讲稿加以充实，编进了《解析彩虹》一书，成了其中的一章。

我很喜欢日本这个国家，但我必须承认，自己不太能坦然接受当地的一些生鲜食品。比如我第一次于 1986 年访问日本时，餐桌上就有生的海参内脏。那次，我与几位科学家共同获得邀请，前往日本，参加以彼得·雷文（Peter Raven）的名义召开的会议，并在会上进行发言。雷文是一位著名的植物学家，为人非常亲切友善。在此之前，我从未与他谋面。而这一次，他是考斯莫斯国际奖的获得者。那次前去日本，我见识了卡拉 OK（其震撼力比不上生鱼片），也领略了京都寺庙中那令人沉思的静谧。

惭愧的是，我一直未能熟练使用筷子。面对"端坐"在一盘清汤之中的一整个大萝卜，怎么可能用筷子驾驭得了呢？记得一次正式晚宴，我作为特邀嘉宾坐在低矮的长条桌旁边。共同赴宴的还有 20 多位宾客。桌子摆成了中空的四方形，中间有两位面容粉白的艺伎在表演茶道。而我则举着筷子愁眉不展，彻底败给了这样一盘萝卜。万般无奈，我只好放弃。往周围望去，似乎其他宾客也没办法对他们的萝卜下手。

探险，小笠原群岛

最近一次访问日本，是出于另一种完全不同的原因：大王乌贼。我与金融大鳄、科学爱好者雷·达里奥（Ray Dalio）是好朋友。他对海洋生物学怀有极大的热情，买下了一艘漂亮的研究船——“阿露莎”号。达里奥还与日本和美国的电视公司达成合作，在日本的深海区域，共同寻找大王乌贼这种传说中的海洋怪兽。渔船的拖网曾带上来垂死或已经死去的大王乌贼，还有乌贼尸体的碎片。而来自日本、新西兰、美国等地的生物学家，常年来致力于在其自然栖息地——深海之中，寻找到活生生的、游动着的大王乌贼。这种专注精神，深深地感染了达里奥。“阿露莎”号整装待发，全世界的专业生物学家齐聚一堂。达里奥也邀请我同行，令我备感欣喜。这场探险行动具有极高的保密性，我同样做出了保密承诺，因为两家参与拍摄的电视公司称，如若真的拍到活的大王乌贼，希望能将消息保密，以便制造最大的轰动效应。

可惜，这次行程被推迟了。我把此事忘在脑后，继续我的日常工作。几个月之后，也就是2012年的夏天，我一头雾水地接到了达里奥打来的一通电话。他像往常一样那么直截了当。

“你明天能坐飞机来日本吗？”
“为什么，你找到大王乌贼了？”
“我不能说。”
“好。我去。”

我果真去了，虽然没能在第二天立即启程，但也在一周之内赶赴了日本（现实总是难以与理想比肩）。达里奥告诉我，要乘坐28个小时的渡轮，从东京前往小笠原群岛，“阿露莎”号就停在那里。小笠原群岛属于火山岛，也被称为东方的加拉帕戈斯。与加拉帕戈斯群岛一样，小笠原群岛也不属于任何一块大陆，完全独立地进化出了自身的动植物群落。但小笠原群岛比加拉帕戈斯群岛的年代要久远得多。将这些岛屿创造出来的板块构造运动，又将其安置于马里亚纳海沟附近。那片海沟中的海床深度，当属全世界之最。

当时，我依然没有正式得知他们已经找到大王乌贼的消息，小心翼翼地保持着缄默，对自己突然出访的原因只字不提。只有拉拉知道我为什么会如此仓促地赶赴日本，而她也同样守口如瓶。但这样做的效果并不理想。有一次，她在一个社交场合遇到了戴维·爱登堡，他们交谈中提到了我。拉拉说我正在日本海域的一艘船上。“哦，”爱登堡爵士不假思索地答道，“他是去追踪大王乌贼了吧。”这就是我们闭口不言的结果。

长途飞行之后，我在一家东京的酒店过夜，准备第二天搭乘渡轮赶往海岛。同行的还有柯林·贝尔（Colin Bell），他是达里奥的朋友，来自澳大利亚。我们二人在渡轮上共住一室，而渡轮上的大部分乘客，都在大寝室中席地睡在日式地垫上。我已经想不起来是怎么度过漫长的航行时光的了，可能是通过阅读吧。渡轮靠岸时，探索频道团队前来迎接，他们带我们换乘一艘小船，飞速驶往“阿露莎”号的停泊处。“阿露莎”号背后有一个很大的装卸平台，我们抵达之时，上面停泊着两艘潜水艇——“特莱顿”号和“深海漫游者”号，还有一大群浑身湿漉漉的人，其中就有达里奥的身影。达里奥见到我们，热情地上来迎接。此时，我们还是没有正式得知他们找到大王乌贼的消息，但达里奥在看见我们的一刹，递来一个眼神，说他们在船上组织了一场研讨会，就在当晚，准备讨论一下他们的重大发现及其发现过程。“趁这会工夫，想不想去海底转一转？”他问道。“当然。”“那好，10 分钟后出发。”

我乘坐“特莱顿”号三人潜水艇，贝尔乘坐“深海漫游者”号二人潜水艇。“特莱顿”号上水平高超的驾驶员是来自英国的马克·泰勒（Mark Taylor），与我同行的，还有东京国家自然科学博物馆的洼寺恒己（Tsunemi Kubodera）博士。他在此次活动中，主要参与了大王乌贼的现场指认工作。泰勒和海边上的每个人一样，对洼寺恒己博士充满敬意。我想，这份尊敬，不仅仅来自指认大王乌贼这一件事。

我们三人爬上“特莱顿”号顶端的舱口，钻进这艘球形透明气泡状的潜水艇，坐在各自的座位上。泰勒的座位稍高一些，后排左边是洼寺恒己博士，右边是我。舱门安全下落，“特莱顿”号由起重机升高，而后放入海中。我们在海中漂浮，等待“深海漫游者”号一同入海。“特莱顿”号随海浪浮动着，我看着透明潜水艇外的蓝色海水，不禁心旌荡漾。泰勒为我们做了例行安全介绍，告诉我们这艘捍卫生命的水压调节装置的工作原理，还讲述了“特莱顿”号与“深海漫游者”号之间颇为有趣的技术差异。泰勒说，整个潜水过程中，虽然艇外的兆帕斯卡读数会在下潜时迅速攀升，但我们始终会处于正常大气压之中。因此，不需要在回到海面时有任何特别的注意事项。而这一次，我们要下潜到 700 米深的海底。

能与洼寺恒己博士共同下潜,还期望再次看到大王乌贼,未免有些贪心了。但我们看到了一些普通乌贼，还有许多鱼，包括鲨鱼、水母、散发着彩虹光泽的栉水母，以及许许多多动物学家梦中也难得一见的海洋生物。当晚，在船上的酒吧里，参加此次探险之旅的动物学家们如期举办了一场研讨会，向大家介绍了成功拍摄和观察大王乌贼背后的科学知识。研讨会共由两场演讲构成。第一场的主讲人是伊迪斯·威德（Edith Widder）博士。她是一名海洋生物学家，成就卓越，曾荣获麦克阿瑟“天才奖”。她还是生物体发光领域的专家。在大王乌贼栖息的深度，唯一的光线来自生物体自身的发光，那常常是生物为了获得光线，而在发光器官中精心培育的细菌所发出来的亮光。与生活在同一水深的鲸鱼不同，大王乌贼有着巨大的眼睛，所以，它们很可能在捕猎时会用到一部分视觉功能。出于这样的考虑，威德博士发明了电子水母。这是一部发光设备，目的在于吸引大王乌贼前来靠近。这部设备获得了巨大的成功。研究人员将设备与自动摄像机拴在 700 米长的线缆上，沉入海底。在漫长的等待之后，电子水母不负众望。那幽灵一般神出鬼没、噩梦一般令人毛骨悚然的大王乌贼撞击电子水母的画面，令我永生难忘。

同样令人难忘的，还有威德博士的表情。摄影师拍摄下了那一幕。画面中，威德博士翻看着一段又一段空空如也的画面，然后突然之间，只见传说中的海洋怪兽从屏幕一侧直冲过来。她和同事们的表情，还有那狂喜的欢呼，都令我深感震撼，为他们的重大发现而欢欣雀跃（虽然电视片中的画面是后期重新制作的，某些读者又要说我扫兴了）。

“阿露莎”号酒吧研讨会的第二场演讲由史蒂夫·欧什亚（Steve O'Shea）主讲。欧什亚是一位来自新西兰的海洋生物学家，和洼寺恒己博士一样，都将毕生事业献给了大王乌贼的研究工作。欧什亚设计的乌贼诱饵，与伊迪斯·威德的电子水母有所不同。他所遵循的是另一种感官：嗅觉器官。欧什亚将乌贼肉绞打成泥，希望能借用气味，尤其是性信息素，将大王乌贼从一片漆黑中引至此处。欧什亚在潜水艇上安装了一根管道，从中释放乌贼肉泥，在水中形成一片富有诱惑力的云团。事实证明，这种办法的确能有效地吸引到乌贼，但可惜只是普通的小型乌贼。大王乌贼并没有来访。欧什亚继续讲道，最后，真正亲眼见证大王乌贼的功劳，落在了洼寺恒己博士身上（博士本人虽然能讲英文，但没有信心用英文进行演讲）。洼寺恒己博士的诱饵更像是传统的垂钓鱼饵。一只菱鳍乌贼咬到了系在潜水艇上的钓线。这种乌贼体型很大，但与大王乌贼相比，完全不在一个级别。后来，真正的大王乌贼现身了。当时，博士本人也在潜水艇中，就是我与他在几天之后同乘的“特莱顿”号。他亲眼见证了“北海巨妖”吞下诱饵，然后紧紧咬住不放，留下了一段精彩绝伦的影像资料。洼寺恒己回到海面时，心中的激动仍难以自抑。摄像机同样也记录下了这珍贵的一刻。船上的全体成员都来到甲板上，为洼寺恒己博士的成就鸣起长哨，威德和欧什亚也慷慨地表示祝贺。我就晚到了几天而已，却错过了那难忘的一幕。

没想到，后来却发生了一件小事故。我本来计划在“阿露莎”号上停留一周时间，继续进行几次潜水观测活动。但天气预报称，附近正酝酿着一场猛烈的台风，正朝我们这片海域袭来。船长告诉达里奥，我们别无选择，只能迅速离开此处，到距离此地两天航程的横滨港暂时躲避。当时我也在场。

贝尔和我刚刚抵达没多久，失望至极。但尽管如此，逃离台风的那两天行程，也充满了各种乐趣。一个晚上，我在船上的酒吧给大家做了一场关于进化论的演讲，达里奥本人也在早餐时以非正式的方式为大家上了一堂关于金融危机背后真相的课。我听得颇为专注。每当听到某个领域的资深专家从基本原理出发讲述自己的领悟时，我都会全神贯注地倾听。

亚瑟·C. 克拉克（Arthur C. Clarke）这位著名的科幻小说家曾写过许多关于外太空的故事。他说，深海区域，虽然就在我们生活的地球上，但与太空一样，充满了神秘感。此次前往神秘世界的短程探险，还有后来于 2014 年同样应达里奥之邀，乘"阿露莎"号前往新几内亚岛附近的拉贾安帕群岛的经历，都是我此生最荣幸的体验。第二趟行程，不像大王乌贼之行那样，有什么特别的生物学发现目标，仅仅是为了探索拉贾安帕这片尚未被人类污染的海域。那里的美景令人惊叹，海洋动植物群落异常丰富。这一次，我享受了好几回"特莱顿"号下潜，有时是马克·泰勒做驾驶员，有时换成他另两位同事中的一位。令我十分开心的是，此次同行的还有享誉世界的著名经济学家、哈佛大学前校长劳伦斯·萨默斯（Lawrence Summers）和他的妻子文学家丽莎·纽（Lisa New）。用餐时间的谈话，如同一场知识的盛宴。萨默斯作为学术派经济学家，达里奥作为在市场中摸爬滚打起家的卓越实践者，他们总是给对方出难题，揶揄打趣，互不相让。

然而，萨默斯与达里奥二人的谈话，并没抢到什么风头。同行的还有几位世界级资源保护专家，他们的谈话内容，才是我们所有人都专注的话题。其中一位专家是保护国际基金会（Conservation International）的主席彼得·塞利格曼（Peter Seligmann），还有一位是美国生物学家马克·厄得曼（Mark Erdman）。厄得曼对当地的诸多岛屿了如指掌，还担当起印度尼西亚语翻译的角色。厄得曼当时正在寻找西巴布亚丛林深处一条河流之中的某种虹鱼。据他称，这种鱼类是尚未被人类发现的物种。他还认为，这种鱼很可能与此地的其他鱼类毫无关系，而是与新几内亚大岛另一侧的某种鱼类相关。如果真的那样，那么这一发现将具有重大的动物地理学意义，因为这一现象将作为证据，告诉我们地壳板块连同上面的淡水鱼类是如何进行移动的。“阿露莎”号停泊在海中央，船载直升机将我们一批又一批地运送到内陆和河流上游地区，帮助厄得曼寻找他的虹鱼。我们的工作是这样进行的：厄得曼抓着渔网的一端，徒步进入湍急的溪流之中。我们其中一人（达里奥、我或是同行的其他人）抓着渔网的另一端，徒步进入溪流靠近下游一些的位置。我们一起在凉爽宜人的水中蹲下，然后厄得曼一声令下，我们站起身来，快速将渔网拉向岸边，捕获所有落网的鱼儿。之后，我们将渔网摊在岸上，由厄得曼检查里面是否有虹鱼的身影。

轮到我第二次当班降落在河畔沙地时，厄得曼已经备好渔网，准备下河了。这一天的工作没有白费。我们遍寻河中鱼儿，竟然真的找到了虹鱼！当天，我们捕到了15条这样的小鱼，厄得曼用他犀利的专业眼光，一眼就看出了它们的确是他一直追寻的那种尚未命名的鱼类。厄得曼将小鱼小心翼翼地装进罐子，养了起来，准备回去对其细节进行正式描述，还要做DNA分析。然后，最重要的一步，就是为这个新物种命名。

而我，竟然与鱼类的名字产生了直接的个人联系。2012年，我万分荣幸地得知，一支斯里兰卡鱼类学家团队将另一种新发现的淡水鱼属命名为道金斯鱼（Dowkinsia）。这种鱼生活在斯里兰卡和印度南部地区。现在，科学家已经发现了此属的9种鱼。插图部分，收录了其中较为美丽的一种（这种鱼也配得上虹鱼的美名），名叫道金斯罗哈尼鱼（Dawkinsia rohani）。

朝圣，加拉帕戈斯

如果说小笠原群岛是“东方的加拉帕戈斯”，那么它对我有吸引力的部分原因，就在于我对加拉帕戈斯群岛的热爱。加拉帕戈斯是像我这样的达尔文主义者的朝圣之地。而当维多利亚·格蒂（Victoria Getty）在温莎城堡的一次晚宴上遇到拉拉，听她讲到我还从未到访过加拉帕戈斯时，备感震惊。震惊之余，她还不忘立刻安排行程，邀请我们同去，以便修正这个错误。

这段偶然的谈话，发生在由肯特郡迈克尔亲王（Prince Michael of Kent）举办的晚会上。晚会时，一支来访的俄罗斯管弦乐团演奏了由戈登·格蒂（Gorden Getty）创作的交响乐。戈登是维多利亚已故丈夫保罗·格蒂（Paul Getty）的弟弟。迈克尔亲王是著名的亲俄派代表，听到他用俄语向交响乐团的来访表示欢迎，我深感敬佩。迈克尔亲王与夫人是查尔斯·西蒙尼（Charles Simonyi）的朋友。我们就是通过我这位牛津的赞助人获得邀请的。那次晚宴令我记忆犹新，不仅是因为拉拉与维多利亚·格蒂的对话，也是因为我的座位正好在苏珊·哈奇森（Susan Hutchison）的旁边。哈奇森曾是西雅图著名电视新闻主持人，也是查尔斯慈善基金会的执行总监。她魅力四射，能与她同座我甚为开心。没想到，我发现她是乔治·W. 布什的铁杆粉丝。一聊到这里，我的绅士风度就要经受痛苦的考验。好在我们二人并没有吵起来，用餐结束时，我们吻别，言归于好。与此同时，维多利亚问拉拉，加拉帕戈斯怎么样，拉拉说她从没去过，我也没去过。于是，就在当时当地，维多利亚向拉拉做出承诺，说她会安排一次旅行，邀请我们作为她的客人共同前往。第二天，维多利亚打电话给拉拉，说她要包租一艘名叫“比格”的船（这是一艘特许帆船，但与当初那艘“比格”船并不相同），想定下来出海的日期。我们得知后，非常开心。

没想到，随后却发生了一件令我颇为尴尬的事，此事让人十分为难。美国船业巨头理查德·费恩（Richard Fane）找到我，说他的一艘船“远航名人”号经常往返于加拉帕戈斯群岛，他将此船订下，准备邀请 90 位亲属和朋友共同见证他与妻子的周年纪念仪式。他问我是否愿意作为演讲嘉宾同行，给他的客人上一堂关于进化论的课。而课堂，就是达尔文最初找到进化论灵感的地方，也正是在那个地方，达尔文写下了一段令人难忘的文字：“人们可能会想，群岛上本就缺乏鸟类，一定是某一物种被拿来修改成了不同的样子。”

拉拉也受到了邀请。而我只好拿女儿朱丽叶做借口，告诉费恩先生，说朱丽叶要过生日，我们离不开。于是，朱丽叶也受到了邀请。这样一来，我没有借口了。主人太过慷慨，行程太过诱人，我怎能错过呢？

但我们该怎么向维多利亚解释呢？她安排了“比格”号出海，是因为发现我从未去过加拉帕戈斯。但现在，如果我们接受了理查德·费恩的邀请，那么“比格”号之行的前提就是假的。那将是我第二次造访加拉帕戈斯，而非第一次。于是，我们决定向维多利亚坦白。拉拉给她打了电话，道明原委。而她则极为慷慨地回复说：“那更好了，你们就能给我们做向导了。”等到我们第二次见面时，维多利亚依旧是一派慷慨的风度。那次活动，是她以已故丈夫保罗·格蒂的名义举办的一场板球比赛。她丈夫保罗本是亲英派美国人，后来入籍成为英国公民。保罗非常喜爱板球运动，在白金汉郡庄园的山坡上亲自打造出了一处高水准球场。许多郡属球队都会到那里打比赛，而他自己的球队——格蒂十一（Getty Eleven）也会参赛。2003 年他去世后，维多利亚将这一传统发扬光大。每年夏天，我们都能得到她的邀请，在明媚的阳光中，在翱翔的格蒂红鸢之下，观赏板球比赛。之所以将这些鸟儿称为格蒂红鸢，是因为它们是由男主人保罗·格蒂带到这里安家的。在英国的许多地方，红鸢早已绝迹。板球比赛时，总会举办午宴，我们很荣幸地被安排与维多利亚同桌，而她也介绍我们认识了鲁伯特和堪迪达·莱西特 - 格林夫妇（Rupert and Candida Lycett-Green），他们也将与我们同乘“比格”号，共赴加拉帕戈斯。我与堪迪达一见如故。她父亲是我毕生的偶像、著名英国诗人约翰·贝杰曼（John Betjeman）。

两次加拉帕戈斯之行各有各的精彩。“远航名人”号上共有 90 位乘客，我们全程享受了奢华游轮的体验，船上又没有令人生厌的赌场和“娱乐”，那些事物只能将乘客的注意力吸引到船上，而不会让人们登上甲板，眺望远方。而“比格”号上只有 9 位乘客，全部是维多利亚的客人。我们所有人围坐在一张大桌子旁用餐，同行的还有我们的厄瓜多尔向导、活泼而博学的瓦伦蒂娜。

两次旅行，都遵从了造访加拉帕戈斯的标准路线。在一个个岛屿附近抛锚，用充气艇将乘客运送到岸边，由强壮的水手用安全的“加拉帕戈斯式抓握”将我们拉上岸。而“远航名人”号上，则有十几艘充气艇，每艘充气艇都安排有一位经验丰富的厄瓜多尔博物学家，上岸之后，由博物学家带领我们在岛上观光，而我们则不能离开道路太远。向导的英文虽然十分流利，但口音浓重，只有一位例外。此人貌似切·格瓦拉（Che Guavara），留着潇洒的大胡子，讲一口端庄厚重的标准牛津高桌英语。不用问，他一定受过传教士的教育。

加拉帕戈斯留给我的最深印象，就是动物的温顺和植被如外星来客般的奇异。在世界上许多地方，生活在那里的绝大多数动物都会躲避人类，能让你在距离很远的地方瞥上一眼就算不错了。而在加拉帕戈斯，所有的游客都被告知，不能触摸当地的动物。因为想要摸到它们，简直太容易了。你要加倍小心，才不会踩到正在晒太阳的海鬣蜥或是正在筑巢的鲣鸟和信天翁。

“比格”号比“远航名人”号要小很多，能在更小的岛屿附近抛锚。比如无人居住的大达夫尼岛，这里也是彼得和罗斯玛丽·格兰特夫妇（Peter and Rosemary Grant）对中地雀进行长期进化研究的地点。我们在大达夫尼岛靠岸时颇为惊险。这不禁令我想到，格兰特夫妇以及他们的同事和学生，是如何将生活和研究物资搬至此处的，因为小岛上一片荒芜，连饮用水都要从外面带过来。“比格”号上唯一的充气艇，由瓦伦蒂娜负责驾驶。瓦伦蒂娜是克拉兹家族的成员，而这个家族的成员几乎遍及加拉帕戈斯的各个岛屿。我们开玩笑说，每次登上一个小岛，迎接我们的都是瓦伦蒂娜的表哥。她还有一位哥哥，就是“比格”号的船长。他虽然不像瓦伦蒂娜那样能讲一口流利的英文，但其真实水平却比表面看起来高很多。记得有一次，他用拉丁语喊道：“莫拉莫拉！”我立刻明白了他的意思。只见他兴奋异常地大喊“莫拉莫拉”，指向海中。原来，他指的是一种十分奇特的海洋鱼类——太阳鱼。此时，这只鱼正漂浮在海洋表面，仿佛一张巨大的垂直矗立于海中的圆盘。从船上的甲板望去十分显眼。克拉兹船长将“比格”号停下，瓦伦蒂娜和我们其余几人，迅速手忙脚乱地带上头套、浮潜通气管和橡皮脚掌，纷纷跳入大海。那只太阳鱼并没有在我们附近停留很长时间，但能在大鱼回到属于它的神秘世界之前，如此近距离地亲眼见到此鱼，实在不虚此行。

我在“远航名人”号上认识了许多颇为有趣的朋友，包括费恩一家，还有他们的亲朋好友，许多人都颇具才华。但由于人数众多，我们没有时间和他们建立起深入了解。而与维多利亚和她的朋友们一起在“比格”号上度过的时光，则更为亲密。给我留下深刻印象的是堪迪达，她有着与常人不同的习惯。许多人外出旅行都带着照相机，而她则随身带着笔记本，坐在岩石上，用纸笔记录下当时的想法、看到的事物以及这些事物留给她的印象。身边的石头上，四处是疾走的轻脚蟹。这样的习惯令我十分神往，很后悔自己没有效仿她。

想到此处，不禁有些心酸。前不久我刚刚得知，堪迪达因罹患癌症已离开人世。每逢夏季，她和鲁伯特都会在他们美丽的英式花园中举办“大型国际门球赛”(此名颇具讽刺意味)。她家坐落于阿芬顿13世纪教堂旁边。教堂有一座六角形高塔，从塔上眺望，能看到青铜时代遗留至今的阿芬顿白马遗迹。就在前几周，堪迪达举办了2014年锦标赛。她深知这将是自己最后一次举办活动，更是拿出了十足的勇气，带着灿烂的笑容，热情周到地招待了我们。安息吧，好客的英式主人，正是因为你父亲的努力，才使得我们现在的英国，依然能为查尔斯·达尔文所接纳。安息吧，与我同舟共济的美丽友人，曾记否，我们一同踏上达尔文青年时代曾赞叹过的小岛。

Nyeri
Gilgel
Lyamungu
Kabete
Nairobi

Candle in the Dark

07

书的推手

我的处女作《自私的基因》是金牌编辑迈克尔·罗杰斯一手策划的，尽管他换过多家出版公司，我仍乐意把书托付于他，并跟他辗转于出版界。约翰·布鲁克曼是“第三种文化”的倡导者，很多科学家都成了他的座上宾。他三顾茅庐的精神打动了我，我们也有了多次合作。

My Life in Science

我的出版商，对待工作一向兢兢业业。在近 40 年里，我的 12 本著作，从未在英国停印。说到这里，我才意识到，自己竟和许多出版商打过交道：在英国，就有牛津大学出版社、W.H. 弗里曼出版公司、朗文出版社、企鹅出版社、韦登费尔德和尼克尔森出版公司以及蓝登书屋。我还能列举出美国的一长串出版商的名字。这看似混乱的不忠背后，正是忠诚。我一直忠于我的编辑迈克尔·罗杰斯（Michael Rodgers），而他总是三番五次地换工作。在出版界，这样频繁的跳槽其实不足为奇。

金牌编辑迈克尔·罗杰斯

在自传上部中，我曾讲到自己与罗杰斯的第一次见面。关于《自私的基因》出版一事，他“低调而谨慎”地说了句：“我必须拿到那本书！”记得他是在读过一段稿子后给我打电话时，用近乎咆哮的口气说出这句话的。现在，罗杰斯在自己的回忆录中，讲到出版行业的往事时，也提到了同样的一段故事。罗杰斯回忆录的书名叫作《出版与科学的进步：从自私的基因到伽利略的手指》（*Publishing and the Advancement of Science: From Selfish Genes to Galileo's Finger*）。罗杰斯的这本著作，还提到了我于 2006 年在伦敦一次晚宴活动时进行的演讲。那次晚宴，是海伦娜·克罗宁与牛津大学出版社为纪念

《自私的基因》出版30周年而共同组织的。我在此全文引述，因为只要看过这段文字，就能明白为什么我对编辑罗杰斯个人的忠诚，远远超过对牛津大学出版社的感情：

> 《自私的基因》出版没多久，我就前往德国，在一次大型国际会议上做特邀报告。大会书店订购了一些《自私的基因》，但我刚刚讲完，这些书就全部卖光了。书店经理立刻给英国的牛津大学出版社打电话，请求他们快些将新一批书空运到德国。那个时候，牛津大学出版社与现在完全不同，书店经理得到了彬彬有礼、却是冰冷至极的回绝。牛津大学出版社要求德国方面必须提交一份正式的书面订单，而图书运抵德国的最终时间，要看库房的存货情况，很可能是几周之后。书店经理别无他法，只好到会场来找我，问我是否认识牛津大学出版社的人，能否灵活处理这一紧急情况……我给罗杰斯打了电话，将事情的经过讲给他听。我现在依然能听到罗杰斯的拳头砸在桌上的声音，还清晰地记得他当时说的话。“你找对人了！这事就交给我吧！”后来，会议还没结束，一大箱书便从牛津运抵德国。

当然，这次的书是英文版的《自私的基因》。德文版过了一段时间才得以面世。德文版上市没多久，我就接到一位德国读者的来信，说德文版的翻译非常优秀，仿佛与原作者有着“双胞胎般的灵魂”。我查了一下，发现德文版的翻译名叫卡伦·德绍莎·法雷拉（Karin de Sousa Ferreira）。这个听起来完全不像德国名字的人名，深深地刻在了我的脑海里。过了一段时间，我来到法雷拉的故乡瑞士。在苏黎世大学访问时，我见到了著名灵长动物学家汉斯·库默尔（Hans Kummer）。共进晚餐时，我给库默尔讲了关于那位德国译者的故事。我刚提到“双胞胎般的灵魂”，还没来得及说出译者的名字，库默尔就当即打断我，摆出一个开枪瞄准的手势，问道：“卡伦·德绍莎·法雷拉？”经过这两次彼此毫无关系的证言，在《盲眼钟表匠》准备推出德语版时，我强烈要求聘请同一位翻译。值得庆幸的是，这位和我有着“双胞胎般的灵魂”的译者，有着葡萄牙名字的德国人，在退休之后慷慨地同意再次出山，完成了《盲眼钟表匠》的德语翻译。

在著作翻译方面，我并不总是那么幸运。有一本著作的西班牙语译本（先不提具体是哪本书了）实在太过劣质，有三位讲西班牙语的读者来找过我，建议最好撤掉这部译本。书中的英文谚语都翻成了字面意思。就像有个丹麦笑话中讲到的那样，一句英语的“他给她打了个电话”被翻译成丹麦语的“他给了她一枚戒指”（英语里“打电话”和“戒指”是同一个词）。这个丹麦笑话可能是人们谈笑间的创作，但在我的西班牙语译本中，却成了真实上演的一幕。“万分”（in a vengeance，非常、特别的意思）被翻译成了“复仇”（con una venganza）。这样的翻译不过是在字面上进行语言转换，而真实的意思却早已丢失。这只不过是许多例子之一。而计算机翻译难度之所以如此之大，也正在于此。翻译不仅仅是一部词典，还是习惯用法的参照表（比如“like a vengeance”）和口头语的收录大全。比如“at the end of the day”，其意思是“说到底（when all’s said and done）”，而“说到底”这句话也是个口头语。语言是多么奇妙的事物啊！庆幸的是，西班牙出版商已承担下全部责任，并推出了全新译本，现已出版。

依靠计算机执行人类特有的能力很有风险。这让我想起了我的朋友费莉希蒂·布莱恩（Felicity Bryan）讲过的一个很有意思的小故事。据说，布莱恩是牛津唯一的文学代理。她的一位客户写了一本小说，里面的英雄人物名叫大卫。就在出版社完成编辑，准备付印的最后一刻，作者又对书中的主角有了新的想法。作者说，主角更像是个名叫凯文的人，而不是大卫。于是，她用计算机进行了全文查找，将所有的“大卫”都换成了“凯文”。这样做原本没什么问题，直到后来有人将这部小说创作成行为艺术，在佛罗伦萨的某间艺术画廊进行展示……

还有一个关于翻译的小故事。记得那时，我在日本参加一个关于进化论的大会，听着耳机里的同声传译。当时演讲的主题是关于人亚科原人的进化，其中包括南方古猿、直立猿人、古代智人等。但从耳机中传出的翻译内容则是“日本的早期进化”“日本的化石史”“日本人类的进化史”。

1979年，迈克尔·罗杰斯去了W.H.弗里曼出版公司。几年之后，当我的第二本著作《延伸的表现型》完成写作准备出版时，我将书拿给他看。我之前提到过，出版界的流动性很强。此时，罗杰斯已经跳槽去了朗文。后来，他又在1986年帮我出版了《盲眼钟表匠》。关于《盲眼钟表匠》，有几个小故事要讲。这本书开篇没多久，我就提到了与一位“著名现代哲学家、家喻户晓的无神论者”共进晚餐时的谈话。我说，1859年之前，无神论者是无法存在的，还提到了《物种起源》的出版。哲学家表示反对，并引用了休谟的话，说他不明白为什么需要对生存的复杂性进行特别的阐释。我听到此话，瞠目结舌。回来后，我用书中的许多内容进行反驳，但从未提及这位哲学家的名字。我现在已经想不起来，当初为什么不在书中公开他的身份。其实，他就是阿尔弗雷德·艾耶尔爵士，新学院院士，威克汉姆逻辑学教授。艾耶尔天赋异禀，令我由衷敬畏。在《盲眼钟表匠》问世许多年之后，他找到我，说刚刚读过此书。他因没有更早些读到这本书而向我道歉（真的没有必要），还很欣慰地得知自己的言论为这本书增加了内容。至少，他看懂了书中所讲的人就是他。我问他，我是否将我们当年的对话内容准确地传递给了读者，他的回答是：“准确无误。”

第二个关于《盲眼钟表匠》的故事，之所以要讲出来，不是为了别的，纯粹是因为这事很富有戏剧性。我先来讲一讲背景。许多对进化论持怀疑态度的人，面对逼真而完美的动物拟态，都有一件事想不通。他们不情愿地接受这样一种说法，认为鸟类的眼睛足够雪亮，能看清复杂精致的模拟的细微之处，比如模拟树枝的竹节虫，就连树芽和叶片上的斑痕都模仿得惟妙惟肖。还有模拟鸟类粪便的毛虫等，都是很好的例子。但之后，怀疑论者会说，你怎么能一边说，是在进化选择的作用力下，形成了对竹节或鸟粪那完美至极、精致细微的模拟，一边又说，同样的选择力量，塑造出了这些昆虫的祖先，而这些祖先在朝向极致模拟而前进的道路上，才刚刚跌跌撞撞地迈出尝试性的几步呢？就鸟粪模拟的例子，我在此引用古尔德的一句话："与一坨屎的相似程度是5%，能带来什么好处吗？"关于这个问题，我的回答方式与古尔德稍有不同。同样一双眼睛看到猎物时，可能处在各种彼此间差异很大的视觉条件之中：昏暗还是强光，斜视还是直视，远距离还是近距离。毛虫与鸟粪在外观上若有些许近似，如果是从远距离来看，或是在黄昏的暗淡光线中来看，很可能可以挽救毛虫的性命。但如果从近处来看，或是在白天的强光下看，就需要非常逼真的相似性，才能帮毛虫拣回这条小命。视觉效果从差到好，存在一个持续的梯度。而这个梯度，就为拟态从原始到完美的每一次进化，提供了平滑的选择压力。同样的"梯度理论"，适用于所有的复杂适应——眼睛、翅膀，所有神创论文学中所谓的例子，等等。而且，梯度理论在整个进化论的理论框架中，都有着极为重要的地位。

故事的背景介绍完了。我现在要讲到的是古尔德。他的名字在《盲眼钟表匠》中出现了多次，因此也同样出现在了本书的索引里。书籍的索引延续了军事风格的逆行格式，是安插段子的好地方。很多人根本不会留意，但看到此处的人，一定会心领神会地偷笑。《牛津新学院，1379—1979》这部正史，由我的已故同事约翰·巴克斯顿（John Buxton）和潘瑞·威廉姆斯（Penry Williams）进行编辑，而索引的编纂工作，则交给了另一位同事——中世纪史学家埃瑞克·克里斯蒂安森（Eric Christiansen）。克里斯蒂安森那本关于新学院工作生活的回忆录，在他和他的所有受害者都离开人世之前，不会出版，也完全不能出版。克里斯蒂安森将学院历史中一些很有意思的小典故，也偷偷加进了索引。比如，在"院士"一条下面，我们找到了"性情和蔼""酒气冲天""早该处决""早该驱逐""派系斗争""默默无闻""追根溯源"，还有我最喜欢的"庸俗可鄙"。翻到"庸俗可鄙"那一页，根本找不到这个词的踪影，只不过是关于三处建筑项目的记录。很明显，这三栋建筑不入克里斯蒂安森的眼。其中两栋建于19世纪，还有一栋尤为令人反感的大楼是20世纪的作品。

按下正史不提，还是回到我那本书上。我为古尔德着想，在《盲眼钟表匠》的索引中，藏了一个小段子。这个小段子原封不动地出现在了此书的英国版中。而当美国出版商看到时，他们惊呆了。他们觉得这个段子极没品位，而且他们很可能已经意识到，古尔德会是他们最有前途的作者之一。就这样，美国版《盲眼钟表匠》的出版被暂缓，小段子也被删了。后来，英国的出版社无意之中将删节版索引的小样付印，结果朗文出版社的英国版和企鹅出版社的平装版，都是删减过的。迈克尔·罗杰斯曾说过，希望将小段子保留在英国版本中。而除了首次印刷的那一版以外，后续版本都没有这个段子了。在我看来，这更增添了第一版的收藏价值，而且此版还有集邮爱好者十分珍视的无齿孔邮票。下面是颇具争议的两版索引内容。读者可对比其中的差别（其中的差别不止一处，正是那个不起眼的玩笑，令美国出版商觉得受到了冒犯）：

古尔德，S.J.，	古尔德，S.J.，
5% 的眼，81	5% 的眼，81
（41 页引用）	（41 页引用）
谈到模仿粪便的昆虫，82	与粪便有 5% 的相似，82，
（41 页引用）	（41 页引用）
提及，275，291	提及，275，291
点断平衡说，229—52，（36）	点断平衡说，229—52，（36）
谈到达尔文的渐近主义，244，（36）	揭露失言，244，（36）
熊猫的拇指，91，（34）	揭露缺点，91，（34）
批判综合理论，251，（35）	批判综合理论，251，（35）

与此同时，牛津大学出版社从 W.H. 弗里曼出版公司处购得《延伸的表现型》平装本的版权，从那时起，直到现在，它一直是该书的出版商。因此，虽然我已跟随编辑转移到了其他出版商那里，但还是与牛津大学出版社保持着很好的关系。1989 年，他们找到我，希望能推出新一版《自私的基因》。而将《延伸的表现型》这本学术著作的摘要，作为新的一章，加入新版《自私的基因》则是顺理成章的事。

牛津大学出版社为新版《自私的基因》指派的编辑是希拉里·麦克格林（Hilary McGlynn）。和麦克格林共事很开心，但在此书策划上，对我具有决定性影响力的还是我的朋友海伦娜·克罗宁。在克罗宁帮我点评新书的同时，我也为她那本文笔优雅的著作《蚂蚁与孔雀》（*The Ant and the Peacock*）出谋划策。所有参与新版策划的人，都认为原版《自私的基因》中的原文应保持本来的风貌，无须更改。出版商认为，经过数年的积淀，原版已拥有某种标志性的地位，值得保留。一位批评家曾针对阿尔弗雷德·艾耶尔爵士的著作《语言、真理与逻辑》（*Language, Truth and Logic*）发表评论，称其为“一本年轻人的作品”。亚瑟·凯恩（Arthur Cain）也曾引用这句话来评论《自私的基因》。出版商想要保留的正是这种感觉。而对原文的修改和润色以及产生的新看法，都归集到了脚注之中。我提议增加两个新的章节：一章叫作《好人终有好报》，借用了我那部 BBC《地平线》栏目纪录片的题目；另一章叫作《基因的延伸》，而这一章，浓缩了《延伸的表现型》一书的内容。1989 年版《自私的基因》新增加的上述内容，差不多有 1976 年原版书的一半那么厚。

最具诚意的约翰·布罗克曼

前面提到，我跟随迈克尔·罗杰斯经由朗文出版社之手推出了《盲眼钟表匠》一书。此时，我已有了自己的文学代理。她就是伦敦彼得斯、弗雷泽和邓洛普公司（Peters Fraser & Dunlop）的卡洛琳·唐妮（Caroline tawnay）。唐妮以毫不妥协的态度，与我的新出版商达成了协议（罗杰斯在他的回忆录中讲到了这场颇具戏剧性的谈判）。在《自私的基因》出版之后，唐妮与我取得了联系，邀请我在牛津的兰道夫酒店共进午餐，并说服我文学代理能派上大用场，而她的客户名单里，有许多学术作家。后来的事实证明，唐妮果真非常优秀。但在《盲眼钟表匠》出版之后，来自纽约的文学代理约翰·布罗克曼却用他三顾茅庐的精神打动了我。

在出版界，约翰·布罗克曼大名鼎鼎，是不折不扣的强硬派。而他也是个诚实的人，毫不虚伪做作（一位记者曾经说过，隔着老远，就能看到布罗克曼这头鲨鱼在摆动着鱼鳍围着你兜圈子）。真正吸引我聘用布罗克曼的原因，在于他对科学的执着和热忱以及他对科学在文化界中地位的重视。布罗克曼一直在朝向自己的目标前进。如今，他所有的客户都是科学家（或是以科学为题进行创作的哲学家和其他学者）。他将这些人归属到“第三种文化”之中，超越了查尔斯·珀西·斯诺的范畴。随着布罗克曼的这一使命发展壮大，这类作者，如今基本上都成了他的座上宾。他的“边缘”网站（Edge），是科学家和各类知识界人士齐聚一堂的“在线沙龙”。和很多博客一样，这个网站也有许多作者。不同之处在于，“边缘”网站的作者，都是应邀写作，也都是百里挑一的精英级人物。我曾说过，布罗克曼有着全美国最优质的联系人名单，而他也不遗余力地对其加以充分利用，为科学和理性的发展做贡献。其中一个典型例子，就是由他创办的“边缘年度问题”活动。

每逢圣诞前后，布罗克曼都会翻遍电话簿，劝说他的联系人（有些是他的客户，有些不是）为“年度问题”给出富有个人色彩的答案。举例来说，典型的问题是这样的：“过去 2 000 年来，哪一项发明具有最重要的意义？”我还记得我的朋友尼古拉斯·汉弗里（Nicholas Humphrey）给出的答案：眼镜。因为如果没有眼镜，所有中年以上人士就会无法阅读，导致这批人在语言文化中失去权力。我自己给出的答案是分光镜：其实我并不觉得分光镜是最为重要的发明，只不过我交答案的时候有些晚了，没来得及多想。待我静下心来细细思考，才想到许多更为重要的发明。但无论如何，分光镜也是个不错的答案。其贡献远远超过了牛顿的想象，正是因为有了分光镜，我们才了解到空中繁星的化学性质，也是因为有了分光镜，我们才从退行星系发出的光的红移中，了解到宇宙正在扩张，了解到宇宙起源于大爆炸，了解到宇宙诞生的时间。

多年以来，边缘年度问题可谓五花八门，比如“你有什么危险的想法？”

“你出于什么样的原因而改变过想法，为什么？”“什么样的问题已经消失，为什么？”“互联网以何种方式改变你的思维？”“你最青睐的深刻、优雅或美丽的解释是什么？”“我们需要担心些什么？”以及“你相信什么事物是真实的，而你却无法证明其真实性？”关于最后这个问题，我的答案是生命，无论在宇宙中的哪个角落存在着，都会是遵循达尔文主义的存在。每一年，布罗克曼都将答案编纂成书，表面看来，这样一本书与寻常的年度选集无异，但当你看到文章作者的名录，数一数里面有多少位诺贝尔奖获得者，有多少位美国国家科学院院士和英国皇家学会院士，有多少位家喻户晓的名人，就能理解这样一本书的分量。

当布罗克曼第一次找到我时，前面讲到的那些故事还没有发生，但他已经怀着满腔热忱踏上了弘扬科学的远征之路。为此，我对他十分钦佩。虽然不愿意中断与唐妮的默契合作（还幼稚地全然不知，当作者与代理道别时，那种内心的伤痛就像离婚一样，久久不能平复），但我还是同意与布罗克曼见面，听听他的介绍。当时，我正在策划一场全美演讲之旅，于是就在日程安排中增加了一站，到康涅狄格州的农场做短暂停留。布罗克曼一家每逢周末便离开纽约，到这处农场小憩。本以为只是我一人与布罗克曼的会面，到后来却变成了二人共赴的聚会。事情是这样的。

那是 1992 年，正值道格拉斯·亚当斯 40 岁生日。他的生日之所以令我记忆犹新有个很特别的原因。正是在这次生日聚会上，他介绍我认识了女演员拉拉·沃德。亚当斯与拉拉的相识，可以追溯到电视剧《神秘博士》（*Doctor Who*）最受追捧的年代。那时，亚当斯是剧本编辑，而拉拉和汤姆·贝克（Tom Baker）是两位主角的扮演者，他们富有创造性的讽刺表演，为剧作增色不少。记得那场聚会上，亚当斯介绍我和拉拉认识时，拉拉正在和史蒂芬·弗雷（Stephen Fry）聊天。四个人站在一起，产生十分突兀的感觉。亚当斯与弗雷比我俩高出许多。就在他们高高在上的谈笑声中，我和拉拉自然而然地四目相对。于是，我在两位巨人搭建的穹顶之下，羞涩地问拉拉是否需要再续一杯酒。等我端着酒杯回来，我俩便很快达成一致意见，都认为这个聚会场所太过嘈杂，不方便聊天。记得我那时是这样说的："要不，咱们一起出去随便吃点东西，然后再回来，好不好？"于是，我们就这样悄悄地溜了出去，在马里波恩路上找到了一家阿富汗餐厅。

攀谈中我得知，拉拉读过《自私的基因》，也看过我的圣诞大讲堂。这让我很开心。不仅如此，她还读过《延伸的表现型》，更是拜读过达尔文的巨著。我们一见如故。后来，我还得知，除了在《神秘博士》中扮演重要角色之外，她还在德里克·雅各比（Derek Jacobi）导演的 BBC 电视剧《哈姆雷特》中扮演过奥菲利娅这个角色。而且，拉拉多才多艺，出过书，还为书籍配过插画。我们真是相见恨晚。那天，我们没有回到派对上去。

我跟拉拉说，正在准备一趟美国之行，还在行程中加上了约见约翰·布罗克曼的安排。她说，她正准备和好友去巴巴多斯度假。不知为何，她突然兴起，说干脆爽约，想和我一起去美国。我也一时兴起，竟然答应了下来。

后来，这个冲动的决定给我们带来了点儿尴尬。在行程安排中，我的第一站是波士顿，在那里应丹尼尔·丹尼特夫妇之邀，住在他们家中。然后还要去康涅狄格州，住在布罗克曼家中。两家主人，都以为只有我一位客人，而不是两个人。关于我俩这件事，该怎么向主人们坦白呢？我和拉拉都有些担心，他们会问我们认识了多久。毕竟，与一对情侣聊天时，这是个再正常不过的话题。而我们能给出的答案，是颇为令人汗颜的"一星期"。好在最后谁也没问那个令人不安的问题。多年之后，拉拉主动向丹尼特坦白了这件事。"真的吗？"丹尼特答道，带着一脸嘲弄的无辜表情。"那时我还以为你们俩认识好多年了呢！"

与丹尼特一家告别后，我们乘飞机前往南卡罗来纳州。在那里，杜克大学有着除马达加斯加本土之外成员数量最多的一群狐猴。拉拉（在很久以前就曾精心描绘过许多种类的狐猴）早就知道这种动物的拉丁文名称，这让我和做向导的狐猴专家惊叹不已（随着我一点点发现拉拉隐藏在美丽外表之下的内秀，我也注意到身边的狐猴在观察我们的同时，互相之间悄悄使眼色）。此行的亮点是见到了指狐猴。这种狐猴真的与众不同，它的手掌上有着一根明显长出许多的瘦骨嶙峋的中指。这根中指早已适应昆虫的探寻和捕捉。一开始，我们只看到了一个纸板箱，不知道里面是否有东西。不一会，只见一根细树枝一样的手指伸了出来。随后出现的是一张小魔鬼一样滑稽的面孔，从箱子的边缘偷偷往外看。然后，那根所向披靡、战无不胜的中指一伸出来，就带着精准的细微动作，不是去掏虫子，而是直接伸进鼻孔。无论是牛津大学还是其他大学，学生们一旦毕业，就会把课堂上学到的大部分知识原封不动地还给老师。但对于我来说，哈罗德·普希先生讲过的关于狐猴的那一堂课，至今依然留存在记忆深处，只因为他说过一句重复了许多遍的话。每逢遇到有关狐猴的场合，普希先生那深沉的嗓音就会在我脑海中响起："除了指狐猴之外。"这就是"真的与众不同"的来历。

我们从南卡罗来纳州飞到拉瓜迪亚机场。约翰·布罗克曼说，他"派了辆车"前来迎接我们。走出机场，眼前出现了一辆加长版的豪华礼宾车。拉拉开玩笑地说："快看，那是接我们的车。"没想到，玩笑竟然成真。这辆车实在太长，可怜的司机不得不前后腾挪了半天，才将车子开出停车场，挪车时还不小心撞上了一根柱子。那是我第一次乘坐美国风格的加长礼宾车。我们趁着夜色赶往康涅狄格的一路，享受到了超凡的体验。车内有着双人床一样宽敞的皮座椅，锃亮的木质鸡尾酒柜和水晶酒瓶。车内的一切都沐浴在闪烁的蓝色灯光之中。

英国著名舞台剧演员克莱尔·布鲁姆（Claire Bloom）位于康涅狄格的家离约翰·布罗克曼家不远。拉拉曾与布鲁姆在影片中有过合作，非常想要借此机会和她见面。我以前从未见过布鲁姆本人，布罗克曼一家也没见过，于是就邀请她来布罗克曼家里共进午餐。布鲁姆开车前来，本人与荧屏中一样光彩照人、魅力四射。午餐后，她和拉拉力劝我与布罗克曼合作。就这样，我与布罗克曼公司签约，聘请他做了我的文学代理。

一场离题的旅行

前面讲过，到了此时，我已经完成了科学研究所圣诞大讲堂的演播工作。与布罗克曼合作后推出的第一本书，也借用了大讲堂中的一个主题——在宇宙中成长。这本书的出版商，是英国的企鹅出版社和美国的诺顿公司。后来，此书的题目定为《攀登不可逾越之山》，而这也是圣诞大讲堂五堂课中第三堂的题目。本书的内容，加入了许多在大讲堂中没有提及的知识。本书没有涉及的圣诞大讲堂内容，都编入了《解析彩虹》之中。

《攀登不可逾越之山》刚刚动笔没多久，布罗克曼就与我联系，说他有了个新的想法，是个重大转型。著名英国出版商安东尼·奇特汉姆（Anthony Cheetham，他与我是贝利奥尔学院同一年级的同学，但我们互相不认识）与布罗克曼关系不错，他们二人想出了一个点子，也可以称为“商业模式”。这个点子就是，推出由一系列 12 本小书构成的“科学大师系列”。每一本书的作者都是一位科学家，里面的内容是这位科学家对其研究领域所发的个人感想。而这一商业模式的不同之处就在于，从财务角度来看，12 位作者是联合在一起的，属于一个大团队。也就是说，用商业眼光来分析，我们这 12 个人被视为一名作者——约翰·布罗克曼的一位客户，而每个人会拿到版税的 1/12。这就意味着，在这 12 本书中，谁的书卖得好，就相当于为那些书卖得相对不好的作者提供补贴。我很欣赏这个点子，现在已经想不起来为什么了，也可能是这样的想法唤醒了我心中的理想主义情结。于是，我签了约，写成了自己的那本小书，书名是《伊甸园之河》（*River Out of Eden*）。和我同属“合作社”，共同撰写这一系列书籍的还有理查德·利基（Richard Leakey）、柯林·布雷克莫尔（Colin Blakemore）、丹尼·希里斯（Danny Hillis）、贾雷德·戴蒙德（Jared Diamond）、乔治·斯穆特、丹尼尔·丹尼特、马文·明斯基（Marvin Minsky）以及史蒂芬·杰伊·古尔德。可惜，古尔德出于种种原因，最后未能为这一系列贡献出自己的那本书。

参与“科学大师系列”给我带来的收获之一就是与安东尼·奇特汉姆相识。这一系列书籍的创作与出版，就是他本人和约翰·布罗克曼二人的主意。在切尔藤纳姆文学节上，布罗克曼举办了“科学大师系列”著作的启动仪式。拉拉和我就是在这次活动时与奇特汉姆结识的。直到现在，我们和他，还有他那位性格开朗、做文学代理的太太乔治娜·凯普尔（Georgina Capel）都一直是好朋友。我们在他们位于科兹沃尔德那栋田园诗般的宅院中住过几周时间，看着夕阳的余晖撒在玫瑰花丛上，第二天又有绚烂的朝阳将层林尽染。这片树林是奇特汉姆亲手种植的，是他对未来满怀信心的象征。记得有一次在那里度周末时，还有另一位客人——克里斯蒂娜·欧东（Cristina Odone）。她是一位心直口快的罗马天主教辩护者。共进晚餐时，欧东主动挑战，与我吵了一架。吵架双方都带着十足的幽默感，却没分出胜负。这样的论战，可能永远分不清胜负，说不定等到我们都撒手人寰之后，后人的态度会偏向于欧东，也未可知。

1995 年夏天，在《伊甸园之河》刚刚出版的那个周末，我们去拜访奇特汉姆一家。像往常一样，奇特汉姆在早餐之前去附近的市场买报纸。打开《周日时报》一看，我的那本小书（确切地说应该是我们的小书，因为书中的插图是拉拉所画，而奇特汉姆的出版公司也成了系列著作合作社中的第 13 名成员）竟然在畅销书榜单中高居榜首。我记不得奇特汉姆有没有在早餐时间打开香槟进行庆祝了，但凭他那热情奔放的好客性格，做出这样的事完全在情理之中。

刚刚写完《伊甸园之河》就传来了我叔叔科利尔去世的噩耗。科利尔叔叔是我父亲最年幼的弟弟，长相与父亲十分相似。我将此书献与他，作为怀念：

谨以此书纪念亨利·科利尔·道金斯（1921—1992）。牛津圣约翰学院院士。一位精通如何将事物理清头绪的大师。

和科利尔叔叔相识的人都认为，他是一位十分优秀的教师，讲话幽默、简明扼要，思维流畅、充满智慧。他将统计学原理巧妙地应用在生物学之中，并将此方法传承给了世世代代的牛津生物学家。我经常邀请生物学院士为我自己新学院的学生上统计学辅导课，也曾经请过他。记得有一次，我为了请他上辅导课，到他位于林业系的办公室找他。那个时候，林业系还叫作“皇家林业研究所”。我向他介绍了那位学生的基本情况（“很聪明，有点懒，得定期督促他”等）。科利尔叔叔在我说话时，一直低头记笔记，但写的却不是英文（他是一名出色的语言学家）。我说：“你的保密工作做得真到位，还要用斯瓦西里语记笔记。”“不是不是，”他打断我，“斯瓦西里语？林业系每个人都看得懂斯瓦西里语。这是阿奇里语。”

我再讲一桩颇具代表性的轶事。牛津火车站的停车场配有机械栏杆。司机将停车费塞进投币口，栏杆就会自动抬升让车辆通过。一天晚上，科利尔叔叔乘末班火车从伦敦回到牛津。没想到停车场的机械栏杆出了问题，卡在下面抬不起来了。火车站的工作人员早已下班，而困在停车场里的司机都一筹莫展，不知道怎样才能离开那里。科利尔叔叔的自行车就存放在火车站附近，本来停车场这事与他毫无关系。但他看到这样一幕，还是怀着仁厚的利他主义情怀，用双手抱住栏杆，猛地将其折断，然后扛着栏杆来到站长办公室，将栏杆立在门口，还贴了张字条，上面留下了他的名字和地址，并解释了这样做的原因。他认为他应该为此获得奖状才对。结果，他却被传唤到法庭，还被处以罚款。这是对人们的公益精神多么沉重的打击啊。当下的英国，就是这样拘泥于规则和法律条文，生硬死板，心胸狭隘。

这则轶事还有个续集。多年之后，科利尔叔叔已经离开人世。我碰巧遇见了著名匈牙利科学家尼古拉斯·库尔提（Nicolas Kurti），他是一位物理学家，却一不小心成了科学烹饪术的先锋人物。我报出自己名字时，库尔提精神一振，抬眼看我。

“道金斯？你是说你叫道金斯？你跟那位在牛津火车站停车场

撅断栏杆的道金斯是亲戚吗？”

“嗯，是呀。我是他侄子。”

“快来，让我握握你的手。你叔叔是位英雄！”

为科利尔叔叔处以罚金的那位治安官员，如果你也读到了这本书，希望你能发自内心地感到惭愧。你想说你不过是在履行职责，维护法律吗？那是当然。

我在《攀登不可逾越之山》中，第一次配上了自己创作的彩色生物形态图，还有拉拉亲手描绘的动物画作。但她的贡献远远不止于此。这本书碰巧还成就了我们长期坚持的共读习惯。后来，我们一同前往澳大利亚和新西兰，为此书做推广。后面的故事暂且按下不提，让我们再跑一次题，讲一讲那段日子的美好回忆。这次跑题，不妨说是跑题中的跑题吧。

生命若那般沉重不堪，
没有自由跑题怎么办？
可如果跑题让你不爽，
不如将随后几页忘光。

拉拉和我经由香港和悉尼，前往基督城（亲爱的基督城啊，你那充满怀旧气息的古老英国风格，是否在地震中幸存了下来呢？）。为推广《攀登不可逾越之山》而安排的几次讲座之间，还有时间的空当。于是，我们租了辆车，途经南阿尔卑斯山脉，驶过弗朗兹约瑟夫冰川，来到南岛西部的雨林，欣赏那里独特的椤橛植物。可惜，我们没能到峡湾去看看。道格拉斯·亚当斯曾说过，去那里，人们的第一个反应，“就是不由自主地鼓起掌来”。随后，我们又途经绵延起伏的牧场和起起落落的篱笆，看着一路上悠然吃草的羊群，来到达尼丁，在那里又进行了一次演讲，还得到了曾经在新学院共事过的彼得·斯凯格（Peter Skegg）的关照。斯凯格是法学教授，也是一位颇有成就的鸟类学家。他以专家的身份，带我们到奥塔哥半岛参观了皇家信天翁保护区。

那巨大的鸟儿用尽力气在跑道上起飞的样子，仿佛机场的波音客机一般。在斯凯格看来习以为常的景象，却令我和拉拉深感震撼。

随后，我们到达惠灵顿。在那里，我们与哲学家吉姆·斯蒂尔尼（Kim Sterelny）共进晚餐。在惠灵顿和奥克兰完成巡回演讲之后，我们飞回到澳大利亚。在墨尔本，澳大利亚怀疑论者委员会的罗兰德·塞德尔（Roland Seidel）接待了我们。他脚穿颜色不一的袜子，配上粉色西装，形成了他鲜明的时尚风格。他的风格和史蒂芬·波特（Stephen Potter）为唤起母性本能而穿着奇怪袜子的招数有所不同。塞德尔带我们去了他位于墨尔本城外丹德浓山桉树林之中的家。在木质游廊上，翠鸟飞到拉拉身边，用那气势汹汹的喙在她手上啄食，让拉拉开心不已。

我们在大堡礁的苍鹭岛上待了几天，研究站经理的太太带着我去浮潜。记得在水中，一只鲨鱼突然冲我迎面而来。经理太太见我惊慌失措的样子，马上安慰我说："没事，它不伤人。"但随后又补上一句，令我刚刚放下的心又悬了起来："不过我还是希望它走掉，到别处去不伤人吧。"

在堪培拉，澳大利亚国立大学为我授予了荣誉博士学位，还将博士袍送给了我。这件博士袍的颜色与牛津博士袍基本一致，比纽卡斯尔大学的袍子颜色稍深一些。说到荣誉学位，其实一直令我觊觎的是西班牙的荣誉博士，因为那里的博士帽，就像带有流苏的台灯罩一样十分神奇。我没有按字母列表收集荣誉学位的雄心壮志，彼得·梅达瓦的玩笑话在我身上不适用。梅达瓦曾表示"耶鲁大学（字母 Y 开头）和津巴布韦大学（字母 Z 开头）的荣誉学位总是莫名其妙地拖后腿"。但当瓦伦西亚大学为我授予荣誉学位时，我还是十分开心的。现在，每逢牛津举办一年一度的校庆花园聚会时（此聚会十分老套，一群学者打扮得五彩斑斓，像吸引雌性的雄鸟），我都会头戴那顶令人艳羡的台灯罩出席。在所有的荣誉博士头衔中，我最心仪的两个还是从朱丽叶的两所母校——圣安德鲁斯大学和萨塞克斯大学拿到的。萨塞克斯大学的授予仪式是拉拉的好友、大学校长戴维·爱登堡亲自主持的（请见插图部分）。后来，我的朋友保拉·科比（Paula Kirby）见到这幅照片时说道：“很不错。可是你为什么打扮得像彩色什锦糖？”

回到这一连串跑题的开头。澳大利亚之行后，我和拉拉飞回加州，继续《攀登不可逾越之山》的宣传工作。而此时的我，已经连续进行了多场演讲，长途飞行之后又患上了感冒，导致咽喉炎发作，连说话都十分困难。于是，拉拉挺身而出，用她那美丽的嗓音朗读了书中的部分章节（BBC之所以选上她出演莎士比亚的剧作，是有原因的）。待她读完后，我们将扩音器声音放大，这样我就能嘶哑着嗓子咳嗽出几个问题的答复，与观众稍作交流。随着我们一路从西部向东海岸进发，我的嗓音也逐渐恢复。但拉拉的朗读很受欢迎，我们在后续演讲中继续了这样的风格，由我们二人交替着朗读书中的段落。现在，有了斯特拉斯莫尔音频出版公司的尼古拉斯·琼斯（Nicholas Jones）的帮助和指导，我和拉拉已经彼此配合着录制完成了我的大部分藏书。这种方式，效果还不错。每过几段，声音就变成另一个人，既可以避免听者打瞌睡，也十分适于将引用内容与上下文分隔开来，而无须每次都极不协调地说出“引用”二字。

达尔文的《物种起源》以及自传的上部，是我自行朗读录制的，只有自传中我母亲日记的摘录部分，由拉拉朗读。《物种起源》的录制经历很有意思。我不想拿出维多利亚时代家长式的腔调，只想完全依照我本来的声音去朗诵。我的目标是尽量全面地理解每一句话，从而将重音落在合适的词汇和音节上，以帮助听者更好地理解。但执行起来难度很大，因为维多利亚时代的句子，比现代人们所适应的词句要长出许多。读完一整本书，我对达尔文智慧和博学的敬意，又比以往加深了一层。

关于朗诵的艺术，我从拉拉身上学到了很多，而对朗诵的坚持，也进一步深化了我对诗歌的挚爱。拉拉对我说，还没有人以科学之中的诗意为线索，创作过任何文学作品，我应该考虑写上一本。就这样，《解析彩虹》于1998年问世了，也就是在《攀登不可逾越之山》出版后的两年。这部书，旨在回应济慈对牛顿学说所怀有的浪漫派敌意，是我以献给拉拉的名义创作的。《攀登不可逾越之山》是献给罗伯特·温斯顿（Robert Winston）的，他曾慷慨地帮助我和拉拉先后四次尝试用试管婴儿的方法受孕（可惜都没有成功）。在此书出版之前，一位犹太教宗师在伦敦举办了一场关于信仰的辩论，温斯顿（英国犹太社群中最受尊敬的人物之一）和我分别代表正反两方。我很高兴，能在这样的场合宣布，我将即将出版的著作献给他这样一位“优秀的医生、善良的好人”。

我认为，《攀登不可逾越之山》是我获得评价最低的一部著作，但我不能责怪出版商未尽宣传义务。出版商在此书正式问世之前，先行印制了限量版，赠送给了诸多名人，也收到了来自各位名人的赞美之辞。其中，我最喜欢的就是戴维·爱登堡的话。他说，他读起此书，不忍释卷，甚至有种冲动，想要叫醒在他身旁酣睡的陌生人，给她读上一两段。出版商拒绝将这段评论印刷出来，而是将他所有的赞誉浓缩为一个简单的“赞”字。他们有什么可担心的呢？只需澄清一下，说爱登堡是在过夜的长途飞机上读到此书的，不就解释得通了嘛。

说到戴维·爱登堡这位神奇人物，我不得不恳请读者，允许我再次跑题。每当英国出现选举产生而非世袭国家首脑的可能性，就会有人提出令人尴尬的问题，取缔女王没什么问题，但是请想一想我们用谁来替呢：托尼·布莱尔国王？贾斯汀·比伯国王？这样的大胆假设实在荒谬。而当有人说出戴维·爱登堡这个特别的名字时，所有人都会点头称赞。

爱登堡优雅的魅力和友善的和蔼是众所周知的。但人们却不知道，他还擅长模仿，能绘声绘色地讲出令人忍俊不禁的故事。他完全可以像他兄弟理查德那样，成为一名演员。若是将他和另一位讲故事高手德斯蒙德·莫里斯聚到一起，就只需放松地靠在沙发上，欣赏这场别开生面的对口相声。记得有一次，动物学会举办活动。莫里斯那位惊艳四座的太太拉蒙娜出现在会场，走入了那群老学究的视野。爱登堡每逢讲到此事，都会模仿老学究们的动作和表情。他们缓慢地转身，用眼神跟随她的同时，身体在椅子中扭动。爱登堡手中端着一杯想象中的咖啡，就在他惟妙惟肖地模仿拉蒙娜那群戴着厚重眼镜的仰慕者时，手中的假想咖啡杯也随之倾斜，将想象中的液体倾洒一身。

有一次，《卫报》对爱登堡和我进行联合采访。我想不起来那次采访的具体原因了，可能就是以二人采访为主题的常规形式。在采访之前，节目组安排了一位摄像师为我们二人拍照。为了拍照，我们坐在爱登堡家的花园里，一边聊天，一边任由摄像师抓拍取景。这次聊天，极为尽兴。保守估计，我们两人至少有 95%的时间是在开怀大笑中度过的。摄像师至少拍下了 100 多张照片。后来，图片编辑在选片时，最终决定用哪张呢？我想，当时我们二人的姿态，留在镜头之中的样子，一定是面朝彼此，张着血盆大口，以标准的灵长类动物示威动作，抢夺什么战利品一般，好像立刻就要冲上去把对方吃掉一样。能在那 100 多张大笑的照片中找到一张二人都保持微笑的影像实属不易。也许这就是新闻工作者的过人之处吧。

在拉拉的提醒下，我想起了一位《周日时报》的记者（在此不公开其姓名）。我是在家中接受他的采访的。当时，拉拉正在楼上工作。整个采访过程中，她听到楼下传来一阵接一阵的笑声。但当采访报道印刷在报纸上时，第一句话却是这样的："理查德·道金斯有个问题，就是他完全没有幽默感。"这句话的意思是说，看吧，他是个无神论者，所有人都知道，无神论者没有幽默感。事实上，这位记者本人很可能也是无神论者，而且在报社，他周围的许多同事也是一样。但他们就是不愿公开说明这一点。当无神论者出现时，人们可以轻松幽默地交流吗？这样的想法还是早点断了吧。他们认为，无神论者那标志性的怒吼与敌意，一定会永远保留下去。

有些人还认为，无神论者没有诗意。说到这里，就又要提到《解析彩虹》这本书了。在这本书中，我对科学的诗意大加赞颂。之前讲到过，这是我第一本受到拉拉极大影响的著作。拉拉敦促我，作为新上任的西蒙尼教授（详见后文)，我应该将诗人和艺术家群体也动员起来。虽然书中包括了一些圣诞大讲堂的内容，但其精粹都源于我那场 1996 年的丁布尔比讲座。在这次讲座中，开场的几句话都是拉拉的建议，而整场讲座内容也处处体现着她带给我的灵感。丁布尔比讲座的主题后来也成了《解析彩虹》的副标题——科学、幻象与好奇若渴。

BBC 一年一度的丁布尔比讲座是为了纪念那位伟大的播音员理查德·丁布比（Richard Dimbleby）的——那曾一度辉煌的机构之中的明星人物。能在 1996 年获得丁布尔比讲座节目组的邀请，我荣幸之至，赶忙怀着我那惯常的紧张不安，哆哆嗦嗦地接受了邀请。我开始为讲座打下的草稿，简直一无是处，而这也进一步加剧了我的紧张情绪。拉拉将我从沮丧的泥潭中拉了出来，还帮我出主意，给了我一个富有灵感的开头。我逐字逐句地采纳了拉拉的建议，而这样的开篇，立刻为后面的内容定下了基调："你可以为亚里士多德上一节课。你可以给他触及灵魂的震撼。"

《解析彩虹》在英国的出版商还是企鹅出版社。在美国，约翰·布罗克曼将这本书交给了霍顿·米夫林出版公司（Houghton Mifflin)。这家公司为我安排了一次图书推广旅行，此行的亮点是在旧金山赫布斯特剧院举办的活动。约翰·克立斯（John Cleese）在台上对我进行了采访，问题问得深入透彻。他手中拿着的那本书，里面贴满了黄色的便签，看来他真的是做了充分的准备工作。克立斯的那种幽默，是模仿不来的，除非你拥有像他一样聪明的头脑。那天在舞台上，他的聪明才智表现得淋漓尽致。在我看来，观众对他的幽默感充满期待，不管他说的话多么认真，意图多么严肃，但只要他开口讲话，台下就会爆发出阵阵欢笑。观众肯定是没有从他的语调中听出线索，因为他严肃讲话时的语气和他在表演严肃喜剧时的语气是很难区分的。比如在《辩论诊所》(*Argument Clinic*）这部情景剧中，或是在扮演滑稽步初学者时，对迈克尔·佩林（Michael Palin）用死气沉沉的语调说："这样对不对？是不是不够滑稽？" 我很享受旧金山观众的笑声，也加入到了欢笑的队伍之中。但事后，我不禁想到，克立斯会不会因为一张嘴说话就引起人们的笑声，而感到些许沮丧，就连他真的很严肃时，人们的笑声都不放过他。

后来有一次度假时，克立斯和他的太太邀请我和拉拉去他家小住。我发现，他这个人真的是无时无刻不在搞笑。他讲过许多十分幽默的小故事，下面就是一例。这是克立斯在公共汽车上听到一位女子说出的话（他对这段话的上下文全然不知）：

> “她出生时，我给她洗过。她结婚时，我给她洗过。温斯顿·丘吉尔葬礼时，我给她洗过。我不会再给她洗了。”

幽默之人，是否碰巧就能遇上比寻常人更多的趣事？现实很可能不是这样的，但我还是很想思考一下这个问题。不仅仅是关于约翰·克立斯，还有其他几位我认识的幽默大师——道格拉斯·亚当斯、德斯蒙德·莫里斯、戴维·爱登堡、泰瑞·琼斯（Terry Jones）等等。也许，他们会特别留心生活之中的点滴幽默，比我们寻常人更容易发现有趣的事吧。

祖先的故事

我向约翰·布罗克曼建议的下一本书是《上帝的错觉》，但他并不感兴趣。他的观点是，对宗教进行攻击的作品在美国卖不出去。在那个年代（20 世纪 90 年代），布罗克曼也许是对的。后来，乔治·W. 布什上台，他的想法也发生了变化。同样是在那个年代，1997 年，我们正在科茨沃尔德那田园诗般的美景中度周末时，安东尼·奇特汉姆提出了一个想法，令我既兴奋又有些压力。奇特汉姆说，不如写一本大部头的生命通史，用他的话来说，就相当于出自进化论学家笔下的，恩斯特·贡布里希（Ernst Gombrich）的《艺术史话》（*The Story of Art*）。

我深知，若想达到如此宏大的目标难度不小。需要进行大量的阅读，还需要重新捡起自从本科时代就荒废掉的大量基础知识（我还颇为懊恼地记得，前文引述过的哈罗德·普希的话：牛津期末考试时，你脑子中所装载的知识量之丰富，是你这辈子从今往后再也无法企及的）。更何况，本科时代学到的大部分知识，如今早已过时。取而代之的是从全世界各地分子生物学实验室不断输出的海量新信息。我有没有足够的精力，去胜任奇特汉姆的这一提议？去接受这一难度很大的任务？而另一方面，我已经时任科普教授两年之久（后面会详细讲到此事），还因为担任了这个新职务，免除了辅导教学的繁重任务。一想到我的赞助人查尔斯·西蒙尼，我就觉得有所亏欠。我是否应创作出一些具有震撼力的作品，才对得起他的慷慨，也对得起因他的资助而使我每天获得的那些自由时间？我是否应拿出点高水平的成绩，为后来者树立榜样，设立标杆？

几天几夜，我一筹莫展，没能合眼。阳光明媚的早晨，我会觉得自己有能力做到，并开始定计划，记笔记。而一到夜幕降临，我就会想到，一旦应承下这项工作，未来几年就要一直背着这座大山，没有喘息的余地。拉拉支持我一鼓作气扛起重担。她说，我可以在几年时间里一步步按计划进行，将整本书分拆成章节，一次只针对一个章节的内容。这样一来，原本高不可攀的目标，也变得切实可行了。拉拉的建议坚定了我的决心。于是，我在 1997 年 3 月，与奇特汉姆签下了合同。与此同时，布罗克曼与霍顿·米夫林出版公司达成协议，将其指定为此书在美国的出版商。出版社为我配的编辑是伊蒙·都兰（Eamon Dolan）。

我怀着饱满的热情开始了写作，乐观地踏上了眼前这条漫长而崎岖的道路，同时告诫自己，不要低估这条路的长度，还有沿路的艰难险阻。但是，两年之后，写作任务的艰巨，还是将我推到了绝望的境地。拉拉给了我许多鼓励。她清空了自己平日创作动物画像的画室，这样我就能有一整面墙壁，将巨大的思路图钉在墙上，而这张图，就是生命史的简图。环境的改变，令我那动摇的精神为之一振，但也只是暂时的振奋。眼看合同上的截止日期一天天临近，怯懦的旧病再次发作。我想，与其坚持，不如半途而废，将出版商的预付款还回去算了。那时，我已经下定决心要放弃了，而拉拉为了将我从那种决绝的精神状态中解救出来，独自一人去科茨沃尔德找奇特汉姆。正是因为拉拉和奇特汉姆的这次紧急会面，才有了奇特汉姆于 1999 年 2 月写给我的一封邮件（应说明，当时本书的题目是《祖先的声音》（*Ancestral Voices*），后来之所以放弃这个题目，是因为柯勒律治的这句话已经被人引用过太多次了）：

亲爱的道金斯：

我不想让你因为本书的写作工作而烦闷、失眠。如果截止日期是令你感到困扰的因素，那么我们就应该将其改掉。这本书对我来说太重要了，我相信，对你而言也是一样。我们不能用对待周日报刊文章那样的态度去对待这本书。我建议，在我们二人之间达成默契，如果你决定继续本书的创作，那么交稿日期由你决定，而不是由我们决定，更不是由合同上显示的日期决定……

顺祝安好！

安东尼·奇特汉姆

只有伟大的书商，才能写出这样一封信。除此之外，将我从绝望中拯救出来的另一件事，就是我意识到，约翰·布罗克曼为此书谈下来的大笔预付款，可以让我聘请一位博士后研究助理，全职为我工作。预付款的用途，本来就是为作者提供此类资助的。而助理的理想人选，就是近在咫尺的王岩（Yan Wong），王岩是自马克·里德利和艾伦·格拉芬的辉煌岁月之后，我最得意的门徒之一。此时，他正在格拉芬的指导下，进行博士论文的写作（这样看来，他不光是我的徒弟，也算是我的徒孙了）。王岩接到这项任务后，表现十分积极，而他之所以积极的原因，和我一开始犹豫着不敢接下此书的原因是同一个：需要高强度的工作和大量的阅读。我眼中的阻碍，在比我年轻 30 岁的王岩看来，已成了挑战。

王岩和我从 1999 年初开始合作。我的教授职位，名义上落在了牛津大学自然历史博物馆。于是，王岩就在那座宏伟的建筑中（其建筑结构，令人想到存于其中的恐龙骨骼化石所呈现出来的哥特风格）分得一间小办公室，可以在骨骼、化石、尘埃和水晶展示柜之间埋头工作。我们经常见面，对著作的每个细节进行讨论，对书中的结构进行规划。一开始，奇特汉姆以为，关于生命史的著作，一定是以传统的叙述顺序为线索，随时间的进展逐步往后顺延的。而后来，他也欣然接受了我和王岩提出的建议，用倒序的手法进行写作。我们给出的理由十分中肯。人类本身聚合了太多的进化历史。《祖先的故事》（*The Ancestor's Tale*）一书的第一章，题为《自负的后见之明》（*The conceit of hindsight*）。其中这样写道：

> 有人认为，我们过往的一切都是为了给出特定的当下。这种思想，亦有人称之为第二类诱惑，自负的后见之明。已故的史蒂芬·杰伊·古尔德曾正确地指出，关于进化论的主流迷思中，占主导地位的标志性代表，一个像旅鼠跳崖（这个迷思也是错的）般无所不在的形象，就是蹒跚行进中的猿人祖先。猿人逐渐站起身来，最终成了直立的、昂首阔步的现代智人。人，就是进化论的最后一个作品（每逢讲到这个话题，人从来不分男女）。人，就是整场宏伟规划的终极所指；人，如磁铁一般，将进化从过往的岁月中向自身引来。

我们要避免人类的自负，同时，我们需要认清，读者也是人，肯定对人类的进化最感兴趣。一种普遍存在的迷思认为，进化的历程经过久远岁月的洗礼，就是为了达到人类智慧这个巅峰。我们如何能在不逢迎这种迷思的同时，满足读者心中合理存在的对人本位的兴趣呢？那就要用倒序的手法，将我们这段历史讲述出来。如果以生命起源为开头，从前往后讲，那么这段历史，就可能以现存的成百上千万物种之中的任意一种作为结尾。智人不应享受特殊待遇，同样，匍枝毛茛、非洲狮、果蝇也不应享受特殊待遇。但如果用倒序的手法书写历史，就可以将任何一个现代物种当作主角，并沿进化的线索追寻其祖先，回到那独一无二的起源上。这个起源，是所有物种共同的祖先。这样的写作手法，就使得我们可以将人类最感兴趣的物种——我们自身作为动笔的对象。

我和王岩将这段历史的写作略作夸张，用乔叟的风格，称其为一场朝圣，也就是人类回到所有生命起源的朝圣之旅。在离散的“约会点”上，有人类朝圣者的表亲加入进来，随后是远房表亲，继而是关系更远的表亲。这也带来了额外的好处，可以强调，现代物种并非其他现代物种的祖先，却是其表亲的祖先。实际上，只存在 39 处这样的约会点。这一现实令我们颇感惊奇。之所以只有 39 处，是因为在许多约会点上，有大量表亲加入进来。举例来说，在第 26 号约会点，绝大多数无脊椎动物都加入到了朝圣的队伍之中，包括昆虫在内。就像著名物理学家兼生物学家罗伯特·梅（Robert May）那句玩笑话一样，用初始近似的眼光来看，所有物种都是昆虫。

一个接一个约会点上的现代朝圣者，共享着已经逝去的祖先。我们需要为这些祖先找个称谓。我翻出学生时代的希腊文教材，找到了“phylarch”一词，但这个词的发音并不朗朗上口。后来，王岩的太太妮基想到了“通祖”（concestor）一词，是“共通祖先”（common ancestor）的缩写，堪称完美。比如，通祖 15，是所有现代哺乳动物的共通祖先。

我们的写作带有乔叟的风格。其中还讲到，随着几位朝圣者加入到人类的寻祖之旅中来，也要让他们讲个“故事”。这些故事，纯属跑题，不过是为了讲几个有趣的生物学故事而找的借口而已。故事与整本书的主题相关，但内容不仅限于讲故事的那种特定生物。比如，蚂蚱的故事是有关种族的，特别讲到了饱受争议的人类种族。之所以选择让蚂蚱来讲这个故事，是因为碰巧有一项关于蚂蚱种族的研究成果。天鹅绒虫的故事是关于柬埔寨大爆炸的。河狸的故事讲的是延伸的表现型。这则故事是以我的声音讲述的，若是让动物以第一人称讲出，未免过于造作。

凭良心说，如果没有王岩的协助，我是不可能完成那本书的写作任务的。他的名字也留在了书中，是几章内容的联合作者。近期，我通过布罗克曼的公司，刚刚与出版商谈妥，准备推出那本书的新版，其中再加入由王岩撰写的最新内容，并将他的名字放到书的封面上，正式成为整本著作的联合作者。

2002 年，我的自信危机再次爆发。为了安抚出版商，缓解写作截止日期带来的压力，我给了他们另一本书，而这本书最终确定的题目，就是《魔鬼的牧师》（*A Devil's Chaplain*）。奇特汉姆很想推出一本我的合集，里面收录一些我发表的论文和报刊文章。而美国霍顿·米夫林出版公司的伊蒙·都兰也有同样的想法。我心里早就想好编辑此书的理想人选，她就是拉莎·梅农（Latha Menon）。梅农出生于印度，长期以来一直住在牛津，也是牛津的毕业生。她是《微软百科全书》（*Microsoft Encarta*）的编辑，资源丰富、知识渊博。我曾在微软百科全书的编辑委员会供职过几年，也参加过在萨默维尔大学举办的年度大会。会议主席是著名历史学家阿萨·布里格斯（Asa Briggs），而梅农则在大部分讨论会上担任主持。她给我留下了非常深刻的印象，当《微软百科全书》的编纂工作结束时，我推荐她去申请牛津大学出版社科学类著作的编辑工作，而她也成功拿到了这个职位。她是否能再多承担一点工作，作为我这本选集的编辑呢？答案是肯定的。当时，她对我的作品再熟悉不过，于是立刻开始埋头工作，帮助我选出了一系列最适合编入文集的文章，并将这些文章分成七大部分。我给这些部分都取了颇具诗意的题目，如《阳光即将普照》（论达尔文主义），《他们对我说，赫拉克立特》（讣告与悼念文），《托斯卡纳的队伍》（与古尔德有关的各类论文），还有《非洲和她的神童在我们心中长存》（非洲话题）。最后一部分，题为《为女儿祈祷》，其中只有一章内容，是我在女儿朱丽叶 10 岁生日时写给她的一封信。文集以这封信收尾。时值女儿 18 岁生日，我便将此书献给她，在她成人之时略表纪念。

魔鬼的牧师，献给女儿的 18 岁生日礼物

女儿 10 岁时，我给她写了一封长信，题目是《信仰的好处与坏处》。写信的做法，似乎有些令人摸不着头脑。为什么不直接对她讲出来呢？原因是，我和女儿不常见面。听起来有些伤感，但在当下的社会中，这样的现象并不少见。朱丽叶和她母亲——我的第二任妻子伊芙生活在一起。伊芙充满魅力，富有情趣，是位很好的伴侣。但我和她之间，除了都很爱朱丽叶之外，没有什么共同语言。我们在一起的日子里，越来越觉得，分开是不可避免的事。于是，在朱丽叶 4 岁那年，我们离婚了。我们希望，在这个时候分开，要比等到孩子长大再分开，能少让她受些伤害。离婚之后，朱丽叶和我会定期见面，但每次在一起的时间都很短（这种探访，都是由律师决定的，他们心里只会用“我们一方，他们一方”的思路去想事情，这点不想多说），而短暂的相聚太过宝贵，怎能用来探讨人生意义之类的沉重话题呢？记得在朱丽叶小时候，我们在一起的有限时光，总是过去得太快。我们会一起阅读她喜欢的绘本，或是《好忘事的小猫莫格》，或是《小象巴巴》。我们还在一起弹钢琴，一起牵着可爱的小灵犬皮皮到河边散步。

而我还是希望，能和女儿就一些更深层次的话题进行沟通，却苦于找不到机会。甚至在面对她时，我会有些害羞和拘束，因为从她出生那天起，我就因她甜美的天性和可爱的容颜而心生敬畏。在她面前，我会莫名其妙地语塞。有宗教信仰的家长，会将孩子送到主日学校，或者和孩子谈到有关信仰的话题。我也希望，自己能做点类似的事情。朱丽叶很聪明，在学校成绩也不错，我想，也许她会愿意读到这样一封长长的、有思想的信。我最不希望去做的，就是将我自己的信仰强加在她身上。写这封信的最重要目的，就是要鼓励她进行独立思考，并形成自己的结论。

朱丽叶读了这封信，说她很喜欢里面的内容，但我们没有就此展开讨论。碰巧，约翰·布罗克曼当时正在编辑一本写给孩子的文集，希望将这本书作为礼物，在他儿子麦克斯的成人礼上送给他。布罗克曼找了几位作者，也找

到我，希望我能贡献一篇内容。当时，我手头正好有写给朱丽叶的这封信。就这样，这封信成了一封公开信。这封信的公开版本，受到了世界各地父母的欢迎，他们纷纷买下这本书送给孩子，或是将书中内容读给孩子听。前面提到过，后来，我将这封信作为《魔鬼的牧师》一书的最后一章，并将整本书在朱丽叶 18 岁时献给了她。

我认识拉拉时，朱丽叶 7 岁；我和拉拉结婚时，朱丽叶 8 岁。从一开始，她们二人就很合得来。那时，我们定下规矩，每隔一周，朱丽叶都会来拉拉和我的家里度周末。我们还一起外出度假，在爱尔兰西部留下了许多美好的回忆。我父母将爱尔兰的那处房子重新修缮过。朱丽叶和她的朋友雅丽桑德拉（Alexandra），还有我和拉拉，一起住在那里，欣赏窗外康尼马拉那绵延起伏的丘陵景色。那是一段甜蜜的时光，记得拉拉还亲手制作了一幅精美的刺绣作品，送给我父母作为礼物（见插图部分）。

朱丽叶 12 岁那年，伊芙身体出了问题，被确诊为肾上腺癌。她做了一场大手术，暂时保住了性命。但后来，癌症转移，她开始化疗，痛苦地与那些化疗的副作用抗争。伊芙凭借自己强大的毅力与顽强的意志，与病魔做斗争，虽饱受病痛折磨，但依然不忘偶尔讲个黑色幽默。这也是当初我被她吸引的原因之一。比如有一次，拉拉要带皮皮去看兽医，这位兽医就是我的外甥彼得·凯特维尔（Peter Kettlewell）。伊芙说：“你顺便帮我跟凯特维尔要点安乐死的药吧。给中型阿尔萨斯犬的剂量就够了。”面对死亡，伊芙依然能勇敢地开着玩笑。

那段时间，拉拉和伊芙结下了一段不寻常的友谊，而这样的友谊，也进一步强化了拉拉与朱丽叶之间的感情。伊芙每次去医院，拉拉必会陪同。每周，拉拉还会带伊芙出去吃顿午餐。在伊芙身体一天不如一天时，拉拉陪她说话，逗她开心。我和拉拉还请来了专业护理人员，帮着一同照顾伊芙和朱丽叶。护理人员都是来自新西兰和澳大利亚的年轻女性，性格友好，专业能力强。到了最后那段时光，我们都知道伊芙的病已成定局时，就为她们母女二人安排了一次地中海游轮旅行，让她们开心。

我想，朱丽叶立志成为一名医生的想法，就是从她母亲与病魔抗争的那两年开始的。那时，我们决定，不论对错（我相信这样的决定是正确的），关于她母亲的病情，不对朱丽叶有任何隐瞒。每次从医院回来，我们都把病情的最新进展告诉朱丽叶。写到此处，我不禁泪流满面，想着我那可爱的小姑娘，是怎样以远远超越她实际年龄的成熟，在反反复复的化疗与随之而来的折磨中，悉心地照料母亲，并将内心对母亲即将离世的恐惧和悲伤隐藏起来的。而当我们其他人在生离死别的关头忘掉冷静、失去理智时，朱丽叶依然独自一人默默吞下绝望的泪水。她还是个孩子啊，孩子本不应承受这一切的。临别之际到来时，我们都在医院陪伴。而 14 岁的朱丽叶，带着英雄般的勇气，接受了这样残酷的现实。

葬礼上，我请新学院著名风琴手兼唱诗班指挥爱德华·希金伯特姆（Edward Higginbottom）帮忙找一位歌手，唱一支舒伯特的《圣母颂》。他找到了一位嗓音美妙的女高音歌唱家。那悠扬纯粹的歌喉，在那动情之致的场合下，令我痛哭不止。朱丽叶走到我面前，抱住了我。随后，我搀扶着伊芙的母亲，走到礼堂尽头，并一同回到我和拉拉的家中，进行伊芙的守灵仪式。

一直以来，朱丽叶都以十足的勇气面对了这场悲剧。母亲离开她之后，她心中的痛苦和伤痕再也无可遁形。在那艰难的几年时间，拉拉用她与生俱来的同情心和包容力以及她临危不惧的冷静和坚定，将我们紧紧地团结在一起。但朱丽叶在学校的学习成绩还是受到了很大影响，牛津中学那繁重得出了名的课业负担，压得她喘不过气来。于是，我们安排她转学到第欧瓦罗克斯学院。我想，这里更适合她，也能让她感受一下什么才是真正的教育。一开始，她暂时放弃了攻读医科的理想，到位于英国南部的萨克塞斯大学读人类科学专业。这个专业交织了生物学与社会学的内容，我对此比较熟悉，因为我曾参与过牛津大学一个类似专业的开创工作，也做过新学院人类科学家的主管工作。

朱丽叶很喜欢萨克塞斯大学的科学氛围。那时，约翰·梅纳德·史密斯已经退休，但还活跃在学术界。朱丽叶的生物学导师是来自澳大利亚的年轻女教师林黛尔·布朗厄姆（Lindell Bromham），她秉承着史密斯留下的传统教学风格，讲授进化论。而另一方面，朱丽叶不喜欢社会科学，发现这门学科与她自身擅长的科学方法并不协调。对朱丽叶来说，压倒骆驼的最后一根稻草，就是一位讲师说出的一句话："人类学的美妙之处在于，当两位人类学家对同一组数据进行研究时，会得到完全相反的结论。"这样的说法，未免有些幽默讽刺的意味，但在这样的论调基础上，再加上某些老师的反达尔文主义精神，足以打击一位年轻科学家的热情。

随后，朱丽叶重新燃起了对医学的兴趣。在萨克塞斯大学念完一年级之后，她成功转学到位于苏格兰的圣安德鲁斯大学。在这里，她终于如愿以偿地投身医学领域。圣安德鲁斯大学是英国最优秀的大学之一，也是继牛津和剑桥之后，历史最悠久的大学。这所大学是朱丽叶的理想选择，而她在那里也是如鱼得水。朱丽叶在同学中十分受欢迎，交到了值得一生相伴的朋友，她为医学系的学生杂志做编辑，参加各类舞会和聚会，而在诸多课外活动之后，她还能以优异的学习成绩高居榜首。圣安德鲁斯没有临床医学教育，所有的医学系学生，在完成第一学位后，都要分配到其他大学。大多数人都去了曼彻斯特大学，但朱丽叶则希望到剑桥去继续深造。2010 年，她在剑桥大学获得医生资质。伊芙若在世，一定会像我一样，满心欢喜，充满骄傲。

上帝的错觉

2005 年初，《祖先的故事》刚刚出版没多久，约翰·布罗克曼对《上帝的错觉》在美国出版的反对意见开始有所缓和。他对此书的态度之所以会有所改变，肯定与乔治·W. 布什的神权政治倾向分不开。布什那时曾亲口说，上帝跟他说，让他去攻打伊拉克。布罗克曼请我以书面信件的形式，写一份关于出版此书的建议，之后他再拿着这封信去向各大出版商兜售。在此，我将这封信的开篇段落摘录出来。

> 最近，我正在筹备一部大型电视纪录片，以《恶魔的根源》（暂定题目，之后会修改）为题目对宗教进行反击。这部电视片是由BBC 第四台的宗教部策划的。宗教部希望找到一些富有冲击力的素材，全副武装地对宗教进行反击，而不是像最近乔纳森·米勒（Jonathan Miller）的那部无神论系列历史节目那样，以平衡、中庸、温和的观点就这个话题展开讨论。在与制片人探讨这部电视片的过程中，我发现，自己竟然是更为保守的那一方！
>
> 这部电视片将在 BBC 第四台播出。或是由两段一小时的节目构成，或是一整台持续两小时的大片。我和制片人都更倾向于后者。电视片的拍摄工作将于 2005 年 5 月或 6 月开始，而播出时间初步定在 2005 年年末或 2006 年年初。无疑，BBC 第四台也会尽力将这台节目推广到英国之外的国家。同时，制片人正在全世界范围内选择电视片的拍摄地点，其中包括美国、欧洲和中东。
>
> 值此思路活跃之时，写一本以此为题的著作，对我而言合情合理。在此，我提议推出《上帝的错觉》一书。而这部著作，与电视片之间不存在明确的绑定关系。

信中随后列出的章节题目与最终定稿比较接近。实际上，这本书在提出建议时所列出的大纲，比我其他著作的初期大纲都要更接近于最终出版的内容。虽然我以电视纪录片为切入点向布罗克曼推荐此书，但这本著作和电视片并不是一回事，而且完全不是一回事。纪录片和书籍彼此之间是独立的，只在个别的内容上有所重合。

在美国，布罗克曼将此书推荐给了霍顿·米夫林出版公司，也就是《祖先的故事》和《魔鬼的牧师》两本书的出版商。在英国，他开辟出了新的疆土，由兰登书屋下属的环球出版公司买下此书，由萨丽·加米纳拉（Sally Gaminara）担任编辑。我与加米纳拉相处十分融洽，从那时开始，我的所有作品都交给了她。最近，加米纳拉在来信中提及当初读到布罗克曼送来的信时的反应。信中说道："我的同事们和我一样充满热情。我将此信拿给他们看，共同决定参与此书在英国的出版权竞标，并最终中标。"信中，她继续讲到了第一次收到此书稿件时的反应。得知她在阅读时开怀大笑，我很是欣慰：

> 我也没有想到，书中的文字竟是如此富有幽默感。本以为阅读此书会让人面带微笑，结果却是一次又一次地笑得前仰后合。真是一次令人激动的美好体验。

加米纳拉的回应，与此书后来得到的某些评论形成了鲜明反差。也许，很多读者读到的只是二手摘录而已。我会在后面的章节详细讲述此事。加米纳拉的邮件继续写道：

> ……谁也不知道，自身的品位是否能得到他人的共鸣，在此书问世之时（2006 年 9 月），紧张情绪又再次燃起。出版之前，我从许多作家和思想家那里拿到了评论，许多人都慷慨地给出了溢美之词，而且其赞美程度远超寻常。于是，我的激动情绪又开始水涨船高。随后，通过帕特希·艾尔文（Patsy Irwin）的安排，你在《新闻之夜》中接受了杰拉米·帕克斯曼（Jeremy Paxman）的采访，讲到此书即将出版一事。从那时起，我们就真正感觉到，要"出大事"了。
>
> 从此之后，由于此书在社会上引起的巨大反响，我们必须加班加点地印刷。越来越多的人读到了这本书，评论文章也如雨后春笋般蓬勃而出，里面几乎全是赞扬的话语。我还记得给你家里打电话，因为你没在，就和拉拉聊了一会（至今还未能与她见面）。我兴奋地跟她喋喋不休地讲着，想要告诉她，这本书引起的轰动是多么不同凡响。这本书的不同凡响之处，不仅仅在于其销售量，而且也在于书中内容直中公众命门。可以毫不夸张地说，此书为

当下的一代人，开启了一轮关于信仰及其社会地位的全新大讨论，可谓是一本改变规则的巨著。

改变规则，我不敢想。但《上帝的错觉》一书，至今已售出300多万册，其中200多万册是英文版，剩余的一部分是被翻译成35种文字，包括售出50万册的德语版。而且，此书还招来了一大堆“跳蚤”。我的个人网站收到了许多题目相仿的书籍，有《道金斯错觉》《魔鬼的错觉》《上帝的决策》《道金斯的欺瞒》《理查德·道金斯错觉》《上帝并非错觉》等。之所以称其为“跳蚤”，是因为一想到这些书，我脑海中就会闪现W.B.叶芝的一段诗：

你说，就像我常常渴望的那样
赞美他人的言语或吟唱
很是谨慎大方
然而
怎会有狗儿对身上的跳蚤放声赞扬?

我从众多跳蚤中选了18本，收录在了本书的插图部分。

抛开销售数据和跳蚤不谈，当时，此书是否让人感觉到其“改变规则”的实力了呢？答案既是肯定的，也是否定的。我不清楚，“新派无神论者”这个说法是从哪里来的。有人说，《连线》杂志2006年发表了一篇由其特约编辑盖瑞·沃夫（Gary Wolf）撰写的文章，其中用到了这个词。他将萨姆·哈里斯（Sam Harris）、丹尼尔·丹尼特和我的名字列举了出来。如果当时克里斯朵夫·希钦斯（Christopher Hitchens）的著作《上帝并不伟大》（*God is Not Great*）已经出版，那么希钦斯很可能也会名列其中。还有维克多·斯滕格，他的作品是从物理学家的视角出发，虽然斯滕格知名度没有其他人那么高，但其著作的内容却同样扎实有力。斯滕格曾说过一句令人过耳不忘的名言，这句话常常被人误以为是我说出来的：“科学搭载人们飞到月球。宗教搭载人们走进建筑。”我在准备本书的出版事宜之时，传来了斯滕格离世的噩耗。人们将永远怀念他那强有力的呼吁之声。

无论“新派无神论者”源自何处，这个说法就这样沿用至今，就像“四骑士”这个称谓一样。自从希钦斯的著作问世以来，“三剑客”就被“四骑士”所取代。我并不反对这样的称呼。但需要澄清的是，从哲学角度讲，与以伯特兰·罗素（Bertrand Russell）或罗伯特·英格索尔（Robert Ingersoll）为代表的早期无神论相比，“新派无神论”并没有什么不同之处。尽管如此，虽然新闻记者笔下的“新派无神论者”并不算新，但之所以这个说法能有其立足之地，很可能是因为在 2004 年《信仰的终结》（*The End of Faith*）到 2007 年《上帝并不伟大》之间，我们的文化氛围的确发生了某些变化。《上帝的错觉》出版于 2006 年，同年出版的，还有丹尼尔·丹尼特的《打破魔咒》（*Breaking the Spell*）和萨姆·哈里斯短小精悍的作品《致基督教国家的一封信》（*Letter to a Christian Nation*）。我们的著作，的确触动了公众的神经，其轰动程度，是自从罗素的那本通俗易懂的《为什么我不是基督教徒》（*Why I am not a Christian*）问世之后的诸多作品所不及的。罗素的著作，曾在 20 世纪 50 年代我在奥多念中学时，给我以启迪。

这样的轰动效应，是不是因为我们的著作直言不讳，毫无禁忌呢？也许这是一部分原因。是不是因为本世纪第一个十年，本身的文化思潮中就存在某种特质，在空气中酝酿着、等待着，而随之出版的这四部著作，正好搭乘了这股上升气流？也许是这样的。而且，乔治·W. 布什的神权政治倾向，也对无神论的发展起到了推波助澜的作用。

实际上，我们四人并没有共同策划。我们读过彼此的著作，在我们动笔撰写自己的著作之前，也读过以往那些名师大家的书。因此，我们至少是在某种程度上对彼此产生了影响。这一批著作中最早问世的，就是萨姆·哈里斯的《信仰的终结》。我在拜读此书之前，对哈里斯从未有所耳闻。翻开书的第一页，里面的内容就引人入胜，讲的是一个年轻人在公共汽车上引爆自杀式炸弹的骇人一幕。看到这里，读者就能想到随后讲述的内容。此事尘埃落定之后，年轻人的家属，虽然因为失去亲人而悲伤，但又因自己的儿子进入烈士的天堂而感到庆幸。同样令他们感到庆幸的，还有街坊邻里因他们儿子所取得的成就，而自发给他们送来的大量食物和金钱。这则故事之所以生动，正是因为其惨不忍睹。在残忍的毁灭力量面前，人们竟能从中有所收获。从故事一开始，我们就能预见到这样的结局。我们对这位年轻人有多少了解呢？他是贫穷还是富有？无人问津还是受人欢迎？头脑聪明吗？学习成绩好吗？动手能力强吗？关于他，我们一无所知。而作者随后又写下了这样一句引人深思的话。

> 那么，为什么我们能如此轻易地猜出这位年轻人的宗教信仰？轻易得简直不值一提，简直能拿自己的性命做赌注。

哈里斯在随后的内容中，根本不屑说出此人的宗教信仰。当然，也没这个必要。

也许，哈里斯在《信仰的终结》一书中所表现出来的个性鲜明的勇敢与无畏，是引导我最终决定撰写《上帝的错觉》的原因之一。而且我之前也讲到，那时候约翰·布罗克曼看待宗教主题著作的态度也有所缓和。在我内心，很希望“四骑士”系列著作的水平，能与《信仰的终结》相提并论。高质量的作品，借上时代思潮的助推力，就形成了“新派无神论”的成功和影响力。

克里斯朵夫·希钦斯的《上帝并不伟大》是出版界的另一座里程碑。此书美国版的副标题《宗教荼毒一切》（*How Religion Poisons Everything*）是如此强有力。我很不理解，为什么英国出版商要将副标题换成《针对宗教的案例》（*The Case against Religion*）。副标题一换，立刻令整本书显得平淡无奇。后来，出版商想明白了，又将此书的平装版换上了美版的副标题。顺便问个困扰我多年的问题，为什么书籍一旦跨越大西洋，出版商就会对书名乱改一气呢？

克里斯朵夫·希钦斯于 2011 年因癌症去世，无神论运动也失去了一位最优秀的发言人。此人是我平生所见的水平最高的演讲大师。当众演讲，讲究的并不是呐喊时的分贝有多大。而煽动分子、福音传教士，还有某些轻信的听众，却常常忽略这一点。希钦斯有着美妙的男中音，总能让人想起理查德·伯顿（Richard Burton）朗诵莎士比亚著作时的悠扬嗓音。而且，希钦斯也对这副好嗓子加以充分利用。但是，他高超的演讲水平，更多的是源于他的知识、智慧和妙语连珠；源于他头脑中大量的事实信息储备、文学典故以及他个人对世界上最危险地区的亲身体会。可谓知识与勇气兼备，堪称智勇双全的典范。

对我那本《上帝的错觉》来说，《上帝并不伟大》是补充，而非竞争。我作为一名科学家，最关注的是宗教信仰对世界所进行的解释，与科学解释形成了敌对关系。而希钦斯更加侧重于政治和道德层面。他认为，要求民众绝对服从和奉献，如若不服便严加惩戒，甚至连对其权威有所怀疑都不允许的至高无上的独裁者，是令人厌恶的。

我早就预料到，宗教辩护者会发出反对的声音，之前也提到了那些跳蚤著作。但没想到，同一阵营的无神论者竟也对我的著作发起攻击，有时言辞相当激烈。一位著名评论家甚至说，读完《上帝的错觉》，令他羞于做无神论者。他的理由是说我没有严肃地去对待“严肃的”神学家。关于那些对神的存在予以支持的神学论调，我进行了充分分析。但我并没有以对这些神学论调的分析作为通篇主旨的起点。我的这种做法，无疑是完全正确的。

我一直在尝试从神学观点中找到值得认真研究的内容，但至今依然没有找到。当神学教授将他们的专业能力用在除神学之外的其他领域时，比如将打捞上来的死海卷宗碎片拼接为一体，对希伯来文石刻和希腊文石刻的细节进行比对，或是对四福音书的失落源头进行探寻，对没有编进教规的古老福音书进行研究，我都会报以十分严肃的态度。这些都是纯粹的学术活动，其成果值得拜读，更值得尊敬。而且，历史学家也的确应该了解一些神学观点，从而更好地去理解欧洲历史上发生过的那些分歧和战争，比如英国内战等。但正如丹尼尔·丹尼特所谓的空洞无味的“否定神学”，或是神学家之间用大量宝贵时间讨论原罪、圣餐的变体、圣灵感孕说，或是三位一体之谜的“当代意义”时，就毫无值得尊敬的学术内容可言了，也不应该在大学中占有一席之地。

关于圣餐变体等旧时思想的“当代意义”，神学家不辞辛劳地反复折腾，也由此成了被人讽刺的话题。最近听到有人说了这样一句话：“我们当然不会逐字逐句地相信约拿和鲸鱼的故事，但这则故事却是耶稣之死及其复活的象征……”请想象一下，倘若科学也沿用这样的逻辑。举个极端一点的假设，倘若未来的科学家发现，沃森和克里克竟是大错特错，遗传分子并非双螺旋结构。请看这句话：“嗯，现在我们当然不会逐字逐句地相信双螺旋。但双螺旋有着怎样的当代意义呢？两支螺旋体彼此紧密缠绕，虽然这并非确凿的、实际的事实，但也代表着相互之间的爱，有没有感觉到？那精准的、一对一的嘌呤与嘧啶之间的配对，并非事实存在，却代表着……当我们在遐想沃森 - 克里克模型时，是否能体会到一种大彻大悟的感觉？反正我是体会到了……”

我为《上帝的错觉》的平装版写了新的序言，其中指出了一种普遍存在的偏见：“我是无神论者，但是……”还有一种说法是：“我曾经是无神论者，但是……”（这个说法因 C.S. 路易斯变得流行起来）。说出此话的人，认为“但是”之后的内容，能从之前的内容中获得一些可信度。我的那篇序言，为“我是无神论者但是派”进行了分类，总共分成了七大类。最近，在西方自由派宗教辩护者针对恐怖主义暴劣行径发表评论所形成的大环境下，萨尔曼·鲁西迪将“但是派”这个说法推广了开来。

后期著作

《上帝的错觉》出版之后的下一本书，其实并非出自我的笔下。牛津大学出版社推出了一个受到极高关注的系列丛书，取名“牛津书库”。其中的每一本，都由所在领域的一位学者进行编辑。拉莎·梅农是《魔鬼的牧师》一书的编辑，她邀请我来做《牛津现代科学文集》的编辑。这本书于 2007 年问世。“现代”的意思，是从现在往前追溯一个世纪。由此，我从英语作者中选出了 83 位，只有一位意大利作家普里默·莱维（Primo Levi）是例外。在两位作者之间，我会写上几段承上启下的文字，讲一讲作者的身世，在有些地方还添上一点个人色彩。举例来说，我用语言对伟大的海洋生物学家阿里斯特·哈迪（Alister Hardy）爵士进行了生动描述。因为我读本科时曾上过他的课。

> 《辽阔的大海》（*The Open Sea*）一书，讲到那绵延起伏的牧场、阳光下闪烁着绿色光芒的草地和那如波浪般滚滚涌动的草原。对此，谁也没有我的第一任教授——阿里斯特·哈迪更有真情实感。他为这本书创作的画作，如今依然挂在牛津动物学系的走廊中。这幅画中的美景，随着作者的热情，呈现出跳跃之感，正如当年这位老人像个孩子般在礼堂里跳舞，将彼得潘和老水手的风格融为一体。“黏糊糊的东西用腿在黏糊糊的海上爬行”，穿过布满彩色粉笔字迹的黑板，旁边还站着一位讲话抑扬顿挫、思想追求真理的老人。

梅农跟我说，希望我从自己的著作中摘出些内容，放进这本文集里。我却不敢与伟人比肩。

下一部著作，就是 2009 年出版的《地球上最伟大的表演》。虽然我的书都与进化论有关，但全部内容都是默认进化论存在，并没有专门对进化论的证据进行系统性揭示。这本书在英国的出版商依然是环球出版公司的萨丽·加米纳拉。在美国，约翰·布罗克曼与西蒙舒斯特公司旗下的自由出版社（Free Press）合作。派给我的编辑是希拉里·雷德蒙（Hilary Redmon）。书中有许多图画和彩色照片做插图，都是由环球公司的雷德蒙精心挑选和编排的。这本书的标题，源自美国的一家著名马戏团，但我第一次看到这个说法，还是在一件T恤上。这件T恤，是一位匿名的捐助人寄给我的。上面写着：“进化，地球上最伟大的表演，此地唯一的赛事。”直到现在，我依然保留着这件T恤，而上面的字迹，早已因穿着和洗涤次数太多斑驳不堪。我想用整句话作为此书的题目，但各家出版商一致认为太长。但我还是想办法，将“此地唯一的赛事”这个说法，塞进了书中的最后一句话。没想到，杰瑞·科因（Jerry Coyne）和我当时埋头写作的书，主题竟是一样的。两本书出版的时间也很近，针对的也是同一批读者群。这样两本书，很可能存在竞争关系，但是——也许我应该说“而且”，我们给对方著作的评论，通篇都是溢美之词。

2011年出版的《自然的魔法》（*The Magic of Reality*）在英美两国沿用了上一本书的出版商。这本书是我第一本、也是目前唯一一本特别针对青少年撰写的著作。每一章，都提出了一个小孩子会问到的问题，比如：“地震是怎么回事？”“为什么会有冬季和夏季？”“第一个人是谁？”“太阳是什么？”在给出每个问题的科学答案之前，每一章都以世界各地的传说式回答作为开篇。这个富有灵感的点子，来自我的同事——心理学家罗宾·伊丽莎白·康韦尔（Robin Elisabeth Cornwell）。之所以将这些传说放到书里，不仅仅因为传说故事本身有丰富多彩的趣味性，也是因为这样可以让我的小读者了解到，他们自身文化中的那个特定传说，并没有什么特殊地位。在百花齐放的各种文化环境中，都孕育出了属于自身的传说，而自己从小听到的那些传说，并不比其他传说更高一等。我并没有将这些想法明确地表达出来，希望孩子们能通过自身的观察和领悟，自己想明白其中的道理。关于诺亚方舟的传说（收录在《彩虹是什么？》一章里），我讲述了最早的巴比伦版本，其中富有传奇色彩的造船人，不是诺亚，而是犹特那帕斯汀，而且造船的警示，来自多神论中神殿里的一位成员，除了这些之外，剩下的内容都与现在通行的传说版本一致。书中的插图由达夫·麦基恩（Dave McKean）绘制。麦基恩的艺术作品，充满原创的味道，配图小说的读者中，很多人都是他的粉丝。他那吸引眼球的画作风格，很适合对世界各地的传说进行诠释，也适合对科学进行描绘。

此书出版之后，加米纳拉和她在环球出版公司的团队聘请了 Somethin' Else 软件公司制作了一个适用于 iPad 的 APP。这个 APP 做得很好。与其叫作 APP，不如称之为电子书。因为书中的文字以及麦基恩的画作（许多还配上了动画）都照搬到了其中。但如果变成电子书，那么收费就要比 APP 高很多，即使内容本身完全一致也不行。这种奇怪的现象，与所谓的“营销”有关。除了文字和插图之外，《现实的魔力》APP 为每一章都制作了游戏。举例来说，介绍重力和沿轨道运行的行星一章中，讲到了“牛顿的大炮”。在这里，APP 配上的游戏是让小读者以不同的速度发射炮弹。如果速度太慢，炮弹就会坠入大海；如果太快，则会跑到外太空；只有在正确的格迪洛克斯速度上，炮弹才能进入轨道。

随后的一本书就是 2013 年出版的自传上部，也就是整套回忆录的第一部。这一回，我继续与环球出版公司的加米纳拉合作。在美国，希拉里·雷德蒙跳槽去了哈伯柯林斯，我也出于对她能力的信任，依旧与她合作，就像我事业初期跟随迈克尔·罗杰斯从一家出版社跳到另一家出版社一样。由于自传上部主要讲述的是童年、青少年时代以及事业早期我逐渐成长为一名追求真理的科学家的历程，因此拉拉建议，此书题为《童年、少年、真理》，与托尔斯泰的《童年、少年、青年》相呼应。加米纳拉和雷德蒙都很喜欢这个题目，但“营销”人员担心，许多读者看不明白这个题目与托尔斯泰作品之间的联系。于是，雷德蒙建议沿用《解析彩虹》一书的副标题，使用《好奇若渴》这个题目。

珍贵的纪念文集

2006 年，牛津大学出版社举办了《自私的基因》出版 30 周年庆祝仪式。海伦娜·克罗宁与牛津大学出版社共同在伦敦召开了纪念晚宴，还在伦敦经济学院召开了一次大会。此次大会由梅尔文·布莱格（Melvyn Bragg）担任主席，会上有四位同事以“自私的基因：三十年”为主题进行了发言。丹尼尔·丹尼特从哲学的角度出发，以《道金斯之山的景观》开场。随后是两位生物学家，约翰·克雷布斯讲的是《从知识的管道工程到军备竞赛》；马特·里德利讲的是《自私的DNA及基因组的垃圾》。伊恩·麦克尤恩是以科学为主题进行创作的小说家，他演讲的主题是《科学写作：朝向文学传统的发展》。我本人作为收场，对一天的会议进行了总结。

牛津大学出版社还推出了《自私的基因》30周年纪念版。在这一版上，又重现了当初罗伯特·特里弗斯（Robert Trivers）写下的前言，还有最初德斯蒙德·莫里斯的封面设计。无论是平装版还是精装版，这些内容都没有出现在《自私的基因》的后续版本中。特里弗斯的前言有着尤为重要的地位，因为这位思想活跃的天才人物，曾提出“自欺”这个著名的概念，而他首次提出这个概念的地方，就在这份前言里。后来，他在此概念的基础上，写成的一本优秀著作《傻瓜的蠢话》（*The Folly of Fools*）于2011年问世。

除此之外，在拉莎·梅农的号召下，牛津大学出版社推出了纪念文集，由艾伦·格拉芬和马克·里德利担任编辑。此文集名为（在此重复此书的副标题，令我颇为惭愧）《理查德·道金斯：一位科学家如何改变了我们的思维方式——来自科学家、作家和哲学家的思考》（*Richard Dawkins: How a scientist changed the way we think——reflections by scientists, writers and philosophers*）。文集在伦敦的纪念晚宴上发布，来宾们纷纷在我所展示出来的那一册上签字，其中也包括许多为文集贡献内容的友人。这本文集，已被珍藏了起来。

纪念文集一共25章内容，分为七大部分：“生物学”“自私的基因”“逻辑”“对唱”“人类”“争议”以及“写作”。如今捧起此书，重温一遍，不禁被其中精心设计而引人入胜的内容所打动。每当想到朋友和同事为了我而特意编写成此书，就会满心暖意。温暖的感觉也延伸到了书中内容的趣味性上：

有些是对我作品的批评（例如前任牛津主教理查德·哈里斯那段温暖的文字），而所有的文章，都独具创意，引人思考（例如菲利普·普尔曼对我写作风格进行评论的那段优美章节）。我很想为每一章内容都认真地写一份回复，但只有再出一本书，才能配得上这本纪念文集了。

Brief Candle in the Dark

08 荧屏上的我

《自私的基因》出版后，我错过了同名纪录片的拍摄。后来，我在 BBC 第四台录制了《打破科学壁垒》等纪录片。20 世界 90 年代中期，我参与了 BBC“世界七大奇迹”电视节目的制作。我还有两次遭暗算的经历，电视台蓄意的欺骗性剪辑，让我成了受害者。

My Life in Science

我为什么拒绝录制《自私的基因》

除了偶尔参加的访谈节目之外，我第一次长时间进行电视片录制是在1986年。那时，BBC“旗舰”栏目（此称谓名副其实）——《地平线》系列科学纪录片的制作人兼导演杰拉米·泰勒（Jeremy Taylor）找到了我。在美国观众心目中，《地平线》栏目叫作《新星》（*Nova*），因为波士顿的电视台同时也在播放一个类似的系列纪录片。其中许多内容都是从《地平线》系列处取用的，而《地平线》系列也与《新星》相互借鉴，偶尔还能听到美式口音的配音。

曾经有人说，之所以为《地平线》配上美式口音，是担心美国人听不懂英式英语，或不喜欢听英式英语。我对此不以为然。《楼上楼下》，还有时代错位的《唐顿庄园》等英剧在美国流行应该能说明问题。而另一方面，我的美国朋友托德·施蒂费尔（Todd Stiefel）称，BBC的《生命》系列节目，也就是有史以来录制过的规模最为庞大的野生动物系列纪录片，其英国版的配音正是戴维·爱登堡本人。没想到，这部节目搬到美国之后，戴维·爱登堡的配音竟换成了奥普拉·温弗瑞（Oprah Winfrey）！这样的改动让我十分震惊。从美国亚马逊上的评论可以看出，绝大部分观众都更喜欢原汁原味的英版。我总是禁不住去想，奥普拉为什么要接下这个差事。难道她不怕人们拿她与无可匹敌的爱登堡爵士做对比吗?

当杰拉米·泰勒找到我时，我满心畏惧。既因为《地平线》(《新星》) 这部系列片的大名鼎鼎，也因为我不确定自己是不是能拍得好电视节目。在此之前 10 年，曾有另一位《地平线》的制作人彼得·琼斯（Peter Jones）与我联系过，希望我能制作一集关于《自私的基因》的纪录片。我纯粹因紧张而拒绝了这个邀请，并向他推荐了约翰·梅纳德·史密斯。史密斯在那部纪录片中表现相当出色。

虽然在我的记忆中，拒绝《自私的基因》纪录片是紧张使然，但帮我审读这一章内容的杰拉米·泰勒却在与好友彼得·琼斯交流时，得到了这段往事的另一个版本。

> 在我的记忆中,《地平线》栏目组认为（不一定是琼斯本人的主意）你外表太年轻，不足以让观众觉得你提出的思想有很强的可信度。那时的你，更像是唱诗班的大男生。十年后，我再次提出建议,希望邀请你参与《好人终有好报》一集的录制。可当时《地平线》的编辑罗宾·布莱特维尔（Robin Brightwell）坚决不同意，理由还是你看起来“太年轻”，担心观众觉得你缺乏权威感。在我的一再坚持下，布莱特维尔终于妥协，说“我不拦你了，对错都算在你自己头上”。所以，如果你在录制节目的时候觉得紧张，那么就请想象一下我努力掩饰着的心情吧！当然,《好人终有好报》（这部纪录片是泰勒和我共同制作的）后来在整部《地平线》系列节目、BBC 第二台还有电视台的领导中，掀起了一阵风暴。对拍摄《盲眼钟表匠》(泰勒建议与我共同制作的下一部纪录片）的态度，也发生了巨大的转变!

当泰勒找到我，希望我参与《好人终有好报》的拍摄工作时，已是十年之后的事了。我（估计看起来）更加成熟，也稍微多了点自信，但依然有些紧张。最终让我下决心参与拍摄的是泰勒对这个主题所怀有的热情。他读过美国社会科学家罗伯特·阿克塞尔罗德（Robert Axelrod）的著作《合作的进化》（*The Evolution of Cooperation*），认为对待合作的博弈论思路，可以为《地平线》系列节目贡献出很有价值的内容。

我对阿克塞尔罗德的作品非常熟悉，因为在他出版这本书之前，我在完全不知情的情况下，收到了一份稿件。

> 这份稿件的作者是一位美国政治学家，名叫罗伯特·阿克塞尔罗德。我与他并不相识。稿件中称，有一项进行重复囚徒困境博弈的“计算机锦标赛”，邀请我参赛。更确切地说，是让计算机程序参赛。这个区别很重要，因为计算机程序并不具备有意识的先见。可惜，我未能抽出时间进行编程。但我对这个想法产生了极大的兴趣，而且当时就为这场赛事做了些贡献。阿克塞尔罗德是政治学教授，而从我的角度来看，我感觉他需要与进化生物学家进行协作才能事半功倍。我给他写了封信，向他介绍了当代最杰出的达尔文主义者—— W.D. 汉密尔顿（W.D. Hamilton）。阿克塞尔罗德立刻与汉密尔顿取得了联系，并达成了合作关系。

在这样的背景之下，当杰拉米·泰勒找到我，跟我说他和我一样，都对阿克塞尔罗德的著作很有热情时，我根本无法拒绝。

就这样，我和泰勒见面，聊到了我们共同的兴趣。我第一眼就很喜欢他，觉得他有点儿像我新学院的一位朋友——学富五车的哲学家乔纳森·格罗弗（Jonathan Glover）。泰勒知道我对拍摄电视节目感到忧虑，他安慰了我，建议一步步慢慢来，看看进展如何。泰勒希望我不要对着摄像机背台词，但又说，如果事实证明有需要，还可以改回到台词模式。所幸，我们并没有用到多少台词。在我准备上镜之前，我们二人会就即将拍摄的内容进行大量的谈话交流。等我们都确定即将讲述的内容后，就会接着讨论下一段，最后再进行拍摄。

这部纪录片最终定名为《好人终有好报》。这个名字取自一句俗话，是在我们即将完成拍摄时才选定的。据说，这句话最初源自棒球运动。我们拍摄的第一个场景是在绿地港。绿地港是位于牛津和伊希斯河（这一段泰晤士河的别称）之间的泛水地草甸。自从有《英国土地志》以来，绿地港就是未耕作的公共用地，供牛津城的市民和沃尔弗库特的农民进行放牧活动。我和第一任妻子玛丽安的家，就在沃尔弗库特。窗外，就是绿地港那辽阔的景色，很容易让人想起非洲的塞伦盖蒂平原，只不过在这里悠然踱步的是牛儿和马儿，不是野兽和斑马。

公共用地与《好人终有好报》之间的关系，在于“公地的悲剧”。这个说法是美国生态学家盖瑞特·哈丁（Garret Hardin）一篇著名论文的标题。公共用地因过度放牧而被人们所破坏。公地体制，只有在每个人都对自身的行为有所约束时才会生效。如果其中一人太过贪婪，在公地上放牧过多的牛羊，那么所有人都会受到负面影响。但这位自私之人的想法，所有人都有，都希望放牧更多的牛羊，从中获得不成比例的收益。这样一来，每个人就有了采取自私行为的动机，进而升级成为公地的悲剧。

还有一个我们更加熟悉的例子：10 个人一起下饭馆，事先同意饭钱均摊，每个人付 1/10。一人给自己点了一道很贵的菜。他知道，自己只需支付由此多出来的费用的 1/10，却能 100% 地享受这道昂贵菜肴所带来的收益。这样一来，每个人都不想在点菜时控制费用。最后结账时，账单上的数字，会比各自点餐各自付费的总和高出许多。

泰勒希望我在镜头前讲一讲公地的悲剧，由于是上电视，所以需要有与话题所对应的背景。绿地港，这处我家门口的古代中世纪公共用地，是再合适不过的背景了。拍摄期间，有个很有意思的机会，泰勒这位优秀的电视片制作人自然不会错过。牛津城警察局局长有个古老的传统，要出席全体牛羊的年度大集会，而大集会的具体日期是要保密的，至少应该要保密。而泰勒却打探到了一些线索（也可能没有，只不过偶然赶上了碰巧的运气）。

在绿地港非法放牧牛羊的人，以前是要受到处罚的，目的是为了缓解公地的悲剧。但近些年来，这场牛羊大集会演变成了纯粹的仪式活动。动物们都临时圈在畜栏里，没人站出来说对哪几只动物负责。从理论上讲，这样的场面会让公地的悲剧上演。我们将牛羊大集会的场面拍摄了下来，其中穿插着我在镜头前的讲解，对公地的悲剧加以诠释。

我在观察泰勒指挥助理摄影师时，注意到他的用意似乎是想让这段纪录片带上一点儿喜剧色彩。他还抓拍了警长的手下，连同他们的宠物一起上镜。我有些担忧，于是向他询问此事。他笑笑说，这些人不会注意到他在拍摄的，而且就算注意到了，也不会在意，因为不管怎样，人们都喜欢上电视。我从最优秀的纪录片导演身上，看到了智慧的闪光。而在我多年和电视制作人打交道的过程中,时不时地就能从他们身上领略到富有灵感的智慧。真正的智慧，是不用费尽千辛万苦去交换的。这也是我从泰勒身上得到的另一个领悟。

泰勒在运用自身独创的电视片拍摄技巧和套路时，有时还会自嘲一番。一次，他请我在开车时对那个饭馆的例子进行讲解，还让我与身边一个并不存在的乘客聊天。纪录片《打破科学壁垒》（后文会讲到）的导演西蒙·雷克斯（Simon Raikes）针对泰勒的这个套路，特意从车子外面拍摄我对着那位“乘客”讲话的样子，将这个笑话搞得人尽皆知。从片中可以很清楚地看到，我身边根本没有乘客（自然也没有拍下藏在我身后的摄影师）。后来我为此提出意见时，雷克斯笑道，没人会注意的。因为这个套路已经成为电视行业的标准套路，一个为行业所普遍接受的传统方式。

另一个为人们所接受的电视纪录片业内传统就是“朝向摄影机走过去”。在这种拍摄手法下，镜头前的人物一边走，一边跟摄影机这边并不存在的人说话，而此人是边听边倒退的。摄影师在拍摄时，则是真的在倒退着走（如果没有负责音效的同事扶着他的肩膀，耐心地为他领路，就会对自己和路人造成危险）。我的态度是要与这样的电视拍摄套路划清界限的。每个与我合作的导演，最后也只得接受我这一态度。而另一类拍摄套路——“风云流转镜头”，是制作出云朵快速移动的效果，以表现时间的流逝。这种拍摄手法，可以将效果表现得十分美观，我也并不反对。演绎出时间的特效，无论是快进还是慢放，都是戴维·爱登堡经常在纪录片中运用的手法。这样的特效，效果非常好，但我还是希望他在加入特效时，能明确告知我们。爱登堡那部引人入胜的自传《时空人生》（*Life on Air*）对早期电视纪录片的发展历程进行了深入探讨。如今的许多传统和纪录片拍摄规则，都是那时他和同事们一手打造出来的：什么时候渐渐淡出，什么时候果断地更换画面；什么时候运用旁白，什么时候让讲话者露脸；等等。

《好人终有好报》一集播出之后，我享受了一段短暂的甜蜜时光。许多人对我的第一本著作只留下了一个书名的印象。但那段时间，一提到我的名字，人们就会想到“好人”，而不再是“自私”。三家著名公司找到我。玛莎百货的老总西夫勋爵（Lord Sieff），通过他女儿达妮埃拉找到我。达妮埃拉碰巧是我新学院的学生。西夫勋爵请我到位于伦敦的公司总部共进午餐。我和达妮埃拉是他唯一的客人。西夫勋爵很有说服力地向我介绍了玛莎百货这家公司的总体情况，还特意介绍了公司对员工照顾备至的光荣传统。我没有理由怀疑他，但并不确定他是否看明白了《好人终有好报》这部纪录片想要表达的思想。也许，达妮埃拉之后会跟他讲一讲吧。

后来，玛氏公司公关部的一位年轻女郎请我共进午餐，在用餐时告诉我，她所在的公司之所以卖巧克力，不是为了赚钱，而是为了给人们的生活增加甜蜜。这个说法，就没那么有说服力了。这位女郎本人很甜美，我也十分享受与她共进午餐的时光，但总觉得这家公司所传达的信息，和他们的巧克力一样，有些刻板。

最后，IBM 欧洲总部的一位英国高层请我到公司位于布鲁塞尔的总部，主持一场针对中层管理人员的培训。这位高层是真的看明白了这部纪录片的。培训的目的是帮助管理人员结成紧密关系，从而创造出更好的合作氛围。这些身着西装的年轻经理被分成三个团队——红队、蓝队和绿队，执行“重复囚徒困境”的改编版本（在此我不再讲解这一经典博弈论游戏的细节。具体内容详见阿克塞尔罗德的著作以及《自私的基因》第二版）。每个团队都被关在不同的房间里，通过捎信的同事进行下一步行动的沟通。在整个下午，三支团队之间建立起了默契的合作。如果阿克塞尔罗德也在场，那么实际结果一定会与他的预测保持一致。但是，该理论也预测，如果已知重复囚徒困境的游戏会在固定时间结束，那么玩家背叛的愿望就会提升。这是因为最后一轮（如果事前已知是最后一轮），那么就相当于单轮囚徒困境。而在单轮囚徒困境中，理性的策略是背叛。如果你知道你的对手同样理性，而且很可能会在最后一轮采取背叛策略，那么你就很可能在倒数第二轮先发制人，而且这样的行动也是理性的。再往前推，同理。阿克塞尔罗德称这种现象为“未来的阴影”，指的就是游戏结束的期望时间。阴影越短，背叛的愿望就越强烈。

IBM 玩的这场囚徒困境游戏，事先就知道会在下午 4 点结束。我们其实早就应该预料到结束之时的惨剧，不应该提前宣布结束时间，而是在随机的、不可预测的时候，吹响结束的哨子。事后回想起来，事态的进展并不足为奇。就在茶歇之前，红队针对蓝队采取大规模背叛，放弃了费尽千辛万苦、用整个下午才建立起来的稳固的信任关系。这场游戏的初衷，本是帮助这些年轻的经理人建立起亲密的合作情谊，而实际结果，虽然胜者赢得的是象征性的奖励而非真金白银，但还是在红队和蓝队之间制造出了深深的敌对情绪。公司不得不在他们回到工作岗位、处理 IBM 的真实业务之前，给这批人进行心理咨询。现在想想，我觉得还挺好笑的。但当时，在回家的路上，我的心情可不是那么爽朗。

《好人终有好报》播出之后没多久，《地平线》栏目组就又找到了我。这次还是由杰拉米·泰勒担任导演。而这一次，我们在拍摄之前就敲定了这部纪录片的题目——《盲眼钟表匠》。与此时刚刚出版的同名著作一样，纪录片的主题也是对神创论进行分析。由此，我们就名正言顺地选择了在得克萨斯州进行影片的拍摄。泰勒和我乘飞机到达拉斯，租了辆车，开到那座名叫格仑罗斯的小镇。小镇地方不大，十分沉寂。附近的派拉克希河，河水很浅，清澈见底。水下平滑的石灰岩河床上，还保留着恐龙的脚印。其中一些印记十分清晰，能看出来恐龙那标志性的三根脚趾。而其他一些印记则非常模糊，若是带着信仰的有色眼镜去观察，甚至能将其看成人类脚印。20 世纪 30 年代，派拉克希河成为神创论者的朝圣地。这些人相信，这个世界是年轻的，人类曾与恐龙一同漫步（而恐龙，则是《圣经·约伯书》中所指的“庞然大物”）。格仑罗斯的小镇上也建起了一个集市，专门兜售用水泥制成的恐龙脚印与人类脚印共存的假化石。这个“证据”，也成了神创论宣传与文学作品中的经典案例。

泰勒请来了得克萨斯当地的一位摄影师。我们从格仑罗斯到帕拉克希河，一路在荒野中徒步跋涉。到达目的地后，我们在浅浅的、温暖的河流中蹚水、划船，下面就是那平滑得仿佛为人着想一般的石灰岩河床。与我们同去的，还有当地的科学教师罗尼·哈斯汀斯（Ronnie Hastings）和格仑·库班（Glen Kuban）。他们二人，为了揭开帕拉克希河“人类脚印”的实情，做了大量的工作。这些脚印，的确是恐龙留下的，但因恐龙涉足时以脚跟着地，所以有的时候，那三根脚趾留不下什么印记。如今，我为了这本回忆录的写作，又将当年的影片翻出来重看了一遍。不得不承认，影片中我所穿的那条短裤，实在有些短，我也由此成了网上低级玩笑的攻击对象。现在，很短的男士短裤早就过时了。但我还是觉得，那种五分裤似的短裤，也没比我当年的短裤长出多少。而且，如果我当年穿着五分裤去蹚水，裤子肯定会被河水打湿的。

我的朋友杰拉米·切法斯（Jeremy Cherfas）在电视领域有着丰富的经验。他跟我讲过一个关于短裤的故事。故事的主角是另一位在纪录片中出镜的科学家——著名南非人类学家格林·埃萨克（Glyn Isaac）。他的纪录片中，有一个镜头是这样安排的。他蹲下身来，捡起化石，然后转身向镜头展示。他穿的短裤实在太短了！导演带着一脸严肃，喊出了“cut”，但用切法斯的话说，“摄影师，却相当敬业，当即决定继续拍摄下去”。至于我自己，倒没有遇到过这么尴尬的事件，但我必须承认，很短的短裤并非最恰当的拍摄行头（在此引用拉拉的说法），尤其是在吟诵莎士比亚作品这样的场合。莎士比亚笔下的哈姆雷特，发现人眼很容易被表面的相似所欺骗（哈姆雷特指的是云朵的形状像动物，而我指的是恐龙的足跟印记像人类的脚印）。

哈姆雷特在云朵和动物间做对比时曾说："我觉得它像一只黄鼠狼。"我曾在《盲眼钟表匠》一书中引用过这句话，以便体现出累积选择和一次性选择之间的差别。无限多的猴子，在无限的时间里随机敲击打字机，就能写下莎士比亚的全套作品，还能以无限种语言写下无限量的诗歌和散文。但这不过是说明了"无限"这个思想的宏大及其不可控性。即使"我觉得它像一只黄鼠狼"这样短短一句话，也要让许多猴子敲上数以亿计的年头。如果我们为计算机编程，令其模仿猴子，随机敲下一定长度的字符串，就算敲击由 28 个字符组成的字符串仅需一秒，也要等上相当于我们这个世界存在时长的十亿十亿十亿倍，才能赶上猴子们敲出"我觉得它像一只黄鼠狼"这个句子。

我在《盲眼钟表匠》中开玩笑说，我的朋友圈里没有猴子，但好在我 11 个月的女儿朱丽叶是"一部完美的随机设备，她用实际行动证明，自己迫切希望担当起猴子打字员的角色"。"迫切"这个说法太低调了。她总是跑到那间鸟瞰牛津运河的房顶阁楼上，用她的小拳头对着打字机键盘砸个不停，百折不挠地想要帮助我在截止日期之前完成写作任务。我在书中列举了她敲击出来的一些随机字符串，然后继续写道："由于她还有许多重要使命等待完成，我也只得编个程序，对随机敲击键盘的小婴儿或猴子进行模拟。"

切法斯想要将这一幕在镜头前重现，熟悉电视片制作的读者应该都能理解他的这个想法。朱丽叶的母亲伊芙带着她来到我位于新学院的办公室。当时，我们正在这里进行拍摄。也许是因为有摄影机和摄影师在场，还有灯光和巨大的银色反光伞，再加上导演不断喊着"转身"和"停"，让孩子有些害怕。可怜的朱丽叶，就算坐在妈妈的膝盖上，依然有些怯场，不愿在镜头前展现她敲击键盘的精湛技艺。最后，影片只得直接跳转到计算机上，对模拟猴子和用上累积选择的“达尔文”算法进行实时对比。在随后几代中，获得部分成功“突变”的字符串，得以有选择地“繁殖”。而“培育”出“我觉得它像一只黄鼠狼”这句话所用的时间，只不过一分钟左右。

当然，黄鼠狼程序只是在极其有限的程度上，对达尔文主义进化论进行模拟。其设计仅是为了在与单一世代随机选择相比时，反映出累积选择的力量。而且，这个程序以特殊个例为目标（预先设定的句子“我觉得它像一只黄鼠狼”），而这种情况与真实的进化相距甚远。在真实情况下，能生存下来的，就生存下来了。不存在预定目标，虽然用事后的眼光来看，很容易让人联想到目标的存在。这就是为什么我继续编写了更有趣、更生动的“生物形态”系列程序。这个程序在纪录片中起到了重要作用。我会在后面的章节对这个程序进行详细讲述。

为了拍摄纪录片中的一个场景，我们来到了柏林。此行的目的是拍摄一位名叫英格·莱彻伯格（Ingo Rechenberg）的德国工程师。他率先利用达尔文主义选择原理，对风车和柴油机的设计进行改良。我们利用这次机会去参观了柏林墙，看到了全副武装的东德士兵，随时准备开枪射击，灭掉那些想要逃脱东德体制的民众。面对这压抑而令人沮丧的一幕，切法斯收起了平日挂在脸上的乐观笑容。我永远忘不了他因发自内心的绝望而发出的那声怒吼。这声怒吼并不针对任何人，只是朝向那下着雨的灰色天空，宣泄着满腔的悲愤。

当年能与BBC合作拍摄两部纪录片，如今想来，很是欣慰。为了写下这章内容，我又将这两部片子看了一遍。而画面中的自己，在陈述时竟掩饰不住紧张和迟疑，这让如今的我颇为汗颜。之所以紧张迟疑，很可能是因为我已经意识到，在镜头前犯的每一个错误，其代价都是高昂的。在那个年代，影片的录制都是在16毫米胶片上进行的。胶片价格昂贵，一旦使用，就无法再次利用。如今的数字录像媒介，成本几乎为零。若出现错误，只需要多花一点时间，再录一遍即可。虽然切法斯为人很和善，从来不提胶片的成本和他从 BBC 拿到的拍摄预算，但在拍摄《地平线》系列纪录片时，我每次说话打磕巴，总觉得要向他道歉。

与切法斯聊到此事，他却并不认为我像自己所说的那样缺乏自信，还说我可能是对自身的缺点太过敏感。无论究竟出于哪种原因，当现在的我再次回顾 1996 年为 BBC 第四台拍摄的《打破科学壁垒》这部纪录片时，却找不到自己身上的那种迟疑。可能是因为与《好人终有好报》相隔十年，电视界已成为数字化媒体，拍摄时犯错误的成本也大幅降低的原因吧。也可能，是因为自己老了十岁。

打破科学壁垒

BBC 第四台没有自己的制作团队，也没有自己的拍摄基地，而是将工作分包给遍及伦敦和整个英国的各家独立制作公司（如今 BBC 越来越倚赖这一模式）。因此，关于《打破科学壁垒》的最初思路，来自约翰·高制作有限公司（John Gau Productions Ltd.），而不是 BBC 第四台。约翰·高（John Gau）是英国电视界德高望重的人物，曾经在 BBC 工作，后来离开 BBC，成立了自己的独立公司。他拥有电视行业的丰富经验，曾成功获得多个重要项目和奖项，广受人们的尊敬。我接到约翰·高的邀请后，毫不迟疑地同意他打着我的名号向 BBC 第四台投标。约翰·高中标，聘请了自由导演西蒙·雷克斯，约翰·高担任制作人。我与雷克斯和约翰·高相处甚欢，也对最终的影片成品非常满意。最近重温一遍，再次肯定了我的观点。

《打破科学壁垒》这部作品，将科学方法的严谨、从科学视角观察到的神奇以及因人们无视科学而发的感叹融为一体。关于人们对科学的忽视，我们在影片中展示了一个案例。案例的主人公名叫凯文·卡兰（Kevin Callan），他是一名英国货车司机。他被判谋杀罪，处以 99 年监禁，而后又被无罪释放。法庭上，陪审团相信了医生给出的专家证词，认为凯文将他四岁的继女曼迪摇晃至死。而这些医生专家，完全无视头外伤的科学原理。我们想要表达的思想是，法官、原告，包括凯文的辩护团队，因为对科学的无知，而制造了一场冤案。凯文曾问自己的律师，他们打算请哪位专家来做辩护，律师让他闭嘴，连证人都没有传唤。之所以会这样，是因为辩护方想要请来的医生，与原告专家所持的意见保持一致。凯文只能依靠自己，自己为自己辩护，自己为自己作证。结果，他被判 99 年徒刑（为什么不直接判 100 年？ 99 年和 100 年又有多大差别？）。

凯文虽形单影只，却并不气馁。在监狱里，他可以订购书籍，于是他开始系统化地自学神经病理学这门深奥难懂的学科。被释放很久之后，在他位于威尔士海边的小屋里，凯文在我们的镜头前展示了在监狱中积累起来的大量神经病理学笔记。在我看来，这些笔记和一流大学里那些紧锣密鼓地筹备期末考试的学生们所记的笔记一样完整、详细。而凯文所面对的“期末”，则要比寻常学生的理解严肃得多。请想象，如果你是无辜的，却要在监狱中度过漫长的一生，该是怎样痛苦。后来，凯文找到了一本书，作者是新西兰神经病理学家菲利普·怀特森（Philip Wrightson）教授。书中提到的一个症状，与可怜的曼迪一模一样。凯文给怀特森写信，将所有的法庭记录都发给了他。怀特森在认真阅读后，相信曼迪的头部损伤，不可能是摇晃造成的，而是摔倒造成的，这与凯文一直以来的证词是一致的。

在怀特森提供的新证词面前，法庭决定对此案进行重新审理，凯文也被无罪释放。但是，正如我在纪录片中讲到的一样，“一个无罪之人在监狱里度过了整整四年时间”。如果这段历史在如得克萨斯等乐于执行死刑的地方上演，那么现在凯文估计已经死了。而即使在英国，凯文如果没有那顽强的精神，没有遇到那位来自新西兰的正直医生，那么，现在的他，也只能继续忍受艰苦的牢狱生活，很可能还会受到其他囚犯的欺辱。

纪录片中，还包括了一份起诉状。这份起诉状出自一位杰出的英国大律师迈克尔·曼斯菲尔德（Michael Mansfield QC）。他严正地斥责了法官和所有参与此案的律师对科学的忽视与无知。凯文的故事令我很感动，也令我对这位并没有受过多少教育的卡车司机产生了由衷的敬意。凯文凭借顽强的意志力和智慧，自学相关学科，同时也掌握了科学的思维方法。他的律师所受的教育，远比这位英勇的年轻人多出许多，但他们却不能学以致用，令凯文失望至极。

我们还在纪录片中对公众沉沦于迷信的现象予以谴责。我在《解析彩虹》和为 BBC 第四台拍摄的下一部纪录片《理性的敌人》（*Enemies of Reason*）中，也讲到这一主题。在《打破科学壁垒》这部纪录片的拍摄过程中，我们找到了伊恩·罗兰德（Ian Rowland）。罗兰德是一位职业魔术师，他所表演的魔术，都是江湖骗子口中的“灵异”或“超自然”现象的重现。而他也一直不遗余力地向公众讲解，这些现象不过是魔术而已，并没有什么特别之处。“如果有人用超自然的方式展示出这些现象，那他真是绕弯路了。”在美国，也有一位这样的魔术师，他怀着诚实之心，展现出那些骗人伎俩的本质。此人就是著名的怀疑论者詹姆斯·“神奇”·兰迪（James “the Amazing” Randi）。还有许多卓越的魔术师，他们身怀绝技，向大众展示科学理性的力量，揭穿骗子的谎言。他们是佩恩和特勒（Penn and Teller），杰米·伊恩·思韦斯（Jamy Ian Swiss）等等。我可以很自豪地宣称，他们都是我的朋友。

我这辈子从未表演过魔术，但（可能“而且”是更恰当的连词）为舞台魔术师的精湛表演所深深折服。精湛的魔术表演几乎到了令人产生哲学联想的境地。每当我欣赏世界级魔术师的表演时，比如美国的杰米·伊恩·思韦斯，或英国的戴伦·布朗（Derren Brown），心中的神奇之感便会油然而生，十分强烈。我需要自己费很大力气，树立起坚定的信念，才能说服自己，在那美妙的魔术背后，存在理性的解释。事实与所有表面的证据恰恰相反，因为我所看到的一幕并非神迹。将水变成酒，或是在水面上行走，这些小伎俩与大师们的作品相比，简直就是小儿科。观赏魔术时，虽然我所有的直觉都在呐喊着“神迹”“超自然”“灵异”，但我还是要不断告诉自己，眼前的一切不过是魔术。像詹姆斯·兰迪、伊恩·罗兰德、杰米·伊恩·思韦斯、戴伦·布朗，或佩恩和特勒等魔术大师，不需要站出来向人们解释他们是怎样做到的，而且他们也不能说，因为说出来就违反了他们的职业守则。只要他们告诉我们，他们表演的是魔术，就足够了。

在此我向读者坦白一件事。一次，我在电视上看到一位自称大力士的人，进行了一场“超自然”表演。当时，我已经不是孩子了。他将鱼钩刺到后背的皮肤里，然后用鱼线拖着一辆庞大的重型铁路货车向前移动。他赤裸着后背，后背的皮肤仿佛是因庞大的拉力而揪起。他还一边行进，一边发出很卖力的低吼和咆哮之声。货车虽然移动缓慢，但的确是移动了。我要坦白的是，我并没有一眼看穿这个骗术，而是感叹道：“这人真厉害！世界上还真有我们想不到的事。”然而，物理学定律，不可能被人以这种形式违背。如今，我战胜心中的羞愧，讲出这段往事，就是想告诉读者，我们在表面现象面前都很脆弱。坦白之后，我觉得自己就是个十足的傻瓜。但我也知道，当时怀着轻信态度的，远远不止我一人。

另外，像佩恩和特勒、詹姆斯·兰迪这样的诚实魔术师，之所以选择坦诚，并不是为了商业利益。那些表演同类魔术的江湖骗子（大部分水平不高），在电视上宣称他们有超自然力量，还写书讲述自身的超能力。这些骗子，一定是一路笑着走到银行的，或是一路笑着走到石油公司和采矿公司。那些公司里总有些愚蠢的领导，给这些江湖骗子大笔佣金，让他们用“神力”或“灵媒的力量”，去寻找石油或贵金属的所在位置。

魔术中的哲学意味则更加深远。坚守理性主义的科学家，总会被人问到，从原则上讲，什么会导致他们改变态度，认为自然主义是错误的？什么才能说服你，让你相信超自然力量的存在？我以前总是信口开河地说，只要有人向我展示出强有力的证据，我一夜之间就能转变成为超自然主义的粉丝。我想，这样的证据，对“上帝”等无所不能的神来说，就是小菜一碟。但现在，我的想法有所转变。在我的网站上，有一位经常提供内容的网友，名叫史蒂夫·扎拉（Steve Zara）。在与他进行深入讨论后，我的态度发生了动摇。什么样的证据才能算是超自然主义的强有力证据？这样的证据到底是什么样的？杰米·伊恩·思韦斯表演的扑克牌魔术，看起来与我所能想象到的神迹一样，都富有超自然色彩。但在欣赏魔术表演时，诚实的魔术师会告诉我，这只不过是场表演，是幻象。如果耶稣踩着祥云出现在我面前，或是我看到天上的星星改变位置，拼出宙斯和奥林匹斯山众神的名字，我怎么才能否定一种假设，认为我是在梦境，或是产生了幻觉，或是被精心编排的幻象所迷惑，也许，这场幻象的制作者，是外星物理学家，或是外星魔术师，而不会屈服于一种站不住脚的理论，认为自然法则被“超自然”现象所推翻？超人类，是的，为什么不可以是超人类？广袤无垠的宇宙之中，若没有超人类智慧的存在，那才会令我感到惊奇。但是“超自然”？这个说法，是指那些超越目前暂时不够完美的科学理解之外的事物，而除此之外，到底是什么意思呢？

著名预言科幻小说家亚瑟·C. 克拉克曾在《第三法则》中这样说过：“任何足够先进的技术都无法与魔法区别开来。”如果我们可以乘坐波音 747 飞机飞回到中世纪，邀请当时的人们登机，向他们展示笔记本电脑、彩色电视机或手机，那么就连最伟大的智者，也会认为上述四种设备都是超自然的，而我们则是天神下凡。再问一遍，超自然这个说法，除了“超越我们的现有认知”外，到底是什么意思呢？专业魔术师进行的高水平魔术表演，超越了你我的现有认知。我们很想相信，眼前的魔术是超自然的，但我们却对这种想法怀有抵触，因为我们知道，魔术师也告诉我们，魔术就是魔术，与超自然无关。就像大卫·休谟曾经说过的一样，我们应该对所有所谓的神迹持同样的怀疑态度，因为对神迹假设的另一种理解方式，虽然难以置信，却比所谓神迹更加可信。

《打破科学壁垒》所要传达的另一个信息就是让大众了解科学的神奇之处。我们请到了脉冲星的发现者约瑟琳·贝尔·伯奈尔（Jocelyn Bell Burnell）教授，在曼彻斯特附近的乔德雷尔·班克天文台进行拍摄。天文台装有一部巨大的无线电望远镜。记忆中，那是一幅多么壮观的景象：巨大的望远镜，直指深不见底的时空。我们还采访了戴维·爱登堡和道格拉斯·亚当斯。我在书中引言一章中引述的关于小说与科学的讲话，就来自对亚当斯的采访。采访尾声时，我问他："科学中的哪些特质，是让你真正热血沸腾的？"他即兴讲了一段并没有事先准备过的话。他那富有感染力的热情，从那光芒闪闪的眼神中放大开来。而他随时准备自我娱乐的精神，总是令人备感亲切。他的原话如下：

> 这个世界，极度复杂、丰富而奇异，令人叹为观止。如此的复杂性，从极其简单，甚至一无所有中孕育出来，这一思想本身就是奇妙而非凡的。如果还能从这万事万物的始末中找到一点发生发展的线索，那就太神奇了。在我看来，能用七八十年的时间，在这样一个宇宙中度过，实在不枉此生。

可叹的是，道格拉斯·亚当斯，只有 49 年的时间。

在这里，我想借此机会讲一讲我与亚当斯之间的友谊，以及我和他相识的过程。他的所有著作中，我读到的第一本不是《银河系漫游指南》(*The Hitchhiker's Guide to the Galaxy*)，而是《德克·詹特利的全能侦探事务所》(*Dirk Gently's Holistic Detective Agency*)。我一字不落地读完了整本书，再翻回到第一页，一口气又读了一遍。这本书，是我唯一一本从头到尾连续读了两遍的书。之所以要看两遍，是因为第一遍阅读时，我着实费了些工夫才想明白书中引用的那些柯尔律治的话，于是想再读一遍，这次着重留意。

这本书，也是唯一一本激励我以书迷身份给作者写信的著作。记得那时刚刚出现电子邮件，还没有什么人用。我用电子邮件发出了那封信。苹果电脑有自己内部的电子邮件网络，叫作 Applelink。人们只能将邮件发给 Applelink 圈子里的人。20 世纪 80 年代后期，使用电子邮件的全世界也不过只有几百人。我和亚当斯都在其中，通过艾伦·凯（Alan Kay）取得了联系。

此前，艾伦·凯在施乐帕克（Xerox Parc）工作，随后跳槽到了苹果公司，被授予“苹果公司特别员工”（Apple Fellow）的称号。他在苹果公司成立了自己的部门，专门开发教育软件，并将洛杉矶一家十分幸运的中学作为实验基地。艾伦·凯很喜欢亚当斯和我的著作，将我们二人选定为苹果公司教育部的荣誉顾问。做顾问的一个好处就是能享受到 Applelink 的早期会员资格。由于一开始网络中的会员人数很少，所以我很容易地找到了亚当斯，并将我的书迷信发给了他。

亚当斯很快便回信了，说他也是我的粉丝，并邀请我下一次到伦敦时与他见面。于是，我来到了他那幢位于伊斯灵顿区的高大住宅门口按响了门铃。亚当斯打开大门的一瞬，已经哈哈大笑。我立刻明白，他不是在笑我，而是在笑他自己。更准确地说，应该是在笑他所预期到的，我对他那无比高大的身形的反应。他小时候，学校有活动时，老师会说，让同学们在“亚当斯下”集合，而不是在钟下集合。或者，他就是在讥笑人生的某些荒谬之处，并假设我也觉得这些事物十分好笑。我跟着他走进房子，他带着我四处转了转，只见到处摆满了吉他、midi 音乐设备、未来感十足的巨大音箱，还有被无情的摩尔定律所淘汰的几十部退役的苹果麦金塔计算机。这些计算机都躲在最新版继任者的光芒之下，仿佛自惭形秽一般。经过一段时间的了解，我们发现，彼此的笑点果然高度一致，也总是能同时发现富有喜剧色彩的荒谬事物，还总因彼此之间的默契而开怀大笑。比如，他肯定能猜到，我会因下面这段内容而开心地笑出来：

> 在幽深的重力井下，在被气体包围的星球表面，我们生活着。这个星球，还围绕着一个 8 000 万公里之外的核火球旋转。如果我们觉得这样都很正常，那么就说明我们的视角有多么扭曲……

我们的笑点，还在“无限非概率驱动器”上。还在“电动修道士”上，也就是人们买回家替你坚守信仰的偷懒设备（高级版的电动修道士，还能“相信那些在盐湖城没人相信的事物”）。还在《宇宙尽头的餐厅》中那极其倒人胃口，在道德上是非难辨的“今日特色菜”上。

之前讲到，我是在道格拉斯·亚当斯 40 岁那年的生日派对上认识我现在的妻子拉拉的。但对亚当斯本人来说，42 是个更有意义的数字，他也用带有鲜明个人风格的方式，庆祝了自己的 42 岁生日。那是一场有着几百号来宾的超大型晚宴。虽然是要坐下享用的正餐，但找到自己的座位却让人大费周折。原因就在于那神奇的排座计划上。对亚当斯来说，将写有来宾名字的卡片放在座位上太没意思了。亚当斯为来宾准备的座位牌上，没有来宾本人的名字，却写着坐在他左右两边的两个人的名字。“坐在你左边的是理查德·道金斯。让他给大家做个祷告。坐在你右边的是艾德·维克多（Ed Victor）。请用难以置信的口吻对他说：“15？”（艾德·维克多是亚当斯的代理，是当时伦敦唯一一位佣金高到 15 个点的文学代理。）让来宾们自己整明白如此复杂的座位安排，那场面相当壮观。也让亚当斯跟着忙活了大半个晚上。直到临近午夜时分，我们才坐下来开吃。我深深地怀念他，怀念他那世界级的幽默感以及那世界级的想象力。

《打破科学壁垒》的最后一幕是典型的牛津场景：拉拉斜倚在平底船上，我与她同舟共渡，沿查维尔河缓缓划走（当然，船上还有摄影师在当电灯泡，不过观众应该不会想到这一点的）。影片配上我的画外音，饱含对科学现实之美的赞颂之情。

七大奇迹

20 世纪 90 年代中期，BBC 制作人克里斯朵夫·赛克斯（Christopher Sykes）计划做一套电视系列节目。这套节目请来多位科学家，让他们说出自己心目中的世界七大奇迹，并即兴对这些奇迹进行点评。赛克斯从 BBC 那巨大的影像资料库中，调取科学家们谈到的奇迹，并放映在电视屏幕上，与讲话内容做呼应。我心目中的七大奇迹是蜘蛛网、蝙蝠的耳朵、胚胎、数字编码、抛物面反射镜、钢琴家的手指，还有戴维·爱登堡爵士（后来还因此收到了他本人手写的一封充满幽默感的来信）。这半个小时的集中电视访谈，让我没有树敌，还赢得了许多朋友，实属不易。这样看来，这个节目称得上是一部优秀的节目吗？至少不算是一部劣质作品，虽然温斯顿·丘吉尔曾说过，“你树敌了？很好，这就说明你做对了某些事情。”我从来没特意想要给自己添几个敌人，但有时，他们就会从阴暗的角落里，半路杀出来。

七大奇迹这样的形式激发出了许多非常有意思的选项。比如，史蒂芬·平克选了自行车、组合系统、语言本能、照相机、眼睛、立体视觉和意识之谜。可能没有人选“出租车司机的海马体”，但这件东西的确有资格上榜：伦敦的黑色出租车司机，都要经过考核才能上岗。这场名为“知识考试”的测验，旨在测试司机是否了解伦敦这座世界大都市的每一条大街小巷，就连最不起眼的胡同都不放过。研究显示，出租车司机大脑中的海马体比常人要大一些。也许过不了多久，“知识考试”就会因 GPS 导航的普及而变得多余，这样的想法让人多少有些落寞。但 GPS 系统若想与出租车司机头脑中的活地图竞争，还是有一段路要走的。毕竟，只有出租车司机知道如何在后街小巷中抄近道，如何灵活地避开拥堵路段。

系列节目邀请到的科学家还包括我心目中的英雄人物约翰·梅纳德·史密斯、史蒂芬·杰伊·古尔德、丹尼·希里斯、詹姆斯·洛夫洛克（James Lovelock），还有米丽娅姆·罗斯切尔德（Miriam Rothschild）。这位令人尊敬的老夫人选出的七大奇迹是耳螨、黑脉金斑蝶、跳蚤的跳跃、少女峰的清晨、寄生虫那诡异而复杂的生命循环、类胡萝卜素和耶路撒冷。她对上述事物所怀有的热情，具有很强的感染力。这位 87 岁的老人，一讲到这里，便如同小孩子般滔滔不绝。而她所展示的内容，可谓克里斯朵夫·赛克斯心目中典型的模式标本。

“跳蚤专家”罗斯切尔德夫人

我与罗斯切尔德夫人交往不多，但如此不同凡响的人物，值得我跑一下题。

以前，她常常邀请我和拉拉参加她在位于阿什顿的乡间别墅组织的年度蜻蜓聚会，之所以有这样的名字，是因为她希望来宾去参观湖边的蜻蜓保护区。这里距离我小时候的寄宿学校奥多不远。她家的花园真是美不胜收。有一本画册，名叫《新英国女士的花园》(*New Englishwoman's Garden*)，其中的每一幅跨页图片，都是姹紫嫣红的花园，而这些花园的主人，也都是非富即贵的名媛。图片中，满是精心修剪的草坪、树影婆娑的雪松、低调优雅的花床、错落有致的绿草带、荫凉蔽日的藤萝和古老沧桑的紫杉小径。每幅图片都如阅者所期，但翻到米丽娅姆·罗斯切尔德夫人的花园那一页，感受又大不相同。罗斯切尔德夫人的花园极富个人风格。她所种植的那些植物，在其他夫人眼中，就是一文不值的野草。整个花园，全是英国草地上常见的野花和未经修整的草坪。缀满花朵的长长的野草，像波浪一般冲撞到房子的墙壁上，冲进窗户，探到室内，仿佛是花园到室内的延伸。整栋大宅，被攀爬植物遮蔽得密不透风，仿佛手里若没有一把大砍刀，就找不到大门一样，像极了童话故事中被施了魔法的森林城堡。在泛黄的家族照片下面，是收藏于此的著名的罗斯切尔德昆虫标本。

在罗斯切尔德夫人家的午餐是丰盛的自助。记得在一次年度蜻蜓聚会上，她将我召唤到桌边，对我说："过来坐在我旁边，亲爱的孩子。但先麻烦你去给我切一小片鹿肉过来。一定要很小的一片，我是十分严格的素食主义者。"特此声明，那天的鹿，并非是为了吃肉而捕杀，而是因事故死亡。因此，可以说，罗斯切尔德夫人的素食主义原则，是存在于精神层面，而非肉体层面的……罗斯切尔德夫人养着一群珍稀的麋鹿。这些麋鹿，是她父亲为了保存这个物种，特意从中国带回来的（野生麋鹿早已灭绝）。其中一只不小心卡在栅栏处，丢了性命。由此，那次自助午餐也就有了鹿肉这道菜。

罗斯切尔德夫人曾受邀在牛津进行演讲。那是有着至高威望的赫伯特·斯潘瑟（Herbert Spencer）演讲。校长和多位重要人物都来到了现场，坐在由克里斯朵夫·列恩（Christopher Wren）设计的华美的谢尔登尼亚剧院的第一排座位上。他们鱼贯而入，身着长袍，头戴学位帽，在人们的夹道欢迎中步入会场。也许我记不清具体细节了，对上述描绘稍微加了些润色。但罗斯切尔德夫人的演讲，我却记得十分清楚。这段讲话，是她对动物权力发自内心的请愿，对食肉行为满怀激情的抵制。我的座位，正好在校长后面，注意到他在听演讲的过程中，在座位上不安地换着姿势。之后，我看到有人偷偷在座位间传递一张字条，继而，一位服务人员手脚麻利地跑了出去。不用想，肯定是一路直奔厨房，那里正在热火朝天地准备着校长以罗斯切尔德夫人的名义举办的演讲晚宴。按常理来讲，她应该会事先向校长办公室提及演讲的主题，但我想，最终还是恶作剧的心理占了上风。

英国有一处专为退休演员而设的老年之家——丹维尔堂（Denville Hall）。这是一处充满友善和关怀的地方。拉拉是这里的主席兼托管人。一次，她为丹维尔堂举办慈善募捐活动。那时，她最喜欢的艺术形式是在丝绸上描绘美丽的动物设计图案。她不仅在领带上作画（比如没能入皇家法眼的那条疣猪领带），还能在丝巾上画出美丽的图案。所有的图案，都以动物为主题——蝴蝶、鸽子、小鸡、鲸、鱼类、贝类、鸭子、犰狳（马特·里德利为他妻子买下了这条丝巾，因为他妻子来自得克萨斯，而犰狳是得克萨斯州的吉祥物）。在慈善活动现场，拉拉将这些作品向来宾销售，善款捐给她最看中的慈善机构。我知道罗斯切尔德夫人喜欢带头巾，于是鼓励拉拉为这位多金而又富有人文精神的老夫人画一方丝巾，以期从她那里拿到一大笔善款。而这次作画的主题不同寻常，是从罗斯切尔德夫人的专业角度出发的。罗斯切尔德夫人对这种擅长杂技动作的小东西，有着他人无法超越的了解。这个小东西，就是跳蚤。拉拉在丝巾上画出了9只不同种类的跳蚤放大图。整张丝巾充满美感。我以拉拉的名义将丝巾送出，并对善款的用途做了解释。过了不久，罗斯切尔德夫人就回复了我："请替我感谢你的妻子，告诉她我会留下这条手绢的（这条"手绢"至少有一平方米那么大）。但请告诉她，很可惜她低估了跳蚤的阴茎，你肯定知道，从比例上来看，跳蚤的阴茎在动物王国中是相当大的。"与罗斯切尔德夫人的来信一同寄来的是一张签给丹维尔堂的大额支票，还有她撰写的一本关于跳蚤微解剖学的著作，上面是给拉拉的留言："请阅第112页，鼹鼠蚤的阴道。"

两度遭人暗算

除了参与拍摄的科学纪录片之外，我也时常在镜头前出现。而在许多这样的场合，我都觉得自己的形象被扭曲了。我不想在此将这些电视节目全部列举出来。但其中的两次，还是值得说一说的。在带有欺骗性的蓄意剪辑下，我成了受害者。最令我没有好感的电视节目就是《智囊团》(*The Brains Trust*)。此片的名称和形式来自一个著名的战时广播系列节目。由三人组成的专家团，对听众提出的问题进行现场作答，答案由节目主持朗读出来。专家团的成员每周更换，但有几位著名人物是这档节目的常客，比如朱利安·赫胥黎，A.B. 坎贝尔司令和 C.E.M. 乔德。这档节目最初在广播中出现时，我刚刚两三岁，还在非洲。后来听节目录音时，不禁回想起那个一去不返的年代。那时，朋友之间习惯互称对方的姓氏，从广播中放出来，三人之间的寻常对话似乎多少都带有些吵架的味道("谢谢，坎贝尔。赫胥黎，你有何高见？")。电视版的《智囊团》并不像当初的广播版那样成功。如今，我已经想不起来自己为什么会同意参加这个节目了。但不知为何，我那时竟然应承了下来，还一连参加了三集的拍摄。这三集节目中，哪一集我都不喜欢。当主持人得知我是科学家，一脸惊奇地向我致以问候时，我心里就更没底了。显然，她之前从来都没与科学家打过交道："在牛津，我们管他们叫'土人'。他们总是去上早上 9 点的课。那个时候我们还在床上睡大觉呢。"一次，我在回答问题时，讲到了沃森和克里克。主持人回应说："为观众着想，您能否简要介绍一下，沃森和克里克是谁？"如果我提到华兹华斯和柯勒律治，亚里士多德和柏拉图，吉尔伯特和苏立文，她是不是也需要我介绍一下？

著名人物联袂登场，这让我想起了弗朗西斯·克里克(Francis Crick)本人讲过的一个小故事。一次，他在剑桥将沃森介绍给某人，此人答道："沃森？

我还以为你的名字就叫沃森 - 克里克呢。”说到这里，再跑个题。我深感荣幸，与这两位伟人都打过交道。他们利用有限的数据，得出了一个意义无比重大的结论，而在这一伟大成就之中，他们两人的贡献都是缺一不可的，很难说应该将谁的名字放在前面。詹姆斯·沃森那部《双螺旋》[①]的第一句话就是，“我从未见过弗朗西斯·克里克谦虚的样子”。而在我与这位老前辈为数不多的几次交往中，并没有这样的体会。但的确是这样，他们二人需要有强大的信心，才能取得如此巨大的成就。在克里克的自传《狂人的追求》（*What Mad Pursuit*）的宣传页上，我这样写道：

> 他始终坚守着分子生物学的原则。这份坚守，养成了他近乎于傲慢的骄傲。他有傲慢的资格，因为他推翻了哲学上的空洞理论，将其折服，还很快解决了许多关于生命的疑难问题。弗朗西斯·克里克亲手建立起一门学科，也是这门成功的学科的集大成者。

克里克取得的成就，远远不止理清 DNA 结构这一点。他与悉尼·布伦纳等人进行的实验，证明了遗传代码是三联体密码，那可谓是人类有史以来最富智慧的实验。

同样，如果说詹姆斯·沃森傲慢自大，那么他也完全有这个资格。他的权威声明，总是被人曲解，他的幽默感，有时也颇为残忍，但我总觉得，他只是天真得有些幼稚，根本意识不到这些问题罢了。他的幽默感，还会让人困惑，记得他曾跟我说过，如果有人想要将他的事迹拍成电影，那么他要网球运动员约翰·麦肯罗（John McEnroe）做主演。这是什么意思？该让人如何作答？而有时，他又能带来惊喜。记得有一次，在 BBC 一个关于孟德尔的节目中，我对他进行采访。采访的地点是孟德尔的母校——牛津卡莱尔学院。在这处圣地，孟德尔这位虔诚如僧侣般的伟大科学家，带着他的先锋性研究走向了巅峰。我对沃森说，许多有宗教信仰的人士都会想，无神论者该如何回答一个问题：“我们为何存在？”

① 本书简体中文版即将由湛庐文化策划出版。——编者注

> 我不认为，我们为任何特殊的目的而存在。我们不过是进化的产物。你可以说："天啊，如果人生没有使命，将会多么惨淡。"但我现在还是很期待一顿美味的午餐的。

这就是沃森的风格。那顿午餐的确很美味，而且有他的陪伴，更是锦上添花。后来，沃森和他妻子利兹在牛津买了处房子，经常来这里度暑假。我和拉拉也和他们一家相熟起来。

和我在《智囊团》中配合的专家团成员，每周都不一样。经常是至少有一位哲学家，有时会有一位历史学家，还有一次，是一位诗人兼小说家。可能，我是唯一一位科学家。这档节目明确要求，事先不会给专家团成员任何提示。主持人还会拿此事开玩笑，假装问题很神秘，并以此"折磨"我们，极力打压我们本来就不充裕的即兴幽默感。问题一般都是这种类型的："美好的人生是什么？"或"什么是幸福？"记得专家团的另一位成员曾这样回答："幸福，就是山间的小溪……"我给出的答案，就算没那么虚情假意，肯定也好不到哪里去了。如今忘了，倒是让我颇感几分幸福。

前面讲过，在电视上，我的讲话曾经两次被恶意剪辑。其实，我很庆幸自己只能举出两个这样的例子，因为存心让我出丑的人并不在少数。神创论者很丢脸地在论战中以失败告终，而欺骗就成了他们最后的依靠。我那两次遭人篡改的事件，都出自神创论者之手，也就不足为奇了。1997 年 9 月，一家澳大利亚公司找到我，称他们准备派一支团队到欧洲，拍摄一部关于进化论"争议"的影片。那时，我在和古尔德谈话之后，受到了他的影响，已立下规矩，不再和神创论者发生任何争论。但这家公司的说法听起来很真诚，就像是要以中立的态度，不带任何偏见地将双方的对立观点记录下来。于是，我同意了加入这场对话。

拍摄"团队"来到我家之后，我才发现，其水平相当业余。操作摄像机的那名女子，同时也负责提问题。虽然我越来越怀疑，她是否有制作影片的能力，也越来越后悔让她进到我家里来，但我还是给出了问题的答案。之后，她问出了一个问题，所有参与到这场“争议”中的人都会立刻明白，因为这个问题赤裸裸地暴露了她的真实目的。只有彻头彻尾的神创论者，才会说出这样的话来：“道金斯教授，你能举个例子，说明基因变异或进化过程能增加基因组携带的信息吗？”毫无疑问，她是靠挂羊头卖狗肉的招数进到我家里来的。她就是个原教旨主义神创论者，而我则被她愚弄，给了她这类人极力想要获得的关注，还给了她机会，让她根据背后那疯癫的目的而扭曲我的说法。

我应该怎么做呢？是应该当机立断地将她赶出家门，还是假装自己没有看穿她，继续回答问题，或是采取某种中间路线？我停了下来，寻找着下一步的应对策略。终于，经过 11 秒的思考，我决定将她赶走，因为她最初接近我时欺骗了我。我告诉她，将摄像机关掉，然后和她一起来到书房，我的助理当时也在场。我跟她解释说，我已经发现了她隐藏的目的，她必须立刻离开。她不依不饶，说自己是大老远从澳大利亚赶来与我见面的（赤裸裸的谎言，但已没必要揭穿了）。最后，经过她再三恳求，我松了口，同意继续拍摄。我的意图是为她简要讲述一些她完全无视的进化论观点，而不是直接回答她的愚蠢问题，也绝不会向某个根本没有能力听明白的人讲述信息理论。如果读者对她的实际问题和我给出的全部答案感兴趣，请参见《魔鬼的牧师》中“信息挑战”一章。其中也参考了澳大利亚《怀疑论者》杂志中巴瑞·威廉姆斯（Barry Williams）的文章，里面对这一整段荒谬的情节有详细介绍。

她终于走了，我也将此事抛在脑后。直到一年之后，有人告诉我，市面上出现了这样一部影片。在影片中，我那用来思考是否将她赶出家门的 11 秒沉思时间，看起来就像是我面对问题哑口无言。她对影片进行了剪辑，在停顿之后，紧跟着就是我讲了一段完全不搭边的话（从采访的另一部分摘过来的）。这样，看起来就像是我因无言以对而仓皇转移话题。在影片结尾处，她还制作了第二个版本，其中那个“信息”问题，不是由她，而是由她的一位男性同谋提出来的。提问的环境是一间空荡荡的、未经装修的屋子（可能在澳大利亚吧），与我出现在镜头前的环境完全不同。很可能是因为她最初提问时，音效不太好（她躲在摄像机后面）。这样一来，恶意剪辑的马脚就更加明显了。但对于某一类神创论者的智商来说，这样一眼就能看穿的破绽，也是参不透的。于是，从此之后，他们就怀着胜利的喜悦，津津乐道地讲述着我是怎样“哑口无言”的。

第二次赶上被人恶意剪辑这样的事则更加严重。因为那一次是有着专业制作水平的正规电影公司，而其骗人的水平也毫不逊于澳大利亚的业余选手。此事发生在 2007 年。制作人也承诺，要从客观的角度出发去审视神创论辩护者的世界观，而一点都没有透露，其真实目的是对神创论进行宣传。而我则被制片人的诚恳所打动，还主动帮忙，给他们在伦敦找了拍摄地点。迈克尔·鲁斯和 P.Z. 迈尔斯（P.Z.Myers）等进化论学者，也曾被人这样利用过。后来，直到真正开始采访和拍摄，我都没有察觉到影片的真实目的。采访人问到，关于地球上的生命可能是经由智慧之手而设计出来的说法，我能否构想出任何一种可能存在的情况。听到这个问题，我十分诚恳，真的是绞尽脑汁地去想象这样一种情形。我的答案是，唯一能想象出来的情形，就是地球上的生命是从外太空来的外星人播种的，但我并不相信这样的说法。换句话说，这就是我通过自己的方式，告诉采访人，我不相信地球上的生命是经由智慧之手而设计出来的。如今回想起来，我才发现，这段话是多么容易被人扭曲。事实的确如此。现在，我依然会时常看到有人在 Twitter 和博客上说，“道金斯，不相信上帝却相信小绿人”。但是，对我原话的扭曲，与整部影片比起来，简直不值一提。我的同事迈克尔·鲁斯的讲话，被人用模拟的手段进行删减拼凑，将这位诚恳的教育工作者的一腔热忱，扭曲成了通篇的谎话。这部电影，竟将希特勒的罪行归咎到达尔文身上。我很怀疑希特勒是否读过达尔文的著作，因为在他的自传中，根本找不到达尔文的名字。

其实，我努力迎合他们的程度，比那位采访者或他背后两面三刀的制片人所意识到的都要更加慷慨。相信“智慧设计”的护教者，在与信徒交流时，从不会提到这位“设计者”究竟是谁。当然，他们会默认是犹太教或基督教圣经中所指的上帝。但是，有时，他们会佯装出一副科学面孔，认为如果这位设计者是来自外太空的外星人，那么一切就是科学的。在美国，当这些人企图将“智慧设计”纳入学校的教科书时，就需要用这种伎俩自圆其说，以避免与美国宪法将教会和国家相分立的事实形成冲突。采访者问到我，是否能极尽自身的想象力构想出一种情形，即这个星球上的生命是经智慧之手设计而出的。我之所以提到外星人，是有意迎合他们的说法，对制片人所支持的护教者来说，简直就是白捡了个大便宜。而我，却毫不知情。

一辈子只经历过这两次骗局，在我看来，实属幸运。多年一来，我参加过数百次电视访谈节目，其中偶有被人断章取义之处，我也只好随他去了。但虽然如此，那些谎言和毁谤所造成的影响却不容忽视。因为这样的事情，会打击我们向他人付出信任的本能冲动。这种善良的本性一旦丧失，就会令人生多一抹悲凉的色彩。同类的事情还有另一个例子。有一次，我和拉拉被一位年轻姑娘欺骗了。此人是我的辅导学生，她告诉我们，她患上了癌症，即将不久于人世。后来我们发现，她身体并无大恙，只不过患上了孟乔森氏症（这是一种怪异的精神疾病，患者会虚构出病痛）。但在我们发现实情之前，拉拉花了许多时间到医院去陪她，在她经历各种痛苦的检查和化验时，给她鼓励和安慰。而当医生看穿她的伪装，她便出于羞愧，再也不同意与拉拉见面。关于她所讲的其他故事，我们也无从验证是否属实。比如，她声称，自己的小号演奏水平达到了专业标准。我和拉拉都认为，这件事给我们带来的最大影响，就是严重打击了我们天生的善良本性，削弱了我们想要帮助弱势人群的愿望。所幸，这种打击和削弱，只不过是暂时现象。直到今天，拉拉都一直将大量的时间和精力投入到无偿的、高水准的慈善事业之中。

重回 BBC 第四台

1996 年拍摄完《打破科学壁垒》后，我有很长一段时间没有再接大部头的电视纪录片。直到十年后，我与独立制作人兼导演罗塞尔·巴恩斯（Russell Barnes）开始合作，才再次回到纪录片的镜头前。迄今为止，我和巴恩斯已经合作完成了 11 个小时的电视纪录片。这些纪录片分别划归 BBC 第四台的五个不同栏目。这一系列纪录片中的第一部是关于宗教的，题为《一切邪恶的根源？》（*Root of All Evil?*），2006 年上映。我对这个标题感到不满，而 BBC 第四台所做的唯一让步，就是在标题后面加了个问号。这世上没有哪样东西称得上是一切邪恶的根源，尽管宗教在极端情况下，离这个说法已经不远了。

我猜这部影片的预算一定颇为丰厚，因为我们全班人马都飞到了美国，还去了耶路撒冷和洛尔德斯。洛尔德斯称得上是一座人类史上的轻信丰碑，而轻信的根源，很可能是出于老弱病残的绝望情绪。拉拉告诉我，她第一次去洛尔德斯是许多年前的事。那次，她和马尔科姆·麦克道威尔（Malcolm McDowell）同行，麦克道威尔是电影《如果》和《发条橙》的主演。他们将车开到洛尔德斯的山顶，然后麦克道威尔一路疯狂地跑下山，边跑边喊："我能走路啦！我能走路啦！我能走路啦！"不知一路上的朝圣者，看到这样一幕，是否觉得这是他们在信仰中所希望见证的奇迹。

巴恩斯希望我在与洛尔德斯的朝圣者谈话时，尽量隐藏起自己的怀疑情绪，让他们多说。我还采访了一位当地的天主教神父。他本人似乎并不相信此处有神奇的治愈能力，但是，他对是否真有其事，似乎并不在意，而他的这种态度，也极具宗教特征。只要那些朝圣者"相信"他们能被治愈，就足够了，而这种"相信"，给了他们慰藉。对神父来说，真正的奇迹在于朝圣者的信仰本身。在我看来，真正的奇迹，就算不是截肢重新长出来，也至少应该是实实在在的治愈。我告诉神父，从统计学角度来看，洛尔德斯的治愈率并不比偶然发生的概率高。而神父却无动于衷。

在所有的影片中，巴恩斯都希望我在采访神创论者时，能保持安静和谦和的态度。而这样的谦和，就如同递给他们一根将自己勒死的绳子。在后来与巴恩斯合作的影片《查尔斯·达尔文的天赋》（*The Genius of Charles Darwin*）中，我将这种功力发挥到了极致。其中，我采访了一位影响力颇大的神创论者，“美国关切女性组织”主席温迪·莱特（Wendy Wright）。在大量明确证据面前，她依然不厌其烦地重复着“我要看证据，我要看证据，我要看证据”。这段影像资料早已在互联网上流传开来。而我，竟有如此强大的耐心，去面对她那张皮笑肉不笑的面孔。我并不想在此邀功，我只不过是听从了导演的指示，压抑着内心的冲动而已。这种冲动是自然而然的，却少了点绅士风度。

而在《一切邪恶的根源？》拍摄过程中，压抑内心的冲动则变得更加艰难。在其中的采访环节，我不得不去面对一些令我心生厌恶的人，比如那笑容有些扭曲的泰德·哈贾德（Ted Haggard）。在美国的拍摄工作大部分都是在科罗拉多斯普林斯进行的，因为那里可谓是基督教复兴运动的温床。而位于落基山脚下的“上帝的花园”，则是拍摄取景的绝佳地点，还能与“不可逾越之山”的比喻相呼应。可科罗多拉多斯普林斯的大片新建住宅，实际上就是基督教聚集区。我们走进那里，拍下了一个年轻的家庭。这家人为人正派，但太过天真。他们是“哈贾德牧师”大型集会的忠实常客。

泰德·哈贾德的身影，在大教堂里显得颇为渺小（他如今早已被摘掉光环，原因我不在此复述了，因为我不是个幸灾乐祸的人）。我们曾亲眼目睹他的“羔羊”，驾驶着小轿车从四面八方纷纷赶来，将车子停在巨大的停车场，下车时手中都捧着《圣经》或祈祷书。如此壮观的场面，令我们惊叹不已。而随后，还有更令人惊叹的。喧闹的宗教摇滚乐从巨大的扩音器中喷薄而出，人们高举双臂，伸向天空，随着音乐舞动，脸上浮现着虔诚而陶醉的表情。终于，哈贾德牧师本人闪亮登场，满脸险恶的奸笑，让台下 14 000 多名虔诚的信徒，齐声高呼“顺从”二字。仪式结束后，他来到访谈拍摄的地点，给了我一个大大的拥抱。我说，他举行的这场仪式，可以与“戈培尔理想中的纽伦堡大集合”相媲美。他闻言颇为开心。但为他着想，从公允的角度来看，说不定他根本没有听说过纽伦堡或保罗·约瑟夫·戈培尔（Paul Joseph Goebbels）。我们聊得还算平静，直到我问他对进化论有何理解，才终于撕破了脸。但无论怎么撕，他脸上那副食肉动物的奸笑表情始终如一。

采访之后，我们极具天赋的摄像师蒂姆·克莱格（Tim Cragg）在停车场拍完最后几组镜头，正准备收拾东西离开那里，突然一辆汽车飞速向我们驶来，在即将撞上我们的一瞬踩了刹车。车上手握方向盘的人，正是哈贾德牧师。他一脸暴怒的表情，脸色比采访时要难看得多。事后想起此事，我觉得他很可能是在采访后立刻上谷歌搜索了我的名字，才发现我究竟是谁。他凶狠地斥责我们，说我们配不上他刚才的好客之举，而且他是如此慷慨，还为我们在茶里加了牛奶。他着重强调了两遍牛奶的事。最奇怪的是，他竟用指责的口吻对我说:“你说我的孩子是动物。”我当时目瞪口呆,不知如何回答。事后，我和摄制组的同事们聊起此事，分析了这句话的意思。大家一致认为，虽然我并没有明确提到动物或哈贾德的孩子，但在神创论者看来，进化论者将所有人都看成动物。后来证明，大家的想法是正确的，虽然哈贾德牧师选择只提他自己的孩子而不是全人类的做法，与他抓住往茶水里加牛奶这件事不放一样令人困惑。也许，他指的不是自己的亲生孩子，而是他那些如孩子般异口同声高喊“顺从”的信众。谁知道呢?

哈贾德将我们赶走时，还说了很多威胁的话，其中提到，要拿走我们的影片脚本。团队信以为真，此后就连外出吃饭都将脚本带在身上，不敢放在酒店的房间。如今想来，当时未免有些多心了，但科罗拉多斯普林斯，就是这样一个基督教的温床，而且哈贾德牧师在那里的信众规模十分庞大。我们心里有所提防，其实并不为过。

在科罗拉多，我还采访了迈克尔·布雷（Michael Bray）。布雷也是一名教士（虽然我并不确定，教士一词在美国究竟有着怎样的意义。牧师这个头衔，好像不用费多大力气就能拿到。随之而来的还有税收减免和不劳而获的声望。不需要神学学位，也不需要其他任何资格）。布雷曾因对实施人工流产手术的医生发动暴力袭击而坐牢。他有个朋友，名叫保罗·希尔（Paul Hill），也是“牧师”。希尔因谋杀一位实施人工流产手术的医生，而在佛罗里达被执行死刑。我询问布雷，他们怀有怎样的一种态度。交流过程中，我的感受是，两人都认为他们的意图是正义的，而且是坦然、真诚地相信自身的正义力量。希尔在临刑前，说出的最后一段话，是期待着“在天堂得到丰厚奖赏”。这个血淋淋的实例恰恰验证了斯蒂芬·温伯格（Steven Weinberg）的名言：“无论是否存在宗教，好人都会行好事，坏人都会做坏事；但若是好人做坏事，就会发现宗教的影响。”而且我认为，如果你真的觉得腹中胚胎是“小宝宝”（就像这些人发自内心的想法一样），就能利用法律的力量，在道德角度自圆其说。不管怎样，我在与布雷交流的过程中，并没有产生像对泰德·哈贾德那样的厌恶之情。我真希望自己能想办法跟布雷讲讲道理，但时间有限。很奇怪的是，布雷竟要求与我合影。我不知道他是出于什么样的目的，但拒绝了这个请求。

我在科罗拉多采访的另一位“牧师”是基南·罗伯茨（Keenan Roberts）。虽然他个性不怎么吸引人，但也同样引发了我的同情。罗伯茨开办了一家名为“地狱之屋”的机构，专门表演短剧，旨在吓唬小孩子，不让他们调皮捣蛋，告诉孩子如果他们调皮，就会下地狱被放在火上烧烤，永无翻身之日。我们拍摄了两个小短剧的排练过程。两个短剧的主角都是虐待狂一样狂吼乱叫的撒旦。他们那富有戏剧色彩的吼声，专门针对各种罪人，让他们经历永世不得超生的折磨。在一部剧中，罪人是做了人工流产的女人，另一部中则是一对女同性恋情侣。排练结束后，我对罗伯茨牧师进行了采访。他说，他的目标观众是 12 岁的青少年。我听到这里，不禁有些困惑，便接着问他，以永世不得超生的折磨来威胁孩子们，这样的做法是否道德。而他的辩护极其坚定：他说，地狱是个非常恐怖的地方，任何行为，只要能劝阻人们（特别是孩子们）不要做下地狱的事情，都是合情合理的。我问他，为什么要崇拜一个将孩子打入地狱的神，为什么他会相信地狱的存在，他没有回答我。那就是他的信仰，我没有资格过问他的信仰。

而在迈克尔·布雷身上，我似乎能看懂他们的行为动机。如果你真的相信地狱存在，如果你真的认为堕胎是谋杀，如果你真的觉得人们爱上同性就会在地狱经受永世的煎熬，那么我觉得，你就可以说，任何预防性措施，无论是否合法，是否残忍，与下地域相比，都要好上一些。而从这一观点出发，任何虔诚的信徒都会不遗余力地去布道，从而将人们从如此悲惨的命运中解救出来。就像在人们坠落悬崖的一刹，将他们拉回来一样。你会觉得你必须这样做，就算手段有些残忍也不得不做。这也是温伯格那句名言的另一个例子。

对于约瑟夫·科恩（Joseph Cohen）这个人，我却完全无法理解。那时，巴恩斯和我以及全体拍摄团队都在耶路撒冷，想要深入体会一下困扰这座古城的宗教敌对情绪。我们与一位受过良好教育、彬彬有礼的犹太教发言人进行了愉快的交流，还和耶路撒冷的大穆夫提见了面，在谈话过程中，我们还请当地的“联络人”做了翻译。为了找到一个折中的角度，一个能从两方面看问题的人，谁还能比一位皈依伊斯兰教的犹太人更合适呢？而且这位现名尤瑟夫·阿尔-哈塔布的人，竟来自纽约，曾经叫作约瑟夫·科恩。听起来，这样一个人，一定会拥有双方的视角。但我们大错特错了。在耶路撒冷一条不起眼的小路上，我们在科恩的香水店里找到了他本人。他倒是很有礼貌地招待了我们，但当摄像机镜头一打开，他满嘴的刻薄话语也跟着倾倒了出来。他因皈依伊斯兰教而唤起的内心狂热，火上浇油一般，令他的话尖锐刺耳。他是犹太人，而最让他深恶痛绝的也正是犹太人这个群体。他公开表达了对希特勒的敬仰。他说，期待真主的勇士占领全世界。他拒绝对犯下“9·11”恐怖袭击的罪魁祸首予以谴责。他用乖戾的语气攻击我，说我导致了西方世界的堕落，而且尤其反感“你给你的女人们穿衣服的方式”。我听到这里，压不住心中的怒气，反击道：“我不给女人们穿衣服，她们自己给自己穿衣服。”

在我与巴恩斯合作的大部分影片中，都用到了同一位摄像师蒂姆·克莱格和同一位音效师亚当·普莱斯柯德（Adam Prescod）。克莱格和普莱斯柯德的足迹遍及全世界，在许多影片中都有合作，也经常和巴恩斯打交道。合作过程中，我与此三人建立起了深厚的友谊。那种默契的志同道合，是在日复一日的共事、旅行、用餐中建立起来的，我们因同一件荒谬的事情而捧腹，还一同被人从教堂的超大型停车场赶出来。克莱格有着英俊的面孔，脸上总带着微笑。他非常敬业，总是从取景器的角度去观察这个世界，不知疲倦地寻找丰富而有趣的拍摄角度。巴恩斯很乐意派克莱格独立外出拍摄背景脚本，因为他知道，克莱格根本不需要导演的指导。普莱斯柯德也同样十分敬业，在音效方面非常专业。他和克莱格是绝佳拍档，就像网球双打选手一样，深知彼此的谋略。记得我们采访过的一个人，看到普莱斯柯德深色的皮肤和头上的脏辫，就开始问他关于雷鬼音乐的事。普莱斯柯德对我笑呵呵地说，这就是“以貌取人”的现实案例（每当我听到他自得其乐地哼唱小调时，那曲调听起来都像是巴赫的无伴奏大提琴组曲）。说到巴恩斯本人，他身上有着一种纪录片导演所特有的美德，与我最初在杰拉米·泰勒身上发现的特质一样。像泰勒和巴恩斯这样优秀的导演，都有着学者般的专业精神，也是他们所拍摄的纪录片主题的资深专家。为了对该主题进行了解，他们会阅读原版研究文献，拜访相关领域的专业人士。之后，他们对影片进行策划、拍摄和剪辑。继而又将目标瞄准全新主题，开始新一轮的学习。这样如变色龙般转换基调的人生，是否比潜心钻研一门学问的学者人生，更多姿多彩，更能给人以满足感呢？我想，一定是的。

在后来一些影片的拍摄过程中，我接触到了巴恩斯的商业合伙人兼导演莫利·米尔顿（Molly Milton），和米尔顿共事的时光也很开心。米尔顿总是一脸笑意，善于交朋友，无论遇到什么阻碍，她都能用个人魅力将其击倒，无论是碰上什么样的官僚规定，她都能春风满面地找到办法，带领整个团队绕过阻碍。她那阳光四射的乐观气质，让人陶醉其中，但有时也会因此而悲喜交加。

我和米尔顿之间，还有个丢人的小秘密在此坦白。丢人的是我，不是她。在拍摄《性、死亡和生命的意义》时，我们来到英格兰南部海岸的滩头。这是一处海拔 1 500 米的白垩悬崖，也是著名的自杀地点。悬崖顶上的小路边，有一排低矮的十字架，用以纪念那些纵身跳崖的绝望而痛苦的灵魂。在这里，镜头的设计是要我沿小路走出一段沉痛的步伐，在我经过那些十字架时，摄像机给我的双脚一个特写，将每个十字架都放入镜头。拍摄时，不知道为什么，脚上总觉得不对劲，但我还是大义凛然地迈着步子拍了好几组镜头。终于拍完了，我坐在草地上，脱下鞋子，顿时觉得一阵轻松。米尔顿走过来，坐在我旁边，讲着下一个场景的拍摄计划。就在此时，我们两人同时都发现了我双脚不对劲的原因。不知怎么搞的，我竟然将左右脚的鞋穿反了。米尔顿咯咯笑个不停，答应我不会将此事告诉巴恩斯和节目组的其他同事。但我的失态也在特写镜头下，实实在在地为后人保留了下来。站在悬崖边，我心想，幸好这个失态之举还没到让我没脸见人的份上。

和巴恩斯团队一起拍摄的所有影片我都十分满意。从第一部《一切邪恶的根源？》到最后拍摄的《性、死亡和生命的意义》之间，我们还有《理性的敌人》（关于宗教以外的迷信，包括占星术、顺势疗法、用占卜的方式寻找水源或矿脉、天使等）、《查尔斯·达尔文的天赋》，以及《信仰学校的威胁》（*Faith Schools Menace*）。为拍摄《信仰学校的威胁》，我们还专程去了一趟贝尔法斯特，探寻部落战争的教育根源。那里有巨大的超写实壁画，壁画主题是手持枪械和带着面罩的人。在这许多令人不安的景象中，我们选择了“橙带党”游行的场面进行拍摄。

在《理性的敌人》中有一段生动的章节，讲述的是用占卜术探测水源。这段内容由伦敦大学心理学家克里斯·弗伦奇（Chris French）博士进行协调。大批职业和业余水源占卜师从四面八方赶来，表演他们的技艺。他们对自身的能力充满信心，都对多年来的表现十分满意。但是，他们之前还从未接受过双盲测试。在一顶大帐篷里，弗伦奇摆放着呈长方形排列的桶。有些桶里装的是水，有些桶里装的是沙子。在预测试过程中，桶上没有盖子，占卜大师们都不费吹灰之力便找到了水源，他们手中的占卜棒、树枝等各式各样的弯曲装置，都能在主人看到水的一刹顺从地开始抽动，而若主人看不到水，则一动不动。之后，就是真正的测试了。桶上都盖上了盖子。由于是双盲测试，因此占卜师和弗伦奇博士（负责计分）都不知道哪些桶里有水。负责放桶的人在进行调整时将帐篷封上了。整理完毕，此人便消失得无影无踪，这样就不会以任何手段泄露机密。在双盲条件下，没有一位占卜师的分数超过一般概率的预测。他们面对这样的结果，惊诧得目瞪口呆，失落中带着绝望的情绪，一人甚至还痛哭流涕。他们的反应都是发自内心的。他们此前从未经历过这样的失败。但他们此前也从未做过双盲测试。

我不知道双盲测试的发明者是谁，但这个测试的确有奇效，而且简单易操作。约翰·戴尔蒙德（John Diamond）那部充满勇气的著作《万灵油》（*Snake Oil*），是在他身患癌症，即将不久于人世时写成的。那时，他常常受到想要帮忙的江湖骗子的骚扰。书中讲到了一个很有意思的小故事。富有怀疑精神的调查人雷·海曼（Ray Hyman）曾针对一种叫作运动机能学的“替代性”诊断技术，进行过双盲测试。而我本人，也正好体验过运动机能学的治疗。一次，我不小心扭了脖子，疼痛不已。当时正好是周末，我常去的诊所不开门。于是我决定想开点，尝试一下“替代性”医疗手段。为我治疗的这位医生在正式开始之前，先做了诊断测试。她要我平躺在床上，用手压我的胳膊，来测试我的力量。这就是运动机能学。随后，她将一小瓶维生素C放在我胸部，然后自我满足地说，我的臂力有了改善。这个小药瓶是密封的，里面的维生素C再怎么样也无法进到我的身体里。因此，显而易见，没有药瓶时，她按压我的力度要更大一些，虽然她有可能是下意识的。而当我忍不住表示怀疑时，她则满腔热情地回答说：“是啊，C是多么神奇的维生素啊！”

此类自我欺骗行为，正是双盲测试的发明者想要消除的目标。在对药物的疗效进行测试时，我们不仅需要对服用该药物的患者与服用安慰剂的控制组进行对比，而且患者、实验人员以及为患者给药的护士，都不能知道哪一份是实验组的真正药物，哪一份是控制组的安慰剂。雷·海曼曾对运动机能学进行过双盲测试。他的测试目标没有我所经历的治疗那么离谱。他是要测试滴在舌头上的一滴果糖，与一滴葡萄糖相比，更能强化患者的臂力。在双盲测试的条件下，两者对臂力均无影响。而亲自参与测试的首席运动机能学家，则愤愤不平地说出了这样一句话，令人久久无法忘怀：

> "看到了吧？这就是为什么我们再也不做双盲测试的原因。双盲测试从来都没用！"

数字录像技术出现后，便取代了原先成本高昂的胶片录像技术。而除此之外，后来拍摄的影片，与我和杰拉米·泰勒合作的早期影片相比，还有许多改变。在20世纪80年代，摄制组的工作人员都是工会成员。拍摄过程中，有法定的茶歇时间、午餐时间，还有每天下班时，那令人瞬间放松下来的"收工"口号。如果由于拍摄很顺利，光线很理想等原因，泰勒想要摄像师晚上加一会班，就必须要好声好气地央求摄像师，请他帮个忙。到了21世纪，摄制组的气氛则出现了变化。摄制组的所有成员，似乎都对影片怀有某种个人化的参与感，只要有需要，每个人都愿意加班。我想，也可能是因为在20世纪80年代，摄制组的人员构成太过繁杂。那时，团队里不仅有摄像师，音效师和制作助理，还有助理摄像师（也叫"调焦员"）以及至少一位负责灯光的"火花师"（电工）。我记得那段时间，有一次去利兹，参加由邓肯·达拉斯（Duncan Dallas）制作的电视节目。说句题外话，达拉斯碰巧是我在牛津贝利奥尔学院的同级同学，但我俩上学时并不认识。一次，我和达拉斯单独坐在工作室里（其他人都去茶歇了），屋里放着一个大箱子，占了很大的工作空间。我想帮个忙，正准备动手将箱子搬开，只听达拉斯惊慌地喊道："别动！"我迅速侧身，以为里面装的是炸弹。没想到，他是这样解释的。挪箱子这样的工作，是严格归属场景转换师管辖的，如果我把箱子搬起来了，场景转换师就没办法对随之引发的后果负责了。达拉斯迟疑了一下，紧张地四处张望了一圈，然后偷偷说道："去它的。咱们就冒一回险吧！"然后，在工作人员从茶歇回到工作现场之前，我俩匆匆忙忙地将箱子挪了开来。写作此书时，我很伤心地在报纸上看到了达拉斯离世的消息。他除了电视作品之外，还是"科学咖啡馆"的发起人。"科学咖啡馆"是个优秀的草根组织，旨在针对大众进行科普工作。这家组织已从他的家乡利兹发展到了英国各地，还跨越国界，走向世界。

制作科学纪录片的10个困难选择

2006年11月，我应邀前往曼彻斯特，在科学纪录片制片人大会上进行特邀演讲。大会指定的题目是《电视能否在理性缺失的年代拯救科学？》。我的演讲内容包括了近期拍摄的一些电视纪录片的剪辑，在西蒙·博森（Simon Berthon）的帮助和建议下，整理在了一起。演讲一开始，我便向听众道歉，说这次讲话的内容听起来就像是要告诫专业人士怎么做好手头的工作。而我唯一的借口，就是大会邀请我时，指定了演讲题目。我将内容围绕着10个困难选择展开，即电影所依托的10个尺度。这些选择，是科学纪录片的制片人都要面对的。

第一个困难，就是降低难度的问题。

> 电视制片人都生活在对遥控器的恐惧之下，因为他们知道，在那宝贵的播出时段中的任何一秒，就会有数千人因无所事事而换频道。有一股强大的吸引力，促使制片人不断累加电视片的"趣味性"，再装点上吸引眼球的小花招（比如以卓别林的风格加快实验流程），将科学以言简意赅的形式呈现出来，而真正能给观众以滋养的科学内涵，则空洞得恍若一桶爆米花。

我表示，很能理解制片人追逐收视率的需要，同时提出，希望电视行业能追求精英主义，并通过精英主义路线，来赢得观众的尊重，而不是屈尊俯就地假设只有将科学内容进行简化处理，才能为观众所接受。这种屈尊俯就的态度极为不好。记得有一次，我参加一场科普主题大会，一位与会者这样说，为了将“少数族裔和女性”带进科学的大门，降低科学内容的难度，很可能是必要的。没错，这就是他在台上说出来的原话。而此话一出口，便见他那满怀自由思想的趾高气扬的小身板，立刻成了众矢之的。在曼彻斯特会议上，我继续说道：

> 很可惜，精英主义如今已成为贬义词。精英主义，只有在恃才傲物和排他的前提下，才应受谴责。最优秀的精英主义，通过鼓励更多的人加入进来，而尽力扩大精英人群的规模……科学，从本质上就是有趣的，无须剪辑技巧，也不用降低难度，趣味之光自然会照亮观众的心灵。

我给出的十条艰难选择中，有一条是对“平衡”的追求。这种追求，在BBC尤其明显，因为其章程中就有这样的规定。我引述了自己最喜欢的一句格言，记得好像是从艾伦·格拉芬那里第一次听到这句话的：“当两种对立的观点彼此针锋相对、不相上下时，真理并不一定是两者的中和，很可能其中一方就是错误的。”

当电视从业者争先恐后地标新立异时，错误就自动浮出了水面。这些标新立异的花招，除了与传统风格背道而行外，并没有什么值得玩味之处。我知道的最典型的反面例子是一部电视片，讲述了一位声称麻风腮三联疫苗会导致自闭症的独立医学研究者的故事。他所掌握的证据并不充分，也得不到医学界的认可。碰巧的是，他的故事中，正好有记者口中所谓的“支柱”，可以借此打造出一个叛逆的热血男儿形象。电视片中，医生的扮演者是一位英俊潇洒、风度翩翩的男演员。他在剧中与古板而守旧的医学卫护者展开了斗争。

那次演讲中，还有一个小标题是《翼龙泰瑞》。首次通过《侏罗纪公园》

我现在只系拉拉亲手设计并绘制的动物图案领带。图 32 是我和拉拉的合影（美人鱼领带）。图 33 是和坎特伯雷大主教罗温·威廉姆斯的合影（螳螂领带）。图 34 是与罗伯特·温斯顿的合影（变色龙领带）。图 35 是与琼·贝壳维尔在海怡小镇的合影（企鹅领带）。图 36 是写书的情景（美洲红鹮领带）。图 37 是在美国开放大学接受荣誉博士学位时的留影（斑马领带）。

艾伦·格拉芬（图 38）和比尔·汉密尔顿（图 39）在牛津年度平底船大赛中拼搏上阵的留影。图 40 是约翰·克雷布斯（照片中右侧戴眼镜的人）在比赛后坐在河岸上，与动物行为学小组的朋友们在一起。

马克·里德利（图 41）在《牛津进化生物学调查》（图 42）中插入了一个笑话。我们二人是该杂志的创刊编辑。

OXFORD SURVEYS IN
EVOLUTIONARY
BIOLOGY

VOLUME 2 1985
Edited by R. Dawkins and M. Ridley

OXFORD UNIVERSITY PRESS

42

图 43 是拉拉和我在我们位于牛津的家中招待弗朗西斯 · 克里克（从左数第二位）和理查德 · 格里高利（右）共进晚餐的情景。

图 44 是戴维 · 爱登堡在为我授予英国萨塞克斯大学荣誉博士学位后的合影。后来有朋友开玩笑问我：“你为什么打扮得像彩色什锦糖？”

图45是“星球诗人”卡罗林·波克与拉拉在我家花园中的合影。图 46 是非凡探险家雷德蒙德·欧汉伦在他的藏书之中。

图 47 －图 53 是 1991 年在英国的圣诞大讲堂和次年日本重演的情景。图 47 是超大号儿童志愿者道格拉斯 · 亚当斯；图 48 是我直面差点撞断我鼻子的大铁球；图 49 在演示射炮步甲的防御性化学反应。

图 50 是在日本上课的实录。正是在这次日本之旅时，我们第一次与约翰·博伊德爵士见了面（图 51），他时任英国驻日本大使，至今依然是我们的挚友。在日本的演讲过程中，拉拉也登上舞台，有一次还抱着我们租来的蟒蛇（图 52）。图 53 是为了反映出人工选择的力量而特意征集来的一些狗。

54

55

56

57

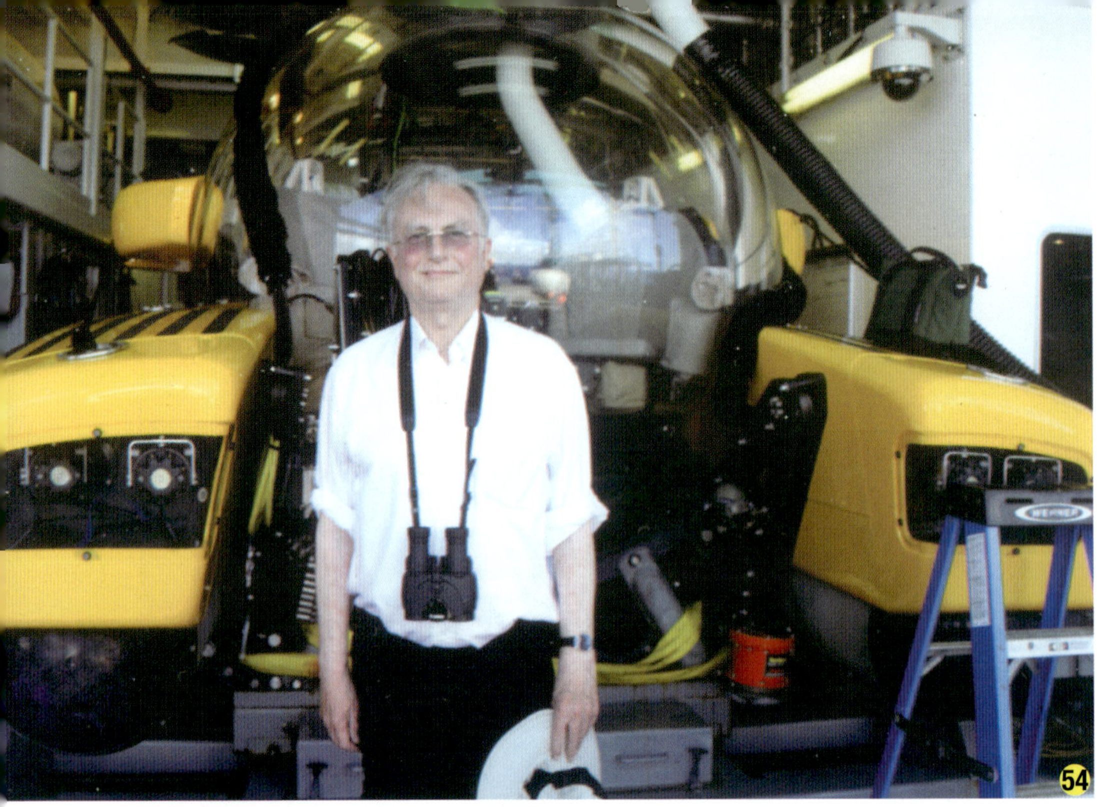

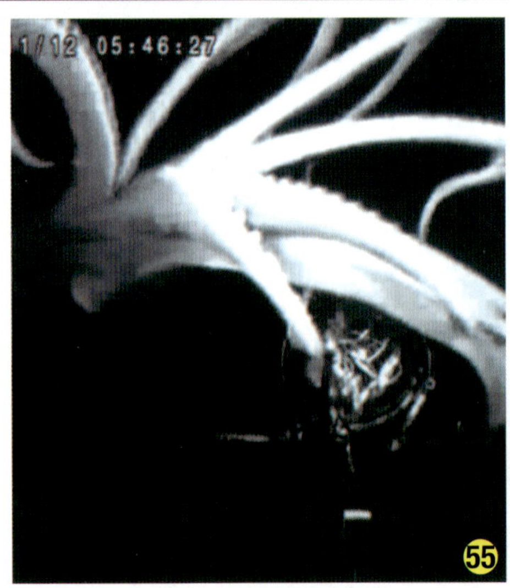

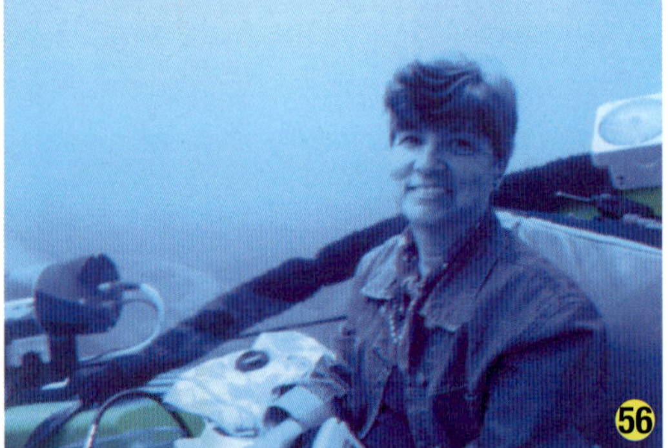

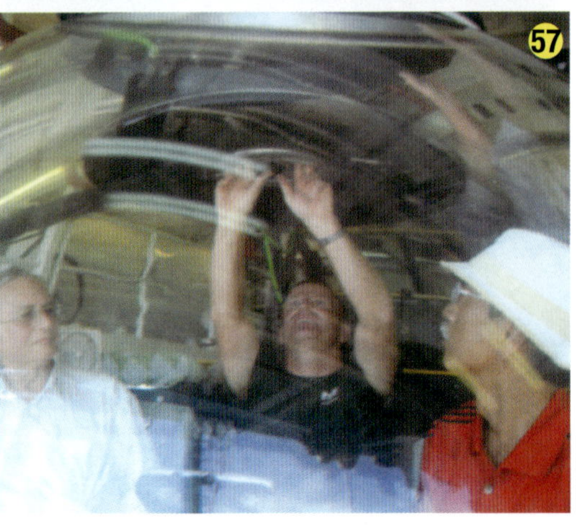

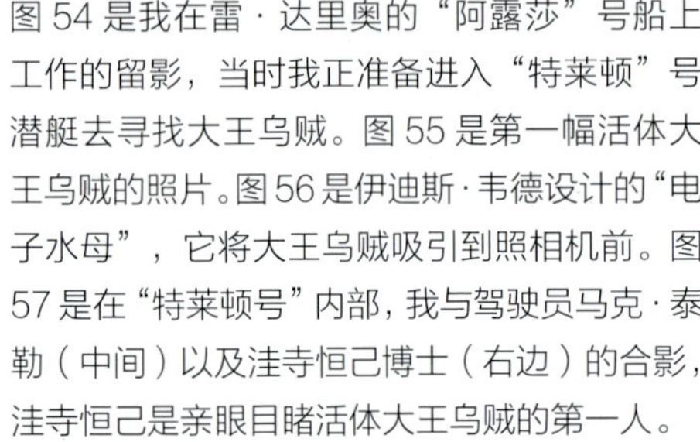

图 54 是我在雷 · 达里奥的“阿露莎”号船上工作的留影，当时我正准备进入“特莱顿”号潜艇去寻找大王乌贼。图 55 是第一幅活体大王乌贼的照片。图 56 是伊迪斯 · 韦德设计的“电子水母”，它将大王乌贼吸引到照相机前。图 57 是在“特莱顿号”内部，我与驾驶员马克 · 泰勒（中间）以及洼寺恒己博士（右边）的合影，洼寺恒己是亲眼目睹活体大王乌贼的第一人。

图 58 是阳光下的拉贾安帕群岛。在那里，我尝试了单人独木舟（图 59）。在《攀登不可逾越之山》的宣传之旅中，我和拉拉造访了大堡礁的苍鹭岛（图 60 和图 61）。在那里，我和鲨鱼一起玩浮潜。图 62 是以我的名字命名的道金斯鱼。可惜，我从来没亲眼见到过可爱的它们。

我真希望詹姆斯·道金斯（图63）和我都是牙买加的道金斯祖先的一脉，但DNA却推翻了这一假设。我们可以从遗传学家布莱恩·赛克斯的人类Y染色体族谱（图64）中看到，我们属于不同的Y染色体“氏族”，分别是伊述和欧伊森氏族。

64

Quetzalcoatl
Oisin
Nentsi
Seth
Sigurd
Lhotse
Wodan
Yi
Re
Mandala
Gilgamesh
Himalaya
Maui
Thang-la
Eshu
Baatsi
Amadlozi
Y-chromosome Adam
Neanderthals
Homo erectus

GEOGRAPHICAL DISTRIBUTION
West Eurasia
East Eurasia & America
East Eurasia & Oceania
Africa
Central & South Eurasia
West, South & Central Eurasia

THE PATERNAL CLANS

Y-chromosome signature for
Richard Dawkins
of the clan of
OISIN

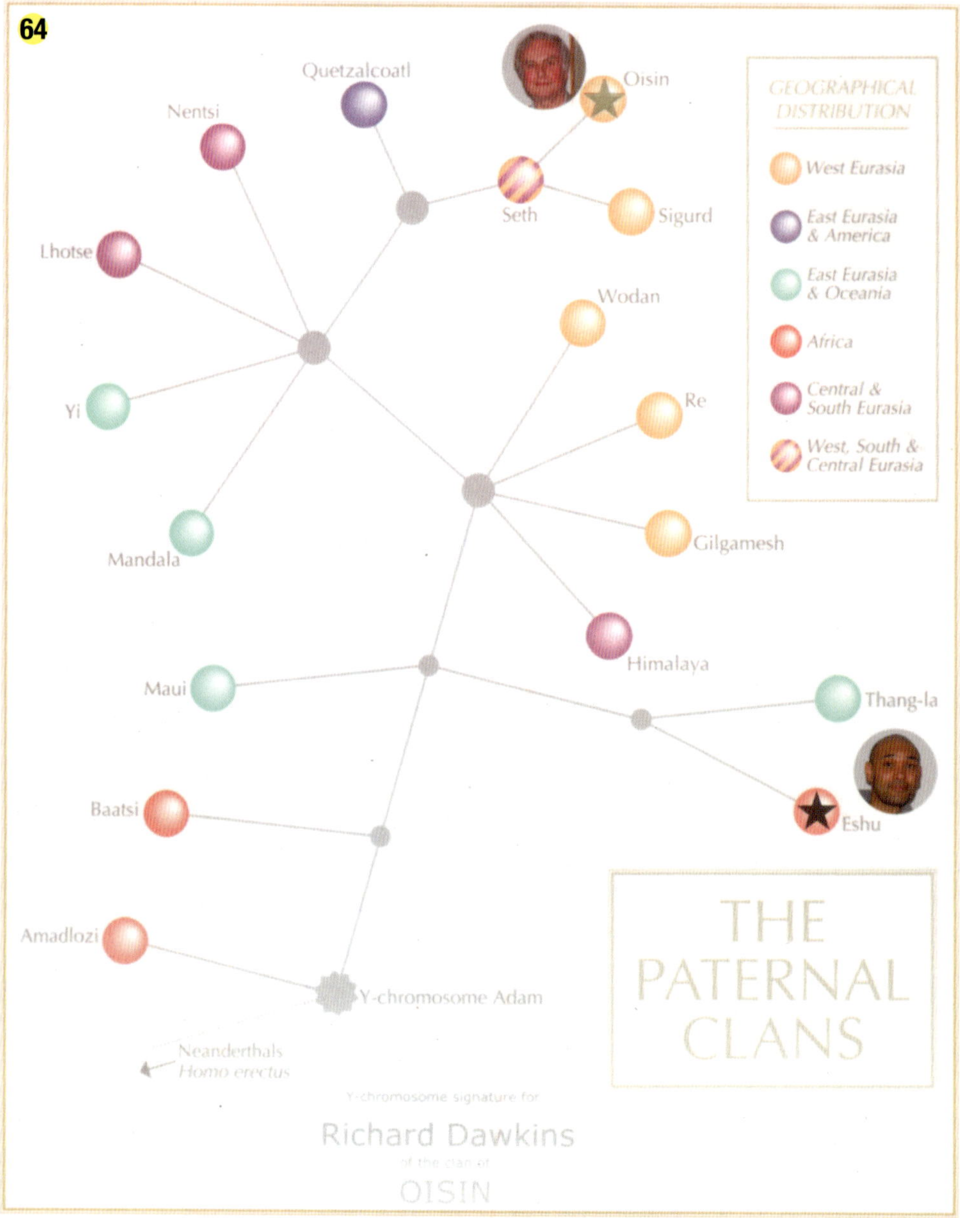

而大放异彩的计算机图像技术，很快便被纪录片制片人利用了起来。但是，这些人并没有让图像重建的神奇效果得到自然而然的表达，而是屈服于一种诱惑。这种诱惑，同样影响到了《侏罗纪公园》，那就是：对人类共鸣的需求。纪录片制作人并不满足于借用计算机动画技术来表现翼龙及其生活场景，而是要为观众讲述一个悲戚的故事。故事中的主角是一只特定的、有名有姓的翼龙（影片中采用的名字应该不是泰瑞，但道理是相通的）。这只翼龙迷路了，想要找到回家的路，或是类似的催泪剧情。这样人格化的剧情，不仅完全没有必要，而且还恶意地模糊了构想与真实证据之间的区别：

> 对飞龙、剑齿虎或南方古猿的习性和社会生活进行构想，完全没有问题。但我们需要将这些构想以“构想”的形式表现出来。剑齿虎的社交与交配行为，有可能与狮子存在相似之处，或是与老虎异曲同工。讲述关于个体剑齿虎的故事，还为故事取个《半齿兄弟》之类的题目，其问题在于，会让人沉浸于一种理论之中，比如狮子理论，而无视其他所有可能适用的理论。

关于利用戏剧性“人格趣味”去掩盖科学真理的现象，我还以另一部电影为例，对其进行了阐述。BBC 有这样一个构想，就是对三个来自西印度的人身上的线粒体和 Y 染色体 DNA 进行追踪溯源，找到他们在非洲或欧洲的根。之所以选择线粒体和 Y 染色体，是因为它们不受制于基因组染色体交换而导致的遗传史混乱。从理论上讲，你完全可以穿越时光，回到历史上的任何一个具体时间，比如公元前 30000 年的 1 月 14 日，找到你自身线粒体所发源的个体雌性。你的线粒体，来自她，且只来自她。在同一时间，除了她女儿（孙女等）之中的一位，以及她的母亲、外祖母之外，再没有第二个生命拥有同样的线粒体。如果你是男性，那么你的 Y 染色体也同样来自公元前 30000 年的唯一一位雄性（再加上他的父亲、祖父等，以及他儿子和孙子之中的一位）。你身上的其他所有 DNA，都来自成千上万的个体。也许，这些个体的足迹遍及全世界。

这样来看，找出三个人，对他们所有基因组中唯一两个未经混杂的染色体——线粒体和Y染色体拿出来进行溯源，是个很不错的想法。但是，影片制作人并不满足于科学的神奇。他们一定要绞尽脑汁博观众一笑。为了达到这样的效果，制片人在将这三人带回“老家”的过程中，搞出了一些毫无根据、多愁善感的段子。

> 当马克（后来部落给他取了个名叫卡伊迦玛）探访位于尼日尔的卡努伊部落时，他深信，自己是“重返”“自己人”的土地。几内亚海域的一个小岛上，有一个叫作布比的部落。这个部落的八位女性，与博拉有着同样的线粒体。她们热情地迎接博拉的到来，将她视作失而复得的女儿。博拉说：“就像是血液交融，就像是一家人，我痛哭流涕，激动得难以自持……”
>
> 真不应该诱导她产生这样的想法。她和马克真正拜访的，只不过是和他们共享同样线粒体的人，无论用什么理论来分析，都是这么回事。事实上，马克已经被告知，他的Y染色体来自欧洲（这一事实令他颇为沮丧，而随后他发现他的线粒体根在非洲，才松了一口气！）。

而他们身上所有其他的基因，都来自许多地方，也许其根源遍及全世界。

在此再讲一个关于Y染色体的故事，此事与我个人有关。2013年，我收到一封电子邮件。这封邮件的发件人名叫詹姆斯·道金斯（James Dawkins），他是伦敦大学历史系的博士生。他父亲的家族，来自牙买加。他的博士论文对一个地主阶层家族在英国和牙买加的地产进行了详细研究。这个家族就是道金斯家族。在17世纪和18世纪，道金斯家族在牙买加以种植甘蔗为生。令我汗颜的是，当时的道金斯家族，还是奴隶主。那段可叹的家族史，说明道金斯在牙买加是个常见的家族姓氏，不仅仅是因为道金斯家族享有“初夜权”，也是因为家族将姓氏赐予了在牙买加的各处属地。从勃斯威尔的《约翰逊的一生》（*Life of Johnson*）中，我了解到，我的六代曾叔祖，詹姆斯·道金斯（James Dawkins，1696—1766）有个绰号，叫作“牙买加道金斯”。

> （他说）我从没见过，拥有大笔财产的人会享受那些能带来幸福感的非凡事物。贝德福德公爵享受过什么？德文郡公爵享受过什么？关于享受财富带来的欢乐，唯一能举出的一个例子就是牙买加道金斯。一次，他准备造访帕尔米拉，听说那里匪徒猖獗，便雇用了整整一个连的土耳其骑兵做保镖。

而詹姆斯叔祖的家族财富，在很早以前就挥霍一空了。原因是那位猜疑成癖的威廉·道金斯（Colonel William Dawkins，1825—1914）上校将钱都用在了无关紧要的法律诉讼上。最后，上校破产，在饥寒交迫中离开了人世，而曾经面积巨大的家族地产，如今也只剩下位于牛津郡的一小片农场。当代的詹姆斯·道金斯，曾在我姐姐的邀请下到那里小住过几次，还到我母亲的阁楼中，对装着尘封文件的老旧锡盒子埋头琢磨了一番。我们都希望，他是我们失而复得的表亲，而找到事实真相的办法，就是将我们的 Y 染色体进行对照。《夏娃的七位女儿》（*The Seven Daughters of Eve*）的作者、牛津遗传学家布莱恩·赛克斯（Bryan Sykes）慷慨地承接下这份分析工作。于是，詹姆斯和我都将从腮部粘取唾液的棉签送到赛克斯那家名为牛津祖先的公司。当我等来自己的那份结果报告时，以生物学家的身份，为作为历史学家的詹姆斯写了一封信，告诉他从这份报告中能寻找到怎样的答案。

> 我们每个人的 Y 染色体，都与父亲和兄弟的 Y 染色体几乎一致。但随着世代的沿袭，偶尔也会出现突变。因此，虽然你的 Y 染色体会与你祖父的基本保持一致，但与父亲相比，其产生不同的可能性要稍微大一些。如果我们二人都沿袭了 16 世纪牙买加道金斯的父系血统，那么我们的 Y 染色体会是接近一致的，而并非完全一致。
>
> 从逻辑上讲，如果我们追溯到足够久远的年代，那么这个世界上的每一个人类 Y 染色体，都传承于同一位祖先，这位祖先有

> 个古怪的称谓——Y 染色体亚当。基本上可以肯定，他生活在 10 万到 20 万年前的非洲。全世界所有的 Y 染色体，都沿袭自 Y 染色体亚当。但由于地理上的阻碍和迁徙等因素，我们可以将 Y 染色体分为十几个“宗派”。每个宗派，都能追踪溯源到一位假想的祖先，也就是生活在某一特定地方的一个特定的人。布莱恩·赛克斯为这些人取了响亮的名字。具体来说，我的 Y 染色体传承自生活在欧亚大陆西部的欧伊森。大多数英国男人，都有着同样一位祖先，但并不是说，我们都是表亲关系。而尽管如此，如果你的 Y 染色体的确也传承自欧伊森，那么就很有意思了。当然，这可能只能说明，你的 Y 染色体传承自某一位西欧人，但碰巧我们的姓氏还是一样的，而这就值得我们深入调查一番，看看我们的 Y 染色体是不是比其他任何两个西欧人的 Y 染色体更为近似。从另一方面来看，如果你的 Y 染色体传承自三位非洲祖先之一，也就是在那幅漂亮的树形图中标红的三位之一，那么，我们再继续深究遗传表亲关系这件事就没有意义了。那该多么可惜！

等詹姆斯的结果报告出来之后，我们才发现，原来我们二人并非同一位道金斯祖先的后代表亲。的确十分可惜。詹姆斯的 Y 染色体并非传承自布莱恩·赛克斯标注的欧伊森，而是传承自生活在非洲的伊舒。

我在本书的插图部分，加入了赛克斯为所有人类 Y 染色体绘制的血统表。詹姆斯和我的照片附在了我们各自祖先的旁边，也就是（非洲）“伊舒”和（西欧）“欧伊森”。名字都是布莱恩·赛克斯取的。从表中可以看出来，我们二人的关系的确不近。而严格一点来说，是我们的 Y 染色体亲戚关系比较远。也许，从母系传承上来看，我们还能找到更近一些的共同祖先。但这样的结果也说明了我们共同的姓氏并不具有直接的遗传意义，不像 J.B.S. 霍尔丹（J.B.S Haldane）在谈及“我生来便带有打上了历史烙印的 Y 染色体”（此处特指他历史悠久的姓氏）时所表达的意思。这个想法的有趣之处就在于，那些贵族和皇室家族成员，原本可以沿着父系祖上的一条线往前追溯好几百年，而现在，只需要查验一下父系表兄弟的 Y 染色体，便能得知这条传承线中的每一个环节是否都是确凿无疑的。不久之后，当被人遗忘的远房贵族表亲在面对那些垂涎宝座或公爵领地的冒牌货时，是否会在法庭上提出检验 DNA 的要求呢？

回到刚才的主题，继续那次关于科学纪录片演讲的话题。我在演讲中，加入了一个简短的小段落，题为《诗意科学还是实用科学》。没人能否认科学的用途，就算是劳民伤财的太空项目，也搞出了一个平底不粘锅的副产品。而我真正希望去倡导的，还是卡尔·萨根提出的科学的“前瞻性”或“诗意”，而不是停留在“不粘锅”那个层面。正如我在此前一个场合提出的一样：“将关注点仅停留在科学的实用性上，就相当于喜欢音乐，是因为奏乐能锻炼小提琴家的右臂一样。”

演讲临近尾声时，我还针对电视界的一个传统观点进行了抨击。许多职业电视人都认为，“观众不喜欢盯着说话的脑袋看”。我并不掌握能支持自身怀疑观点的数据。但我记得，约翰·弗里曼（Joan Freeman）的《面对面》节目在 BBC 电视频道一经播出，便取得了巨大成功。这档节目中，就连采访者的脸都不曾出现，只能看到他的后脑勺和一边的肩膀。焦点直接落在了被采访人的脸上，当然，他说出来的话更重要。这一系列节目，因其成功而带上了传奇般的色彩。采访到的人物，有伯特兰·罗素、伊迪斯·西特韦尔（Edith Sitwell）、阿德莱·史蒂文森（Adlai Stevenson）、荣格（C.G.Jung）、托尼·汉考克（Tony Hancock）、亨利·摩尔（Henry Moore）、伊夫林·沃、奥托·克伦佩勒（Otto Klemperer）、奥古斯塔斯·约翰（Augustus John）、西蒙·西涅莱（Simone Signoret）和乔莫·肯雅塔（Jomo Kenyatta）。最近，这档节目又迎来了第二次辉煌。我也有幸获得邀请，参与访谈。采访我的是幽默感与口才俱佳的社会学家劳里·泰勒（Laurie Taylor）。这次访谈的反响，虽然无法与上述著名人物相提并论，但这种“相互上辅导课”式的节目，还是得到了观众的赞许。而节目之中，除了“会说话的脑袋”之外，别无他物。

在曼彻斯特会议的大约十年前，我曾有幸参与了一个项目。这个项目就是将“会说话的脑袋”这种形式的电视拍摄风格发挥到了极致。1997 年春，时任 BBC 科学频道总监、曾任 BBC《地平线》制片人的格拉汉姆·麦希（Graham Massey）找到我。他受到友人克里斯朵夫·赛克斯与伟大物理学家理查德·费曼（Richard Feynman）那次著名访谈的启发，产生了一个很有意思的想法。麦希想要拍摄一个系列节目，请诸位著名科学家在节目中深入探讨自己的事业。节目采取访谈形式，提问者是同一领域的年轻科学家，这样就可以将话题不断深入。制作这一系列节目的用意，不是为了拍完立刻放映，而是为后人整理一份资料。这样的资料会有长期的生命力，也会成为后辈科学历史学家的研究对象。关于这个想法，我十分欣赏，也无比荣幸地获得了邀请，成为采访约翰·梅纳德·史密斯的那个年轻科学家。

访谈进行了两天时间，拍摄地点就在史密斯位于萨塞克斯刘易斯的家中。史密斯和他的妻子希拉邀请我当晚住在他家里。那两天，我们所有人，包括麦希和节目组成员，都在当地小酒吧共进了午餐。后来，这两天的对话，被分成了 102 个“故事”，每个故事持续几分钟时间。每个故事都有一个题目，虽然彼此之间存在先后顺序，如果按顺序来看，就能循序渐进地了解到这位伟人的科学人生，但还是可以将故事分开来单独看。其中包括他对青少年时代的自述，在伊顿公学的求学经历、战时做飞机设计工程师的经历以及战后以大龄学生的身份重返大学、攻读生物学的经历。

后来讲到的“故事”中，还提到了史密斯与比尔·汉密尔顿之间的摩擦。史密斯是抱着坦诚的态度，心平气和地讲述这些往事的。他和他那位性格古怪的著名导师 J.B.S. 霍尔丹都没有想到，在同一所大学另一个系工作的那位外表羞涩的年轻人，竟是举世无双的天才。史密斯引述赫胥黎提到过的《物种起源》中的一句话：“我是何等愚蠢，竟没有想到这里。”当这位年轻人需要支持时，史密斯没有伸出援手，并为此感到自责。在后面的“故事”中，他对比尔·汉密尔顿提出的概念“包容适应度”(inclusive fitness，对个体有机体怎样实现最大化的衡量)以及汉密尔顿在其他文献中提到的“基因的眼光”进行了对比。关于后者，我和史密斯二人都持赞同意见，而且，最终结论证实，后者与包容适应度的思路得出的答案是相同的。

战后，史密斯在伦敦大学就读期间，成了J.B.S. 霍尔丹的弟子。访谈中，总能听到史密斯满怀深情地提到这位令人敬畏的科学怪人。我在此引述一段，供读者参考：

> 他和他的妻子海伦，有个很好的习惯。每当我们上完一门课，在期末考试结束后的当晚，他们夫妻二人都会带我们所有人去马路对面走到头的那家名叫马尔伯勒的酒吧，请大家喝酒，一直畅饮到酒吧打烊。那是相当愉快的经历。记得我期末考试当晚，也去了那家酒吧。同去的还有帕米拉·罗宾森(Pamela Robinson)，她后来也继续攻读研究生，不过学的是古生物学专业。打烊时，史密斯对我们说，一看我们就没喝痛快，要不要到他的住处继续接着喝。我们傻乎乎地点头答应了。就这样，我们回到了老师的家里，继续喝酒，高谈阔论，一直聊到凌晨两点。后来罗宾森说：“老师，我跟史密斯真的要回家了，但是地铁已经停了，您得开车送我们。”霍尔丹说：“好吧，我开车送你们回家。”然后，我们就挤进了老师的车……这辆车一看就是霍尔丹的风格，极为老旧，叮当作响，破败不堪。我们一路往国会山上开。开到半山腰时，车里突然烟雾弥漫。我以为旧车冒烟是再正常不过的事，不想多说话。但罗宾森却说：“老师，我觉得车子好像着火了。”
>
> “哦？好吧。”我们便靠边停了下来……由于我是工程师出身，老师就让我去查看一下是哪里出了问题。很明显，车子并没什么大毛病。之所以会冒烟，是因为前座那里的地毯掉到变速箱上烧着了。我们就对着这块毯子琢磨了一阵。然后，霍尔丹说：“女士

> 们请离开现场，站在远处的路灯旁。”我心想：他想干什么？只见他转过头来对我说：“史密斯，庞大古埃法。你啤酒喝得比我多。赶快灭火。”讲到这里，就不得不将庞大古埃这个经典引用说清楚。传说，庞大古埃就是用撒尿的方法，将巴黎大火扑灭的。于是，我照做了。不知怎么的，你知道的，喝完好多啤酒之后，一旦开始撒尿，就很难停下来。记得他在我旁边不停地说：“够了，孩子，够了。”
>
> 我想说的是，如果要和霍尔丹一起工作和生活，就要时刻准备着应对这样猝不及防的场面。霍尔丹这人还有一个特点，就是如果他说了什么事，你不同意，那么你完全可以出言不逊，让他住嘴，让他别像个傻老头一样丢人，他不会介意的。但你一定要这样跟他相处才行，谦虚谨慎没用，如果他说了什么你不认同的话，一定要出言回击。

上面这段文字是史密斯的原话，但读者还是要亲耳听史密斯的讲述，他讲起故事来，真是栩栩如生。

这则故事之后的那一段，令史密斯黯然泪下。他忆起霍尔丹在即将结束他在印度的岁月时，向史密斯坦白了对史密斯妻子希拉的爱慕之情，并请求史密斯转告希拉，因为他本人不能这样做。那些情感，如此真实，如此鲜活，强大到令人动容。而所有这些，都是电视中“会说话的脑袋”呈现给观众的内容。

Brief Candle in the Dark

09

辩论与启迪

我喜欢以相互启迪为目标的“相互上辅导课”，不喜欢一争高下的辩论。在 2007 年的一场辩论会上，《上帝并不伟大》的作者克里斯朵夫·希金斯成为我的辩友。2011 年，我在得克萨斯采访过他，他机智诙谐、魅力四射，让我永生难忘。

我并不喜欢辩论中的规矩和形式，更不喜欢其严格的结构规定和时间限制，还有结束时的投票制。记得读本科时，我经常去看牛津辩论社每周四晚间举办的辩论赛，也聆听了许多嘉宾演讲，其中有些演讲相当精彩，而嘉宾人选，既有政治领导人，也有当红演说家，如迈克尔·富特（Michael Foot）、休·盖茨克尔（Hugh Gaitskell）、罗伯特·肯尼迪（Robert Kennedy）、爱德华·希思（Edward Heath）、杰拉米·索普（Jeremy Thorpe）、哈罗德·麦克米兰（Harold Macmillan）、奥逊·威尔斯（Orson Welles）、布莱恩·沃顿（Brian Walden）等。就连政治思想令人极其不悦的奥斯瓦尔德·莫斯利（Oswald Mosley）的演讲风格也颇富神韵。还有一些本科在读的演讲者，同样极具才华，比如迈克尔·富特的侄子保罗·富特（Paul Foot）。后来，保罗·富特成了一名言辞犀利的调查记者。但在我看来，还是不太认同正式辩论中那种律师风格的敌对形式。在大学里，参与辩论赛的团队要通过抛硬币的方式来决定支持哪一方观点。无疑，这是培养律师的好方法，但我总觉得，这种做法就像是在鼓励年轻人去学习某种言辞技巧，而这些技巧的用意，则是为某些他们并不相信的、通过专断分配而得来的使命去服务。也许，他们还要为此去倡导那些与自身信念背道而驰的事物。如果我要被一段话打动的话，我希望这段话是真诚而发自肺腑的。

说到这里，就会联想到演员。当技巧娴熟的演员在舞台上讲出一段台词时，是否也要将其视作虚伪造作呢？影片中那斗志昂扬的亨利五世，还有说出“我来给恺撒掘坟”的马克·安东尼（Mark Antony），这些人物和片段，是否会因为是戏剧而非真实历史，而缺乏说服力呢？我并不这样认为。我总觉得，真正优秀的演员，有能力将所扮演人物的个性和情感融汇到自己的身体发肤之中，其渗透与融合是那样深刻，使得剧中的一言一行都表现得那么真诚而自然。相比之下，律师在为自己并不相信的一方做辩护时，是不能也不应该表现出那样的真诚和自然的。拉拉告诉我，如果你真的能融入角色，体会到角色的痛苦，那么上演哭戏就是再简单不过的事了。

英国法律体系（以及苏格兰和美国法律体系）建立在“拔河”原则的基础上：一旦出现争执，就请人使出最强的手腕提出诉讼，不管他们内心是否真的站在这一方。然后再找人使出最狠的招数来予以驳斥，看看哪边力气更大一些。这种原则，与西欧法律体系中的“调查法庭”不同。用我那或许有些幼稚的视角来看，西欧的法律更加诚恳，更为人性化：让我们一起坐下来，看看证据，研究一下到底发生了什么。英国和美国的律师，一谈起史上那些传奇般的著名律师，就会毫不掩饰地露出一副崇拜的样子。那些传奇律师，都曾帮助明显有罪的一方逃脱法律的制裁。如果某人犯了事，就连傻子都能想明白这事是他犯下的，而律师竟能在如此不利的情况下，想办法说服陪审团，证明当事人无罪，那么，这位律师就更是名扬四海、永载史册的大人物了。

记得有一次，我与一位美国辩护律师聊天。这位律师年纪不大，头脑十分灵活。她聘请的私人侦探找到了确凿的证据，可以证明被告是无罪的。她一听到这个消息，立刻欢欣鼓舞起来。而我则因下面这段对话而深感震惊。我对她说：“祝贺你。如果侦探找到的证据证明被告有罪，那你怎么办？”

她大言不惭地答道：“我就当不知道有这个证据。诉讼方有责任去自行搜集证据。我给另一方帮忙，又没人给我钱。”

这是一桩谋杀案。而她竟能面不改色地去谋划如何隐瞒不利证据，宁愿让杀人凶手逍遥法外，再起杀机，也不愿输给这场拔河比赛“另一方”的诉讼律师。听到这样的事，但凡有点良知的人，又怎能不错愕？但直至今日，我从未遇到过一位想要对这种制度予以谴责的律师。这种“我方”与“另一方”彼此敌对的意识，早已深深融入这些律师的血液里，他们自己根本无从察觉。而这样的意识，在我看来，则如鲠在喉。

碰巧的是，拔河比赛的思路也可以用来揭示真理。一些电视采访人就深谙此道。在英国，这一风格的开创者是罗宾·戴（Robin Day）。就在我写作这一部分内容的前一天，我还去了 BBC 的演播室，等候被“审问”。可没想到的是，这次的节目拍摄方式与以往不同。就在我等候的那几分钟里，采访人就根据手头的话题，问遍了来自三大政党的代表。他的提问风格是劈头盖脸的。似乎从一开始，他就假设这三人都在撒谎，就算没有撒谎，也是能力欠佳。也许，他是从心底就是这样认为的。但我想，他之所以这样做，其真正的原因，在于他在学校读书时，经受了这样的培训。这种采访风格背后的思想是，获得事实的最佳方式就是尽可能地激怒和挑衅，最后看这场拔河比赛的输赢。也许，这不失为一种好方法，但让人接受起来还是需要些时间的。

言归正传。虽然我有时会接受邀请在牛津和剑桥辩论社进行演讲，但我并不喜欢那种敌对风格的辩论形式。记得第一次亲身体会这样的辩论还是 1986 年的事。那是在牛津辩论社，我和约翰·梅纳德·史密斯对阵两位神创论者——埃德加·安德鲁斯（Edgar Andrews）和 A.E. 韦尔德 - 史密斯（A.E. Wilder-Smith）。我方的主题是：神创论教义比进化论更健全。若是放在今天，我说什么也不会同意为了辩论而支持这样的主题，而 1986 年，我之所以勉为其难地做了，纯属是为了支持我在新学院的一位十分优秀的学生——丹尼埃拉·西夫（Daniela Sieff），当天，她是支持科学方的首席本科生发言人。另一方的两位特邀发言人在生物学领域并无专长。韦尔德 - 史密斯是一位化学家，他为人谦和友好，完全没有杀伤力。而安德鲁斯这位物理学家则颇为犀利，曾撰写过好几本书，专门弘扬正统派基督教的创世论（其中还讲到“洪水地质学”，没错，就是诺亚那场洪水！）。我为了谨慎行事，还特意在辩论前读了一遍他的著作。想都不用想，幼稚的创世论放在牛津辩论社这样的地方，肯定一下就被打倒在地。于是，安德鲁斯佯装出一副久经世故的科学哲学家的派头来。谁也没想到，他这样一位物理学教授，竟然真的是一位幼稚的神创论者。而我则在他的著作中读到了这样一段文字。记得他一次又一次站起来，想要劝说主席，制止我继续朗读他本人的出版物。主席十分恰当地驳回了他的提议。而他则坐在那里，双手捂住脑袋，听着我念出那些他笔下的文字，揭露了他的哲学伪装。在辩论结束后的酒会上，他与约翰·梅纳德·史密斯争吵了起来。那是我唯一一次见到这位受人爱戴的老好人因愤怒而面红耳赤的样子。

现在，我早已拒绝和神创论者进行这类的正式辩论了。更为确切的原因是因为每次有科学家同意参加这类辩论，都会给人留下一种印象，认为科学与神学是平等的。观众看到舞台上肩并肩摆放的两把椅子，还有分配给“双方”的同等时间，就会被误导，认为真的存在“两方”，认为的确存在值得辩论的实质性问题。让我第一次感受到“两把椅子效应”的是古尔德。记得一次，有人邀请我赴美与神创论者进行辩论。我给古尔德打了个电话，征求他的意见。他直言不讳地说：“别干这种事。”真正的科学家一旦同意参加这样的辩论，神创论者就已经达到了他们的主要目的，真正辩论时的情形，反而无足轻重。古尔德告诫我说：“他们需要进行公众宣传。你不需要。”罗伯特·梅用他那富有澳大利亚特色的直率幽默感也表达过同样的看法。每当有人邀请他参加这类辩论，他最常用的回复就是：“这样一来，你的履历上就多了一件光彩之事，而我的履历上则被抹了一道黑！”我经常跟人讲起这件事，以至于许多人都以为这句名言出自我。我也很希望这句话是真的出自我！

“两把椅子效应”十分强大，也曾被小肚鸡肠的恶人所利用，专门对付我。

一次，我应邀在牛津参加辩论。对方是美国基督教辩护士，名叫克雷格。他为了跟我进行第二场辩论，已经纠缠了多年（第一次辩论是在墨西哥举行的一次大型活动上。他那一方共有三人，而他是其中最平庸的一位）。碰巧，他提出的牛津辩论的日期，我正好在伦敦有另一个演讲活动，我本已经拒绝他了。结果，他的支持者竟在牛津的辩论台上空放了一把椅子，佯装是我因为太过懦弱而不敢出现！

对于克雷格这个人，我已经在《卫报》上发表的文章中十分明确地指出了这辈子再也不愿与他同台出现的具体原因：他为《圣经》中的迦南人大屠杀做辩解，让我十分反感。我并不是针对那场传说中的大屠杀本身（就像旧约中绝大多数“历史”一样，此事根本没有发生过）。我之所以反感，是因为克雷格这个人。他居然在相信此事的确发生的前提下，认为这场大屠杀并无过错，原因就在于“迦南人都是罪人”这种荒诞至极的理论依据。因为是罪人，所以就应该承受一切痛苦折磨。更有甚者，只要将他们的土地让给侵略者以色列人，就可以换来活命的机会。

> 我认真阅读了《圣经》中的文字，由此想明白了一件事：上帝为以色列赋予的使命，重点不在消灭迦南人上，而在将迦南人驱逐出境上。这片土地，在这些近东地区人们的心目中，一直有着举足轻重的地位。占据着土地的迦南部落王国，是被视为民族国家而遭到毁灭的，而不是被视作一群简单的个体。上帝对这些部落群体的裁决，是剥夺他们占有土地的资格，而这样的事，用那个时代的眼光来看，是多么残忍而放肆。迦南被分给了以色列，而此时，上帝已将以色列带出了埃及。如果迦南部落在见到以色列大军入侵之时，选择逃走，那么就不会有人丧命了。

于是，一切就变成了迦南人的错：上帝想要将这块土地送给他的宠儿，而土地上的原住民则拒绝放弃自己的家园，那么一切后果只能自己承担。克雷格甚至连对儿童的屠杀都进行了辩解，理由是反正他们也要去天堂。

《卫报》上这篇文章，还顺便提到了“空椅子”事件（此事在辩论之前就得到了充分的宣传）：

> 威胁恐吓的手法，克雷格是无所不用其极。这回，他提出下周辩论开始时，要在牛津的舞台上空放一把椅子，以此来表明我的缺席。通过声称要与某人同登一个舞台，来借别人的名声抬高自己，这样的伎俩早就不新鲜了。但这次，克雷格将我没有在场的事实转变为一次自我营销的噱头，对于此事，我们又该作何理解呢？为公开透明起见，我应在此指出，克雷格提出要与一个不在场的我进行辩论的那个晚上，我不仅不在牛津，而且也不在剑桥、利物浦、伯明翰、曼彻斯特、爱丁堡、格拉斯哥，如果时间允许的话，我也不在布里斯托尔。

那些可怜的“以色列”士兵，不得不承担起屠杀全部迦南妇女儿童这项艰巨的任务。克雷格为此满怀同情。另外，空椅子伎俩，如今已经有了新的称谓，叫作“伊斯特伍德法”。因为演员兼导演克林特·伊斯特伍德（Clint Eastwood）曾于2012年总统大选期间，针对奥巴马总统做过同样的事。

我关于同台辩论的一些意见，并不适用于真才实学的学院派神学家。我乐于与严肃的学者进行辩论（其实我更愿意称之为公开对话），也曾与两位坎特伯雷大主教、一位约克大主教，几位主教、一位红衣主教以及两位英国首席拉比的继任者进行过辩论。上述场合中的交流，双方都是本着友善、文明的精神。举例来说，1993年在英国皇家学会，我和著名宇宙学家赫尔曼·邦迪（Herman Bondi）爵士搭档进行辩论，对方是前任伯明翰主教休·蒙特弗洛尔（Hugh Montefiore）和《阿尔伯特大叔》儿童物理学系列科普著作的作者、信仰基督教的物理学家罗素·斯坦纳德（Russell Stannard）。关于这次会面，斯坦纳德写下了如下文字：

辩论组织方介绍我们互相认识时，道金斯立刻对我说，他非常喜欢读我的《阿尔伯特大叔》。他是真的喜欢！我当时的想法就是，喜欢读《阿尔伯特大叔》的人，又怎么会是坏人呢？

但是，请等一等。这会不会是一个圈套，用以迷惑我产生虚幻的安全感……而后来的事实证明，辩论的整个过程都是富有建设性的，是彬彬有礼的……并不是说这场辩论缺乏紧张感。远远不是。关于许多问题，我们都进行了针锋相对的交流，所持的意见也有着天壤之别。但并没有尖刻的讽刺，没有低劣的言论。

整场辩论充满善意的幽默。活动结束之后，我们几人聚在一起，找了一处餐厅开心地共进晚餐。我坐在道金斯旁边，与他相谈甚欢。

我与刚刚卸任的坎特伯雷大主教罗温·威廉姆斯（Rowan Williams）见过四次面。他为人十分温和友善。实在太过谦和，简直让人没办法与他就某一话题进行争论。而且，在和蔼的同时，他又是如此富有智慧，甚至会帮你说出来你想要表达的意思，就算那些话听起来是对他所处的地位多么决绝的触犯，他也不会反唇相讥。记得我第一次体会到他这样的交流习惯，是为BBC第四台拍摄一部纪录片对他进行采访之时。后来，他还邀请我和拉拉到兰贝斯宫参加了一次愉快的聚会（可能拉拉才是我们受邀的主要原因，因为他的儿子皮普是拉拉的粉丝）。几年之后，我和他又在谢尔登尼亚剧院进行了一场被过度宣传的“辩论”。我希望这是一次友好的交流，无须主席在场。因为我总觉得，主席会干扰到讨论的进程。而事实证明，我的想法没有错。活动之后，我与大主教共进晚餐，再一次被他的人格魅力所折服。

最近一次与威廉姆斯见面是在剑桥辩论社举办的一场辩论中。我们是正反两方的发言人。此时，威廉姆斯博士已经从大主教的位置上卸任，时任剑桥大学麦格达伦学院的院长。晚餐时，他告诉我，每天早上醒来，一想到自己已不再是坎特伯雷大主教就觉得身心舒畅。最终，这场辩论，他所在的一方获胜。在这场胜利中，他起到了很大的助推作用，发表了一篇可圈可点的讲话。而从观众的反应来看，真正的胜利者，是他那一方的最后一位发言人、风度翩翩的记者道格拉斯·穆雷（Douglas Murray）。穆雷称自己是无神论者，但认为宗教对人有益，这也是他真正秉承的主旨。因为如果没有宗教，人类就不会获得幸福感。罗温·威廉姆斯对这样的说法十分不屑，但没想到，剑桥的观众却深有同感，完全信服。

我觉得，自己与神学家进行的最具启示意义的对话是在影片拍摄过程中，与曾任梵蒂冈天文台主任乔治·科因（George Coyne）神父之间的交谈。这部影片，就是采访威廉姆斯大主教的那部BBC第四台电视纪录片。可惜的是，导演出于时间考虑，无法将两部采访全都放进影片里，于是我与科因神父的这段对话便被舍去了。

科因神父是一位天文学家，是地地道道的科学家。在采访过程中，他讲起话来与富有智慧的无神论者没什么区别。他说道："上帝，并不是一种解释。如果我出于寻求解释的目的去看待上帝……估计就会成为一名无神论者。"对于这样的说法，我想当然地回应是，这就是我之所以成为无神论者的原因。如果一位全能的创世主上帝真的存在，那么他为什么不能成为万事万物的解释呢？而如果他不能成为事物的解释，那么他到底用他的时间做了什么，令他具有了让人崇拜的价值呢？

科因神父说，他生于天主教家庭，因此他的天主教信仰可以说是与生俱来的。他也认为，如果他碰巧出生在穆斯林家庭，那么也很有可能会成为一名虔诚的穆斯林教徒。我为他个人的诚实所打动，同时也深刻感受到天主教教义对他的影响以及由此引出的职业谎言。科因神父留给我的印象，是一位正直的、富有人道精神的智慧之人。

英国首席拉比乔纳森·赛克斯（Jonathan Sacks）也是这样一位值得尊敬的人。一次，他邀请我和拉拉到他家共进晚餐，同去的还有伦敦犹太教群体的一些领袖人物。就是在那次晚餐会上，我了解到，犹太人在全世界人口总数中的占比还不到1%，但却获得了超过20%的诺贝尔奖。这一现实与穆斯林形成了鲜明对比。虽然穆斯林在全世界的人数比例远远超过犹太人，但他们所获得的成功却少得可怜。在我看来，这样的对比很能说明问题。无论我们认为犹太教和伊斯兰教是宗教信仰还是文化体系（虽然大众对此有很深的误解，但二者都不是“民族”），若以诺贝尔奖作为智慧结晶的衡量标准，按人头来算，其中一种比另一种获得成功的概率高出数万倍，这样的现实，又怎能不说明问题？正是因为有了伊斯兰学者，在中世纪和基督教黑暗时代，希腊学术思想的火炬才得以世代传承了下来。后来究竟发生了怎样的变化？碰巧，哈里·克罗托（Harry Kroto）爵士曾给我写信，其中谈及，他认为大多数获得诺贝尔奖的犹太人（包括他本人在内）实际上都不信教。

后来一次与赛克斯爵士见面，是在曼彻斯特的一处摄影棚里。那一次，他劈头盖脸地公开指责我是反犹太主义者，令我颇感奇怪。后来我才知道，原来是因为我在《上帝的错觉》一书中，称《旧约》中的上帝是“所有虚构类小说文学作品中，最令人不快的一个形象”。我在本书的另一处，复述了整段话。我承认，这样的说法的确容易招惹是非，但圣经中的文字可以证明，此言不假。而我当初写下这样一段话，目的不是想要招惹是非，而是纯属幽默。当时脑子里萦绕的全是伊夫林·沃的段子（现在回想起来，还记得伊夫林·沃讲过的关于兰道夫·丘吉尔的故事。这个故事在我写下的同一段落中也有所影射）。诚然，我不否认，我写下的这句话是反上帝的。但总不至于被戴上反犹太的高帽吧？另外，这也不是我第一次因类似的原因而被指责是发表反犹太主义言论了。记得我在加拉帕戈斯群岛航行时，曾在船上发表过一次讲话。同行的一位乘客便表示反对。他唯一的理由，就是说我反对上帝。在他眼中，上帝与他所信仰的犹太教是不可分离的，因此，他觉得我的言论是对他个人的冒犯。

几天之后，首席拉比很友善地给我发来了道歉信。我想，他在演播室中的那番讲话，不过是一时头脑混乱，是这位正派绅士一反常态而犯下的错误。而说到曾与我展开辩论的最资深的罗马天主教发言人，悉尼大主教、红衣主教乔治·佩尔（George Pell），则没有给我留下那么美好的印象。在澳大利亚广播公司的演播室中，我们被安排在了针锋相对的位置上。之前有人提醒我，说佩尔是个厉害角色，手段阴狠。这样一位资深人士，主持着秉承慷慨大度理念的教堂，竟有这样的名声，实在让人有些对不上号。

佩尔开着低劣的玩笑，以此换来观众的回应。这样的伎俩，是威廉姆斯大主教、首席拉比赛克斯和科因神父等神职绅士无论如何也不会采用的。佩尔很幸运，因为演播室中的观众大部分都经过精心挑选，是他的忠实拥护者。而他则很有天赋，特别擅长搬起石头砸自己的脚。原本已经表明了接纳进化论的立场，结果还接着说，人类是“穴居人”的后代，非要没事找事地犯点错。还有一次，他在叙述一段故事时，讲到“为一些英国来的男孩子准备……”，说到这里，竟然尴尬地停顿了下来，许久之后，才接着说“第一次圣餐”，一句话才算说完。而停顿的时长，足以让一小撮观众误以为是暗示，还“呵呵”地笑了起来。佩尔还有一次失言，是他称对犹太人的聪明才智心存怀疑，不理解为什么上帝会选择他们。辩论主席托尼·琼斯（Tony Jones）当即表示反对，红衣主教只得拼了命地从自己挖的坑里爬出来。我看着他奋力解释的样子，忍住一股冲动，没有将 W.N. 艾文尔（W.N.Ewer）和塞西尔·布朗（Cecil Browne）之间的对话引述出来：

上帝多么古怪
竟将犹太人选来
与那些崇拜犹太人上帝
却又将犹太人唾弃相比
也不算稀奇

佩尔引述了达尔文自传中的一段话，这段话听起来是达尔文在临终前写下的，说自己是有神论者。通过这段引述，佩尔似乎占得优势，还赢得了在场众多拥护者的掌声。我当即表明，这段话纯属虚构。而佩尔则拿出笔记，照着念起来，说是从达尔文回忆录“第92页”摘抄下来的。正是这“第92页”的引述，得到了捧场之众的欢呼。

在此稍微跑一下题。从一位高级神职人员的口中，公然向大众传播达尔文有宗教信仰的误解，的确有必要进行澄清。如今再次拜读达尔文自传，我不禁想到，佩尔那具有决定性意义的“第92页”引述，也并非是有意欺骗。很可能，是他的某位助手告诉他有这样一段话，连书页都标注给了他，却没有告诉他后面的一段文字内容。请读者自行判断。下面就是佩尔从达尔文自传中《宗教信仰》一章中摘取的内容。而我认为佩尔应该着重强调的文字，则在这里重点标识了出来：

> 相信上帝存在的另一个原因，与理性相关，而不涉及情感体验。在我看来，这个原因更加重要。该观点认为，构建起如此巨大而奇妙的宇宙，包括人类回首过去、展望未来的能力，是盲目随机或无可避免的结果，这样的理解难度太大，甚至根本不可能。倘若我这样去想，便觉得有必要诉诸一位与人类在某种程度上拥有类似智慧的首要因素，这样来看，我也可以被冠以有神论者的名号。

佩尔可以说，这句话开头的“倘若”，并没有我所理解的假设意味，而是坚定的陈述。但是，佩尔没有继续朗读出来的紧随其后的一段文字，却让我们对达尔文撰写这章内容时的真实态度有了确切的把握。我在此也标识出了有助读者理解的重点用词：

> 记忆中，在我撰写《物种起源》时，这样的结论在我心中曾一度非常坚定。自从那时到现在，这个想法随着时间的推移而逐渐淡去……万物起源的谜团，是我们无法解开的。而我，则心安于“不可知论者”的状态。

我想，还是不要给佩尔红衣主教扣上撒谎的帽子了。权当他（或他的助理）没有看到第二段文字，情有可原地误读了第一段吧。但我真心希望，如果当年在他说出“第 92 页”这句话时，为他欢呼雀跃的澳大利亚观众中，能有人读到我这本书，那么这些读者也能将达尔文自传中《宗教信仰》一章从头到尾读一遍。除了我上面引述的段落，讲到达尔文满足于不可知论者的状态，这一章后面的许多内容，都对基督教信仰进行了严厉的斥责。而达尔文年轻时，曾是虔诚的基督教徒，还曾立志将一生奉献给神职事业。举例来说，达尔文写下了这样的段落：

> 很难理解为什么有人会认为基督教教义是真理。因为如果该教义真的是真理，那么从文字上理解，那些不信仰基督教的人，都会遭到永世的惩罚，这其中就包括我的父亲、兄弟以及我几乎所有的亲密友人。这是多么可恶的教条。

达尔文对当地的教区教堂，怀有仁慈的亲近之心，为其给予经济上的支持，还希望故去后能埋在那里（而他的朋友成功为他争取到了葬于威斯敏斯特庄园的待遇，这个希望也落空了）。对于爱德华·艾威林（Edward Aveling）与其德国同事路德维希·毕希纳（Ludwig Büchner）所表现出来的激进无神论，达尔文也提出了问题。那次会面，是 1881 年的一次午餐。艾威林对那次午餐的回忆，开头先是一段动人的描述，讲到访客们如何“为这双世间少有的真诚友善的眼睛所打动”，之后又讲到他们之间关于宗教信仰的讨论。达尔文问道：“你们为什么自称无神论者，说上帝并不存在？”艾威林和毕希纳解释道：

> 之所以自称无神论者，是因为找不到神明存在的证据……我们不会犯下否定上帝的愚蠢行为，同时也不会走上断定上帝存在的荒谬之路。上帝的存在尚未得到证实，我们不求上帝，也由此对这个世界，也仅对这个世界怀有希望。在我们讲话时，那双一直坦诚相对的眼睛，有了闪烁，可以看出，他产生了新的想法。

> 直到那时，他都认为，我们是否定上帝的，没想到我们的理念和他本人的观点并无本质区别。因为在我们一点一点地摆明立场之后，他都点头同意，一项一项地说明问题之后，他都予以肯定。最后还说：“我和你们想法一致，但我还是更倾向于不可知论者这个称谓，而不是无神论者。”

直至今日，人们对“无神论者”一词依然心存疑惑。有些人认为，这个说法的意思是，某人笃定地相信，世上无神（也就是无神论者艾威林所谓的“否定上帝的愚蠢行为”），还有一些人认为，没有理由相信世间有神灵的存在，并由此以脱离神灵的状态为人处世（比如，达尔文自称为不可知论者，艾威林所谓的“不求上帝”）。科学家中，不见得会有人采纳第一种理解，虽然他们可能会补充说，上帝这种说法，不比小妖精、自动旋转的茶壶或蹦蹦跳跳的复活节小兔更令人信服。这两种理解之间，存在一个过渡。达尔文也承认，对会飞的茶壶所持的怀疑，要更甚于对上帝存在的怀疑。从达尔文晚年时与阿盖尔公爵的对话中，我们就能略知一二。这段话是阿盖尔公爵记录下来的：

> 我对达尔文先生提到了他的一些十分了不起的成就，包括《兰花的培育》和《蚯蚓》以及许多关于大自然奇妙之处的观察。我说，如果不明白这些事物都是心智的产物，是没办法对其进行体察的。我永远也忘不了达尔文先生的回答。他用凝重的目光望着我，然后说道：“那种感觉总是伴随着势不可挡的力量而来。但有些时候，”他默默地摇了摇头，补充道，“就渐渐无影无踪了。”

我对上帝所持的怀疑态度，同样稍逊于对围绕太阳沿轨道旋转的茶壶所怀有的不屑，唯一能想到的原因就是所有那些可以被归类为神灵或上帝的想象力产物，比那些可归类为茶壶沿轨道旋转的抛射物更大一些。但我想，达尔文应该会认可艾威林（和我）的看法，寻找证据的重任，是有神论者的事。

希望我对红衣主教乔治·佩尔的评价，不至于过分偏颇。读者尽可弃文字而不顾，自行听一听这段辩论。

1992 年，我与另一位高级神职人员约克大主教约翰·哈布库（John Habgood）在爱丁堡科学节上进行了辩论。而这次辩论的影音资料并未能保存至今。这样也好，因为我对那次的表现并不十分满意，而《观察者》记者的评价又不那么中肯(如下)。如果说佩尔大主教对我是恶霸风格的恶意中伤，那么恐怕我对待哈布库博士的风格，也属于此类（虽然我身材没有传说中的恶霸那么魁梧）。如今，我早已不会用那样的方式与人针锋相对，也许是因为现在的我怀有更加丰富的同情心吧。但现在的我，面对明显占下风的人，已不忍再去打击他。而记忆中，20 年前，我曾用帕克斯曼风格，连环炮一样地质问他，多次毫不手软地提出同一个问题让他回答——是否真的相信童贞女生育（这样的信仰与他的职业教条相悖）。我还记得，观众也加入了质问大军，对他大声喊道“回答这个问题！回答这个问题！”《无宗教信仰》杂志对当晚的情形有所记录，也印证了我记忆中的莽撞行为：

> 理查德·道金斯著有大名鼎鼎的进化论著作，他与约克大主教约翰·哈布库博士就上帝是否存在的问题，于去年复活节当日在爱丁堡科学节上展开了辩论。《观察家》杂志的科学记者评论称，“令人畏缩”的理查德·道金斯，直言不讳地认为，“人们对待上帝的态度，应与对待圣诞老人或换牙仙子没什么两样”。他在辩论时，记者听到有神职人员怀着落寞的心情评论道：“胜负一眼见分晓。狮子 10 分，基督教徒 0 分。”

帕克斯曼风格这个说法，为了非英国读者理解之便，还是需要解释一下的。这个说法，源自咄咄逼人的杰拉米·帕克斯曼一次臭名昭著的采访。帕克斯曼是当时内务部长迈克尔·霍华德（Michael Howard）最害怕的电视记者。他曾不屈不挠地向霍华德提出同一个问题不下 12 次，而倒霉的霍华德则每次都坚决回避，不给答复。我刚刚又听了一遍帕克斯曼的访谈录音，相比之下，我自知，如今的自己早已无法做到那样的决绝。即使在当时和哈布库博士辩论时，我的极限也只是将那个关于童贞女生育的奇怪问题重复了三遍而已。顺便说一句，帕克斯曼曾在 BBC 电视节目上采访过我两次，还曾担任我和当时的牛津主教理查德·哈里斯（Richard Harries）博士辩论时的主席。这三次打交道的过程中，他都是温和而富有同情心的。我在社交场合与他相遇时，也觉得他为人十分和善。比如，有一次是在他家花园举行的夏季晚宴，还有一次，就是我写作这段内容时的一周在海怡镇读书节上，我独自在酒店用早餐时，他走过来与我同桌而坐。曾经，一位恶名远扬的美国政治宣传家来英国推销自己的著作。帕克斯曼对其进行采访，开场的第一句话就让人拍案叫绝："安·库尔特（Ann Coulter），你的出版商已经把第一章发给我们了，我也读过了。后面还能写好点吗？"此前，我总将这类酷爱寻衅滋事的电视记者归到罗宾·戴这位先辈的麾下。而帕克斯曼则更是冷血无情的大师级人物。在我看来，我更喜欢心目中那种"相互上辅导课"式的采访技巧和公开谈话风格。

相互上辅导课

比辩论更让人心平气和的就是以相互启迪为目的（而非以占得上风为目的）的舞台交流与对话，用网络达人的说法，就是"拥抱"（owning）对"征服"（pwning）。"相互上辅导课"这个说法第一次出现在我的脑海里，大概是 1999 年 2 月时的事。那时，我与心理学家兼语言学家史蒂芬·平克共同出现在了威斯敏斯特中央厅的舞台上。组织方的宣传中称这次活动为一场辩论。赞助方是《卫报》，而辩论主席则是《卫报》的科学编辑蒂姆·拉德夫德（Tim Radford）。这场活动吸引了 2 300 位观众，还有许多人来到了现场却买不到票。但其实，这并非一场辩论，没有"辩题"，没有赞成或反对，而且我们二人还就大部分话题达成了一致意见。这次交流，为之后"相互上辅导课"的形式奠定了基础。这种类型的台上谈话，是我所推崇的新型访谈节目的风格，它比单纯的采访或辩论都更为理想。就这样，拉德夫德不动声色地做了件好事。正是这次与平克的相遇，使我产生了“相互上辅导课”这种无须主席或主持人的新想法。

之前还讲过一场辩论，也就是我和时任坎特伯雷大主教的罗温·威廉姆斯在牛津的谢尔登尼亚剧院参加的那次活动。辩论过程中，“主席干扰效应”尤为突出。威廉姆斯博士和我二人，本意都是想坐下来规规矩矩地对话，我也很期待那次交流。但令人惋惜的是，谈话过程中，辩论主席总是跳出来打岔。这位主席是一位著名的哲学家，为人十分谦和。但出于职业习惯，他总是不遗余力地想要用哲学术语对问题进行“澄清”，结果适得其反（哲学家的通病）。

我与史蒂芬·平克在伦敦展开的那一次“相互上辅导课”吸引了大批观众（虽说是“相互辅导”，但我必须承认，我从他身上学到的知识，比他从我这里得到的信息要多），也引起了 BBC 的关注。电视台的人找到我们，问我们是否愿意上《新闻之夜》节目，将讨论内容呈现给更多观众。我们欣然同意。事后，BBC 制片人给我打电话，希望大致了解一下谈话主题：

> “你能否总结一下与平克教授所持不同意见的本质？”
>
> “嗯，那个，其实吧，我觉得如果将不同意见作为切入点，我们也说不出什么来。我们就大多数话题都达成了一致意见。这样行吗？”
>
> 电话那头是长长的沉默。“没有不同意见？没有不同意见？天啊。”

然后，这位制片人竟当即决定取消我们上电视的安排！看来，彼此为对方提供建设性信息的交流方式并非“优秀电视素材”。必须要针锋相对，必须要火星四射。如果“优秀电视素材”等同于高收视率，那真是令人十分沮丧。我希望，她的想法不过是一时出了差错。我希望，事实上，针锋相对并非等同于高收视率。但其实，我心里也没底。无论如何，就像之前讲到的一样，若用我自身的价值观进行判断，在“优秀电视素材”的意义中，收视率只被放在了很不起眼的位置上。特别是对BBC来说，更是如此。因为BBC通过许可费的方式从中央政府得到资金支持，所以无须担心广告收入的问题。

与平克进行的那场“称不上辩论的辩论”给了我动力，在我的慈善机构“理查德·道金斯理性与科学基金会”的支持下，我对一套以全新形式进行叙述的系列作品进行了宣传。第一部作品是2008年3月，我和理论物理学家劳伦斯·克劳斯在斯坦福大学进行的一场对话。活动当日，有大批观众来到了现场。活动一开始，我就这种新的谈话形式向观众进行了介绍：“大家注意到了，我们二人之间没有一位主持人落座，这个责任在我。我希望能推广一种公开交流的全新方式……”随后，我就“相互上辅导课”这种谈话形式进行了详细介绍，还讲述了我之所以不赞成在这类活动中加入主持人这个角色的原因。我承认，这样的谈话方式，会令舞台上的二人压力很大，必须努力将对话进行下去，之后我将压力转到了克劳斯的肩上，请他开场。

一开始，克劳斯提到了我们俩第一次见面的场景。那一次，可没有如今和谐友善的气氛。那是2006年在纽约州举办的一次会议，也就是《上帝的错觉》那本书出版后不久。记得我演讲结束后，在场观众纷纷开始提问。面对这样的情况，我也算久经沙场了，很少会觉得哪个问题有太大的挑战性。但那一次却有所不同。一位提问者从观众席中站了起来。他身材不算特别高大，但站起身来的每一寸高度，都散发着无穷的自信。从他口中说出来的第一句话，就简明扼要，一语中的。在公开场合，如此一针见血的措辞十分少见。他直率而激烈地谴责说，我在与有宗教信仰人士交流时，太过激进，不够调和。我已想不起来当时是如何回应的了。只记得活动结束后，我们二人一起喝了几杯酒。克劳斯私下里是个很友善的人，他建议说，我们应该在出版物上继续之前的讨论。我欣然同意。就这样，我们二人之间的交流出现在了《科学美国人》杂志上。克劳斯也在斯坦福大学交流活动的开场讲话中，向观众提到了这件事。自从那次认识之后，我和克劳斯二人又进行了几次更加深入的公开讨论，随着友情的建立，我们对彼此的观点也更加认同，最初的不和谐也早已烟消云散。两人之间的交流日益加深，而我们的相互辅导也越来越需要一个恰当的命名。其中的几次交流活动，为《无信仰者》(*The Unbelievers*)这部纪录片奠定了基础。纪录片制片人是戈斯和卢克·霍威尔达夫妇（Gus and Luke Holwerda)。片中呈现了克劳斯和我在世界各地进行的一系列交流，其中最值得一提的就是在悉尼歌剧院的那次交流。

克劳斯的个性，古怪中透出幽默和趣味。我一直不太清楚“戏剧时间效果”是什么意思，但我觉得他是深谙此道的。如果他在保留节目中加上内省式的忧郁表情，简直活脱脱一个物理学界的伍迪·艾伦（我曾当面这样形容过他)。而且，克劳斯还懂得如何用最强有力、最具建设性的方式进行挑衅：“你身体里的每一个原子，都来自爆炸了的星球。你左手上的原子最初所在的星球，很可能和你右手原子最初所在的星球，并非同一颗……请原谅耶稣吧，为了让你今天能在这里，他不惜让那些星球凋亡。”

在一个潮湿闷热的日子里，《无信仰者》的制作团队在伦敦租了辆加长豪华轿车，在车里进行了拍摄。关于这辆车，基本上每个地方都不对劲儿。我依然清晰地记得克劳斯给公司打电话时说的那番话（和“自省”相差十万八千里，而从他那篇激烈陈词来看，“忧郁”也是与他风马牛不相及)。说到高潮处，他还威胁说要对这部荒诞可笑的汽车的整个加长车身实施破坏行动。这是一场以谩骂为主题的大师级表演。当时，车里的空调坏了，车窗还打不开，车里闷热得令人窒息。而他的这场表演，让我们能在如此憋闷的环境中开怀一笑，十分解乏。

由平克和克劳斯开创的“相互上辅导课”的谈话模式，在与其他人进行的公开谈话中也获得了成功，同样是采用了没有主持人的形式。这些活动中，与我展开对话的有奥布里·曼宁（Aubrey Manning）教授，理查德·霍洛威（Richard Holloway）主教（此二人可能是全苏格兰为人最和蔼的两位了)。曼宁和我，同属简·丁伯根门下（曼宁比我高十届），我们的对话中有些许怀旧，很多欢笑，还提到了丁伯根团队中的好些趣事。但谈话的主题依然是科学本身。霍洛威主教自称是“正在恢复状态中的基督教徒”，他可能是主教中与无神论者思想最为接近的一位了。我与霍洛威主教的交流不止一次。还有一次，是在爱丁堡进行的公开对话。这次对话，令格拉斯哥的记者穆里尔·格雷（Muriel Gray）感触颇深，格雷写下了这样一段话：

> 众所周知，霍洛威是一位对自身信仰心存疑问的宗教领袖，而道金斯不仅因其获奖无数的先锋式科学著作享誉世界，而且对有组织宗教信仰所持的激进观点也十分鲜明。活动开始之前，几位观众纷纷表示，他们担心，这样两个人会在台上起冲突，正统基督教徒也可能会利用这次活动，对道金斯发起侮辱性的语言攻击。而事实上，那一个小时，不知不觉一眨眼便过去了。二人的对话，闪耀着令人目眩的智慧光辉，充满人性的魅力，他们共同为观众描绘出了一幅令人惊叹、神奇而美好的生命画卷。霍洛威从他不愿弃之不顾的宗教中汲取诗情和意义，而道金斯则在一旁侧耳聆听，不仅不对他进行批判，反而积极地帮着出谋划策。聆听这样一场对话，令人十分愉悦，备感启迪。最后，道金斯讲述了关于宇宙起源、黑洞以及人类物种未来的看法，他说，到了未来，人类将开始用硅与合金进行自我塑造，而不再利用易受伤害的肉体。这才是娱乐的真正意义……然而，当晚还有一件最令人沮丧而无法忍受的事，那就是，这场谈话竟然在短短一小时内就结束了。

我想，这样的对话形式，完全称得上是相互辅导。巧合的是，我在爱丁堡与格雷本人也进行过两次收获颇丰的公开对话。

另外，我与纽约海顿天文馆总监尼尔·泰森（Neil Tyson）也进行过一次类似的对话。那次活动同样十分成功。我们二人的这场对话，是在理查德·道金斯理性与科学基金会于2010年组织的一次会议上进行的。会议地点位于华盛顿霍华德大学的校园里。这所大学是著名的“史上黑人”大学。泰森和我在一群活泼的学生观众面前讨论了“科学的诗意”这个话题。观众规模比我和泰森在通常情况下见到的要少一些。后来我们得知，是因为学生中的宗教领袖“不鼓励”同学出席这场活动。一说起“科学的诗意”，立刻会让人想到卡尔·萨根。泰森怀着满心的谦恭，接受挑战，决定接下卡尔·萨根的大旗，为观众呈现新版的《宇宙》(*Cosmos*)。泰森是一位卓越的科学代言人，他温和友善，机智诙谐，不仅掌握大量的知识，而且还能对其进行生动详实的讲解。能为卡尔·萨根做替补的，除了泰森以外，我只能想到一人，那就是卡罗林·波克(Carolyn Porco)。在所有学科中，天文学领域拥有这些极富明星气质的代言人，其实不足为奇。

那一次，并非是我与尼尔·泰森的第一次见面。我们第一次认识是2006年在圣地亚哥。当时的情形，基本上和我与劳伦斯·克劳斯的初遇如出一辙。记得我刚刚完成一段演讲，其中对有宗教倾向的生态学家琼·拉夫加登(Joan Roughgarden)进行了抨击。提问环节时，泰森对我的演讲风格进行了严肃批评，其措辞完美得无懈可击：

> 你演讲时，我坐在最后一排……这样，在你用一贯优美、一贯清晰的方式讲出那些话时，我就能看到整场观众的反应。让我这么说吧，你的评论实在尖刻，这是我之前没有预料到的……你是科普教授，不是负责将真理传播给大众的教授，这两者之间是有区别的。其中一种，是你将真理摆在那里，就像你说的，人们要么买你的书，要么不买。这样的态度，并非一位教育工作者应有的。这样的做法，只不过是将真理摆在了那里而已。作为一名教育工作者，不能只将真理搞清楚，还要有用真理说服他人的实际行动才行。说服，不是说“事实就摆在这里，你要么是个傻子，要么不是”。而是要做到“这里有事实，还有对你思想状态的感知”。

> 正是事实与感知的汇总，才能创造出影响力。我担心，你的方法，不管你讲起话来怎样一针见血，最终都不会奏效。而你真正的影响力，远比目前通过你的作品所反映出来的影响力要大得多。

我意识到，主持人罗杰·宾厄姆（Roger Bingham）希望尽快结束这次谈话，于是我简短地予以回应：

> 我怀着感激之情，接受你的批评。想借此机会，讲个小故事，以此来表明我并非此类人中最恶劣的一个。《新科学家》杂志的一位前任编辑在事业上取得了很大的成功，亲手将《新科学家》这本杂志带到了全新的高度。曾经有人问他："《新科学家》的哲学理念是什么？"他答道："我们的哲学理念就是：科学很有趣。如果你不这样认为，可以滚一边去。"

在尼尔·泰森嘹亮的笑声中，罗杰·宾厄姆宣布活动结束。泰森的批评的确是金玉良言。他所表达的意思，基本上与劳伦斯·克劳斯是一致的，只不过泰森的措辞更加温和，也是真正让我铭记在心的忠告。在后文讲到《上帝的错觉》时，我还会继续这个话题。

在有些"相互上辅导课"的场合，我从对方的谈话中学到了很多新知识，真觉得"相互"一词可以省去不用。最令我心生敬畏的就是诺贝尔物理学奖获得者、博闻强识的大师级智者斯蒂芬·温伯格。我希望自己在与他打交道时，可以很好地掩盖自己的紧张情绪。我与他不仅在录制对话节目时有过交流，而且他还邀请我到他位于奥斯汀的俱乐部共进过晚餐。奥斯汀这座城市，有得克萨斯知识界绿洲之称。一些诺贝尔奖获得者，之所以获奖，多少都有些运气成分在里面。我的这个说法，既用到了美国人常挂在嘴边的"运气"一词，也带有英国典型的轻描淡写风格。而与温伯格教授交流时，我暗自思量，这才叫真正的实至名归。说到这里，我依然延续着英国典型的轻描淡写风格。温伯格着实配得上世界级天才的称号。

没有主持人在场的谈话风格，如果发言人超过两个时，就不那么理想了。但我的基金会于 2008 年拍摄的《四骑士》(*Four Hoursemen*) 中，我们四人竟共同将整场谈话坚持到底。那次拍摄的地点是在克里斯朵夫·希钦斯位于华盛顿那收藏着各类书籍的公寓里。丹尼尔·丹尼特和萨姆·哈里斯也加入了我和希钦斯的讨论，在没有主持人的情况下，我们四人聊得倒也默契。我们本来邀请阿亚安·希尔西·阿里 (Ayaan Hirsi Ali) 作为第五个人加入讨论的，但可惜她因急事需要立即赶往荷兰，我们未能如愿，因为她在那里是议会成员。就这样，还是我们四个人，而"四骑士"之名也就这样定了下来。讨论时间过得飞快，四人中没有哪个人抢占发言权。我想，在这样和谐的氛围中，若是凭空加进来一位主持人，肯定不会起到正面作用。

克里斯朵夫·希钦斯

关于我心中的英雄克里斯朵夫·希钦斯，我需要在此多说几句。我对希钦斯并非十分了解，也不是他从小一起长大的死党。但当我读到《上帝并不伟大》时，立刻感觉，这部著作与《上帝的错觉》是天生一对，而我与他二人在各类活动中共同出场，也成了自然而然的事。第一次与希钦斯见面是在 2007 年 3 月，于伦敦威斯敏斯特中央厅举行的一场辩论中。剧院规模很大，容纳了两千多名观众。之前提到过，我与史蒂芬·平克的座谈，也是在那里进行的。与我和希钦斯同队的，还有我十分欣赏的哲学家 A.C. 格雷灵。我方辩论的主题是"没有宗教，我们会过得更好"。正是因为这两位令人尊敬的同事决定上场，我才一改往日拒绝参加正式辩论的态度。另一方是人类学家奈吉尔·斯派威 (Nigel Spivey)、哲学家罗杰·斯克拉顿 (Roger Scruton) 以及之前谈到过的拉比朱丽娅·纽伯格。关于这场辩论，我头脑中记忆最深刻的就是希钦斯用激昂的语调声讨——"大胆！"但事实证明，关于这句话的记忆是错误的。我在此记录下来，一是因为虚妄记忆综合征需要在社会上引起更为广泛的认知，二是因为，希钦斯逝世后，我在墨尔本举办的一次活动中发表悼词，其中还提到了我的这段与事实不符的记忆。

我笃定地认为，自己记得，在拉比纽伯格讲话时，希钦斯用一句“大胆！”打断了她。但事实的确并非如此。录像资料中，这句“大胆”，是希钦斯在回应观众提问时说出来的。当时，一位观众说，虽然他不相信上帝的存在，但因为想当个好人，所以称自己有宗教信仰。在朱丽娅·纽伯格讲话时，希钦斯的确打断了她，但所说的话却并非“大胆”之类的指责（在录像资料中，我没有听清希钦斯当时讲的话，因为麦克风没有打开。但肯定不是“大胆”）。虚妄记忆综合征是真实存在的。这种现象值得关注，也颇为令人困扰。我希望，虚妄记忆综合征的存在证据，可以传授给法学专业的学生，以及所有那些需要利用证人口供的人。但恐怕这个希望要落空了。目击证人所提供的证据，远远没有人们想象中，尤其是陪审团想象中那么可靠。法庭上的证人不仅仅是撒谎而已。他们是发自内心的自我欺骗。我第一次真正认识到这一现象的存在是在与伊丽莎白·洛夫特斯（Elizabeth Lofeus）见面的那次。洛夫特斯是一位善良勇敢的美国心理学家。她经常为那些被冤枉的人在法庭上作证，其中还包括被指责猥亵儿童的人。一些案件中，她面对的问题，是不择手段的法律从业者有意将虚妄记忆植入证人头脑。洛夫特斯告诉我，若想做到这一点，简直易如反掌，尤其是对小孩子。但关于希钦斯在辩论中的插话，应该没有人会费这个心思在我头脑中刻意植入。是我自己的大脑完全独立地创造出了这样的记忆，潜意识里将两段真实的记忆混为一谈。

我要为此道歉，而存在这个问题的也远非我一人。1982 年，诺贝尔奖获得者、分子生物学家弗朗西斯·雅克布（François Jacob）出版了一本优秀著作，题为《可能与实际》（*The Possible and the Actual*）。此书英文版刚刚推出，我便拿来拜读，其中有一段文字，感觉十分眼熟。我仔细想了一下，便找到了原因。雅克布一定是读过《自私的基因》，可能读的是法文译本。也许，他本人有过目不忘的记忆力，或是从我的书中抄录了一段文字，但后来忘记是抄录的，反而误记成是自己写下的。下面就是这两段文字。

《自私的基因》 作者：理查德·道金斯 第一版，牛津大学出版社，1976，第49页	《可能与实际》 作者：弗朗西斯·雅克布 第一版，潘塞恩图书公司，1982，第20页
另一分支，即如今所谓的动物，通过以植物为食，或以其他动物为食的方式，“发现”如何对植物的化学工作成果进行利用。两种主要的生存机器分支，为了提高其各类生存方式的效率，都进化出了越来越精妙的手段，新的生存方式也不断出现。子分支、子子分支不断进化，每一类都精通某种特定的生存方式，无论是在海洋中、天空中、地下、树上，还是在另一具活生生的躯体里。这样分支再分支的过程，逐渐形成了如今令我们叹为观止的庞大的生物多样性。	另一类叫作动物的分支，通过直接食用植物，或吃掉食用植物动物的方式，具有了利用植物生物化学产物的能力。两类分支，都能在不断变化的各种环境条件下，不断发现新的生存方式。子分支出现了，随后是子子分支，每一类都生存在特定的环境中，海洋、陆地、天空、极地、温泉、其他有机体内部等。数十亿年来不断演进的结果，就是如今生物界令人目不暇接的巨大的多样性与适应性。

我坚决不认为这是作者的剽窃。享誉世界的诺贝尔奖得主，怎么可能做这样的事呢？我想，这就是记忆出了差错的真实案例，或是对这段文字本身记得很清楚，却忘了其出处。

话题回到伦敦的那场辩论上。那次活动，是一家名为“智慧平方”的组织举办的。该组织规定，在辩论前后各发起一次投票，看看辩论内容是否改变了人们的想法。在我们以“没有宗教，我们会过得更好”为主题进行的辩论结束后，投票结果也一目了然。我不清楚究竟是哪些话对人们的想法产生了决定性的影响，但是辩论后，我方拿到的票数，比辩论前多了112票。而且实际增加人数可能还要更多，因为辩论后，组织方并没有将“不确定”的人数计入。对于我方在辩论中大获全胜，还提高了观众的支持比例，我感到十分欣慰。

辩论结束后的晚餐，我坐在罗杰·斯克拉顿的对面。这是我们第一次见面。

他给我留下了很有魅力的印象。后来，马丁·艾米斯等人也加入了我们。艾米斯和希钦斯互相打趣，各不相让，都说自己才是拉拉在《神秘博士》中扮演角色的忠实粉丝（拉拉正好坐在他们二人中间）。当时的气氛和谐愉快。

对克里斯朵夫·希钦斯进行正式采访，其实我并不适合。我曾受邀担任《新政治家》杂志 2011 年圣诞双月刊的嘉宾编辑。在这期内容中，我加入了自己对希钦斯进行的长篇采访的缩略版内容。那次采访是在 2011 年 10 月 7 日进行的。地点是得克萨斯州休斯敦。那时，他正在接受癌症密集治疗。他和妻子住在友人借给他的大房子里。就是在那里，希钦斯招待我共进晚餐，同来的还有颇具人格魅力的作家兼电影制作人马休·查普曼（Matthew Chapman）（碰巧，他是达尔文的曾外孙）。希钦斯热情好客、机智诙谐、魅力四射、殷勤细心。只可惜当时他顽疾缠身，根本吃不下东西。

晚餐前，希钦斯和我坐在花园的小桌旁，为《新政治家》的内容而专门聊了会儿天。我特别担心会落下他说的哪句话，准备了不下三台录音设备。几台设备均正常运转，在此，我节选部分交流内容。这段对话，我十分珍视，即使现在偶尔感到困扰时，依然能给我以慰藉。

道金斯：我对宗教怀有不满的主要原因之一，就在于宗教总是将孩子打上标签，比如“天主教儿童”，或是“穆斯林儿童”。对此，我有些反感。

希钦斯：你永远不要畏惧那些指责，更不要反唇相讥。

道金斯：我会记住的。

希钦斯：如果我也是反唇相讥的人，那倒无所谓了。我是个喜欢敲敲打打的人，是个鼓手。你有你的原则，在你所坚守的原则里，你是卓越的。你教育了许多人，没人能否定这一点，就算是你的死敌也必须承认。你看到你的原则被人攻击、诽谤，企图将其驱逐出大众的视野，而你此时最不能去做的，就是反唇相讥……很可惜，你的同事们并没有凝聚为一体，他们应该说：“在这些令人发指、混乱无序的攻击面前，我们要站起身来维护我们的同事。”

希钦斯在《自由探究》杂志发表的最后一篇专栏文章中，对这个观点进行了重申。这篇文章发表之时，他已离开人世。文章的题目，就叫作《为理查德·道金斯辩护》。

《新政治家》采访后的第二天，希钦斯和我共同参加了得克萨斯自由思想大会。当晚的宴会上，我要为他颁发美国无神论者联盟的理查德·道金斯奖。这项年度奖项，从2003年开始，直到现在，共授予了12次[①]。第一次的获奖人是詹姆斯·兰迪，接下来依次是安·德鲁扬（Ann Druyan）、佩恩和特勒（联合获奖）、朱丽亚·斯维尼（Julia Sweeney）、丹尼尔·丹尼特、阿亚安·希尔西·阿里、比尔·马尔（Bill Baher）、苏珊·雅克比（Susan Jacoby）、克里斯朵夫·希钦斯、尤金妮亚·斯科特（Eugenie Scott）、史蒂芬·平克以及最近一次获奖的瑞贝卡·戈尔茨坦（Rebecca Goldstein）。希钦斯那时已是重疾缠身，根本吃不下东西。晚宴的最后一刻，他来到了现场。全体来宾不约而同地站起身来为他鼓掌，这令我涕泪纵横。值此机会，我发表了一篇讲话。随后，希钦斯登上舞台，来宾再次全体起立，全场响起热烈掌声。我也将手中的奖杯授予了他。他的获奖感言是那么精彩。而他那曾经洪亮的嗓音，此时也变得虚弱无力，随着他的生命一同走向枯萎。听着这样的声音，这样的语言，更令人百感交集。希钦斯的发言是即兴的。而我的发言则是事先准备好的书面稿。在此，谨以悼念希钦斯的名义，将开场与结束段落呈现给读者：

今天，我被召唤到这里，为一个人颁奖。此人的大名，将在历史的洪流中，与伯特兰·罗素、罗伯特·英格索尔、托马斯·潘恩和大卫·休谟齐名。

他是一名作家、演说家，其鲜明风格无人能及。他能灵活运

① 2011年之前，该奖项由国际无神论者联盟颁发。

用巨大的词汇量，信口拈来古今中外的文学历史典故，无人能及。我住在牛津。那里是我和他共同的母校。

他饱读各类书籍，阅读量和阅读的深度、复杂度，完全配得上“学富五车”这个略显古板的词汇，而希钦斯本人，则是学富五车之士中，最不古板的一位。

他善于辩论，哪个倒霉鬼若是遇上了他，定会被攻击得体无完肤。但他言谈举止间又充满优雅的腔调，令对手在忘记抵抗的状态下，被渐渐肢解。许多人都认为，辩论中的赢家，就是嗓门最大的那一方。而他,显然不属于这类。他的对手可能会大声嚷嚷，惊声尖叫。而且事实上的确如此。但希钦斯根本不需要叫喊……

虽然他并非科学家，也从不佯装自己是科学界人士，但他了解科学对于人类物种发展的重要性，以及摧毁宗教和迷信的重要性:“关于这个问题，必须坦言相告。宗教产生的那个时代，是人类的史前时代。当时，人们对周遭的现象完全摸不着头脑。提出万事万物都由原子构成理论的德谟克利特斯，是那个时代的伟大思想者，可就连他都是毫无头绪。宗教，起源于人类物种充满畏惧和哭喊的婴儿时代，是我们为了满足自身对知识的渴求（也为了满足慰藉、安心和其他幼稚需求），而创造出来的幼稚概念。如今，就连我受教育最少的孩子，对自然规律的了解，都比任何宗教的创立者要多……”

他给了我们启迪、动力和鼓舞。我们每天都在为他加油鼓劲。因他的存在，我们的字典里又多出一个新词汇——“希钦斯逻辑法则”。我们仰慕的，不仅仅是他的智慧，还有他不认输的斗志、他拒绝妥协的韧劲、他直言不讳的态度、他百折不挠的气势，还有他冷酷而残忍的诚实。

他用直面病痛的勇气，生动地诠释了对宗教的反对态度。让那些有信仰的人，在对死亡的畏惧中，在想象中的神灵脚下去哭泣吧。让那些有信仰的人，终其一生活在对现实的否定中吧。在病魔袭来之时，希钦斯迎面直视。不否认、不退缩，而是诚实勇敢地与疾病展开正面交锋。这样的勇气，是给我们所有人的启迪。

在陷入病痛之前，这位英勇的骑士，曾是一位渊博的作家，一位激情四溢、让人望而生畏的演说家。面对宗教的虚伪和谎言，他发起了一场战役。自从他患病以来，还继续为这支奋斗大军不断补充着新型武器，而其中最强大、最令对手胆寒的武器，就是他那鲜明的个性。他的个性，已成为无神论中举世无双的标志，代表着诚实与正直。同时，他的诚实与正直，也成为不受宗教幼稚胡言所动摇的全人类的代表。

每一天，他都以自身的行动，证明着基督教谎言中最卑劣的谬误。无神论者都在战壕中，随时准备冲锋陷阵。希钦斯也在战壕中，带着勇气，带着所有人都为之骄傲的诚实与正直。抗争的过程中，他用实际行动证明，他本人理应获得更多的崇敬、尊重和爱戴。

今天，我应邀来为克里斯朵夫·希钦斯颁奖。而他接受了以我本人命名的奖项，本身就是他颁给我的一个更大的奖励。女士们，先生们，同志们，有请克里斯朵夫·希钦斯。

Brief Candle in the Dark

10 西蒙尼教授

查尔斯·西蒙尼是微软的早期投资者，随着股票的不断增值，他的身价倍增。1995 年，我成为第一位“查尔斯·西蒙尼教授”。我用自己的稿费创办了“西蒙尼讲座”，邀请丹尼尔·丹尼特、史蒂芬·平克和贾雷德·戴蒙德等名师上课。2008 年，在我退休之际，我自己也登上了第 10 届西蒙尼讲座的讲台，我的演讲题目是《使命的使命》。

10 西蒙尼教授

职业生涯的早年阶段，我很享受给学生们上辅导课这份工作。我个人认为，我也还算得上一名称职的辅导教师。记得我做辅导教师时，新学院的资深教师曾发表过一篇很特别的统计学研究报告，并由此发现了一个现象，那就是，新学院的生物学专业学生，与整所大学的全部生物学专业学生相比，获得一等荣誉学位的比例要高出许多（同样的现象也适用于新学院的数学专业学生，而其他专业则没有明显区别）。这一现象，能否归功于我的教学成果？我不敢断定，而几件事情，给我带来的快乐远比邀功的意义更为重要。

那个时候，在我身上，青年时代的热情还没有褪去。我十分在意学生对理解力的掌握，不仅仅是知识，而是理解力。我很享受向水平有高有低的同学们进行解释和阐述的过程，而辅导教学的经历，也令我掌握了“解释”这门艺术中的某些技巧，这在后来写书时给我帮了大忙。但我不能否认，到了50多岁时，我已经总共上了600多个小时的一对一辅导课，也觉得有些厌烦了。可能那时的我在上课时，并没有发挥出全部的水平，也不像自己年轻时在课堂上的状态那么好了。我虽然已经尽力，但距离退休还有15年的时间，于是我日益觉得，新学院的生物学辅导工作，应该后继有人了。与此同时，我产生了一种想法，觉得如果我能将余下的工作生涯奉献给牛津大学高墙之外的大众，为他们进行科普，这一生便没有虚度了。那么，我该如何实现这个目标呢？关于这个问题，我有如下思路。

我的著作还算畅销。不管牛津的学生们对我的讲课水平如何评价，世界各地的许多机构都邀请我去演讲。我还有一些电视和采访的经验。在与人们打交道的过程中，我了解到，有这样一群热情的粉丝，他们是我的读者，也是富有事业心和创业精神的有钱人。牛津和其他大学一样，当时经常参与募捐活动,还在纽约设立了募捐分支机构。我想,借助牛津大学的专业募捐机构，尤其是在美国的办公室，也许可以找到一位捐助人，专门资助新设立的“公众科普教授席位”，而我本人，则是该职位的任职者。在牛津大学副校长，理查德·萨斯伍德爵士的支持下（我认识他，是因为他就是“动物学林纳克教授”），我参加了牛津大学募捐开发办公室举办的各类策划会议，与相关人士讨论了这一想法的可行性。牛津本校的办公室将此事下达到牛津分部,就这样，我也将此事暂时抛在脑后，继续着日常工作。

此时，我的倡议划归到了纽约办公室的迈克尔·坎宁安（Michael Cunningham）处理。我对他说，我的文学代理约翰·布罗克曼曾邀请我去他位于康涅狄格的农场小住，在那里，我见到了梅尔沃德，后来，他成了微软的首席技术官。坎宁安与梅尔沃德取得了联系，安排了我们三人在牛津的会晤。关于牛津大学的“公众科普教授席位”，梅尔沃德表示认同，他决定随后与他在微软的朋友们商讨一下。而他的朋友中有一位，名叫查尔斯·西蒙尼。

查尔斯·西蒙尼

查尔斯·西蒙尼是匈牙利籍美国人，也是软件业的先锋人物。他凭借超群的智商，成为软件设计师，也是施乐帕克研究中心核心圈子中的关键人物。正是他们这一群人，构思出了配有“WIMP”界面的现代个人电脑。早在1981年，西蒙尼便跳槽去了微软。在微软，他致力于向编程人员推广在施乐帕克开发出来的“面向对象编程法”，还有自己的“匈牙利标记法”。我虽然没有切身体会过匈牙利标记法，但其独创性令我很感兴趣。西蒙尼是微软Office 系列软件诞生之时的主管架构师。由于他是微软的早期投资者，随着公司长时间的持续发展，他的股票也逐渐增值，身价倍增。梅尔沃德对坎宁安说，西蒙尼对牛津的想法很有兴趣，希望与我见面，共同讨论。

就这样，1995 年春，我和拉拉飞抵西雅图，迈克尔·坎宁安也从纽约飞来与我们会合。西蒙尼为我们订了环境优美的水畔酒店。入住后，我们便开始准备当晚的考验：在一家西雅图餐厅的晚宴活动，会有大约 50 位西蒙尼的客人到场。之所以称之为“考验”，是因为晚宴的主要意图就是为我所申请的“角色”“试镜”（在此引用拉拉的职业术语）。西蒙尼事无巨细地对整晚的安排进行筹划。中场时，来宾还要移步到第二处同样经过精心布置过的场地（牛津的有些学院，偶尔也会这样做，但仅限于正餐结束后进行甜点仪式的非常正式的晚宴）。两处会场中，我的座位位置保持不变，而其他客人的座位都要移动。前半场，我坐在比尔·盖茨旁边。毫无悬念，盖茨本人智商超群、风趣幽默。而到场的其他客人，几乎都是同样卓越。尤其是在西蒙尼请我讲话并回答来宾问题时，这些人的高水平更是显露无遗。我在全世界各大名校都曾应对过观众的提问，这些学校包括剑桥、牛津、哈佛、耶鲁、普林斯顿、伯克利、斯坦福等，但从来没有一群观众，像这些来自西雅图和硅谷的年轻来宾那样，将我拷问得如此尖锐而深入。这些年轻人，都是高科技专家、创业家、风险投资家、计算机行业先锋，还有生物技术学家。我努力对所有问题都进行了答复，就连一位来宾问出的貌似想要抬杠的问题，我都予以解答。晚宴结束后，我的自我感觉还算比较良好。

第二天的行程是与西蒙尼共度，以便互相了解。拉拉和我与他和他的朋友安吉拉·希道尔（Angela Siddall）见了面。西蒙尼开车带我们去了西雅图的一处机场。在这里，我们登上了他的直升机。在专业飞行员的指导下，西蒙尼亲自驾驶，一路飞往加拿大附近的皮吉特湾。我们在一座小岛上降落，共进午餐，还从餐厅的窗口看到了难得一见的秃鹰。回来的一路充满欢声笑语。我们乘坐的直升机还在西雅图市中心的摩天大楼之间穿梭徘徊。从机场停好飞机后，西蒙尼便开车送我们回酒店，在那里，他和迈克尔·坎宁安有一个十分钟的会面。随后，西蒙尼和希道尔离开了，而坎宁安则来找我和拉拉说事情敲定了。“查尔斯·西蒙尼公众科普教授席位”即将成为现实，其余的一些细节问题，将交由牛津大学裁定。

其中的一项细节就是，虽然西蒙尼出全资支持这个教授席位，但一开始为我定下的职称，还维持我的现有级别——高级讲师。这是因为，牛津大学针对捐赠有极为严格的规定，禁止以捐赠的名义为教师个人“买官”（这是预防大老板们花钱为学者买头衔而设下的谨慎而合理的保障。西蒙尼一词在英语中也有买卖圣职的意思。后来，西蒙尼本人戏称自己的名字是一语双关）。于是，一开始我并未获得升职机会，依然是高级讲师职称，工资还比以前降了一点。一年之后，我因工作成绩得到认可而获得提拔，成为教授。在工作审查期间，我和所有同事一样，都要按同样的标准通过严格考查。就这样，在我获得西蒙尼高级讲师这项任命之后的一年，正式成为“西蒙尼教授”。从此之后，我的继任者都将被任命为“西蒙尼教授”。

“继任者”？是的。因为西蒙尼慷慨地允诺，将永远资助这一教授职位。也就是说，他并不是给牛津大学一笔足够支持我到退休年龄的资金（我最初提出的建议，只敢想到这一点），而是为牛津大学一次性提供一大笔捐助。从这笔捐助中获得的年收入，不仅能支付我的工资和费用，而且能在无限的未来，支持一连串的继任者。这一姿态本身就是极为大方的，而西蒙尼在如此慷慨的基础之上，还提出了构想中的未来愿景。这对捐资者来说，是十分难得的。在赠予大笔资金的同时，他还写下了一篇富有远见卓识的宣言。宣言的精髓，讲的是他将眼光放得十分长远，因此，他不会将这笔捐赠的用意进行具体规定，而是由后人自行理解。他明确规定，要避开法律上的条条框框：“未来的数百年，必将与现在不同，且不同之处是我们无法预料的。我信任你们，牛津未来的接班人，由你们在自身所处的时代，来自行理解我通过科学科普所要弘扬的精神。”用西蒙尼本人的话说，就是“我们所处的1995年，就是这样的情形，也是我与牛津大学和理查德·道金斯教授之间达成协议的主旨。道金斯教授是此职位的第一位受任者。若必须要偏离此主旨，请三思而后行。如果有可能，也请回归到主旨上来”。

在此，我将西蒙尼博士这封写给未来的书信，全文抄录于此。信中充满信任之情，而且刻意未经律师的手笔。如果未来的牛津人背叛了他的信任，我死后也不得安宁。将同样的思想用更脚踏实地的语言表达出来就是，我希望将西蒙尼的宣言以白纸黑字的形式体现在一本永恒存在的书籍上，这样一来，背叛的难度就大大增加了。

> 我是一名计算机科学家。而我在牛津大学开创“公众科普教授席位”这件事，现在看来，最合适的描述莫过于称之为一个“程序”。正如计算机程序将处理器设定为在未来持续运转，这一程序，也应为教授席位的任命委员会在未来的世世代代中予以指导。很明显，这样的比喻有些蹩脚。行政事务自有其制度，我只能怀着渺茫的希望，请德高望重的委员会成员，在决定任命新人之前，能用心聆听我的意见。尽管如此，我完全理解任命流程中固有的不确定性和灵活性，只有这样，大学才能适应、进化和蓬勃发展。
>
> 这样的灵活性，可以用在实验和对新型安排的探索上，但随着时间的发展，可能在不知不觉中造成对初始方向的偏离。而这一程序的目的就在于，要在茫茫无际的可能性海洋中，建立起固定的导航点。它要说明的是：我们所处的1995年，就是这样的情形。这也是在我、牛津大学和理查德·道金斯教授之间协议的核心。道金斯教授，是此职位的第一位受任者。若必须要偏离此主旨，请三思而后行。如果有可能，也请回归到主旨上来。
>
> 这个职位的头衔是“公众科普”，也就是说，该职位的就任者，需要为强化公众就某些科学领域的理解做出重要贡献，而不是对

公众就科学的理解进行研究。“公众”的意思，就是指规模尽可能大的受众群体，前提是有能力对科普思想进行扩散或反对的人不会在科普过程中流失（尤其是其他科学领域以及人文领域的学者、工程师、商业人士、记者、政治家、专业人员及艺术家）。在这里，需要明确学者和科普人士之间的区别。这一大学教授职位的设立，目的在于选拔出在某一学科领域拥有独创性贡献的成功学者，同时，此人要具有一种能力，可以在必要时，以最高水平的抽象能力，对本学科的精髓进行把握。另一方面，科普人士将关注点主要放在受众群体的规模上，通常与学术界相隔离。科普人士总是就眼前的热点问题甚至流行话题进行写作。有些时候，他们会为了吸引受教育程度较浅的读者，带着屈尊俯就的态度，对科学流程本身的最高水平进行过度简化或夸张。这些问题，只有事后才能看清。就像我们想到不久前问世的那些“巨脑”计算机书籍时，如今会产生的一些新的认知。而许多现在热卖的科学书籍，都会在不久的将来被人们归入此类。虽然科普人士所扮演的角色依然重要，但其并非这一职位所要支持的对象。公众对学者的期望值很高，而我们能得到公众的高度期望，也是再恰当不过的了。

科普中的“普”，在这里略带诗意和文学色彩。目标是为了让公众能了解到，抽象而自然的大千世界中所固有的、那一层层潜藏在现象背后的秩序和美感。让公众能体会到，科学家在向千古难题宣战时，胸怀中所澎湃着的激动与敬畏之情。让公众能感受到，科学家因真理的伟大而流露出的谦卑之心。受众中，那些接受了足够信息“普及”，看清科学中存在的秩序与美感之人，也会拥有更多的洞见，为科学和他们的日常生活建立其更深层次的联系。

最后，科普中的“科”，不仅指自然科学和数学，还包括历史学与哲学。但是，具体内容的选定，还是会偏好那些主要通过利用符号来表达含义、取得成果的专门学科，比如量子物理学、分子生物学、宇宙学、基因学、计算机科学、语言学、大脑研究以及数学等。之所以做出这样的选择，不仅仅是个人偏好使然。利用符号进行表达的方式，也就是利用了最高程度的抽象，以及强大的数学和数据处理工具,并由此产生庞大的计算过程。与此同时，这样的研究方法，也将科学家与大众隔离开来，阻碍了研究结果的传播。考虑到社会与科学界相互依存的重要性，有效信息传播的缺乏，就是非常危险的一件事。

为了实现上述目标，本职位的受任者，必须拥有超越传统大学意义的教学范围。他们需要能利用不同媒介，有效地与各类受众进行沟通。最重要的是，他们必须怀着最真挚的坦诚之心，与大众相接触。他们会不可避免地与政界、宗教界，以及其他一些社会力量产生互动，但在任何情况下，他们都不能放任这些力量去影响他们所传播的科学的正确性。反之，他们也要随时对科学知识的局限性保持清醒的认识，向公众介绍不确定性、挫折、从科学角度令人费解的现象，甚至是他们所在专业领域中的失败。

科学构想这个标签一旦被贴上，构想这个概念及其在科学方法中的地位一旦为大众所知，就会产生激动人心的效果。这是个非常有效的沟通工具，不应该受到打压。

我们意识到，拥有这样综合能力的人十分难得。因此，我们最看中的，还是受任者的教学与沟通能力。上面列举出来的对特定科学领域的偏好，要放在第二位。

受任者应有机会继续从事科学研究工作。若能让受任者在担任所在院系本职工作的同时，在继续教育学院挂职，将是十分理想的解决办法。由于受任者在牛津任教,因此需要从校方得到差旅、访问等事宜的全方位支持。为适应新的工作安排，受任者在牛津的教学和行政职责需相应减少，也要将教学任务重点放在非专业人士上。受任者将为大众和科学界受众撰写著作，发表杂志文章，通过大学或其他机构进行公开演讲，参与到“公众科普”的行动中来。

如果捐赠职位的第一任教授在离开之前岗位时，尚未找到接替人选，那么捐赠本身就有可能事与愿违。我在捐款的同时，假设理查德·道金斯在动物学系的现任职位，在他离职之时，将会有同领域的接班人。

道金斯教授为我提供了现有程序的框架，在此对道金斯教授的贡献表示感谢。

查尔斯·西蒙尼

1995 年 5 月 15 日，贝勒维

负责指定未来所有“西蒙尼教授”的任命委员会成员，肯定会从头到尾阅读这封信。而且，这封信应该放在委员会桌子上，摆在每个人面前。而我则想借此机会，着重指出信中的几个要点。西蒙尼对科普人士和以自身名义做出原创性科学贡献的科普科学家之间的区别进行了阐释。他对科普的“普”字有着诗意的领悟。他写这封信的时间，是《解析彩虹》出版的三年之前。我希望，当那本书正式问世时，他会觉得其中的内容与他的愿望相契合。此书的序言部分，我向西蒙尼致以敬意，称他带来了一股春风，对科学及其沟通方式，怀有富有想象力的愿景。我讲述了自从与他成为朋友之后，就这些问题进行的交流。还利用《解析彩虹》这本书，以文字的形式继续了我们的交流。并将此书作为“西蒙尼教授的就职声明”。

西蒙尼在宣言中提到的一段内容，是敦促未来的“西蒙尼教授”，要对科学的局限性持公正态度，不要让宗教或政治势力影响到科学本身的正确性。

最后，还有一个虽然简短但却重要的要点。西蒙尼认识到，如果我就任“西蒙尼教授”之后，自己跑去忙其他事情，让原本动物学系的讲师职位空出来，那么他的好意可能就会适得其反。我在接受这项新挑战的同时，也非常希望能为牛津动物学系注入怀有一腔热情的新鲜血液，而我则可以放下心来，为外面的世界重燃自身的热情。后来，接任我的人选是几位优秀的年轻动物学家：戴维·古德斯坦（David Goldstein）、艾迪·霍姆斯（Eddie Holmes）和奥利弗·派伯斯（Oliver Pybus）。没过多久，他们三人也都有了名声显赫的教授头衔。而现在，为学生们讲课的教师则是优秀的阿什莉·格里芬（Ashleigh Griffin）。我希望她能在获得教授头衔之前，在这个职位上多工作一段时间。

西蒙尼讲座

我当上“西蒙尼教授”之后，一开始便将我自己稿费中的一部分捐了出去(数额当然比西蒙尼的捐款少得多),在牛津设立了年度查尔斯·西蒙尼讲座。与西蒙尼宣言相契合的是，我所邀请的演讲嘉宾，在各自所在的领域都是德高望重的学者，也都在提高公众科普水平方面取得了成功。我可以很骄傲地说，这张名单可谓群星闪耀。表 10-1 就是各位名家大师的上台年份和讲座题目。

表 10-1 历届西蒙尼讲座概况

时间	演讲人	题目
1999	丹尼尔·丹尼特	文化的进化
2000	理查德·格里高利	和宇宙握手
2001	贾雷德·戴蒙德	人类历史为何在不同的大陆走出了不同的历程?
2002	史蒂芬·平克	白板
2003	马丁·里斯	复杂宇宙之谜
2004	理查德·利基	人类起源为何重要
2005	卡罗林·波克	在轨！“卡西尼”号对土星的探索
2006	哈里·克罗托	互联网能否拯救启蒙时代?
2007	保罗·纳斯	生物学的伟大思想

最后，在 2008 年，也就是我退休的那一年，我自己登上了第 10 届西蒙尼讲座的讲台，当作我的“告别演出”。这次演讲的题目是:《使命的使命》。

在同一年，牛津大学副校长约翰·胡德（John Hood）为我在大学艺术馆筹办了一场难忘的退休晚宴。晚宴来宾的名单，就像三年后举办的 70 岁寿辰晚宴一样，星光熠熠。本书的插图部分，收录了那次活动时的照片。

西蒙尼讲座的前两场，是在动物学系举行的。而从第三场开始，则迁至舒适典雅的牛津歌剧院。歌剧院的管理人员很有远见，既拥护戏剧作品，也支持科学发展。之前提到过，迈克尔·弗莱恩的重要作品《哥本哈根》就曾在那里上演。这部剧作讲的是维尔纳·海森堡在战时去拜访尼尔斯·玻尔的谜团。演出结束后，剧组邀请牛津的物理学家与迈克尔·弗莱恩本人举办座谈会。后来，弗莱恩对拉拉和我说，这场座谈会称得上是一场考验。但我觉得，他对问题的处理相当到位，在场和我交流过的物理学家，比如著名的罗杰·潘洛斯（Roger Penrose）爵士和罗杰·伊利亚特爵士，也同样对答如流。

烦请读者允许我再次跑题。海森堡与玻尔之间的这次会晤，具有极高的历史价值，因为德国原子弹研发工作的失败原因，始终是一个谜。像原子弹研发这样重大的项目，领导人非海森堡莫属。他因计算错误，而称原子弹无法如期造出，这会不会是有意为之的错误？若真的这样，就权当是向海森堡逝去的英灵致敬。但很可惜，真正的答案很可能是否定的。这样的认识，我第一次是从新学院一位资深长者鲁道夫·皮埃尔（Rudolf Peierls）爵士那里了解到的。皮埃尔也是在罗杰·伊利亚特上任之前的“怀克姆物理学教授”。有两位英国物理学家（他们都是从希特勒魔掌中逃脱出来的犹太裔难民）首先正确计算出原子弹的可行性，并因此转变了盟国对这一问题的看法。两位物理学家中的一位就是皮埃尔。记得他年老鳏居时，曾邀请我和拉拉参加在他牛津寓所中举办的大型晚餐聚会，而他则一人包揽下所有的烹饪工作。其他客人离开后，我们留了下来，帮忙洗碗。他告诉我们，海森堡在听说广岛核爆事件时，流露出了表面看起来十分真诚的震惊情绪（这一幕被秘密拍摄了下来）。同样是在洗碗时，皮埃尔爵士对我们说，他之前就猜测，德国人并没有在原子弹研制项目上投入太多精力。他对德国物理学界的情况了如指掌，还认真核对了当年的大学课表，发现那些教授和他们的博士，都在各自的大学里照常上课，而若德国果真有一个像“曼哈顿计划”那样的项目存在的话，这些人的课早就会被别人代上了。多么精妙的侦探结论！皮埃尔本人也很受人爱戴。战后，他像罗伯特·奥本海默（Robert Oppenheimer）一样，面对这种亲手打造出来的可怕武器，一直致力于减轻其所带来的危险。他也成了世界和平帕格沃什运动中的重要成员。1995 年，我参加了皮埃尔爵士的葬礼。怀着沉痛而遗憾的心情，我想到，再也请不到他做“西蒙尼讲座”的嘉宾了。而他，也对公众科普怀有极大的兴趣，还曾送给过我一本他亲笔签名的著作《自然法则》（*The Laws of Nature*）。这本书的目标读者就是像我一样的物理学门外汉。

每次“西蒙尼讲座”结束后，都会举办一场约 16 人参加的晚宴。大部分时候，晚宴的举办地点都在新学院。但有两次，是在牛津附近的维萨姆庄园举办的。维萨姆庄园的美丽，在时间的洗礼中丝毫不减。庄园的主人迈克尔和玛蒂娜·斯图亚特（Michael and Martine Setwart）慷慨地将宅邸借与我们使用，还加入我们的活动，为餐桌边的谈话注入了一股优雅之风。西蒙尼本人有几次还特意亲自开着飞机（停在牛津的小机场）赶来参加讲座。就是在这样一次讲座后的晚宴活动中，西蒙尼送了一份礼物给我。这份礼物是令我异常珍视的无价之宝——第一版第一次印刷的《物种起源》，只有 1250 本。记得西蒙尼站起身来，一番谦和的讲话之后，便将这份礼物递到我手中。当时，我激动得甚至有些语无伦次。

丹尼尔·丹尼特

能与“我的”这九位西蒙尼演讲嘉宾相识，是我的荣幸。第一次听说丹尼尔·丹尼特的大名，还是在他和同事道格拉斯·霍夫施塔特（Douglas Hofstadter）将《自私的基因》中的一章（关于模因那一章）摘录进那本引人思考的文集《心我论》（*The Mind's I*）之后。这本文集中，还包括丹尼特的作品《我在哪里》。这篇文章是配合一次讲座写成的。其中，他利用比喻的手法，称自己的大脑（“约里克”）被保护在大缸中的生命支持系统中，通过无线电与身体保持通信，与约里克保持完全协同和一致的拷贝版（“胡伯特”）则存入计算机之中。这两部“大脑”中，无论哪一部对他的身体发挥控制作用，都是一样的。他对两者的互换性非常自信，在演讲的高潮部分，他将控制权从一部大脑换到另一部大脑，并呈现出一幅颇具戏剧性的震撼效果，赢得了全场观众的起立鼓掌。

《我在哪里》这场讲座是关于哲学问题的探讨。丹尼特这位哲学家，就像A.C.格雷灵、乔纳森·格罗弗和瑞贝卡·戈尔茨坦等哲学家一样，让我（和许多科学家）“明白”了哲学思想的好处。他的思想，具有一种高昂的、煽动的特质，同时也极具深度。丹尼特也是新派哲学家群体中的一员，有着渊博的科学知识，能够平等地与科学领域的顶尖科学家展开对话。他还是一位温和而饱含同情心的友人，不管是谁与他聊天，都能感受到在他的带动下，自己也变得头脑活跃，灵光四射。每次与丹尼特交谈，我都觉得自己的智商得以提高，与他的水平更近一步。

能够带动他人思维活跃度是一种神奇的能力。这种能力并不常见，但也并非独此一份（比如我邀请到的西蒙尼讲座嘉宾中，史蒂芬·平克就拥有这种能力），这种能力值得教育理论家投入研究。已故的伯纳德·威廉姆斯（Bernard Williams，另一位著名哲学家，也是我的朋友，还有他甜美可人的太太帕特里莎）同样能在谈话中制造出这样的效果，只不过他对人们的影响，更多的是让人们的谈吐变得更加机智风趣。还有文学学者兼传记作者赫米欧妮·李（Hermione Lee），她也是新学院的同事，如今已升任牛津沃尔森学院的院长。虽然见面的机会不像以前那么多，但我们依然是很好的朋友。我不清楚这种带动他人思维活跃度的能力最初的说法源自何方，但的确适用于上述所有人。

下一章讲到“模因”时，会提到丹尼尔·丹尼特接受了模因的思想，并对其加以应用。另一位极富才华的心理学家苏珊·布莱克摩尔（Susan Blackmore）也接受了，并著有《模因机器》（*The Meme Machine*）一书。模因概念在丹尼特的几本著作中都发挥了重要作用。这些著作包括《达尔文的危险思想》（*Darwin's Dangerous Idea*）、《意识的解释》（*Consciousness*

Explained）与《打破魔咒》等。丹尼特十分擅长创造新的说法，脑海中满是充斥着剑拔弩张的《直觉泵》（*Intuition Pumps*）（这里引用了他另一部著作的标题，而这个标题本身就称得上是一个直觉泵）：我最欣赏的说法就是“举重机型”（cranes）和“空中吊钩”（Skyhooks）两个术语。丹尼特还对愚民主义和趾高气扬的“顾弄深奥”（Deepity，这个他创造出来的词）予以严厉的抨击。

在丹尼特应邀登台做“西蒙尼讲座”嘉宾的许多年之后，我在纽约与约翰·布罗克曼见面，当时还有其他一些人在场。布罗克曼对我们说，丹尼特突发恶疾。所患疾病预后极差。当丹尼特的身体稍有恢复的好消息传来时，我们这些朋友本已怀着绝望的心情准备哀悼了。多亏美国一流的医学条件和尖端的心脏外科手术水平，丹尼特才重新活了下来。在医院修养期间，他写下了一篇满怀深情的文章，题目是《感谢上苍》。这样的题目，与“感谢上帝”的传统说法有一字之差，也是他经深思熟虑而拟订的。他所感谢的，是优秀的医务工作者团队以及先进科技设备的发明者，因为有了这些设备，医生才得以对他的病情进行诊断和医治。就连为他清洗染血床单的清洗工，他都不忘感谢。他用温和的讽刺口气对那些给他写信称要为他祈祷的人揶揄道：“你们是不是也搞了只羊做牺牲？”读者不妨也读一读这篇文章，那是致以真正值得被感激之人的（以及真正存在之人）发自内心的庆幸与感激。

理查德·格里高利

另一位演讲嘉宾理查德·格里高利于2010年离开了人世。我们在提升公众科普水平方面，曾有着共同的奋斗目标。他的离世，是我们莫大的损失。格里高利是一位心理学家，专长领域是视觉错觉。他的研究成果，就像是为思想打开了一扇透射着阳光的窗户。在心理学研究的同时，他还融入了工程师发明创造的技艺和直觉。而且，他还对科学发展史有着深刻的领悟。格里高利开创了“亲自动手”式科技展览馆，他在布里斯托和旧金山开设的探索博物馆家喻户晓。

格里高利私下里整天喜气洋洋的，热情高涨时还会手舞足蹈。在讲述他很喜欢的科学理论时，他恨不得当即给你跳支舞，不时快乐地哈哈大笑，就像一个大男孩怀着激动的心情，拆开圣诞礼物一样。他被选为皇家科学院院士时，非常开心。多年之后，我也获得了同样的殊荣。他为此还特意给我写了一封信，信上说："'在里面'总比'在外面'有趣得多！"

第一次与格里高利见面时，我还在读研究生。他是来牛津做演讲的。关于那次心理学讲座，现在回想起来，还记得他在回答问题时，提到了自己的一项诡黠而独特的发明。这项发明，是天文望远镜上的一个附件，能根据之前曝光的照片底片，进行重新拍摄，生成新的照片，凭借这样的方式，可以对高空大气层的随机"噪音"干扰进行平衡。

第二次见到格里高利，也是他来牛津访问的时候。拉拉和我邀请他到我们的公寓共进晚餐，同来的还有弗朗西斯·克里克和他的太太奥迪尔（奥迪尔拍下了收录于插图部分的那张照片）。能请到这样两位知识界的伟人来到我家，欣赏他们思想碰撞的火花，对我和拉拉来说是无上的荣幸。他们之间的谈话，应该算是后来"相互上辅导课"的先驱。

刚刚提到了苏珊·布莱克摩尔。一想到她，便忆起了她为理查德·格里高利写下的那篇深情的悼词。其中，对格里高利的描述，既贴切又优美。她提到了第一次与他见面的情景。那是 1978 年，在他位于布里斯托尔的实验室。在布莱克摩尔的记忆中：

> 我们迅速地参观了早期的飞机模拟机。这架模拟机是用石膏和木头块打制出来的，装有带着金属臂和金属关节的 3D 绘图机，还有一个装有水银的旋转着的大碗，格里高利想用这个碗当反射望远镜用（请想象如果这样一个碗出现在现如今会怎样）。

> “是不是很有意思？”格里高利在从一个离奇的问题转到另一个问题上时，总是会顿一顿，说上这样一句。
>
> 像格里高利这样，如此古灵精怪、有创造力、兼收并蓄、充满智慧、热衷互动的人，恐怕不会再出第二位了。但我希望，将来会有更多的科学家，拥有他那充满喜感的好奇心，还有他对科学的热爱，能像他那样，在当前文化背景下，对目标、定量和实用性的追求和强调中，不忘初心，满怀热情。

格里高利的那场“西蒙尼讲座”的题目是《和宇宙握手》。这一主题，与他“亲自动手”的思路相吻合，而这场讲座，就是一场活灵活现的演示盛宴。

贾雷德·戴蒙德

第一次和贾雷德·戴蒙德见面是 1987 年在洛杉矶。当时，我正在为《盲眼钟表匠》编写彩色版的“生物形态”程序，于是在洛杉矶停留了两周时间，在苹果公司里艾伦·凯的研究机构中工作，忙得不亦乐乎。那里的工作氛围十分和谐。在开放式办公区域中，我与几位智商超群的年轻程序员共事。我对 Mac 工具箱深奥的内部运转有任何问题，都可以随时向他们请教。更令人开心的是我的居住环境。那时，我借住在热情好客的格温·罗伯茨（Gwen Roberts）家。罗伯茨是一位数学老师兼益智题解谜达人，时常请五花八门的外国访客来家里小住。她诡黠有趣，如果写书，一定能写出最神奇的故事。每天早上，我乘公交车从罗伯茨家去办公室，午休时与一帮极客共进午餐，经常是从附近的小吃店订三明治外卖。而其中有那么一天，一位加州大学洛杉矶分校的教授请我外出吃午饭，此人在生物学领域可谓大名鼎鼎，但我始终没机会一睹真容。他就是贾雷德·戴蒙德。

我们商定，他开车到苹果公司的办公室来接我。他的几本著作都是荣登榜首的畅销书，于是我站在街角，寻找着车流中散发着低调奢华气质的汽车。他开的车，就算不浮华，也至少应该是雍容华贵的吧。但当一辆老旧的大众甲壳虫，沿着笔直的公路，从地平线一路颠簸、喷云吐雾、歪歪扭扭地开到我身边时，我看都没多看一眼。没想到，此车竟吱吱扭扭地停了下来，车窗里出现了戴蒙德博士微笑的面孔。我上了车，只见车顶上悬着的旧式窗帘掉下了一半，颠簸间，我还要不时躲闪晃到面前的半截窗帘。之前，他没有告诉我打算带我去一家什么样的餐厅，但看到这辆颇具个性的大众汽车，我心里大概有数了。我们将汽车停在了加州大学洛杉矶分校的校园里，然后步行到一条小溪旁边。小溪的岸边，草地丰美，绿荫葱葱，凉爽宜人。我们坐在草地上，戴蒙德拿出了他准备的午饭。只见在一张大布里，裹着一大坨奶酪，还有几块干巴面包。他又掏出一把瑞士军刀，对着这些东西切了起来。这样的环境，多么适合激发起谈话的趣味性，远比喧闹不堪的餐厅完美得多。在餐厅里，总会有媚笑的服务生过来说“我是戴蒙德，今天由我来为您服务”，对着菜单念一遍特色菜，然后还时不时地跑过来打断谈话，问“味道如何？”而戴蒙德带来的奶酪和面包，在那样富有牧歌风情的环境中，吃起来味道还真的不错。

在英国的小酒馆里，面包加奶酪，叫作“农夫午餐”。这个说法并不古老，不知道是哪一份的天才营销手段，借用了 BBC 广播剧《阿奇尔一家》（*The Archers*）中时代颠倒的搞笑段子。讲得是一个老农民边怀旧边抱怨，说他为村中小旅舍供应的“农夫午餐”根本比不了他年轻时在普鲁曼吃过的午餐。

我再次与戴蒙德见面是 1990 年。长岛冷泉港实验室主任詹姆斯·沃森邀请戴蒙德和我共同组织一场会议，庆祝这处著名研究机构成立 100 周年。会议主题为“进化：从分子到文化”。如今想来，令我印象最为深刻的是到场的一群德国语言学家。他们讲起话来，十分直接。戴蒙德主动向他们发出了邀请，我可能也怀着美好的愿望，想象着语言学家和进化生物学家之间一定有许多共同语言。随着历史的延续、时间的发展，语言会逐渐变迁。从表面看来，这一现象与生物种群随地质时代的演变而变化存在相似之处。语言学家研究出成熟的方法，通过对古代失传语言（例如原始印欧语）的衍生支系进行仔细的对比分析，能对其进行重建。这样的方法，在进化生物学家看来，再熟悉不过。特别是分子分类学家，在沃森 - 克里克提出全新理论之后，更是整日与所谓的分子文本打交道。而且，我们的类人祖先首次产生语言能力的情境，也是生物学家十分好奇的话题（虽然在某些语言学家看来，这一问题因无法追溯，所以是禁谈的）。1866 年，巴黎语言学协会宣布，由于该话题永远无法找到答案，所以禁止对其继续进行讨论。

这样的禁令，在我看来极为荒谬。无论重建工作有多难，语言一定存在一个起源或几个起源。一定存在一个从祖先的前语言状态向语言状态过渡的转型期。这种转型，是真实存在的现象，无论巴黎协会对此有着怎样的好恶，都确确实实地发生过,而对其进行猜想,并不会有任何负面影响。我们的祖先，是否经过了一个像大猩猩手语那样的阶段，虽然词汇量丰富，但不存在如今人类独有的层级嵌套的语法？这种层级嵌套语法结构，是不是突然间由某位天才个体提出的？如果是这样，那么他向谁传授了这种方法？语法是否像软件工具那样，随内在的无声思想而诞生，后来才通过有声语言的方式实现了外部化？我们能否从化石中分析出我们各类祖先能够发出的声音范围？这些问题，即使超越了我们的能力所及，也必定存在一个确切的答案。我会在下一章继续讨论这些话题。

戴蒙德和我保持着通信，一起做出一份会议嘉宾名单，但我必须承认，大部分专业工作，都是由他完成的。等到会议真正召开时，却令我颇有些困惑。会上，语言学家自信地宣称，能对相对较为临近的古代语言（如公元前 3500 年的原始印欧语）进行重建。这样的自信令我颇为钦佩。对原始乌拉尔语或原始阿尔泰语的重建，我完全能够理解。通过更加严格的类推工作，我想，从理论上可以将这些原始语言输入到同样的重建熔炉中，然后就能生成一切原始语言的始祖——“原始诺斯特拉语”。但事实上，我觉得，就连许多语言学家都觉得这样的方法有些太过牵强。

说到这里，还是让人挺感兴趣的。但当我提出了一个明显不经大脑的直白建议后，却一下子释然了。作为一名进化生物学家，我为了做出点贡献，提出了我的想法，我认为语言进化和基因进化之间存在显著差异。某类生物一旦由于某种原因（如地质事件）分化成为两类，而分化所造成的差异一旦大到无法实现杂交繁殖的程度，那么就没有回头路可走了。两类基因库之前是通过性繁殖得以混合的，而之后即使相遇，也不可能再次融合。实际上，这就是我们为物种分化所下的定义。相比之下，语言在形成分支之后，还能再次汇聚为一体，形成纷繁丰富的混合体。这就意味着，虽然生物学家能针对所有现存哺乳动物追溯到曾生活在亿万年前的某一母系个体上，但我们却不能认为，可以将所有印欧语系追溯到生活在数十万年前东欧的某个特定部落所讲的某种特定古代语言上。

俄罗斯语言学家一听此话，立刻勃然大怒，激动得面红耳赤。语言从来不会融合。我结结巴巴地问道，那那那，英语又是怎么回事？他们对着我嚷道：一派胡言！英语是纯粹的日耳曼语。“英语中有百分之多少的词汇起源于罗马？”我问。“嗯，大概80%吧。”他们不假思索地给出了这个目空一切而又自相矛盾的回答。就这样，我又缩回到生物学家的保护壳里。虽然受了打击，但并不全然信服。

会议取得了成功，戴蒙德和我感到十分欣慰。他来到牛津，做“西蒙尼讲座”的嘉宾时，依然是那么谦厚有礼。他特意为拉拉和我带来了一瓶那帕溪谷的赤霞珠，还在瓶身上认真地写下了最佳品尝期在2005年到2017年。他这样精致的生活细节，与其说是与那顿面包加奶酪的午餐相悖，不如说是相得益彰。等到这本自传出版之时，我们一定要打开这瓶好酒庆祝一下。戴蒙德是著名的生理学家、鸟类学家兼生态学家，而除此之外，他还极为渊博，通晓多种语言，对人类学和世界历史有着深刻的理解。在“西蒙尼讲座”上，我们也因他的渊博而大为受益。那次讲座，是围绕着他的著作《枪炮、病菌与钢铁》（*Guns, Germs and Steel*）进行的。讲座极为精彩，让人不禁想到，在他之前，为什么没有历史学家针对这个话题著书立说。为什么要靠一位科学家来展开如此令人目眩的历史画卷？而对于我的下一位“西蒙尼讲座”嘉宾史蒂芬·平克以及他的著作《人性中的善良天使》(*The Better Angels of Our Nature*)，我们也会产生同样的想法，甚至更加强烈。

史蒂芬·平克

除了读过诺姆·乔姆斯基（Noam Chomsky）本人的著作，外加一两本书以外（那时我在自学语法生成计算机编程），我对语言学的了解，大部分都是从史蒂芬·平克那里学到的。对现代认知心理学的了解，也要拜他所赐。同样，还有人类暴力史。

史蒂芬·平克和我，在世界上所有科学家中是为数不多的几个，将自身所有基因组全部进行排序的人，另外还有詹姆斯·沃森和克雷格·文特尔（Craig Venter）。从平克的基因上来看，他应该有超群的智商（毫无疑问），而且，有意思的是，他本应该秃顶。这一事实，给我们上了很重要的一课：在许多情况下，基因的已知表现形式，只能在极小的范围内影响到某种特定结果的统计学概率。典型的例外就是亨廷顿式舞蹈症。基因并不会以高概率确定病症的发生，而是会与其他许多因素、许多基因形成互动。在以治病为目的研究基因时，尤其要注意这一点。有时，人们会不敢去探究自身基因组的实情，害怕分析结果会告诉他们，未来将在何时以什么样的方式离去，就像被判了死刑一样。如果这种畏惧存在真凭实据，那么双胞胎们都会同年同月同日死了！

心理学家们会说，平克有一点点偏向天性论阵营。其实，这句话的真实含义是指，在20世纪大行其道的某些心理学派和社会科学领域所鼓吹的极端环境主义，并非平克所好。这一观点在他的著作《白板》中所有涉及。这本书的题目，也是他2002年“西蒙尼讲座”的主题。平克是进化心理学阵营的领导者。这一阵营正在不断壮大，却饱受攻击。这样的立场，为他招来了某些心理学家和哲学家的排斥。就连伯纳德·威廉姆斯也不看好他，而威廉姆斯在其他时候，都是很讲道理的。这一点实在奇怪。

前面一章提到过，国际无神论者联盟于2003年以我的名义设立了理查德·道金斯奖，每年将此奖授予对提升大众无神论意识做出贡献的个人。自从2011年国际无神论者联盟拆离出两家子机构后，这一奖项就开始由美国无神论者联盟负责颁发。获奖者由评选委员会进行甄选，我本人并不介入，但我会在联盟召开年度大会时，亲赴现场进行颁奖。有些年，我因故无法成行，也会专门录一段讲话视频。2013年，奖项的得主就是史蒂芬·平克。在此，我仅摘录开篇和结束语：

> 各类报纸杂志，经常发表世界范围公众心目中著名知识界人士的排行榜。史蒂芬·平克一直高居前几名的位置，而且是实至名归。在我心目中，他算得上是这张榜单的榜首。他能获得以我的名字命名的奖项，令我本人十分欣喜。
>
> 他用浅显易懂的文笔，将非专业人士领进了专业大门。他的成绩有目共睹，但他并非是正在做这件事情的唯一一人。真正令他脱颖而出的，是他同时为几个不同学科都在做这件事。与科学记者不同的是，他在著书立说的学科，的确是货真价实的世界级专家。他学问之深，文笔吸引力之强大，令人敬佩。

随后，我对他的几部著作进行了简要介绍，之后总结道：

> 在获得如此之高的成就之后，人们可能会认为，平克会带着满身的荣耀安度晚年。说到这里，我不禁想到，一顶象征荣誉的花环，若戴在他头上，倒是和他的发型很配。但平克并没有就此停步。他继续笔耕不辍，撰下巨著。而为了完成这部作品，他进入了一个全新的领域——历史。《人性中的善良天使》是一部关于历史的权威作品，也是带有科学家严谨风范的作品，更是一位科学家在其思想巅峰所创作出来的作品。
>
> 《人性中的善良天使》并不仅仅是一部学术巨著，更是对人类希望和乐观主义精神的记录。当下的社会，尤其需要希望与乐观

主义精神，正是因为需要，我们才会对主动表现出希望和乐观的人心存怀疑。但在此书面前，我们的怀疑，不得不臣服于学问的分量。如果认为学问的分量是沉重的，那就错了。本书篇幅不大，轻松易读。就像作者一样，相伴于身边，会给人带来快乐和智慧。

无神论者联盟选出如此显赫的一位学者，同时也是我心目中的英雄，作为以我命名奖项的获奖者，是我的无上荣耀。

马丁·里斯

在英国科学界，马丁·里斯是数一数二的大人物。他是皇家天文学家、皇家学会会长、牛津和剑桥所有学院中，最大、最阔绰、最著名也是在科学领域最具知名度的一所学院的院长，受封爵士，成长于世袭贵族家庭。而且，他还是邓普顿奖获得者。可问题也在这里，因为在“精神维度”的梦境中，真实科学又会出现怎样的堕落呢？

邓普顿奖设立之初，乐善好施而又心地单纯的成立者，将奖金价值（而在其他方面则毫无价值可言）定在了诺贝尔奖之上，还将奖项授予了一些宗教人物，如特蕾莎修女、比利·格雷厄姆（Billy Graham）等。不久之后，目标又转移到了科学家身上。这些科学家不见得有什么伟大成就，但都公开表达了对宗教的虔诚态度。最近一段时间，奖项得主的特征又出现重大改变，其中包括了一些拥有真才实学、做出过巨大贡献的科学家，他们不一定是虔诚的宗教信徒，但愿意偶尔谈一谈顾弄深奥的“精神”世界，并由此为真材实料的科学撒上一层带有宗教色彩的金粉。典型的例子就是弗里曼·戴森（Freeman Dyson）和马丁·里斯。这一奖项的下一段里程又会走向何处呢？“臭名昭著”的无神论者，是否准备好去“皈依”这一宗教色彩浓厚的名头？丹尼尔·丹尼特，“顾弄深奥”这个形象说法的创始人，似乎获奖机会很大。或者，就像他曾经对我说过的一样：“道金斯，有朝一日，如果你堕落了……”

作为一名科学家，你的成就越是伟大，被邓普顿奖瞄上的危险性就越大。

马丁·里斯是一位真正伟大的科学家，也是个好人，是相当和善的人。如果我在这里和之前对邓普顿奖给出的负面评论，看起来有针对他个人之嫌，那么我在此道歉。我对他怀有最崇高的敬意，我也完全能理解，邓普顿奖为什么会选这样一位科学明星来改变一度晦暗的形象。

马丁·里斯不仅仅是一位伟大的科学家，他也十分善于就科学问题与人沟通。对于宇宙学这门深奥的学科来讲，沟通并非易事。研究宇宙学的学者，需要直面科学领域最为深刻的问题。而马丁·里斯并不对问题进行简化，还能给出清晰明了的解释。他的解释，不走大众化平民主义路线，能将故事讲得引人入胜。他的“西蒙尼讲座”，堪称典范。他告诉人们，在面对有关存在的深刻问题时，如何化繁为简，却不过分简单化。他的演讲主题是《复杂宇宙的奥秘》。借助这个题目，他对“复杂”的意义进行了深刻阐释，还配以生动的例子：星星十分庞大，但“星星比蝴蝶要简单得多”。他坚定地认为，人们应利用科学，而非形而上学，为推理型问题寻找答案。例如，宇宙中是否存在适宜生物生存的行星，甚至是在无数的多元宇宙之中，是否存在适宜生物生存的宇宙（关于这一问题，他在《只有六个数》（*Just Six Numbers*）中进行了深入探讨）。引用他在讲座中说过的一句话：“这并非形而上学，而是科学，是推理型科学。”

理查德·利基

我第一次见到理查德·利基是在他给我写了一封不同寻常的信之后。他当时在伦敦一所学院担任慈善部门的托管人，想要说服一位美国富翁捐一笔善款。这位慈善家说，他读过我的书，希望能与我见上一面。利基写信的原因就是询问，我是否愿意在牛津的餐厅与他们二人共进午餐。我答应了下来，主要是因为我很想见一见理查德·利基。这两个人，虽然背景不同，但都是举足轻重的大人物。原来，请我们吃饭的富翁，学识渊博，著作等身，很善于与人交流。他有着无比坚定的信念，用实际行动诠释着他的雅号——“哲学之王”。我们点好餐之后，他将酒单递给利基，请他来选酒。利基在看酒单时，脸上是否划过一丝笑意呢？在将酒单递回给侍酒师时，是否不动声色地嘱咐了一下呢？就算是，我也没有注意到。随后，饭桌上的交流十分开怀，红酒的味道也很好。正是因为这味道醇厚的红酒，才引来了这个故事。直到服务生将账单递给哲学之王时，我才发现有些异样。只见他看着账单，满脸煞白，瞠目结舌，但还是不发一言地将账单结清。当时，我并不知道到底发生了什么事。直到事后，利基才兴高采烈地将个中原委讲给我听。原来，点酒时，他悄悄对服务生说，要他拿一瓶价格 200 英镑以上的酒来。读者可能会觉得，想要富翁募捐，这样的做法可不是拍马屁的好办法。也许用“放肆”这个词形容利基还颇为贴切。而在与利基随后的交往过程中，我渐渐明白，这就是利基的风格。据我所知，后来他还真的从富翁处要来了那笔善款。

第二次见到利基是在又一个午餐场合。那次活动，是约翰·布罗克曼和安东尼·奇特汉姆共同发起的科学大师系列著作的发布会。在这一系列的著作中，我和利基各贡献了一本小册子。我那本题为《伊甸园之河》，他那本就是著名的《人类起源》(*The Origin of Humankind*)。用餐时，拉拉碰巧坐在他身边，两人聊得甚是投机。利基邀请她（顺便捎带上我）与他全家到肯尼亚共度圣诞节。他们在印度洋岸边有处房子。我们欣然赴约，而这次相处，也让我们再次忆起他带有黑色幽默的不屈不挠精神。圣诞假期结束后，我在《周日时报》上发表的文章中提到了利基（这篇文章也收录在《魔鬼的圣杯》中，《非洲与她的神童》一章）：

> 理查德·利基有着强健的英雄形象，正应了那句老话：“怎么看都是个壮汉”。这位壮汉有许多人爱戴，也有一些人畏惧，他从不为任何人的议论而烦恼。1994 年，他因一场致命的空难而失去双腿。而那一年，他曾成功地将偷猎者驱逐出境。作为肯尼亚野生动物服务中心的总监，他将一度军心涣散的巡逻队转型成为英勇的武装队伍，配有能与偷猎者抗衡的现代武器，而且，这支队

伍还有着凝聚的团结精神以及对偷猎者进行反击的气魄。1989年，他说服莫伊总统，将2 000多支收缴到的象牙付之一炬，全部销毁。这是理查德·利基的公关大作，由此一举摧毁象牙交易，拯救大象。但正因为他享誉国际的知名度为他招来了妒忌小人。他凭着自己的知名度为野生动物保护工作募集善款，而这些钱，正是其他官员所觊觎的。他坚定地予以还击，用事实证明，在肯尼亚主管一个规模庞大的事业单位，完全可以实现高效和清廉。理查德·利基这样的人，一定做不长。碰巧，他所乘坐的飞机，出现了无法解释的发动机故障。现在，他要靠两条假肢行走（还有一副配有脚蹼的假肢，专门用于游泳）。很快，他再一次升起船帆，带着妻子女儿去航海。没过多久，他就又拿到了飞行员执照。他的探险精神，永远不会被磨灭。

“碰巧”那个词，是不是应该加上引号才对？我想，我们永远也无法得知。但那架飞机第一次执行飞行任务，刚刚起飞没多久便出现致命的发动机故障，不得不令人心存疑虑。

理查德·利基的这双腿还有个既动人又有点恐怖的故事。空难之后，他在剑桥做了截肢手术。因情感原因，他希望能将截下的双腿埋在肯尼亚。为了将双腿运回去，他需要拿到批文。而古板的政府部门坚称，只有拿出死亡证明，才有可能将腿运走。他有理有据地坚称自己没死，一番争取之后，官员们终于想开，同意了他的请求。但他们坚持要求，利基必须用手提行李装着双腿上飞机。因为腿是不能托运的。利基饶有兴味地讲到，他在过安检时，本来百无聊赖的安检员从X光扫描屏幕中看到他箱子里的东西，立刻惊慌失措，满脸煞白，赶忙叫同事过来一起看，还将箱子从扫描装置中又过了一遍。

理查德·利基登上“西蒙尼讲座”的舞台是自然而然的事。这场讲座，他的表现十分精彩。和往常一样，他是即兴演讲，没有手稿。而且，他是从另一场重要午餐会直奔讲座现场的，之前没有时间准备。在这样的情况下，他的表现依然行云流水，令人佩服。那次午餐，就是他约我和哲学之王吃饭的同一个地方（据我所知，这一次他同样点了好酒）。会见的人也是一位乐善好施的富商，而这次换成了荷兰人。

卡罗林·波克

第一次见到卡罗林·波克是1998年在洛杉矶。我们都得到了阿尔弗雷德·斯隆基金会的邀请，参加一场科学家和电影制片人的会议，目的是说服好莱坞，从更富同情心的角度出发，对科学题材进行诠释。虚构的科学人物，无论是科学怪人还是奇爱博士，都被塑造成无情无义的怪物，缺乏人性，甚至心理变态。1943年上映的一部关于居里夫人的电影中，将她演成了一个对自己丈夫离世无动于衷的人。而事实上，正如一位与会来宾讲到的："我们从一封信件的内容中得知，当他们将她丈夫的尸体带进来时，她冲过去抱住丈夫，亲吻了他，还痛哭流涕。"参加好莱坞会议的导演中，有一人持相反态度，言辞激烈，好像是要不惜一切代价将这场会议及其所提出的议题搞砸。而且，此人的地位还举足轻重，影响力很大，是电视界家喻户晓的名人。后来，詹姆斯·沃森终于忍无可忍，用富有鲜明个人风格的语气质问道："你是动真格的吗？你就像是个从耶鲁英语系跑出来的逃课生。"除了沃森之外，令我印象同样深刻的还有在同一个分会场中，坐在那位导演旁边的，聪明、机敏、勇敢而英气十足的女性宇航员所表现出来的漠不关心的蔑视。这位宇航员就是卡罗林·波克。有一次，她悄悄在那位导演耳边说了句话，继而那位导演当着全场来宾的面嘟哝道："哼，现在连她都说我是混蛋了。"

会议期间，有人建议拍摄一部以科学为主题的肥皂剧，剧中的主角是富有同情心的科学家，为全人类的共同利益殚精竭虑。于是，来宾就这个话题展开了热烈讨论。而如果真的拍出这样一部电视剧，那么波克本人，就应该是剧中那位女英雄的原型。也的确有传言说，波克就是卡尔·萨根的科幻名著《接触》(*Contact*)中女英雄艾丽的原型(另一位备选人物是吉尔·塔特(Jill Tarter),令人尊敬的搜寻地外文明计划总监)。我在讨论中的发言没有跟上主旋律,而是说,科学本身就已经很有趣了,用不着借用肥皂剧的方式来吸引人们的兴趣。据《纽约时报》报道,我在会议上的发言,是不明白为什么《侏罗纪公园》里面已经有了恐龙,还要把人放进去。最近,我又看了一遍这部电影,即使是在飞机上的小屏幕上看的,但影片中恐龙的形象还是令我备感震撼。但我当时已经忘了这部电影所传达的“人情味”思想,是多么反科学了。影片科学家这个角色所带有的负面色彩,与现实生活相去甚远。影片中,不管这些科学家经历了多么惊心动魄的事,包括看着一位律师被霸王龙活活吞掉,他们在看到困于琥珀中的蚊子时,怎么会不想从蚊子腹中那最后一顿血液大餐中,对恐龙DNA进行修复呢?也许,用可笑的手法硬塞进去的“混沌理论”,需要给影片拍摄之时流行的大众科学让道。现在,时下正热的大众科学——“表观遗传学”,正享受着属于它的15分钟热度(不不,有些行内人才能讲的笑话,还是不说为妙)。

分论坛讨论结束后,我厚着脸皮,在游览好莱坞的大巴上坐到了波克旁边。在这座充满各路明星的传奇之城,我为这位魅力四射的科学家所倾倒,而我想,这样的收尾,也正是这次会议的意图所在。现在回想起来,芭芭拉·金索尔弗的小说《飞行轨迹》(*Flight Behaviour*)也与这次大会的议题相符。故事讲述了一群科学家的工作和思想,而这些科学家都充满悲悯心和人情味。好莱坞请注意,这部著作是可以拍成一部好电影的。

波克曾来牛津拜访过我们(见插图部分),从那之后,和拉拉与我一直保持着朋友关系。她是以行星为研究对象的科学家,负责NASA的“卡西尼”号成像团队。就是这支团队,给我们带来了那些土星及其众多卫星的惊艳照片。但她远远不止是一位优秀的科学家而已。她从科学的诗意中获得灵感,尤其喜爱有关太阳系行星的浪漫故事。在我心目中,她就是女性版的卡尔·萨根,一位以星空为主题而吟诵的诗人和歌手。不管《接触》这本著作中主人公的形象是否以她为蓝本，卡尔·萨根的确邀请了她担任这部电影的角色顾问。记得艾丽第一次听到来自外太空确凿无疑的通讯信息时，那样的一幕，令我直到现在，一想起来，还激动得浑身起鸡皮疙瘩。这位身材苗条、头脑聪明的年轻姑娘，被那令人震撼的信号叫醒，跳回到她的驾驶位上，怀着狂喜的心情，为她还在打盹的助手对着通话装置喊出了天体坐标：数字，数字，数字及其精准度所散发出的令人振奋的诗意。让女性来出演这样一位数字英雄，让波克来作为这个角色的原型，是多么富有诗意的正确决定。

从一则小故事中，我们可以看到波克诗意的一面。她在担任“西蒙尼讲座”嘉宾时，我在牛津歌剧院向观众介绍她时，提到了这件故事。波克当年在加州理工学院工作，有一位受人爱戴的同事地质学家尤金·舒梅克（Eugene Shoemaker）。舒梅克和他妻子以及戴维·利维（David Levy）共同发现了著名的舒梅克 - 利维彗星。舒梅克还是天体地质学的开拓者，曾参与阿波罗宇航项目。他曾申请成为登月的第一位地质学家，但可惜的是，他因健康原因而放弃了机会。从此之后，他开始为宇航员培训地质知识。1997 年，舒梅克因车祸在澳大利亚去世。波克满怀伤痛，立即采取行动。她知道，NASA 当时正准备发射一艘无人飞船，而这艘飞船计划在完成任务之后，在月球上自动坠毁。她想要说服这项任务的管理人员以及 NASA 行星探测项目的领导，将她这位老师的骨灰也加入到飞船的载荷里。舒梅克一生梦想成为一名宇航员，却终未了却心愿。但他的骨灰，如今已安眠在月球表面。在那里，连风都不会打扰到他（据说，至今尼尔·阿姆斯特朗的脚印依然清晰地保留在原处）。陪伴舒梅克的，还有印在照片上的墓志铭，上面是波克从《罗密欧与朱丽叶》中节选的一段文字：

> ……他死的时候，
> 把他变成星星，
> 他将使天堂看上去那么美丽亲切，
> 全世界都会因此爱上夜晚，
> 而不再膜拜这灼热的白天！

我经常将这则故事挂在嘴边，却总是背不下来莎士比亚的诗句。每逢冷场，我便向拉拉求助。当她用那优美的嗓音背诵出这段文字时，我想，我并不是餐桌旁唯一一位感动得流出热泪的人。

果然，波克的“西蒙尼讲座”极为精彩，她美好的形象与动听的诗句简直是绝配。牛津观众向她致以热烈的掌声，我为当初启动这一系列演讲的决定而感到自豪，也很欣慰，这次西蒙尼本人也拨冗到场。晚餐时，我将波克的位子安排在了西蒙尼旁边，从那之后，他们两人就一直保持着联系。在此插一句，正是因为波克，1982 年 5 月 27 日，由舒梅克和托马斯·巴斯（Thomas Bass）共同发现的主小行星带上的 8331 号小行星，被命名为道金斯星。

哈里·克罗托

我将“西蒙尼讲座”的重头戏放在了最后，请来了两位诺贝尔奖获得者—— 2006 年登台的哈里·克罗托爵士和 2007 年登台的保罗·纳斯爵士。他们二人有着享誉世界的知名度，而且保罗·纳斯是时任的皇家学会会长，但这两位，谁都不符合人们心目中所谓的“主流领军人物”。尤其是哈里·克罗托，如果有人说他喜欢标新立异，估计他也不会介意。他与另外两位化学家，因发现由 60 颗碳原子组成的 C_{60}，即巴克敏斯特·富勒烯分子结构（巴克球）而获得诺贝尔奖。很早之前，人们就知道，能用 60 个六角形或 12 个五角形拼接成一个优美的球形结构（也就是古典几何学中的“二十面体”；足球的外形就是这样的结构）。人们也知道，碳原子以一种近似于玩具组装的方式彼此相连，能够形成无限大的结构，其中最著名的就是石墨和钻石。因此，从理论上讲，60 个碳原子能够手挽手组成一个“足球”，也就是二十面体。当哈里·克罗托和他的同事在实验室中创造出真正的 C_{60} 时，简直完美得令人不敢置信。克罗托为向著名建筑师巴克敏斯特·富勒（Buckminster Fuller）致敬，而将这个分子命名为巴克敏斯特·富勒烯。巴克球的诞生，也创造出了网格球顶，这种结构与哈里·克罗托所发现的 C_{60} 十分相似。有趣的是，巴克球这种结构，在陨石中曾出现过。更有趣的是，巴克球虽然与量子相比，体积大出许多，但在著名的反直觉二裂实验中，有着与量子相同的表现。应该没有人以堂·吉诃德式的勇气，将这种结构用在高尔夫球上吧？——扯到这么远，也的确是太不着边际了。

哈里·克罗托的“西蒙尼讲座”充满激情，呼吁人们拯救启蒙精神，挽救理性思想，还出乎意料地对邓普顿奖予以猛烈攻击。在我听来，这些言论真是大快人心，而且，他攻击之猛烈，是我想都不敢想的。贯穿整场讲座，他用自己的那套优秀的教育资料做案例，都是中学科学老师能用得上的短片。第二届“星乐节”上，我再一次与他见面。这次，他的演讲依然情绪激昂，令观众集体起立，致以热烈掌声。我记得，他应该是“星乐节”上唯一一位得到观众起立鼓掌的演讲嘉宾。

克罗托在“星乐节”上的演讲，和西蒙尼讲座一样，都是一场精湛的 PPT 艺术展示，其技巧令人忍不住争相模仿。我自己做讲座时，与很多演讲人一样，总是从几类 PPT 模板中进行选择，几类模板换着用。如果做 PPT 都对同样的页面进行复制，就是浪费时间和精力。较为合理的方法也是计算机程序员都能想到的方法，就是每张页面只有一份，或每几张页面只保留一份模块组，在不同的讲座中，如果需要，就对其进行“调用”。克罗托是我认识的所有人中，唯一一位真正这样做，而且做得很好的。由此，每一次演讲，就是存储在硬盘其他地方的 PPT 页面合集。令人烦闷的是，苹果公司出品的 PowerPoint 劲敌 Keynote，虽然在其他方面更胜一筹，却没有这个功能。我不止一次想要说服苹果公司，放弃绝对转移，实行“子例程转移”。之所以选择子例程转移，是因为它们能记住自己来自何方，还能回到原处。这一点在克罗托的 PPT 运作大法中至关重要。我想，既然绝对转移已经在应用了，那么用上子例程转移，应该也没什么难度（而且也的确不应该有难度，因为绝对转移反正也是编程实践中臭名远扬的反面典型）。

保罗·纳斯

保罗·纳斯还在牛津时，我与他见过几面，有时还能看见他在绿地港跑步，但一直没有机会和他长谈。2007 年 4 月，我获得纽约洛克菲勒大学颁发的刘易斯·托马斯奖时，才真正和他熟识起来。当时，纳斯是洛克菲勒大学的校长。我飞往纽约领奖时，他热情地招待了我。能获得这一奖项，我非常欣喜。因为刘易斯·托马斯不仅是一位生物学家，而且文笔还富有鲜明的抒情色彩，是一位散文诗人。纳斯这位大学校长，为人十分友好，不拘小节，让人当即便产生很强的亲近感，而且这种亲近感一直延续到了今天。聊天时，他给我讲述了他自己的奇特身世。如今，这个故事已众人皆知，而当时，他自己也是刚刚才知道。原来，他认为是自己母亲的那个女人，竟是自己的祖母，而他认为是姐姐的人，才是生身母亲。祖母与母亲离世时，这个秘密并没有被揭穿。刚刚发现真相时，纳斯虽然震惊，更多的是觉得有趣。但他自己也说，接受这样的事实，还是需要点儿时间的。我不禁想到，命运，是多么离奇，又有多少天才的人生，有着令人意想不到的开始？多少天才因为缺少机会而被埋没于世间？在神权统治之下，多少天赋异禀的妇女，连受教育的基本权利都争取不到？

当时，保罗·纳斯和哈里·克罗托一样，并非“当局派”人物。我曾对他说，他若能接任马丁·里斯，担任皇家学会的会长，将是十分理想的选择。他也谨慎地暗示称，存在这样的可能性。很高兴的是，这个愿望于 2010 年真的实现了。在此三年之前的 2007 年，当他登上“西蒙尼讲座”的舞台时，以《生物学中的伟大思想》为主题进行演讲，从中已经能看出皇家学会会长那大气蓬勃的派头，颇有彼得·梅达瓦 1963 年英国协会主席就职演讲的风范。但纳斯的演讲，讨论的都是最时新的思想，这在现代生物学中，意义非凡。

韦德尔勋爵（Lord Wavell）著有一部诗选，题为《别人的花》（*Other Men's Flowers*）。这部诗选散发着浓郁的魅力，出自陆军元帅之手，也令人感到些许意外。诗选中，韦德尔勋爵还插入了自己的“路边小野菊”。他那首《献给樱之女神的诗》，虽然带有基督教色彩，但最后的两句，在三段感情充沛的诗句之后，尤其令人感动。

为了所有的可爱、温暖与阳光，
神女，我要重返战场。

我在这里引述陆军元帅韦德尔的诗篇，是想要借此体现元帅本人的谦逊之心。他将自己的作品编入诗集，还特意为此道歉。而我，在决定自己登上在任期间最后一次“西蒙尼讲座”的舞台时，也体会到了这样的惶恐。我意识到，自己没有像其他教授那样，在上任时发表就职演说。主要是因为之前讲到过的原因。我在上任之初，只是西蒙尼讲师，后来才升任为西蒙尼教授。在所有的演讲经历中，我觉得自己的那次丁布尔比讲座可以与就职拉上点儿关系，但那次是在国家电视台，面向全国观众进行的演讲，而不是在牛津的礼堂进行的。因此，我决定在牛津歌剧院举办一场告别演说，应该能补上这个缺口。而这场演讲，也将是我在任期间的最后一场“西蒙尼讲座”，是那九支美丽花朵组成的花园墙外的“路旁野菊”。作为演讲内容的一部分，我将所有“西蒙尼讲座”嘉宾的照片和讲座题目都展示了出来。

我的这场演讲，题目是《意图的意图》。其中，我对意图的两类意义进行了区分，将“新生意图”定义为真实的、经权衡的、人性的意图，比如创意设计，就是有目标、有计划的意图。我将“旧有意图”定义为新生意图的旧时前身，也是达尔文主义自然选择理论所摒弃的伪意图。演讲的主旨是，新生意图本身就是自我替代旧有意图的达尔文主义适应。和其他的达尔文主义适应行为一样，它也存在局限性。我对其黑暗的一面进行了讲解，但同时，也关注了其巨大的优势与广阔的可能性。

以查尔斯·西蒙尼之名，举办这一系列讲座活动，希望能得到他本人的认可。很高兴的是，我的继任者马库斯·杜·索托伊（Marcus du Sautoy）将这一传统继续发扬光大。很感激西蒙尼每一年都从百忙之中尽量抽出时间，不远万里赶来听讲座，包括 1999 年第一次由丹尼尔·丹尼特进行的演讲。

记得丹尼特那次讲座之后，我们举办了晚宴。餐桌上，我献上祝词，祝愿丹尼特和西蒙尼身体健康。在本章结束之时，我也想借用那篇祝词的结束语，作为收尾：

> 真不敢相信，今年已经是我担任“西蒙尼教授”的第四个年头了。能在这个位置上，我感到荣幸之至，对西蒙尼的慷慨支持，我感激万分。我的感激，并不仅代表我个人，而是代表牛津大学。因为众人皆知，西蒙尼与牛津大学之前并无联系，而西蒙尼的捐赠是永续的。永续的意思是说，大家只需再忍耐我十年，便会有另一位新任“西蒙尼教授”来接班。
>
> 这段时间，西蒙尼和我与拉拉也成了很亲密的朋友。同时，我与他也是亲密的同事。因为我们会谈及许多关于科学和思想界的话题。我总是能不断从他身上学到新知识，也能在与他讨论的过程中，不断磨炼我的论调。
>
> 在我眼里，西蒙尼就像是知识界的詹姆斯·邦德。他的生活，完整而充实。如果我说他生活在快车道上，他并不会介意。他喜欢新颖的电子设备和跑车，他驾驶自己的直升机和多架喷气式飞机，而喷气式飞机又有超音速和普通两款。但是，与他在直升机或快艇上的谈话，完全不是詹姆斯·邦德的风格。聊天的主题，更多的是关于意识的本质，时间的起始，自由言论的原则，或是希望存在一条“万事万物皆适用的大统一理论”。
>
> 西蒙尼在我家小住过四五次，每次他来，我们全家都十分开心。我们去西雅图的机会没有那么多，主要是因为我们没有配备喷气式飞机。但那次他喜迁新居，我们有幸参加了他举办的那次令人难忘的乔迁派对。西蒙尼别墅是我见过的最富有想象力的建筑之

一。玻璃墙壁以令人难以置信的角度相互拼接,超现代的建筑结构,瓦萨雷里的画作背景,还有室内如一整面墙一样大的计算机屏幕。

可惜,去年他过50岁生日时,我们因故未能到访,但完全能想象到那场派对的壮观场面。我为那次活动创作了一首小诗,以此表达祝福的心意。当时,正值我的著作《解析彩虹》问世。这本书讲的就是济慈和牛顿,科学与诗意。

不管约翰·济慈,
不论牛顿的科学文字,
忘掉威廉·巴特勒·叶芝,
威廉·华滋华斯和威廉·盖茨。
不提解析之辞,
来看看这位强人的风姿。
此人身手敏捷,聪明睿智,
3月2日便冲过50!
而他冲过的里程碑,远远不止于此……
(就连Win98也不过是他的基础知识。)
起飞、着陆,一路踏实。
请看他的超音速一飞升空——
直穿彩虹!

Brief

Candle

in the Dark

第二部分

一位生物学家的世界观

My Life

in

Science

Nyeri
Gilgil
Lyamungu
Kabete
Nairobi

Brief Candle in the Dark

11 在科学的织布机上穿针引线

我的 12 本著作，是我几十年职业生涯的里程碑。我将在这一部分指出贯穿各本著作的主题，并将这些主题融汇为一体，体现出一位生物学家的世界观。当我以主题为线索将几本书结合在一起来谈时，时间的先后顺序仅是次要因素。每一个主题，都能在若干本著作中寻到痕迹，这一主题走进我生活的时间起点，也是清晰可见的。

My Life in Science

我的 12 本著作，是几十年职业生涯的里程碑。为这些著作进行的研究、编纂和修订工作，也占据了我的大部分思考时间。因为这些书都在发行，就不必在自传中对每一本进行详细的解读和总结了。我已经或多或少地沿时间顺序，在讲述与代理和出版商的关系时，提到了各本著作的题目。如果说，我希望在此指出贯穿各本著作的主旨，并将这些主旨融汇为一体，体现出一位生物学家的世界观，但愿这样的说法不会显得太过浮夸。在我以主旨为线索，将几本书结合在一起来谈时，时间的先后顺序仅是次要的依据。每一个主旨，都有线索，通过它可以找到这一主旨进入我人生时的起点。

进化的出租车理论

在自传上部中，我讲过来自日本的电视节目摄制组访问牛津的故事。这些人带着三脚架、照明设备、反光伞和摄像设备，登上了伦敦的出租车。导演极力要求，要在行使中的出租车上进行访谈拍摄。这项任务完成得很艰难，一部分原因，是因为我听不太懂那位翻译的英语，于是，“访谈”不得不变成了“即兴独白”，而倒霉的翻译则被丢在路边，被迫步行了一个小时。还有一部分原因，在于那位茫然的出租车司机，他对牛津的道路并不熟悉，而我经常话讲到一半，就要嚷出一句“左转”或“右转”。等我们回到新学院时，我很好奇，想知道为什么这段片子一定要在出租车里拍摄。于是，我向导演咨询。他一头雾水地回答："啊哦！你难道不是《进化的出租车理论》的作者吗？"这回，轮到我一头雾水了。直到后来，我才想明白他这句话可能的出处。我在书中,经常将"身体"称为"生存机器"或供基因"驾驶"的"交通工具"。我猜想（从未经过验证）某一本著作的日文版翻译，一定是为"交通工具"（Vehicle）这个词赋予了一点点诗意的味道，并称之为"出租车"。对于电视节目的导演来说，这样一个原因，就足以说服他在行进中的出租车里进行拍摄了。在此，我们不对出租车做具体讨论，真正需要讨论的，是"交通工具"这一理论的重要性。

对《自私的基因》一书最为持久，也最令我心生厌烦的批评之一，就是称此书对自然选择的作用层次有所混淆。这种说法是不正确的。其中，古尔德的言辞最为精练，而其错误之处也最为明显。他犯错误的天分与他说错话的口才，实在是绝配：

> 对达尔文将关注点放在个体层面的问题，已经掀起了进化学家之间的激烈争论。这些问题，有些来自上层，有些来自下方。在上层，苏格兰生物学家 V.C. 温 - 爱德华兹（V.C.Wynne-Edwards）在15 年前就提出正统观点，认为至少在社会行为的进化上，群体，而非个体，才是选择的单位。在下方，英国生物学家理查德·道金斯最近称,基因本身是选择的单位,而个体不过是基因的临时容器。

达尔文将关注点放在个体有机体上,视其为自然选择的单位。关于这一点，古尔德的说法是正确的。温 - 爱德华兹称群体选择应替代个体选择，这一说法也是正确的。但古尔德大错特错之处就在于，群体选择的说法，并非是对达尔文关注个体的否定与挑战。通篇"上层 / 下方"的说辞，无疑是一种曲解，而且还十分具有诱惑性。基因、个体和群体，并非一架梯子上的几个台阶。如果必须用梯子这个比喻，那么基因则是挂在一旁的独立台阶。基因和个体，都是自然选择的单位，但这里讲的"单位"，却是两个不同的概念。

基因是复制器，而个体是交通工具。复制器（在这个星球上，复制器就是长串的 DNA 代码，偶尔还有 RNA）是真正得以生存的单位，其生存时长，可达数百万年。若生存不下去，则会消失。这个世界，满是成功的复制器，不存在失败的复制器。“成功”在这里的意思，是指作为拷贝，在许多世代的沿袭中，练就了生存的本领。这样的生存，甚至能穿越深远的地质时间。

让复制器取得成功的秘诀，在于其影响世界以促成自身生存的能力（具体如何做到这一点的，根据物种的不同而有千差万别，但基本都包括对交通工具发展的影响，以便令其适于繁殖）。如果复制器实现生存的成功，就会一次又一次地得以生存，再生存，直到无限的未来。这样来看，成功与失败之间的差距，真的很重要。对复制器来说，真的很重要。而对交通工具来说，则并非如此。无论某一有机体是成功还是失败，它只能存在一代。对有机体来说，成功就意味着，在相对近期的、无可逃避的死亡来临之前，将基因传承到遥远的未来。就连蚜虫或竹节虫等无性繁殖动物，也不是复制器。只需要把它们身上的一条腿拔下来，你就能恍然大悟（不必真的动手做这么残酷的事：读者只要想一想便能知道结果）。这类“突变”，是不会遗传的。但是，如果对 DNA 做一点移除或改变，那么这样的变化——真正的突变，就有可能沿数百万的世代传承下去。

“表现型”这个词，指复制器为促进自身生存（无论成功与否）而使用的外部或实体杠杆。实际上，表现型一般包括个体有机体的特征。而有机体的塑造，则是通过在其体内进行驾驶的复制器所影响的胚胎发育过程而实现的。有机体，尤其是动物（植物则不那么具有代表性）都是联合统一的整体，要么整体生存，要么整体死亡。当动物死亡时，其所有的复制器都会一起死亡，除了那些之前通过繁殖过程而转交到另一部有机体上的复制器。现在，读者是否能体会到“交通工具”这个词的生动之处？是否理解了“一次性生存机器”这个说法的意义所在？

大多数动物都是有性繁殖的。有性繁殖的意思是，动物内部的复制器，不断变更着对象，与全新的复制器组合，共享全新的身体。这样的情况，再次强调了个体“生存机器”的“临时”特性。终有一死的交通工具，为永存不朽的基因提供服务。几十年之前，大多数生物学家并不习惯这样的思维方式。当时，人们将基因视作有机体所使用的工具，而非颠倒过来，与我们今天看待问题的这个角度一致。

读者是否能领悟，基因（复制器）和个体（交通工具）两者作为不同的单位而具有的特质，具有很强的说服力？读者是否能领悟，两者都是自然选择的单位，但各有其不同的意义？ 20 世纪 80 年代末，我和古尔德在牛津谢尔登尼亚剧院进行了一次广受公众关注的辩论。辩论中，我曾尝试向古尔德进行解释，却没讲通。这次活动，是古尔德的出版商 W.W. 诺顿公司赞助的。辩论主席是当时牛津继续教育系的系主任约翰·杜兰特（John Durant）。辩论之前的一晚，杜兰特请我和古尔德共进晚餐，用餐地点就在古尔德所住的兰道夫酒店。在我的记忆中，这次晚餐的气氛颇为冷淡，可能是因为古尔德对我并不是特别友好，也可能是因为我一想到要去牛津最大、最神圣的剧院进行辩论，就有些胆怯，虽然当时已进行过彩排，还有我的亲密好友海伦娜·克罗宁做专业指导，但紧张的情绪依然挥之不去。虽然我自认为表现得还不错，尤其是在我们二人完成事先预备的发言之后，进行公开对话那一部分，但我还是带着这样的紧张情绪登上了舞台。那两段正式演讲的录音被人保存了下来。后来，澳大利亚广播公司的著名科学记者罗宾·威廉姆斯（Robyn Williams）还曾播放过这段录音。可惜，正式演讲之后的内容，似乎没有保留至今，而之后的讨论，才是真正有趣的地方。这段录音的丢失是我最大的遗憾之一。因为我相信，这段内容能展示出我的说法是正确的，而古尔德就是没听明白。当然，没有录音为证，我怎么说都行。而古尔德，也已离我们而去，没办法发表不同意见了。

有两幅图片为“生命的观点”增色不少。（“生命的观点”出自达尔文的一句话，由古尔德借用，作为他在《自然史》杂志专栏的标题。在此，我再一次向达尔文借用这个说法，来阐释我自己的“生命的观点”）第一幅图片出自《盲眼钟表匠》：图中是我家花园角落里的一棵柳树，此时正播撒着绒毛一样的种子，将四面八方的土地全部覆盖，种子沿着牛津运河顺流而下，一直漂到我望远镜视线所及的尽头。

> 它在外面散播着 DNA……无论棉絮、柳絮还是杨絮，它们都是在做一件事，而且只是一件事，那就是，在郊外各地播撒 DNA……那些毛茸茸的小东西，实际上就是在向四处散播自我制造的指令。它们之所以能做到，是因为其祖先做了同样的事并取得了成功。这棵树在外面散播着 DNA，散播着程序，散播着树木生长、靠绒毛进行播撒的算法。这并非比喻，而是确凿无疑的事实。说它在散播存储信息的光盘，也不为过。

看到“光盘”这个词，读者就能大概了解这段文字的写作时间。但这段话经得起时间的考验，具有深刻的内涵，其真实性不受摩尔定律的干扰，笑看表象的风云突变而万变不离其宗。这里，我摘录 Twitter 上发表于 2015 年 1 月的一段话，从中可以看出 Twitter 的可取之处。一位女子引述了上面这段文字，然后加上了她自己的惬意体验：

> 外面正是冬季，屋内却是暖春。恍然间，我仿佛躺在柳树下的草地上。

第二幅图片摘自十年之后的《攀登不可逾越之山》。我将计算机病毒和生物病毒进行比拟。两者都是高举“自我复制”大旗的程序，除此之外，别无其他。那么，大象这样的庞然大物，又作何解释呢？

> 大象 DNA 指令也举着“自我复制”的大旗，但其举旗的手法则更加迂回。大象 DNA 包括一个庞大的程序，相当于计算机程序。与病毒 DNA 一样，其本质也是“自我复制”的程序，它包含一个巨大的分支，而这个分支是有效执行其本质信息的关键部分。这

个分支就是大象。程序里说："通过首先构建一头大象的迂回路线来进行自我复制。"

这是因为大象这样的个体有机体既是独立统一的实体，也是极富说服力的交通工具，以至于绝大多数进化生物学家都跟随达尔文的步伐，将有机体视为生物适应的主要"代理"。动物行为研究学者跟随达尔文的步伐，将动物行为视为个体动物为生存和繁殖而进行的努力。这种观点是正确的，但必须要用老练的眼光去审视此"代理"努力实现最大化的数量。种群遗传学家称其为"适应值"，即其子辈、孙辈和其他后裔的加权总和（或与之成比例）。

在这个公式中，照顾子女和自我牺牲两种行为可以得到很好的解释。同样，关于性选择的"达尔文的另一个理论"也可以从公式中找到答案。但 R.A. 费舍尔、J.B.S. 霍尔丹和最著名的 W.D. 汉密尔顿都认识到，自然选择也会偏好那些对旁系亲属进行照顾的个体，而被照顾的对象，从统计学概率上讲，也很有可能带有与子女同样的基因。

关于这一问题，有一个思想实验。在《自私的基因》中，我将这个实验称为"绿胡子"。大多数新突变，都会对身体造成一种以上的影响（这一现象叫作基因多效性）。请想象某一基因为个体赋予了一个明显的标志，比如绿色的胡子，并同时为其赋予对绿胡子的亲近感以及帮助绿胡子个体实现生存和繁殖成功的倾向。这种情况的可能性微乎其微，但足以说明问题。这样一个基因，可以在世代中传承下去。这个想法已为人们所接受（用谷歌搜索"绿胡子效应"会出现众多链接，甚至还有照片，详见插图部分），但我的用意，只不过是为了对亲缘选择理论的讲解做铺垫。在现实中，表现为肢体怪异特征的基因多效性巧合，与以此类肢体怪异特征为目标的利他倾向，两者同时存在的可能性微乎其微（虽然在科学文献中，已出现过几个引人遐想的案例）。但是，确实有可能存在的则是绿胡子效应的统计对等物。如果你"知道"哪个人是你的兄弟，那么你就不需要指定像绿胡子基因这样的某个特定基因。你可以对他和你共享任何具体基因的概率进行计算。我们可以发挥想象力，将这样的基因想象成一个与兄弟情同手足的基因。或者，更实际地说，可以将其想象成一个对与你共享童年小巢的个体心存关爱的基因，或是对与你气味相似的个体（识别亲兄弟姐妹的经验法则）心存关爱的基因。这样的基因，在现实中很容易得到偏好，其原因与绿胡子基因在理论上会得到偏好一样的原因一致。亲缘关系也就是实践意义上的巢穴共享或“闻起来气味像我”，这就是不现实的绿胡子的现实统计学代理。

汉密尔顿于 1964 年发表了一篇论文，其中提到，从个体有机体角度出发，将亲缘关系考虑在内的对“适应性”的重新定义。他提出了“包容适应性”的概念。我非正式地（也许太过非正式了，但汉密尔顿本人也表示认可）将包容适应性重新定义为“个体为实现最大化而达到的数量，而实际上真正得到最大化的是基因生存的数量”。表 11-1 对“复制器”和“交通工具”这两种思想进行了总结，并对两者是从不同角度出发的选择单位这一思想进行了解释。

表 11-1　“复制器”与“交通工具”的比较

选择单位	角色	最大化数量
基因	复制器	基因生存
个体有机体	交通工具	包容适应性

在《延伸的表现型》中，我利用纳克方块（见图 11-1）的类比，来说明这两种看待自然选择的角度，归根到底讲的都是一件事，就像看待纳克方块的两种角度，与输入双眼的信息同样协调一样。在本章后面一部分，我还会回到纳克方块的话题上来。

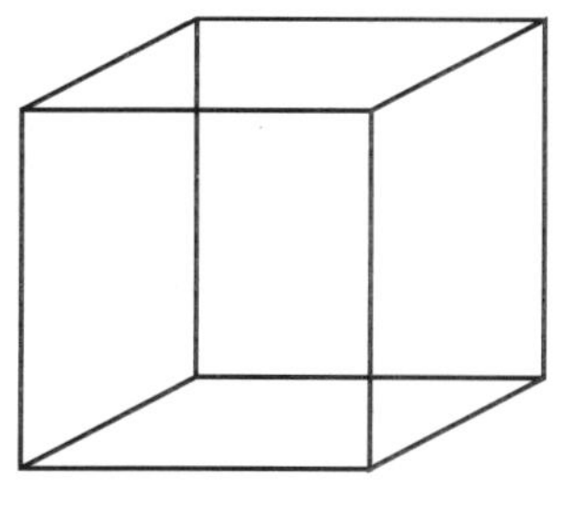

图 11-1　纳克方块

在《自私的基因》中，我曾提到要跟随汉密尔顿的脚步。但汉密尔顿本人也时常用两种不同的方式进行自我表达。这两种方式就是以基因为中心的思路和以个体为中心的包容适应性思路。以下是他以基因为中心的观点：

> 如果某基因复制品的累积集合，在总体基因池中占有越来越大的比例，那么，这一基因就得到了自然选择的青睐。关于基因会影响其携带者的社会行为一说，我们将重点留意。因此，不妨将这一论点做更加生动的阐释，将着眼点放在基因上，目前即智商上，还有一定程度的选择自由。请想象，某一基因正在思考如何增加复制品这个问题……

这段文字，是在汉密尔顿发表“包容适应性”论文后的第八个年头写出来的，但同样以基因为中心的观点，也明确地体现在他那部 1964 年发表的大作之中。在《自私的基因》中，我也经常毫无禁忌地在概念中做转换，时而称基因为比喻的代理，时而称其为决策者。同时，我还沿用了某种非正式的包容适应性思路，允许个体有机体进行独白，讲述怎样做才对自身的基因最为有利。不用多说，这些主观独白，都不能按字面意思去理解。两种情况下的“代理”，都应被认为“仿佛”是计算最优的行动方针，但仅仅是“仿佛”而已。

虽然汉密尔顿以基因的视角为基础，形成了一套思想，但包容适应性的概念，并非是对传统上个体有机体（交通工具）关注的保护。在我看来，这就像是不遗余力却又步履蹒跚地想要将个体拯救回来，用其取代基因，作为达尔文主义目光的关注点。但为什么有机体会是如此重要的离散交通工具呢？为什么我们会对有机体抱有想当然的态度呢？就像我们会问到，翅膀和眼睛、鹿角和阴茎为什么会存在，并期待得到一个以基因为中心的答案一样，为什么基因视角不能引领我们问出“有机体自身为何存在”的问题呢？基因之所以能生存，是通过借助表现型的杠杆的力量。但为什么那些表现型杠杆会绑定在我们称之为有机体的离散交通工具上，为什么不朽的复制器“选择”

与其他基因共处，共享同一部交通工具呢？从这里开始，我便超越了汉密尔顿的思想，但从未真正提出与他意见向左的说法。关于这些内容，我在第二部著作《延伸的表现型》中有所讨论。马里克·科恩（Marek Kohn）在创作自己的著作《万物的理由》时对我进行了采访，他写下了一段十分恳切的文字：

> 道金斯的第一本书基于一个假设，那就是，“如果人们将适应看作为某个东西‘好’，那么这个东西就是基因”。现在，道金斯正在进行尝试，想要“将自私的基因从个体有机体中解放出来，而个体有机体就是基因在概念上的牢狱”。
>
> 牢狱中有一位囚犯，名叫比尔·汉密尔顿。他发现，自己掀起的这场革命在门徒眼中不够激进。虽然道金斯从未动摇过对汉密尔顿的崇拜之情，但他觉得，包容适应性的思想，是通过基因眼光审视生物学现实的阻碍。包容适应性是关于基因选择的，却想要融入到生物学现有的参考框架中，而将问题复杂化。“在汉密尔顿的革命之前，这个世界上的个体有机体，都一门心思地想要活命和生孩子。那时，在个体有机体层面对存活和繁殖的成功进行测量，是再自然不过的事了。汉密尔顿将这一切都推翻了，但可惜的是，他没有沿自己的思路走下去并形成合乎逻辑的结论，而是将有机体从神坛上推了下去……他用自身的天分，设计出一种方法，对个体实施拯救。”

1997 年，约翰·梅纳德·史密斯在接受“故事网”的采访中，也提到了同样的说法。

对表现型进行延伸

你这一生，在地球上占了一块地方，还呼吸了这么多空气，如果离去，能拿什么相抵？如果圣彼得在天国之门扭着我的胳膊，逼迫我给出这一问题的答案，那么我会说，自己最拿得出手的，莫过于《延伸的表现型》这本书了。这本书，并不是一个全新的假设，要在人们的判断中说出是非对错，或是要经过实验或观察等检验。这本书，更像是从一个全新的角度看待我们已知的事情，一种生物学的全新剖析方法，从而将事物各归其位，使其顺理成章。我觉得，这本书有点像是“今天是余下人生的第一天”这样的说法。有些老生常谈，却也挑不出错处，但也绝不是那类想让人费尽周折寻找支持性证据的言论。但尽管如此，我们还是能意识到，它会改变我们看待事物的眼光。虽然书中的主旨再显而易见不过，但还是值得说上一说，从而为人们做事情的方式提供积极影响。这就是我对延伸的表现型的看法。但我不想简明扼要地对其进行一句话总结，而是想要细细地讲解一番。可以这样认为：延伸的表现型，令人们对默认的“交通工具”的中心性产生了怀疑。

人们一直认为，基因的表现型影响到达包含基因的个体身体层面便止住了脚步。基因对身体的影响，是通过胚胎发育过程而实现的。例如基因的突变版本，从细微处着手，对燕子翅膀的某些细节产生了影响，改变了某些特征。由此，燕子就能在同样的能量消耗下，飞得稍快一些，从而略微提高了其生存的可能性，还因此将同样的基因传承给了未来的世代。将这样的效应在许多世代的许多燕子身上叠加，结果就是，突变基因对替代性等位基因取而代之，占据了群体主流。

所有的基因，都将其即时效应释放到个体身体内部的生物化学活动深层。而这些效应，除了专门对其进行研究的科学家之外，无人能够参透。但是，作为适应或生存工具的表现型效应，通常是外部的，且能通过裸眼看到的，就像燕子的翅膀。身体内部，存在埋藏其中的一系列因果关系，而这一系列关系的起始点，通常都是由 DNA 序列编码的蛋白质的合成。动物在视觉上的外在表象，比如鸭子的足蹼，或黄蜂身上更大的翅膀，或信天翁略微呆板的求偶姿势等，在找到这些表象之前，我们可以在一系列的任意一点上，随意指出一个“表现型”——蛋白质本身，指出其作为细胞生物化学反应催化剂的即时效应，指出由此所产生的与组织进行互动的细胞行为，还有可以指出更多的后续下游结果。所有这些，都被恰当地称为基因的表现型效应。

我在《延伸的表现型》一书中增加的内容，是基于这样一个想法：这些因果关系的进程，无须止步在身体层面上。举例来说，简·布罗克曼的泥蜂建起的管状巢穴群。其中的每一个管道，都像是身体的一个器官：为了抚育后代而形成的外部子宫。在自然选择的作用下，巢穴的塑形以实用为目的，就像黄蜂的翅膀、腿和触角一样。基因通过筑巢行为来发挥其影响力，更近一层，就是通过精心操纵的神经系统，再近一层，就是通过胚胎学的细胞生长程序，再近一层，便是通过对细胞生长产生影响的生物化学作用，再近一层，便是通过细胞核基因所影响的蛋白质合成。对泥制“器官”的形状和大小产生更加优越影响的基因，得到了自然选择的偏好，就像对腿和翅膀产生优越影响的基因一样。同样，基因在与许多其他基因形成互动的情况下，通过间接的过程，从对细胞化学的效应开始，一路延续到最终表现型的中间诱因，也对泥制“器官”的形状和大小产生了影响，就像对腿和翅膀产生影响的基因一样。

是的，没错，这就是表现型。这就是我想要表达的思想。这种“表现型”由泥土构成，而非活生生的细胞，因此被称为“延伸的表现型”，但也绝对是货真价实的表现型。在黄蜂将泥土取来加以利用之前，泥土在溪流之中，那时它并非表现型。当泥土凭借某种生物学目标而被塑造时，就变成了表现型，在这个例子中，目标就是对成长中的幼虫进行保护。之所以是表现型，是因为管道的形状和其他特征，都在许多世代的传承中，不断进化得日趋完美。因此，一定存在专门负责管道长度的基因，专门负责管道直径的基因，专门负责管道壁厚度的基因，专门负责管道内部各个小室之间距离的基因。

我是怎么知道存在这些基因的呢？其实我并不知道。从来没有人对我刚刚列举出来的表现型特征进行过遗传学研究。但我有信心认为，如果真的要进行这样一次遗传学研究（可能性还是很大的），那么研究人员会发现，所有这些表现型特征，都是在基因控制之下产生变化的。为什么我这么有信心呢？因为泥蜂建造出来的管状巢穴，很明显是根据它们经自然选择而形成的精心打造过的身型而塑造的。而依据自然选择的逻辑，必然能推断出基因的参与。自然选择，通过偏好某些基因并摒弃其他一些基因的方式，将泥制管道的形状塑造得越来越适于执行保护幼虫的功能，除此之外，还能有其他解释吗？当然，再次重申，基因对管状巢穴的影响，只是间接的，要通过黄蜂的筑巢行为才能得以实现。在此之前，这种影响是在黄蜂神经系统的因果链条之中的。在此之前，是通过形成黄蜂神经系统的细胞过程。所有的表现型效应都是间接的。基因对泥制管道所施加的间接影响，其方式与基因对翅膀、腿和触角所施加的间接影响的方式是完全相同的。而我们所关注的延伸的表现型，可能并非是这一系列因果关系的终点。由此所引发的任何事物，处于这一系列“下游”位置的现象，都可以被视为更为深远的延伸的表现型。前提是对此事物或现象负责的基因，是自然选择偏好的结果。

本书给出的插图中，能看到拥有不同颜色的管状巢穴。那么，是否有基因专门负责管道颜色呢？也许有。在这里，我的信心稍显不足，这只是因为，目前还不清楚，管道颜色是否得到了自然选择的偏好。有可能某些颜色比另一些颜色更为优越，也可能某些基因的存在，令黄蜂对它们采集的泥土颜色较为敏感。另一方面，黄蜂也可能对泥土颜色并不关心，只不过是从当地的溪流中随意取用能找到的泥土，而泥土恰好是浅棕色、深棕色或红棕色的。为什么同样的“不关心”理论，不能套用在管道长度或管壁厚度上呢？尽管可以套用，但在管道长度和管壁厚度上，这一理论似乎说不通。我们很容易就能想明白，如果管壁太薄，就不能达到目的，无法为幼虫提供充分的保护，甚至管道土崩瓦解。如若太厚，就会用到太多泥土，从而需要从小溪到巢穴的搬运工作花费更长的时间。很难想象，管壁厚度不在自然选择的掌控之中。我个人认为，管道颜色也受制于自然选择，因为某些颜色可能更容易被捕食者发现。但从最近的小溪取用任意颜色的泥土以便节省时间，而非为了寻找更优越颜色的泥土而四处寻找适宜的溪流，也是很重要的。

为了进一步说明问题，我们借用几个假设的细节。重点在于，自然选择的逻辑，即通过基因的表现型效应来对基因进行选择，让我们认识到，这些功能性表现型并不仅限于个体的身体——“交通工具”。最清晰简明的例子就是动物矫作物。关于这个问题，我从牛津研究生时代的室友迈克尔·汉塞尔处收获了很多知识。如今，汉塞尔已是动物矫作物领域的世界级权威专家，著有几部专业书籍。其中一本，就是文笔优美的《动物建造》（*Built by Animals*），书中利用矫作物这个话题作为平台，集中讨论了一般性动物行为的诸多方面。《延伸的表现型》有一章内容，专门讨论动物矫作物，谈到了石蚕幼虫房、鸟巢、白蚁丘、河狸坝等。甚至连由河狸筑坝而形成的湖泊，都可以名正言顺地被视作河狸基因的（延伸的）表现型体现。也许，这是全世界最大的表现型了吧。

如果《延伸的表现型》仅限于讨论简·布罗克曼的泥蜂巢穴或迈克尔·汉塞尔的石蚕幼虫房等矫作物话题，那么我就不会说出这样一句话，出版商也不会大费周折地将这句话印刷在此书平装版的背面了。这句话是这样说的：“如果你没读过我的其他著作，请至少读一下本书。”表现型的延伸，走得更深更远。动物矫作物那一章，是为读者准备的热身步骤，后面还有寄生物对宿主行为的影响，以及“远距离行为”等延伸更广的内容。吸虫生活在蜗牛壳之中，就像石蚕幼虫生活在石房中一样。石蚕自己建造房屋，吸虫并不亲自“建造”外壳。但如果吸虫能够为自身利益着想，想办法对蜗牛壳进行改造，如果我们能确定，这样的改造得到了自然选择的偏好，那么新达尔文主义逻辑就会驱使我们认识到，存在一个吸虫基因，“支持”蜗牛壳特征。如果你认可石蚕房的类比（怎么会不认可呢？），那么延伸的表现型的逻辑，就会推导出吸虫染色体包含“支持”蜗牛表现型的基因，就像其包含“支持”吸虫表现型的基因一样。

蜗牛壳是以保护为目的的居所，就像石蚕的石房一样。如果我们发现一种寄生虫感染会令蜗牛壳变薄，导致蜗牛更易受到攻击，是完全合乎情理的。

但如果我们发现，某种寄生虫的存在，会令蜗牛壳变得更厚，又该作何解释呢？而被吸虫寄生的蜗牛，就是会生成更加厚实的壳。由于某些寄生虫影响力的存在，蜗牛是否得到了更好的保护？吸虫是否通过利他行为，在报答蜗牛的好意？蜗牛为寄生虫提供居所的同时，是否真的能从中获益？

从某种角度讲，答案是肯定的。但这个角度，并非优秀的达尔文主义的角度。以下是我的想法。有关动物的每一件事，都是在互相冲突的压力之间达成的妥协。蜗牛壳可以很薄，薄到威胁到蜗牛的安危，同样，也可以很厚，厚到不利于蜗牛的生存。为打造一副蜗牛壳所需投入的物资（比如钙）是十分宝贵的。就像我们讨论掘土蜂经济学那一章讲过的一样，从经济学角度讲，对身体某一部位做过多投资，就一定会导致对身体另一部位的投资不足。在壳上做过多投资的蜗牛，一定要在其他地方省吃俭用，与在壳上投资略少的对手蜗牛相比（那些蜗牛在身体其他部位投资更多），就会没有那么成功。我们可以假定，未被寄生虫感染的蜗牛，其平均壳厚度是最优的。当吸虫迫使蜗牛打造出更厚的壳，就是将蜗牛从最优状态推离开来，朝向代价更为高昂的最优状态前进，而这种最优状态是吸虫的。

我们是否可以认为，从壳的角度来看，吸虫的最优状态比蜗牛的最优状态更厚？是的，完全讲得通。任何动物都需要在个体生存和个体繁殖的需求间寻找平衡。雄孔雀和雌孔雀，在“性—生存”连续统一体上，坐落于不同的最优状态点上。雌孔雀更关注生存，而雄孔雀更关注繁殖，即使需要付出缩短生命的成本，也不在乎。这是因为，雄孔雀无须产下个头庞大、成本高昂的卵，可以在比雌孔雀更短的生命期内实现更多次的繁殖。从平均角度来看，在传承基因这件事上，大多数雄孔雀都不像雌孔雀那样成功。但总有几只“精英”雄孔雀，它们的成功概率，即使英年早逝，也远比普通雌孔雀要高得多。雄孔雀所传承的特征基本上都来自少数精英祖先。这些精英祖先，基本上都是在一阵接一阵狂风暴雨般的繁殖活动后英年早逝的。因此，将身体经济学从个体生存最优状态转向繁殖最优状态，得到了雄孔雀的偏好。

蜗牛“在乎”繁殖这件事。与生命时长做权衡，就是蜗牛的办法。吸虫并不“在乎”此时寄居的这只蜗牛是否能获得繁殖成功。就像在蜗牛生存与蜗牛繁殖之间找平衡一样，吸虫基因会形成与蜗牛基因不同的折中办法。蜗牛基因“想要”为蜗牛繁殖节约一些资源，于是在生存上做出了妥协。吸虫基因“想要”蜗牛将所有资源投入到保存好这座吸虫所在的保护性住宅上，即蜗牛的生存上，它才不管蜗牛是否会繁殖成功。而如果吸虫是从母蜗牛传递给子蜗牛的，那么情况就会有所不同:在这种情况下，吸虫也会“在乎”蜗牛繁殖，而不仅仅是蜗牛的生存。这就是《延伸的表现型》最重要的内容之一。当寄生虫的后代将其宿主的后代感染时（而非随机感染宿主物种），这种寄生虫也会对其宿主更为温和，实现更为稳定的共生状态。

在这种情况下，寄生虫基因就有可能对宿主表现型产生“延伸”影响。寄生生物学的文献中，充满各种关于宿主的神奇甚至可怕的故事。这些宿主的生存习惯，被居住于其体内的寄生虫所操纵，屈从于寄生虫的生命循环。我在《寄生虫基因的宿主表现型》一章中，列举了大量案例。这就仿佛是寄生虫在牵引着宿主这个木偶，而自然选择的逻辑，促使我们将这幅景象推及到寄生虫基因的层面。2012 年，戴维·休斯（David Hughes）及其同事出版了一本内容十分精彩的著作，题目为《寄生虫对宿主的操纵》（*Host Manipulation by Parasites*），就是从“延伸的表现型”的角度来看问题的。

远距离行为

然而，寄生生物并不一定非要生活在宿主体内（或身上）不可。布谷鸟和宿主之间存在空余空间，但布谷鸟依然是寄生生物，其养父母那被扭曲的哺育行为，也依然是布谷雏鸟经自然选择而实现的适应。但究竟是怎样魅惑的吸引力，才能让庞然大物般的布谷雏鸟蒙混过体型娇小的鹪鹩的神经系统呢？我们不得而知，但肯定是进化军备竞赛的产物。在这场军备竞赛中，布谷鸟的自然选择体现出对“支持”操纵宿主的布谷鸟基因的选择。这不过是换了种方式，说明存在“支持”宿主行为的布谷鸟基因，这些基因的表现型效应，随着宿主行为的默认改变而得以显现。这样来看，延伸的表现型超越了身体壁垒的限制，超越了石蚕居住的石房，超越了吸虫居住的蜗牛壳，直接到达身体外部，穿越了布谷鸟与宿主之间的空间距离，在这段空间中，一方传递出某种信息，由另一方所接收。这就是“远距离行为”的意义。而“远距离行为”这个说法，也是《延伸的表现型》倒数第二章的标题。这章内容，不仅仅适用于寄生生物及其宿主。

> 如果生理学家想要将雌性金丝雀带入到繁殖状态中，增加功能性卵巢的大小，令其开始筑巢和其他一些繁殖行为模式，那么，这位生理学家可以用几种不同的方式达到目的。他可以为金丝雀注射促性腺激素或雌激素。他可以利用电灯，增加金丝雀感受到的白天的长度。或者，我们认为更有趣的一种方法是，他可以为雌性金丝雀播放一段雄性金丝雀歌唱的录音。显然，只有金丝雀的歌声才有效果。虽然雄性虎皮鹦鹉的歌声对雌性虎皮鹦鹉有效，但对金丝雀却发挥不了作用。

上面这段文字，摘自《延伸的表现型》中的另一章——《军备竞赛与操纵》。这个例子同样可以反映出远距离行为。雄性金丝雀的基因在自然选择的作用下，通过远距离行为，对雌性金丝雀产生了延伸的表现型的效应。

1978 年，我与友人约翰·克雷布斯合著的论文曾对这一主题有所预示。这篇论文题为《动物信号：信息还是操纵？》（*Animal Signals: Information or Manipulation?*）。该论文可谓是将“自私的基因”革命注入动物信号研究领域（比如鸟鸣）的里程碑。迄今为止，在简·丁伯根、迈克·库伦、德斯蒙德·莫里斯和其他一些丁伯根—洛伦兹学派动物行为研究者的影响下，动物信号被人们以一种合作的精神来看待：通信双方均能从彼此之间准确的信息传输中获益（“为我们双方考虑，我现在通知你，我是与你同物种的雄性，拥有领地，准备交配”）。我和约翰·克雷布斯彻底颠覆了这一理论，将信号的发送行为视作对信号接收者的操纵，就像是用某种药物将接收者的神经系统淹没，或是用微电极刺激其大脑一样。我在《延伸的表现型》一书中，用深思熟虑之后的比喻说明了自己的观点：

> 猪蛙的哼鸣，可能会影响到另一只猪蛙，就像夜莺会打动济慈，云雀会打动雪莱一样。

许久之后，在《解析彩虹》（此题目源于济慈的诗句）中，我在引用《夜莺颂》之后，再次提到了类似的说法：

> 济慈的诗句，可能不应该从字面意义上去理解，但夜莺之歌能发挥药物般的作用，这样的思想并非毫无根据。请想一想，夜莺在自然界的行为以及自然选择对其行为的塑造。雄性夜莺需要影响雌性夜莺的行为以及其他雄性夜莺的行为。有些鸟类学家认为鸟鸣是在传递信息："我是夜莺这一物种中的雄性，处在繁殖状态，拥有领地，荷尔蒙分泌旺盛，可进行交配并筑巢。"没错，如果认为鸟鸣包含这些信息，而雌鸟会因这些信息而采取行动并获益，那么这样的说法就是正确的。但在我看来，看待此问题的另一个角度则更加生动。鸟鸣，并不是在知会雌鸟，而是在对其进行操纵。鸟鸣声并不会对雌鸟知道什么或不知道什么产生多少影响，而是会直接改变雌鸟大脑的内部生理状态。鸟鸣，就像药物一样在发挥作用。
>
> 研究人员在对雌性鸽子和夜莺的荷尔蒙水平及其行为进行测量和观察后，获得了实验证据，证明雌性的性状态会直接受到雄性发声的影响，而其效应则在由几天时间构成的一个时间段中逐渐累积。雄性夜莺的声音，冲进雌性的耳朵，灌入其大脑，在这里，歌声会产生一种效应，这种效应和研究人员使用皮下注射器为其给药没什么区别。雄性的"药物"通过耳朵这道关卡进入雌性大脑，而不是利用注射器，但这种区别并不是特别显著。

沾沾自喜时，我曾梦想着将全部类型的动物通信完全搬到远距离延伸表现型行为的怀抱中。从理论上讲，

远距离基因行为，可能包括发生在同物种或不同物种个体间的所有互动。我们可以将生物界看作是由复制器能量连锁场织成的大网。

只可惜，

搞清楚细节问题需要大量的计算工作，而我很难想象这样的数学工程规模会有多么庞大。我只有眼前一幅模糊的视野，其中，进化空间中的表现型特征，由复制器在选择的力量下拖到了四面八方。

而且，实话实说，

我没有翅膀，不能在数学空间中自由翱翔。一定可以找到用语言进行描述的办法……大多数严肃的野外生物学家，在汉密尔顿的影响下都遵从一个定理，那就是，动物的期望行为都仿佛是要为体内所有基因生存概率的最大化而努力。我对此进行了修正，形成了延伸表现型的中心定理：动物的行为为“支持”这一行为的基因生存最大化而努力，无论这些基因是否存在于采取该行为的特定动物体内。如果动物表现型永远处于自身表现型的纯粹控制之下，不受其他有机体基因的影响，那么这两个定理，说的是同一回事。

重新发现有机体：正规乘客与逃票客

为什么说有机体是交通工具呢？在浩瀚的宇宙中，可能存在这样的星球，

其上的生命形式，有着无须搭乘交通工具的复制器（我猜想，无论在哪里发现生命，一定存在处于根基层次的复制器）；可能存在这样的星球，其整个生物界，就是一张由延伸的表现型影响力织成的错综复杂的大网，而这些影响力，都是从不搭载交通工具的复制器身上散发出来的。但在我们这个星球上，情况不是这样的。有机体，即由许多合作复制器共享的离散单位，占据主导地位。基本上所有的复制器，都不是自由自在的，而是在庞大的交通工具中与其他复制器搭伙共乘——就像我在《自私的基因》中写下的一句饱受争议的文字："（它们）熙熙攘攘地拥挤在巨大而笨重的机器人之中，与外界相隔离。"我们的基因，为什么朝着同一目标，在一起拥挤着、工作着？有机体又是怎么来的？

在《延伸的表现型》中，我以两种假想的海草为对象，展开了一场思想实验。在第二版《自私的基因》中，我重新给这两种海草取了名字，一种叫"挥霍草"（从边缘向外生长，以纯植物的方式分裂开来），另一种叫"瓶草"（这种海草的基因与挥霍草不同，可以倒推到一个由单一细胞构成的繁殖芽体上，也就是每一世代都存在的基因瓶颈）。在此不再重复这番论述，直接过渡到实打实的结论上。这一结论，从某种意义上讲，是从延伸的表现型思想中自然而然地衍生出来的。离散的"交通工具"式有机体之中的基因，朝向共同的目标一起努力，因为它们共享着通往未来的同一条（"瓶颈"）出路，共享着有机体的精子或卵子。如果一些基因有着不同的出路，比如通过当前有机体由打喷嚏的方式喷出去的，而不是由射精的方式射出去的，那么这些基因就不是合作的基因，我们给它们冠以"病毒"之类的名字。有机体这个统一整体，取决于其基因共享同一出路的事实，正因为共享同一出路，它们才会拥有同样的关于未来的期待，甚至"希望"。

关于蜗牛壳的厚度，吸虫的基因和蜗牛的基因所偏好的最佳状态有所不同。蜗牛的基因对蜗牛繁殖更"感兴趣"，而吸虫的基因则对蜗牛生存更"感兴趣"。只有当吸虫和蜗牛的繁殖芽体经过漫长的征程，以共享蜗牛的精子或卵子形式来到下一代时，吸虫的基因才会与蜗牛的基因“达成一致”。为了走向未来，如果某种细菌除了进入宿主卵子这一条路之外，别无他法，那么细菌的基因和宿主的基因，就会受制于近乎一致的选择压力之下。两者都“想要”宿主不仅能生存下去，而且能筑巢、吸引伴侣、防御偷蛋窃贼、哺育子女，甚至还要照顾孙辈。这样的寄生生物就不再符合“寄生”的名字了。其基因会在进化过程中变得与宿主基因亲密无间，其存在也会与宿主相融，只会偶尔像柴郡猫一样咧嘴嬉笑，暴露出寄生生物的本色。线粒体（簇拥在我们细胞内部，负责能量释放的重要粒子）一开始就是细菌一样的逃票客，后来因为与合作大团体中的所有其他基因共享了同样的出路，就变成了正规乘客。这条出路，就是交通工具的卵子。线粒体的柴郡猫嬉笑，是如此隐晦，我们只能发现其起源是细菌，仅此而已。它们之所以与我们合作，而非斗争，是因为它们不仅需要共享我们称之为身体的这座庞大的交通工具（许多致命的寄生虫也会这样做），而且最关键的是，还要共享那些叫作卵子的小型交通工具。在假想的例子中，这些卵子会将它们从一具身体运输到另一具身体之中。我们的结论听起来带有些超现实的色彩，遵从延伸的表现型的逻辑。结论认为，我们所有的基因，我们所拥有的基因和属于我们自己的基因，可以被认为是一个由病毒组成的庞大群落。这些病毒对我们是友善的，它们与那些心狠手辣的病毒之间的区别，只在于它们通往未来的路径，不是通过打喷嚏、咳嗽、呼吸或排泄，而是直接通过精子或卵子的“合法”渠道，进入当前宿主的后代体内。

我们所拥有的基因——“友善的病毒”，可以被认为是交通工具中买过车票的乘客，它们与水痘病毒或各种流感病毒等“逃票客”有所不同。从最深的层面上讲，两者之间的区别在于离开交通工具的出路。这一点，就是《延伸的表现型》所表达的中心思想。有朝一日，站在圣彼得的审判堂上，这就是我要呈交的一号证据。这个道理说起来十分直白，却没有人用这样的方式讲述过。

《延伸的表现型》余波

在《延伸的表现型》一书引发的余波中，有三件事令我尤为欣慰。第一件事发生在1999年，是由著名科学哲学家丹尼尔·丹尼特为新一版平装版撰写的极富内涵的编后记。第二件事是《生物学与哲学》杂志为《延伸的表现型》出版20周年而推出的回顾性评论特刊。第三件事是由戴维·休斯在哥本哈根组织的一场会议，会议主题就是对延伸的表现型这一思想的成功与失败进行分析。

其中丹尼尔·丹尼特于1999年该书再版时写下的编后记，令我尤为欣喜，因为这是一位哲学家将其视为哲学作品而展开的论述。我承认，每当看到有人慷慨激昂地赞扬我在科学上取得的成果时，都会有些愤怒的情绪，因为就好像他们接下来会说，我应该坚守科学的阵地，不要偏离到哲学的疆域里。但是，哲学疆域不就是清晰而富有逻辑的思维方式吗？难道科学家不应该用清晰而富有逻辑的方式去思考吗？诚然，专业的生物学家通常都不会像研究哲学的专业人员那样，阅读过历史上一些哲学家的著作。这样的现实可能会令他没办法对休谟、洛克或维特根斯坦的论述加以应用。但这种现实本身，并不意味着他不能给出带有哲学韵味的清晰而富有逻辑的论述。我希望在讨论此问题时，引述丹尼特的话，不会令读者感觉我是在过度地自我辩解：

> 为此书撰写编后记的人，为什么会是一位哲学家呢？《延伸的表现型》一书中表达的思想，是科学还是哲学？它两者都是。诚然，它是科学，但它也拥有哲学的特质，也间歇式地体现出了这一特质。这一思想是经严谨的推理而形成的论述，它在我们的眼前展现出了一幅全新的景象，澄清了曾经含混不清、令人曲解的议题，并赋予我们一种全新的思维方式，让我们对自以为是的问题，产生了全新的理解。就像理查德·道金斯在此书开篇时讲到的一样：“延伸的表现型，本身也许不包含可经检验的假说，但

> 至今它已改变了我们看待动植物的方式，启迪我们想到了之前想不到的可经检验的假说。”这种新的思维方式是什么？并不仅仅是道金斯在1976年出版的著作《自私的基因》中提出的著名的“基因视角”。在“基因视角”这个基础之上，他告诉我们，看待有机体的传统思路应该被取而代之，换成一种内涵更加丰富的视野。在这一全新视野中，有机体和环境之间的界限，首先要消除，继而在更深层的基础之上得到部分重建……
>
> 对于专业哲学家群体，我不禁想要补充一句，这是一场思想的盛宴，是我所见识过的水平最高、最牢不可破的推理链条之一。

我给自己留了些放纵的空间，引述了上面这最后一句话，请读者多多包涵。我可能是太过敏感，被人说成是哲学白痴之后，想要在此找点平衡。丹尼特的这篇文章，引述了我书中的诸多内容，还标注了具体页码。他给出的例子，包括我的一些思想实验。这一点很有意思，因为他本人就是将思想实验作为“直觉泵”来使用的高水平大师。

继续刚才将《延伸的表现型》作为哲学著作来看待的话题。2002年，《生物学与哲学》编辑、澳大利亚哲学家吉姆·斯蒂尔尼决定在本书出版20周年之际，由这本跨学科杂志推出特刊。在编纂过程中，由于各方的延迟，真正的纪念特刊出版之时，已是2004年。但这并不重要。斯蒂尔尼请了三位学者——凯文·拉兰德（Kevin Laland）、斯科特·特纳（Scott Turner）和伊娃·杰布朗卡（Eva Jablonka），每人写了一篇关于本书的回顾性评论，再由我附上一篇详细的回复。我们四人都接受了这一邀请。不得不承认，阅读这些论文和为其撰写回复的过程，比我想象的要更加享受。

我其中一篇回复文章的题目是《延伸的表现型——不要延伸得太远》。“不要延伸得太远”这个说法，我之前曾用到过，是在就观众关于人工制品提出问题而给出的答复中提到的。“如果说织巢鸟的巢穴是延伸的表现型，那么你会认为，悉尼歌剧院或克莱斯勒大厦也是延伸的表现型吗？”答案是否定的，而这个问题的答案，比问题本身更有意思。鸟类的巢穴、石蚕的石房或泥蜂的管状巢穴都是自然选择的产物。自然选择选定了那些能促成良好筑巢行为的基因。织巢鸟的祖先拥有不同的建筑风格和技巧，某些变体带有遗传特质，而其所形成的，用来保护卵和幼雏的巢穴，经过成功或失败的考验，就获得了自然选择的偏好或摒弃。这些卵和幼雏也带有同样的基因。如果要让人工建筑成为延伸的表现型，就必须要形成建筑的各种变体，而建筑变体的形成，必须是由建筑师基因的变体所导致的。我们不能完全否定这种可能性的存在，但用温和的方式表达，我不觉得，这是能获得丰硕成果的研究方向。在建筑师的天赋上找到基因上的差异，这一点不足为奇。如果同卵双胞胎中的一位擅长三维构图，那么他的同胞兄弟也会擅长三维构图。但对于哥特风格拱门、后现代杆头或新古典框缘，若有人找到与其相对的基因，我定会大惊失色。但回到动物世界，石蚕幼虫、搭建管状巢穴的泥蜂和建设大坝的河狸，却有着各自的建筑基因。

向人类建筑师的延伸，在为《生物学与哲学》杂志论文命题时，并非“延伸得太远”的唯一所指。我最关心的是当时一度流行的（也令人厌倦的）所谓的“生态位构建”（niche construction）概念。这一含混不清、结构不明的概念，令人摸不着头脑。在此举个典型例子。大气层中的游离氧完全是由植物释放出来的（还包括进行光合作用的细菌）。在生命史的早年，并没有游离氧的存在。将游离氧释放出来的绿色细菌（即后来的植物）极大地改变了随后出现的所有生命形式的生态位，同时也改变了自身的生态位。如果没有氧气，那么如今的绝大多数生物都会立刻死亡。这就是生态位改变，而这一改变是光合作用偶然引发的副产品，而非有意“构建”出来的。光合作用被自然选择，因为其能对绿色细菌本身带来即时的营养利益。光合作用并非因为其对大气层的作用而被自然选择。这些绿色细菌之所以制造出氧气，并不是因为它们、或它们的后代、或任何其他生命，能在未来通过呼吸氧气而获益。它们制造出的氧气，只不过是副产品，因为它们没办法控制光合作用的过程。在氧气生成之后，随之而来的自然选择偏好了这些细菌和其他能在氧气环境中茁壮成长的生命。生态位突然之间发生了变化，随后，每一位成员都进化出了适应氧气环境的能力。而在一开始，氧气还是一种污染物。

自然选择，相对于赋予整个世界的一般性优势而言，对我们讨论的有机体，赋予了差别对待的基因优势。当积极的优势逐渐累积，也就是说，与整个世界相对而言，拥有某种基因的个体表现出特定的基因优势时，就出现了延伸的表现型。否则，我们就不会有延伸的表现型，不会有生态位构建，而只有生态位改变。

真正的延伸的表现型，比如鸟巢或河狸坝或布谷鸟养父母那经过扭曲的养育行为，一定都是从形成这些现象的基因的利益角度出发、而产生的达尔文主义适应。“生态位构建”这个说法，如果使用时保持谨慎，还是比较有意义的一个词。但由于经常被人滥用，使用时也没有对其进行达尔文主义的全面理解，因此，我宁愿不要见到这个词为人所用。在正确运用、谨慎运用时，这一说法就成了延伸的表现型的一个特殊案例。在这个特殊案例中，动物改变其生态位，是为自身基因的利益而服务的。河狸坝就是一个实例。除此之外，能列举出来的例子并不是很多。

在延伸的表现型和被误用为生态位改变同义词的生态位构建之间，存在同样的混淆，而这一混淆在我书籍出版后引起的第三阵余波中非常明显：2008 年，举办了一场关于延伸的表现型的会议。会议地点位于哥本哈根附近的一处大型郊外别墅。会议组织者是戴维·休斯。休斯是一位才华横溢的爱尔兰生物学家，如今在美国工作。他吸引来了一大批著名科学家，其中既有延伸的表现型的支持者，也不乏批评者。《科学日报》为这次会议做了翔实的报道，题目是《欧洲进化生物学家在理查德·道金斯“延伸的表现型”的大旗下齐聚一堂》。顺便提一句，“欧洲”这个说法，因为著名遗传学家马克·费尔德曼（Marc Feldman）等美国科学家的到场而有失偏颇，费尔费曼则是批评者之一。

如今，在对延伸的表现型理论思想进行实践的领域，戴维·休斯是世界级权威。未来，如果成立一家“延伸的表现型学会”，那么他将是当之无愧的首任会长。在《生物学与哲学》杂志的论文中，讲到高潮部分时，我曾谈及这一梦想中的学会：

> 由一位获得诺贝尔奖的科学家（皇室成员的身份还不够格）剪彩之后，来宾们共同参观了这座崭新的建筑。建筑共有三座翼楼：动物学矫作物博物馆，寄生生物延伸基因实验室，远距离行为中心……在三座翼楼中，研究人员都从全新的视角来审视那些我们早已熟悉的现象：就像从纳克方块的不同角度对其进行观察一样。在这三座翼楼中工作的科学家，都因其理论的严谨性而满怀骄傲。学会大门口的石墙上，铭刻着一句格言。这句话可谓是圣保罗名言一字之差的突变：“最伟大之处，莫过于明晰。”

如今，则需要为我梦想中的学会加上一座医学翼楼了。美国生物学家保罗·艾沃德（Paul Ewald）、兰道夫·内瑟（Randolph Nesse）和戴维·黑格（David Haig）都是迅速成长的达尔文主义医学领导者。我对一位充满灵感的业内先锋人物心怀感激。此人名叫罗伯特·崔弗斯（Robert Trivers），他让我注意到了一篇由保罗和霍利·艾沃德撰写的论文。论文从达尔文主义的角度来审视癌症问题，其中还用上了延伸的表现型的思想。如今，人们已了解肿瘤内部的细胞，受制于肿瘤内部的自然选择。但这是有时间限制的自然选择，而非无限度的自然选择：变得更为“优秀”的突变细胞（在癌变上更为优秀，对患者来讲则显然不是好事），在肿瘤中胜过良性细胞，数量逐渐增多。但这一进化过程，随着患者的死亡而终止。同时，存在一个与此并行的、更为长期的（跨代的）、发生在身体其他部位的基因选择，对癌症进行抵抗，针对癌症树起屏障，用免疫手段抵抗癌细胞，等等。这是一场实力不对等的军备竞赛，因为体内的这些抗癌卫士，已在过去世世代代的发展道路上，练就了一身好本领。而肿瘤自身的斗争手段，则要在每一代都重新开始进化，因为它们要在每个身体中从头开始恶性进化。一开始是正常、健康的细胞，在自然选择的作用下，一步一步经过进化，还要在竞赛中胜过其他癌细胞，其数量才能得以增长。

在身体与癌症之间展开的军备竞赛，激发出了许多有趣的思想。癌症是寄生物，而且尤为阴险，因为癌细胞与宿主细胞几乎是完全相同的（却存在非常重要的区别）。这就使得身体（以及医学治疗）很难对其展开攻击，不像对绦虫或细菌等“外来”寄生物那样容易下手。经过许多世代，身体对接连不断的各种癌症展开了无数场决斗，而识别可疑癌症细胞的“技巧”也得到了锻炼。与任何类型的军备竞赛一样，参与各方必须达成平衡状态，既不过于“风险规避”（没有危险时也觉得风声鹤唳），也不太过“懒散”（确实有风险时却发现不了）。不妨用羚羊做个类比。正在吃草的羚羊，看到高高的草丛掀起一阵涌动，必须要确定究竟是草丛中藏着捕食者，还是一阵风吹过。一看到风吹草动就吓得四处逃窜的羚羊会营养不良，因为每次吃草时，都会吃到一半就开始逃窜。而那些在其他羚羊逃跑时依然悠闲吃草的懒散羚羊，就会面临着被猎豹捕杀的风险。羚羊基因在经过自然选择后，在风险规避和懒散成性之间，掌握了审慎的平衡。在发掘恶性细胞方面，免疫系统也走在这样的钢丝绳上。太过懒散，患者就会死于癌症。太过“紧张”，太过风险规避，免疫系统就会对无害的正常细胞展开攻击，错误地将无害细胞“怀疑”成癌细胞。讲到这里，读者能否为诸如脱发症、银屑病或湿疹等自身免疫系统疾病找到更加合理的解释呢？当然，还有过敏症。过敏症亦可被视作风险规避的结果，它是免疫系统“好战”的过激反应。

艾沃德夫妇在上述分析基础之上增加的内容，就是对延伸的表现型思想的运用。肿瘤生存和进化所处的微环境，是由周围的身体细胞所提供的。肿瘤细胞在其内部自然选择的基础上进化形成的高水平恶性手段，在很大程度上是对其微环境的操纵。举例来说，肿瘤细胞和其他正常细胞一样（事实上可能更多），需要良好的血液供应，以便获得养分、完成氧化。就像河狸的基因对河狸行为进行指导、令其建设延伸的表现型为溪流筑起大坝、形成湖泊一样，肿瘤中不断进化的突变基因，也建设了延伸的表现型，即为肿瘤输入更加优质的血液。扩大的或转向的血管细胞并非癌细胞。这些血管细胞被癌细胞所操纵，由于这是真正的达尔文主义适应现象（从癌细胞的利益出发，而非从身体的利益出发），血液供应的改变，就构成了肿瘤突变基因真实的延伸表现型。艾沃德夫妇在论文中对“延伸的表现型”这个术语加以充分利用，我很高兴，他们觉得这一思想能有所助益。

对完美的约束

1979 年，约翰·梅纳德·史密斯在皇家学会组织了一场会议，主题为《自然选择之适应现象的进化》（*The evolution of adaptation by natural selection*）。约翰·克雷布斯和我都得到了邀请，在会议上发表演讲。于是，我们二人决定，将两股力量拧成一股绳，就“进化军备竞赛”这个主题合著一篇文章。我们深知，两人一定能达成默契，因为我们之前在 1978 年发表的论文《动物信号：信息还是操纵》上就有过合作。我将克莱勃斯视为思想领域的亲兄弟，只可惜，近来我们见面的机会少之又少。我们二人总是无须多言，便会因同一件荒谬之事而笑得前仰后合。记得他在国外工作一段时间后，回到牛津动物学系时，将东西从旅行箱中一一搬出来，顺便从中找到一样物品。不知为什么，他觉得我可能会用得上：“道金斯，如果你哪天需要用假胡子……”他这是未卜先知吗？而需要用假胡子的场合至今尚未到来。就像我和我姐姐萨拉的关系一样，克莱勃斯曾经读过的有趣的著作和诗歌，也是我所读过的。我们能不费吹灰之力就明白对方的言外之意。虽然他比我年轻几岁，却在我之前很早就获得了皇家学会院士的头衔。和我不同的是，他能在大学政治和政府职能部门的环境中茁壮成长，并与此同时，取得卓越的科学成就。后来，克莱勃斯成为英国食品标准局的领导，获封爵士。如今是英国上议院成员，牛津耶稣学院的院长。

我与克莱勃斯在 1979 年皇家学会会议上共同发表的“军备竞赛”论文，开篇如下：

> 狐狸和兔子之间的竞赛存在两层意义。当个体狐狸在追逐个体兔子时，竞赛发生在行为的时间标尺上。这是个体竞赛，就像某一艘潜水艇与其想要击沉的船只之间的竞赛一样。但是，还存在另一种时间标尺上的另一类竞赛。潜水艇设计师从之前的失败中吸取经验教训。随着技术的进步，后来的潜水艇装配了更为精良的设备，能更准确地发现并击沉船只。而后来设计的船只也拥有更加精良的设备，以逃避潜水艇的追踪。这就是一场“军备竞赛”，发生在历史的时间标尺上。同样，在进化的时间标尺上，狐狸宗族可能会进化出捕捉兔子的更为高超的适应能力，而兔子宗族则会进化出逃跑的更为高超的适应能力。

我们给出的例子在种内和种间军备竞赛之间（例如：捕猎者 / 猎物，雄性 / 雄性竞争对手）以及对称与非对称军备竞赛之间（例如：雄性 / 雄性竞争对手，父母 / 子女冲突）形成四向分类对比。我们也考虑到军备竞赛的结果，包括一方“胜利”的结果和形成某种均衡状态的结果。我们受到伊索寓言的启发，将以“胜利”告终的军备竞赛命名为“生命 / 晚餐原理”：兔子比狐狸跑得快，因为兔子是为了活命而奔跑，而狐狸只是为了吃顿晚饭而奔跑。在失败成本上，也存在军备竞赛双方的不对称。从经济学上理解，就能看到这种不对称现象。兔子和狐狸如果有能力，都可以和玛莎拉蒂跑得一样快。但快速奔跑这个机制成本高昂，需要从身体其他部分支取一部分成本，进行补偿。生命 / 晚餐不对称现象，给了兔子一个动机，将宝贵的资源投入到提高奔跑速度上。

“罕见敌人效应”也存在类似的不对称现象。布谷鸟的祖先中，每一只都成功地欺骗了养父母，而养父母的祖先中，许多一辈子都没与布谷鸟打过交道。在失败的成本上，布谷鸟要高于宿主。因此，在这场军备竞赛中，站在要求更为严格一方的布谷鸟祖先，只要生存下来，便拥有了在未来境遇中获得成功的能力。军备竞赛的思想结出了丰硕的成果，在我的许多著作中都占据重要位置。我的朋友、剑桥大学动物学家 N.B. 戴维斯（N.B.Davies）与约翰·克雷布斯并驾齐驱，也是现代行为生态学的共同创立人。戴维斯充满灵感，在关于布谷鸟的经典野外研究中，对军备竞赛的思想进行了充分利用。

我所在的领域中（甚至整个生物学界），被人鼓吹得最离谱的一篇论文，也出现在那一次皇家学会的会议上。这篇论文，就是古尔德和理查德·列文廷于 1979 年发表的《对适应主义研究方法的批评》（*Critique of the adaptationist programme*）。那时，列文廷和古尔德是学界大佬，是 20 世纪 70 年代反对爱德华·O. 威尔逊阵营的强大头目（所幸，威尔逊很会自我保护）。在 1979 年皇家学会的会议上，这种恶霸气势依然风头不减。那天，列文廷没有到场，于是古尔德便登台演讲，他还佯装轻松地开玩笑，尽力化解因后排传来的嘲笑之声而造成的尴尬。在古尔德之前，蒂姆·克拉顿 - 布洛克和保罗·哈维发表了一篇思想深刻、内容通透的演讲，题目为《对比与适应》（*Comparison and adaptation*）。这篇演讲的内容极大地削弱了古尔德演讲内容的可信度，而古尔德竟能在发表演讲时，完全无视之前克拉顿 - 布洛克和哈维的发言。也许，古尔德之所以没有回应之前的议题，是因为他没有时间对自己的论文内容进行修改吧。但哪怕是冲着他们座位的方向轻轻点一点头或开玩笑时稍微低调一些，都起码是个礼貌的表示啊。

古尔德这篇论文的主题是，当我们看到动物的某些特征时，是否能假设其是由自然选择所塑造出来的吗？它一定是“适应”吗？古尔德和列文廷对这些所谓的“适应主义”（这个说法是列文廷之前提出的）的攻击，主要目标都是假想中的敌人，或称二流生物学。这与我们心目中的“缜密的适应主义”大相径庭。克拉顿 - 布洛克和哈维在演讲中介绍了对适应假设进行测试的复杂定量方法，其间渗透着真正科学严谨的精神。这样的内容，极大地削弱了古尔德和列文廷对适应主义的攻击力度。这些方法，大多是复杂思路的统计变式，在随后的若干年中得到了长足发展。其中不仅有克拉顿 - 布洛克和哈维的努力，也能见到我曾经的学生马克·里德利的身影，还有哈维在牛津担任动物学教授时，亲自培养的几位骨干。

我自知，自己一定会被人批评为猖狂的“适应主义者”，但我为这场辩论做出的书面文章的题目却是《对完美的约束》,内容收录在《延伸的表现型》中的同名章节。我在牛津动物学系念本科时，适应主义（当时并不是这个称谓）曾盛极一时。当然，我们所讨论的适应主义是审慎而深刻的，并非二流假想敌之类的货色。这股思潮由我心目中的巨人简·丁伯根亲手培育。同一阵线上的还有 E.B. 富特（E.B. Ford）所领导的学派。富特是“生态遗传学”的创始人，是 R.A. 费舍尔的忠实信徒，统计学领域和群体遗传学领域的创新者。富特本人是个十分讲究的唯美主义者，很难想象他亲自去进行野外考察的情景。但他和他许多天资聪颖的同事，包括伯纳德·凯特韦尔（Bernard Kettlewell）、亚瑟·凯恩和菲利普·谢帕德（Philip Sheppard），确确实实去了野外，进入丛林，对自然选择在大自然中形成的压力进行测量。他们采集到的蝴蝶标本、飞蛾标本和蜗牛标本，再加上在迪奥多西·多勃赞斯基（Theodosius Dobzhansky）领导下同时开展研究工作的美国遗传学家阵营所取得的收获，得到了一些令人意想不到的结论。野外的选择压力比任何人之前的想象都要强大得多。看似不起眼的差别，却在差别死亡率的反映下，变得非常可观。

我之前提到过马里克·科恩的《万物的理由》。这本书为自然选择主义者的“英国学派”描绘了一幅生动的群体肖像。科恩说得好，富特为他留下了“萦绕在牛津动物学系的强烈的选择主义研究氛围，以及他以研究鳞翅目昆虫般的精心所打造而成的传统”。放眼望去，米丽娅姆·罗斯切尔德就是一个杰出的反例，她贵为公爵之女，而富特则纯属势利眼。我只与他面对面地交流过一次，但我听过他所有的讲座，也时常能在系里碰到他，看到他在茶歇时伸长了胳膊在一群“庶民”之中穿梭而去。他称咖啡为“可可”，不承认雀巢咖啡的存在，就像他不承认狗的存在，称它们为“咪咪”一样。（科恩曾讲到，富特曾热切地向一位夫人询问关于她“咪咪”的事，令这位牵着小狗的女士惊愕不已。）记得唯一一次与他在社交场合相遇，他那双散发着精光的眼睛，让我不禁有些怀疑，他摆出的古怪姿势是否足够真诚。另一方面，那段似乎是由菲利普·谢帕德传起来的轶事，其中提到，有人看到富特半夜去了威萨姆森林，提着灯笼检查飞蛾捕捉器，一边晃悠着灯笼，一边大声宣布“我是世界之光”。如果他真的以为没人看到他的行踪，那就当白费一场心思吧。

富特的《生态遗传学》（*Ecological Genetics*）一书虽自负十足，但文笔优美，结构明晰，读后令人对自然选择所展示出来的力量深信不疑。我读本科时，也在富特的年轻同事们我的老师罗伯特·克利德（Robert Creed）、约翰·科里（John Currey）、简·丁伯根等人的精神氛围中耳濡目染。而对我影响最深的一位就是亚瑟·凯恩，这位“牛津学派”中最具哲学气质和史学家风骨的大师。

亚瑟·凯恩的适应主义思想远非“坚定”二字可以形容。其水平与理念，不夸张地说，已接近极致。他的思想，都经过了严谨的斟酌和整理。约翰·梅纳德·史密斯邀请他为1979年皇家学会会议做总结发言。凯恩对古尔德和列文廷的仇恨十分明显。记得古尔德开始演讲时，凯恩和我座位挨在一起，都在第一排。演讲过程中，亚瑟·凯恩满腔怒气地低声嘟哝着。列文廷之前曾发表了一篇文章，嘲笑富特学派，称其为“英国上等中产阶级运动”，可能是在拐弯抹角地说他们有收集蝴蝶标本这种文绉绉的爱好。对此，亚瑟·凯恩心怀怨念。他在我旁边，低声演练着后来在正式讲话中大声说出来的一句话：“很可能，当人们怀有强烈的偏见时，事实就会被抛在一旁：我自身的背景和成长经历，只有纯粹的工薪阶层情怀。”古尔德开始演讲之前，亚瑟·凯恩带着紧张的情绪坐立不安，他对着我说出了斯坦利·霍洛威（Stanley Holloway）的名言：“让战争打响吧。”

1964 年，亚瑟·凯恩发表了一篇论文，题目为《动物的完美》(*The perfection of animals*)，对动物身上存在的“微不足道”、非功能性特征的思想，进行了尖锐的攻击。我那篇《对完美的约束》引述了其中的一段话：

> 凯恩针对所谓的微不足道的特征，提出了一个类似的观点，批评达尔文在理查德·欧文那乍看来令人惊奇的影响下，太过轻易地接受了无功能学说：“没人会认为幼狮身上的条纹或小黑鹂身上的斑点，对这些动物有任何用处……”达尔文的说法，如今看来，就连对适应主义最极端的批评者，都觉得过于莽撞了。事实上，历史站在了适应主义者一边，因为在特定情况下，事实一次又一次地令嘲笑者的荒谬无所遁形。凯恩本人的著名成就，包括谢帕德及其学派的研究成果，是关于维持蜗牛条纹多态性的选择压力的。这些研究可能受到了某些启示，比如“有人自信地断言，蜗牛壳上有一道条纹还是两道条纹，对蜗牛并没有影响”(凯恩，第 48 页)。“但对‘微不足道’的特征的最精准的功能性解释，是由曼顿对千足虫进行的研究文献中给出的。其中，曼顿用事实证明，之前被人们形容为‘装饰品’的特征(还有什么比这个称谓听起来更加无用？)，其实是千足虫生命的支点”(凯恩，第 51 页)。

但奇怪的是，我找到的最极端的适应主义言论，并非出自凯恩，而是列文廷本人说出来的。这段文字写于 1967 年，是在他逆潮流而行的大动向开始之前写下的：“我相信，这一点，所有的进化主义者都会同意，即不存在比有机体在其所属环境中的行为更为优秀的行为。”

《对完美的约束》这篇论文，从我在牛津培养起来的对适应主义的偏见开始讲起，随后笔锋一转，指出了对完美的一些主要约束。凯恩本人认识到，我们所研究的动物，很可能已经过时，于是他定下上限为 200 万年的估算。我读本科时，在导师约翰·科里(他也与凯恩在研究蜗牛群体基因学时有过合作)的引导下，认识到了另一类更为持久的完美约束。脑神经的一条分支——喉返神经，从大脑通往喉部。但这条神经并不是径直通往喉部的，而是直直地深入胸部，围着一根从心脏伸出来的大动脉迂回缠绕，然后再向上回到颈部的喉头位置。在长颈鹿身上，这样一个大弯，拐得相当深远（英式低调），而且这样绕出一个大圈，成本也相当高昂。之所以会有这种现象，要从历史进程中寻找解释。看一看，在尚未进化出可辨别的颈部时，我们的鱼类祖先体内的神经分布情况是什么样的。在那遥远的过去，这条神经（即其在鱼类体内的同功能神经）到达其当时的目标，最直接的路径，的确位于当时同一根主动脉的后部（这条主动脉为一侧的腮部供给血液）。正如我在《延伸的表现型》中写到的一样：

> 某个重要的突变，可能全盘改动神经的走向，但必须要以胚胎早期发育过程的大动荡作为成本。也许，只有泥盆纪的某个如上帝般的先知设计师，才能预见到长颈鹿的出现，并为其最初的胚胎神经路径设计出一套不同走向。但自然选择，没有预见力。

多年之后的 2010 年，BBC 第四台推出一部纪录片，名为《大自然的庞然大物》。影片中，对一只死于动物园的长颈鹿进行了解剖，对其喉返神经进行了深入研究。我也参与其中。当时的场面，如梦境一般，令人无法忘却。拍摄现场是一处剧场，舞台和观众席之间，由一面玻璃墙分隔开来。观众席上坐满了兽医专业的学生。观众席上，一片黑暗。刺眼的灯光打在舞台上，照射着长颈鹿身上的斑点，也照射着解剖团队那橘红色的制服和统一的白色橡胶靴。长颈鹿的一条后腿，由起重机悬吊起来，更令整个场景充满了超现实的离奇气氛。制片人一次又一次地请我来到玻璃墙前，用麦克风对学生们讲话，讲述喉返神经在进化论中的重要意义，还有它那漫长而崎岖的迂回路径。

自然选择的力量是巨大的，但如若没有基因变异，则无从选择。如果猪身上出现了能长出翅膀的突变，那么猪就能飞上天空（其他一系列空气动力学相关的细节也会跟着改变）。关于这样的约束，存在许多争议，这个话题，应该是胚胎学研究的对象。我在《攀登不可逾越之山》中，从建设性的角度出发，继续对这一问题进行了讨论。

另一种明显的约束是由物料成本所造成的。在《延伸的表现型》中，我引述了一段和简·布罗克曼于1980年发表的论文：

> 工程师，如果在绘画板上纵情发挥，可以设计出“理想”的鸟类翅膀，但他需要了解设计过程中需要面临哪些约束条件。是否只能使用羽毛和骨头？能不能将骨骼设计成钛合金的？他能在翅膀上投入多少资金？可用的经济投资中，有多少必须投入到产卵等其他事项上？

布罗克曼与我二人在论文中，对掘土蜂表现出来的“协和”行为进行了分析。而这类经济约束，便是我们在研究过程中考虑到的要点之一。

教室中的达尔文主义工程师

之前讲到过，我在牛津读本科时所上的辅导课，让我站在了适应主义一边，而后来这种思想却遭到了批评。我与牛津的几位同事，后来也参与到了对更为严谨、更为审慎的适应主义的辩护阵营之中。当我自己成为一名导师时，我发现，我的适应主义主张有着教学上的优势。这种思想，帮助我形成了一种叙述模式，在这样的模式之中，学生们能更好地记住生物学中的细节知识。

我作为一名讲师兼导师，一直很同情自己的学生们，因为他们需要背诵大量的事实信息和知识。关于如何让背诵变得更加轻松，我也着实费了一番脑筋。医科学生是最悲惨的。很可惜，我最拿手的教学技巧，即我常说的“达尔文主义工程师”，对人体解剖学那些只能死记硬背的海量事实知识，无从下手。这就令我更加为女儿骄傲。朱丽叶·道金斯医生获得了一流的医学学位，而且是从圣安德鲁斯学院获得的。这所学院，是为数不多的几家依然让学生亲自动手、参与解剖课程教学的学院之一。解剖的问题，尤其是优秀医学院在教学细节方面存在的问题，在于太多的事实都是离散的碎片信息，无法通过能增强记忆的连贯叙述法，像穿项链一样将这些事实连在一起。诚然，人类解剖学中的大事要事，很有用途，也能够通过讲课的方法传授于人，但像哪条神经从哪到哪，在哪条动脉上方还是下面等等小细节，对于外科医生来说有着至关重要的意义，也必须学习。如果这些细节知识同样很有用处的话（我想应该是有用的），那么这些用处也潜藏在很深的地方，可能是在胚胎学内部错综复杂的理论中，让人很难理解。

动物学系的学生，比医科学生要轻松一些，但也并不总是阳光普照。彼得·梅达瓦于 1965 年引述了 1860 年伦敦大学学院比较解剖系一份考卷中的八个问题：

> 蝙蝠有着怎样的特殊结构，使其能在空中飞行？僧面猴、飞鼠、袋鼯、鼯鼠囊棒蝺，拥有轻巧的身体结构，他们是如何实现自我支撑的？将蝙蝠的翅膀与鸟类翅膀做对比，再与已灭绝的翼龙做对比，并对眼镜蛇颈部扩展的结构，以及蜥蜴在空中飞行的身体结构进行解释。蛇类从地面上弹跳而起，鱼类和头足动物从水中跃上甲板，又是有着怎样的结构？飞鱼在空中如何实现自我支撑？对蜘蛛、蠕虫、孕育幼虫的茧的起源、特性、结构模式和纤维伞进行解释，并对昆虫中的长翅目和膜翅目的支持性骨骼结构和发挥移动作用的肌肉组织进行描述。对昆虫腿部形式的机构、附件和主要类型进行描述；将其与沙蚕的中空肢体以及蛔虫的管状足部进行对比。肌肉呈怎样的分布，才能移动无脊椎动物的刚毛，蛔虫的皮肤，海胆的管状肉茎，轮虫类的轮子，海星的足，水母的外套膜，钵水母的管状触须？内寄生虫为了自身成长和变形，如何实现迁徙？海洋中的多孔动物和海绵动物，如何将后代散播到整个水域？最后，微观上不可战胜的单细胞动物，是如何从一个湖泊繁衍到另一个湖泊之中的，并遍及整个世界？

梅达瓦之所以引述这段古怪的考试题，是为了作为证据，证实一种普遍存在的观点是不正确的。这种观点认为，随着科学的进步，需要学习的内容越来越多，而学习的难度也逐渐增加。他给出了富有鲜明特色的回应，称我们现在要学的东西，比我们维多利亚时代的先辈们要少，因为在相对较少的通用原则指导之下，许多事实信息都得到了概括与合并。所有这些通用原则中，最伟大的一条，就是拜达尔文所赐。

梅达瓦说的有道理，但这位成日嬉笑怒骂的骑士，依然免不了夸张之嫌。他不得不承认，如今《自然》和《科学》杂志中的大部分文章，都只有相关领域的专家才能看得懂。但尽管如此，将诸多事实性信息融汇到一个功能性故事中，还是帮助记忆的好办法。我在牛津和伯克利做讲师时，特别是在牛津给学生们上辅导课时，很早就开始使用这种方法。我在说适应主义拥有教学上的优势时，指的就是这层意思。我作为一名教师，对这种方法的运用，就是将动物所面临的问题拿过来，以工程师的思路加以分析。之后，我将从工程师的角度想出来的几种解决办法列出来，并提出每一种方法的优点和劣势。这样的叙述过程，可以有效地抓住要点，还可以不费吹灰之力就记住许多细节事实。

我将这种方法的具体步骤，写在了《盲眼钟表匠》（蝙蝠声呐的例子）和《攀登不可逾越之山》（蜘蛛网的例子）之中。在此复述这些例子，从而让读者了解到这种方法。首先讲蝙蝠，蝙蝠所面临的问题，是如何在夜间找到行进路线。由于白天的空中狩猎权利已经让鸟类占领，蝙蝠只得昼伏夜出。而这就引出了一个问题。夜里很黑，工程师可能会想出各种解决办法，每种办法也带有自身的问题：比如像深海鱼类那样自行发光，像蝎子那样用长长的触角去探路，像猫头鹰那样进化出高超的听力，哪怕猎物稍微弄出点小动静，都能准确辨别其方位，像鼹鼠那样进化出超强的嗅觉，或像星鼻鼹鼠那样进化出极其敏锐的触觉，或者，还可以配备声呐系统。声呐，就是释放出很大的声音，然后对其回声进行利用。在所有这些工程解决方案中，蝙蝠实际采用的就是声呐。蝙蝠用不同的方法，对其放射出的超声波尖叫反射回来的回声进行计时，从而计算出障碍物和猎物的方位及其相对位置的变化率。

但这就带来了新的问题。如果声音短促，那么就可以对声音及其回声之间的间隔进行精准计时。但声音越是短促，就越难在发声时将分贝放高。而蝙蝠需要将声音放大，这样回声才不至于太过微弱。工程师能否做到两全其美？一种办法，就是令声音短而不促。叫声可以长一些，并对音准进行控制：每叫一声，就顺着音阶唱上去或落下来。这样，叫声就不再是短的，而且可以将分贝提高。缩短的是用在每个音准上的时间。当回声返回到蝙蝠这里时，大脑“知道”，高音的回声，属于叫声前面的部分，低音的回声，属于叫声后面的部分。我在撰写《盲眼钟表匠》时，我所在的牛津学院的院长，物理学家亚瑟·库克（Arthur Cooke），曾参与“二战”时期的英国机密雷达项目（当时叫作 RDF）。一次共进晚餐时，他告诉我，当时的雷达工程师，曾利用过同样的技术，叫作“啁啾雷达”（Chirp Radar）。还有一种工程解决方案，就是对多普勒频移进行利用（多普勒频移，就是救护车在从你身边飞驰而过时，你会觉得鸣笛声降了一个调）。有些蝙蝠在追踪昆虫猎物等移动的目标时，会充分利用这种技术。

再来谈下一个工程问题。回声，比最初发出的声音要小很多，很可能小到听不见。针对这个问题，可行的工程解决方案，就是令叫声出奇地响亮，或令耳朵出奇地敏感（或两者兼有）。但这两种解决方案，互相给对方使绊。极端敏感的听力，很容易被极大的声音震聋。“二战”早期的雷达系统曾面临类似的问题。还是在那次晚餐时，库克告诉我，工程师设计出一款叫作“发 - 收”雷达的设备，从而解决了这个问题。蝙蝠也采用了一模一样的解决办法。是不是很神奇？蝙蝠在尖叫前，会临时将耳朵关掉。它的做法，是对负责传声到耳鼓的骨骼上一块特殊用途的肌肉进行牵拉。并在尖叫过后，立即松开肌肉，这样，耳朵就能及时以最高的灵敏度听到回声。从而有着这样的循环：牵拉、尖叫、放松肌肉、倾听回声、再次牵拉。这套循环，要在每次尖叫时都进行重复。惊人的是重复的次数，可高达每秒 50 次。这样的速度，比机枪扫射还要快。尤其是在蝙蝠发动进攻时，更是令目标昆虫无所遁形。

“达尔文主义工程师”方法在教学上的优势，在于事实知识通过一段好记的叙述故事而串联在了一起，这样就不用将知识一个一个分开来学习。事实上，很多学生都会在还没有听到后文时，便预期到了即将发生的事实，而这种方法，也很适合用来训练学生们对假设进行构思，并随后在研究中对假设进行测试的能力。

举例来说，蝙蝠经常成百上千地结队而行。一大群蝙蝠的尖叫与回声混在一起，如何辨别？蝙蝠怎样解决这个问题？如果学生能像“达尔文主义工程师”一样思考，就会想到这样的主意。请想象你正在拍摄一部电影，将影片剪辑成一幅幅画面。将画面打乱，再将其随机组织在一起。此时再看这部影片，就会觉得驴唇不对马嘴。因为既没有“故事”，也没有连贯的叙述。同样，对于一只个体蝙蝠来说，其他所有蝙蝠的回声，听起来都像是这部随机打乱画面的电影一样。其他蝙蝠的回声之所以可以轻易被忽略，是因为其与现在正在讲述的故事之间，完全搭不上关系。只有个体蝙蝠自己的回声，才能将故事连贯起来，形成通顺的叙述，与之前的一连串回声联系起来形成某种意义。实验心理学家利用同样的道理，解决了“鸡尾酒会问题”：当我们在鸡尾酒会上时，周围四处都是谈话声，在这一片嘈杂中，我们是怎样听明白自己参与的那段谈话的呢？

我在《攀登不可逾越之山》中的第二章，也用到了同样的“达尔文主义工程师”技巧。但这次用到的例子，是蜘蛛网，而非蝙蝠声呐。这次，我同样先是提出问题：蜘蛛为了捕获猎物，如何延长其肢体的有效长度？之后，我还是给出几种假设的解决办法，并以自然选择实际采纳的那种简约方法作为最后一个例子——丝质网，并继续讲述了由丝质网带来的子问题以及子子问题。同一本著作中，后面有一章，题为《通往光明的 40 层道路》。在这里，我在讲述眼睛的构造时，也利用了同样的方法。这一次，我将“设计工程师”的思路发挥到了近乎荒谬的程度，希望从中给读者以指导和启示。眼睛中的晶状体，构造很简单，但其所解决的计算问题却十分复杂。为了将这一问题做戏剧化处理，我想象出一部能收集光线的计算机。光线收集起来之后，还能经过计算，以精确的角度进行弯曲，最终聚焦在屏幕的图像上。这一系列任务的复杂程度相当高，却被晶状体轻轻松松地解决了。晶状体这个东西，相当简单，简单到可以用装满水的透明塑料袋进行模拟（我在皇家学会圣诞大讲堂上曾演示过）。通过塑料袋模拟的晶状体，原本模糊的聚焦图像，可以沿平滑的梯度，在“不可逾越之山”上一步一步地提高。晶状体是个比喻，借以说明，理论上看似复杂的事物，可以在实际中轻轻松松地得到进化。达尔文曾因眼睛的问题而纠结不已，而实际上，眼睛是很容易进化的，在动物王国的各个角落，已完成了数十次独立进化。

很早之前，我就发现了“达尔文主义工程师”方法在对事物进行解释时所具有的价值。那时，两位剑桥眼部生理学家 W.A. 拉什顿（W.A.Rushton）和贺拉斯·巴洛（H.B.Barlow）的文章，分别给了我不同的启迪。我上中学时，就曾见过拉什顿。因为他两个儿子都在奥多念书，其中一位还与我同级。我们都在学校交响乐团吹竖笛。用谷歌搜索，发现他后来成了一名音乐研究专家。可能因为著名的生理学家拉什顿教授的孩子都在学校读书，所以他也同意给学校的生物小组做一次演讲。

拉什顿在模拟和数字信号系统间进行了有趣的对比。在模拟电话中，语音那持续变化的压力波，在电线中转换成为并行的电压波，并在另一端再次转换成为语音。问题在于，如果电线很长，那么电子信号就会减弱，需要用扩大器进行增强。而信号增强，就不可避免地带来了随机噪音。如果一条线上只有几座增强站，问题倒还不大。但如果需要大量增强站，那么累计在一起的噪音就会压倒信号，语音对话就变成了让人听不懂的嗞嗞声。这就是为什么神经系统（至少是较长的神经）不能像模拟电话线那样工作的原因。

神经并非传导电流的电线，也并非高保真，更像是作为导火线的一串迸射着火花的火药，还带有“蓝氏节点”等问题，而蓝氏节点，可以被视为离散的增强站。最后的结论是，神经上遍布着相当于数百个增强站的节点。工程师该如何解决这样的噪音问题？方法是，放弃通过波高（电压）来传导信息的一切希望。将波转化成为尖峰状，所有的尖峰拥有固定的高度，若不在固定高度上则与此无关。信息的传导，不是通过尖峰高度，而是通过一连串变化的尖峰所形成的震动规律。举例来说，连续快速迸发出的尖峰序列，就是较大声音的信号；少数几个由时间间隔开来的尖峰则代表着小声。

如此，我们就为一个工程问题找到了有趣的生物学解决方案。但就像蝙蝠问题和蜘蛛问题一样，一个解决方案又会引出下一个新问题，而这个新问题同样需要新的工程解决方案。说到这里，就要讲一讲另一位对我影响很大的剑桥人物——贺拉斯·巴洛。我的第一任妻子玛莉安和我还在加州伯克利时，便遇到了巴洛（这个名字是随了他祖父贺拉斯·达尔文爵士，也就是查尔斯·达尔文的儿子）。那时，他作为感觉生理学访问学者举办了一些讲座，我们经常去参加。之所以对这些讲座记忆犹新，是因为巴洛常常迟到，而且一迟到就至少半个小时。其实，他来得再晚都值得一等。巴洛头脑十分灵活，总是能开出许多新奇的玩笑来。当他要讲笑话时，你只要看到他的面部表情，便能在笑话到来的几秒钟之前有所预感。给我们以启迪的那篇巴洛的论文，发表于我们听他讲座时的大概十年之前（这也是我们盼星星盼月亮等着他演讲的原因）。那篇论文完全改变了我在感觉系统方面的教学方法。后来，我们二人都对巴洛的论文入了迷，有一段时间，我们二人之间以科学为主题的谈话，基本上都是围绕着巴洛的论文展开的。贺拉斯·巴洛这个名字，成了我们二人之间对一连串思想过程的简称。当时，我给伯克利学生们上行为生理学课时，通篇都是“达尔文主义工程师”思想。

刚刚提到，神经对较大声音发出信号时，不是通过尖峰的高度，而是通过尖峰的频率或计时进行的（高温和强光与此同理）。这样的事实又提出了一个新的工程问题。如果神经尖峰的频率与信号强度成比例，信息的确可以进行传导，但这一过程存在很大的浪费，而且浪费的方式相当引人思考。通过消除“冗余”，就可以解决浪费的问题。什么是冗余呢？

在某个时刻，这个世界的状态和之前时刻的状态基本上差不多。世界并不会随机出现莫测的变化。就像负责进行新闻报道的记者一样，对世界状态进行报道的神经，只需在变化出现时发送出信号。不用一直说“声音很大声音很大声音很大声音很大……”而是说“很大的声音响起来了。在进一步通知之前，假定不会出现变化”。此时，“冗余”这个技术概念，便出现在了信息理论之中。只要你了解了当下的世界状态，对同一种状态的进一步报道，就是冗余的。冗余是信息的反义词。信息则是对“新鲜事物”进行的数学上的精准测量。在时域中，信息意味着从一个时刻到下一个时刻，世界的状态发生的变化，因为只有变化才具有新鲜事物的价值。在这种情况下，冗余就意味着“相同”。多重信息的接受者，不需要时刻监控所有的渠道，而只需监控那些发出改变信号的渠道。这样的解决方案，只有在世界时刻发生随机而无常的变化时，才会失去效用。而有幸的是，真实情况远远不是这样的。

冗余过滤是巴洛为在时域中以经济方式传递信号问题所找到的工程解决方案。这种方法，由神经系统以“感官适应”的形式来执行。绝大多数感官系统，每当察觉到变化时，就会快速迸发出一串尖峰，随后，尖峰发出的频率下降，甚至回归零点，等候下一次变化的出现。

在空域中，也存在类似的工程问题。请想想正看着一幅画面的眼睛（或数字照相机）。视网膜中的大多数细胞（或照相机中的像素）都和邻居细胞（或像素）看着同样的事物。这是因为，世界中的画面，并非任意随机的，而是通常由大块统一颜色的图案组合而成，比如天空或白墙。从色块的边缘开始，每一个像素看到的图像，都与邻居像素看到的相同。如果每个像素都对图像进行报告，就是对像素的浪费。而传导信息的经济节约的方式，就是由发送者从边缘发送报告，由接收者（这个例子中就是大脑）“填充”边缘内部的统一色彩。

巴洛指出，这一工程问题，在生物学领域同样能找到精简的、去除冗余的解决方案。这一方案，叫作侧向抑制。侧向抑制相当于感官适应，但存在于空域之中，而非时域。紧密排列的“像素”般的细胞中，每一个细胞，除了向大脑发送神经尖峰信号之外，还对周围的邻居发挥着抑制作用。位于一块统一色调中间的细胞，会受到来自四面八方的抑制，因此，不会向大脑发送多少尖峰信号。位于色块边缘的细胞，只能从一侧受到邻居的抑制。这样，大脑得到的大部分尖峰信号，都是从边缘发送过来的。冗余的问题就此解决，或至少是就此得到了缓解。

巴洛的文章开头，提到了一个令人脑洞大开的思维实验。正是这个实验，紧紧抓住了玛莉安和我的想象力。请想象每一个大脑想要识别的图案，每一棵树、每一类捕食者、每一种猎物、每一张脸、每一个英文字母、每一个希腊字母都配备一个与视网膜相连的神经细胞。每当“自己”的那个图案进入视网膜，就会点燃信号的火把。每一个这样的脑细胞，都与一个钥匙孔般的像素组合连在一起，只有看到正确的“钥匙孔”形状时才会点火。同时，脑细胞也要被动地与“反钥匙孔”（除钥匙孔之外的所有像素）相连，否则，如果看到一片空白光线投射到整个钥匙孔上时也会点火。这样的道理，听起来不错，但转念一想，才发现其中的问题。请记住，所有需要被这些相互重叠的钥匙孔所识别的形状，可以从无数个方向和任意距离展现出来。相互重叠的钥匙孔（在每种情况下，视网膜中的其他部分都是反钥匙孔）数量，会非常可观，而与此相对应的脑细胞数量，则会比全世界所有原子加在一起都要多。一位名叫弗莱德·阿特尼福（Fred Attneave）的美国心理学家同时与巴洛产生了这个想法。据他估计，在这种情况下，大脑的容积，要以立方光年来计算！

以减少冗余为目的的解决方案，超越了感官适应和侧向抑制的范畴，汇聚在了大脑中的一系列特征探测神经元上。这些神经元可进行横向探测、纵向探测、“bug 探测”等，而所有这些功能，从巴洛和阿特尼福的角度来看，都是以减少冗余为目的而存在的。举例来说，一根直线，可以通过其两端来表示，让大脑去“填充”冗余的中间点。就像蝙蝠和蜘蛛网一样，巴洛的故事，可以讲成一连串简约而好记的问题。针对问题给出工程解决方案，而解决方案又催生出新的问题，再接着去寻找新的工程解决方案，以此类推。

我们也可以认为，某一特定物种大脑中进化出来的“探测”细胞，不仅能够探测到感官系统中的冗余特征，而且能探测到对于此物种来说具有重要功能的特征。比如，性伴侣的颜色和形状。将这两种功能合并为一体，就意味着动物大脑中一系列的探测细胞，能针对该物种所生存的世界之中的重要特性，形成某种类型的非直接描述。

而这样的思想，与我提出的另一个思想有所关联。这一思想即“死者的遗传书”。该思想认为，从理论上讲，动物的基因可以被理解为其祖先生存环境的数字化描述。

“死者的遗传书”及作为“平均计算机”的物种

《伊甸园之河》的开篇对读者的祖先进行了回顾，并得出了一个看似无关紧要、实则意义重大的结论，即你的祖先中，没有一个人早逝或未能实现繁殖。每个来到这个世界上的个体，都传承了这样的基因，而这些基因来自一连串从未中断过的成功祖先。我们身上，也带着这些祖先精英身上的基因，从而令我们拥有了成为精英的潜质。个体成为成功祖先的具体方式，在物种之间各有差别，但无论怎样实现这一目标，我们都是深谙此道的个体留下来的后代。此处所指的“道”，对于鸟类、蝙蝠和翼龙来说，就是善于飞翔；对于鼹鼠、土豚和袋熊来说，就是善于掘洞；对于狮子、鹰和梭鱼来说，就是善于狩猎；对于雄鹿、象海豹和寄生榕小蜂来说，就是善于打架。

因此，从原则上讲，物种的 DNA 可以被看作是对该物种所擅长生存方式的说明。我在自己的几本著作中，都提到了“死者的遗传书”这一思想，并在《解析彩虹》中对此进行了详细论述。以下是提到该思想的一段内容：

> 物种是一台平均计算机。在一代接一代的繁衍过程中，物种为如今成员的祖先所生存和繁衍的世界，构建起统计学说明。这段说明，是用 DNA 的语言写成的。它存在于整个繁殖种群的集体 DNA（自私的合作者）之中，并非存在于某位个体的 DNA 之中。也许，“读取器”这个说法，比“说明书”更贴切。如果你找到了一具动物尸体，这种动物是之前不为人类所知的物种，那么，一位经验丰富的动物学家，若能对尸体进行检查和解剖，并对细节进行分析，就可以告诉你，这种动物的祖先生活在什么样的环境之中，是沙漠、雨林、极地冻原、气候温和的林地，还是珊瑚礁。平滑的磨牙和长而复杂的内脏结构,说明这个动物是食草动物；尖利的牙齿和短而简单的内脏，证明其是食肉动物。从动物的足、眼睛和其他感觉器官上，能看出它移动的方式及寻找食物的途径。其身上的条纹或闪光、角或羽饰，都为动物学家提供了线索，去探究其社会生活和性生活的情况。

我将物种称为“典型计算机”。但“典型计算机”这个头衔，为什么要给物种，而不给个体有机体呢？因为对于有性繁殖的动物来说，任意一位个体的染色体，都不过是从基因池中调取的临时样本。而基因池经过世世代代的筛选和过滤，定义出了祖先世代所拼搏和生存的典型条件及困难。物种基因池称得上是物种个体所在典型环境的负像。如果我们将自然选择比喻成一位雕塑家，不断凿刻着粗糙的原材料，慢慢将其打造得趋于完美，那么，这位雕塑家所凿刻的实体，就是物种基因池。每一位个体的染色体，都是基因池中的一份取样。个体的生存或死亡，要看从池中取出的那组基因是好是坏（当然还要考虑到其他决定条件）。关于基因的成功取决于其遗传伙伴的思想，我第一次尝试进行解释，是在 1976 年出版的《自私的基因》之中。在书中，我运用了轮流划船的赛艇队员的比喻。其中，划桨手指的是基因，接连补充队员的赛艇，指的是有机体。和许多比喻一样，这个比喻也只能点到为止，不能借着它钻牛角尖。但利用这一比喻，的确能说明一个重要思想，那就是，最优秀的基因就算在某些特定身体中，被水平较差的队员拖了后腿，但长期来看，还是能够在基因池中生存下来。随着自然选择在世世代代中沿袭，用长期的眼光来看，得以提升的正是这个基因池。在这里，距离“死者的遗传书”，就只有一步之遥了。读者要知道，环境并非直接在基因上留下印记，若这样理解，就成了拉马克学说了。事实情况是，基因会随机变化，能够适应环境的基因，便得以生存，并在未来的基因池中兴旺发达。

我记得，自己是在给学生上辅导课时，第一次有了这样的想法：一位知识足够丰富的动物学家，从原则上讲，能通过解剖学、生理学和物种 DNA，解读出该动物的生活环境和生存方式，有着什么样的天敌，需要应对的气候等信息。当时，我正在讲述动物分类学理论。那些彼此之间没有关系，但有着类似生活方式的动物，表面看来可能会比较相似，而这样的相似，会给我们以误导，让我们错过其与在分类学上真正的近亲所共有的特征。从表面上看，海豚与枪鱼十分相似，因为两者都生活在海洋表层，而且游动速度都很快。但这些表面上的相似之处，还是不及海豚与陆地哺乳动物之间的相似之处多，也不及枪鱼和其他鱼类的相似之处多。关于这些彼此冲突的相似之处，可利用分类学上的几种方法加以鉴别，而且对“祖先”和“近代”动物，都可以进行分析。

这样的“数值分类学”方法，在我读本科，师从亚瑟·凯恩时十分盛行，如今已势头大减。但我们还是能利用这种方法来说明问题。你可以对你能找到的一大堆物种的每一样特征进行测量，将所有测量结果输入计算机，让计算机给出物种与物种之间的“距离”数值。当然，这里所说的距离，并非空间上的距离，而是指物种之间的相似程度。这是物种之间，在多维的数学“相似空间”中所拥有的距离。从中我们能发现，虽然海豚和枪鱼因为有着类似的生活方式，而将彼此向对方“拉近”了一些，但他们之间相似的身体情况

（流线形体型等等）却被为数更多的差异所冲抵。这些差异的存在是因为其中一只是哺乳动物，而另一只是鱼类。自从泥盆纪以来，两者用了足够长的时间，才形成了彼此分立的局面。数值计算方法，将表面上（少数）的相似之处“过滤”掉，对其实现了冲抵，只留下表明血统关系的“基础”（多数）相似点。

在辅导课上，与学生们共同探讨这一问题时，我想到，这些数值方法，从原则上讲，可能是用反了。我们不用将“表面”的功能性特征过滤掉（比如海豚和枪鱼的体型），留下“真正”的分类学特征，而是可以反其道而行之：尽一切可能将分类学上的相关特征过滤掉，去关注那些少数的功能性相似之处。怎样做到这一点呢？请想象，我们给出几对动物。每一对中的第一只，都生活在水中，第二只则生活在干燥的陆地上。但是，从分类学上来看，每一只动物，与成对的另一只动物更接近，而与其临近一对中有着同样生活环境的动物更为疏远。这几对动物是：{水獭、獾}，{河狸、囊地鼠}，{蹼足负鼠、负鼠}，{水鼩、陆鼩}，{河鼠、普通鼠类}，{塘蜗牛、旱蜗牛}，{水蜘蛛、陆地蜘蛛}，{水蜥蜴、陆蜥蜴}。假设我们对这些动物（以及更多类似的成对动物）进行数百种指标的测量，包括解剖学测量、生理学测量、生物化学测量、基因测序等，并将所有测量结果全部输入计算机，告诉计算机，每一对中的哪一只是生活在水中的，哪一只是生活在陆地上的。现在向计算机提出这样的问题（实际操作远比听起来要复杂得多，但有方法可以做到）：“每个案例中的水生动物，与其陆地同伴相比，存在什么共同之处？”实际上，我们可以将问题问得更细致一些，不用在水生或陆生的方框中打对勾，而是将动物们放在水生生活习性的梯度上，然后在这条梯度上寻找定量相关性。我们甚至能大胆地提问：“动物的哪些测量数据，需要与什么因子相乘，才能将其从陆地过渡到水中？”

针对生活在树上和生活在陆地上的物种，我们也能做到同样的事情。{松鼠、老鼠}，{树蛙、青蛙}，{树袋鼠，沙袋鼠}；还能为生活在地下和生活在地面上的动物做同样的事情：{鼹鼠、地鼠}，{蝼蛄、蚂蚱}，{瞎鼠、老鼠}等等。在水生与陆生的案例中，我们可能会想到其中一只长出了带蹼的脚掌，这一点也是显而易见的。但我希望，计算机能找出不那么直白的答案，那些埋藏在动物身体内部的答案。比如，某些关于血液化学的信息。再回到“死者的遗传书”上，我们也可以对基因做同样的事情。是否存在某种基因，能将某类水生动物与另一类水生动物联系起来，而这两类动物之间并不存在紧密的亲缘关系？一般情况下，我们都是通过遗传学对比，来找到动物之间的亲缘关系的。从基因角度看，水蜥蜴和陆蜥蜴是近亲，彼此肯定会十分相似。但我还希望能反其道而行之：找到水蜥蜴与其他水生动物之间的几种共同基因，而这些基因并非水蜥蜴与陆蜥蜴或其他生活在干燥陆地上的动物所共享的，比如，某种与盐排泄相关的基因。

正是在多年的辅导课经历中，与一位接一位的学生讨论这个话题，才让我最终得出了“死者的遗传书”这样的称谓。同时，我也有着这样的想法：一位知识足够充沛的动物学家，如果看到某种不知名的动物，能够在计算机的帮助下，对该动物的生活方式进行重建。更严格地讲，是对其祖先的生活方式进行重建。因为从原则上讲，那些帮助该动物祖先成功生存的基因，是对其祖先生存世界的说明，而其中的说明代码，是可以被破解的。其中包含的信息，有祖先面临的天敌、祖先生存的气候环境、祖先遇到的寄生生物、祖先所在的社会系统等。

我在给学生上辅导课时，任思想纵横驰骋，却时刻谨记我自己的导师亚瑟·凯恩的教导，还有他的箴言：“动物之所以如此，是因为它需要如此。”记得上研究生时，有一次我在牛津的皇家橡树酒吧（此处亦被人们称为医生酒吧，因为对面就是拉德克利夫疗养院）独自用晚餐。那次我吃的东西，想起来就后悔，竟是培根和煎蛋。碰巧，亚瑟·凯恩也在同一间酒吧独自吃饭。于是，我们二人坐到了一起（仿佛他乡遇故知的两位过客）。我们聊到分类学和适应性，亚瑟·凯恩提到，松鼠可以被看作是老鼠，只不过在很久以前，从老鼠的祖先处沿“树栖维度”分离了出来，并由此引出了那次谈话的主题。

从此，这样一幅图像就深植我的脑海，还写进了《解析彩虹》中的《死者的遗传书》一章。后来，我提出一个思想，称为“所有可能存在的动物组成的博物馆”，在《攀登不可逾越之山》中占据了两章内容。而亚瑟·凯恩以松鼠和老鼠举出的例子，也为这一思想提供了灵感。而“博物馆”思想的直接来源，则是我在计算机建模中收获的感触。计算机建模工作，是我在撰写《盲眼钟表匠》时开始的。

像素中的进化

我在《盲眼钟表匠》的第三章——《累积小变化》上所投入的时间和精力，相当于那本书余下十章内容的总和。这是因为，我用了大量的时间，编写了一套名为“盲眼钟表匠”的计算机程序。这套程序的设计初衷，旨在通过人工选择，在屏幕上孕育出“计算机生物形态”。“生物形态”这个词，是从我的朋友德斯蒙德·莫里斯那里借用的。莫里斯的超现实主义画作所描绘的类生物形式，凭借他那完全可信的讲述，从一张画布“进化”到另一张画布上。莫里斯的画作《期望之谷》，就是《自私的基因》这本书的封面。我在莫里斯举办的一次画展上，将原画买了下来。因为其价格（750 英镑），与我当初从牛津大学出版社拿到的预付稿费相同。十年之后，我跟莫里斯聊到《盲眼钟表匠》这本书的想法时，他对这个题目非常感兴趣，当即坐下来绘制了一幅画作，并为其定下了同样的名字。这幅新画作，虽然与题目的关系更近，却与书中的内容联系不多，但还是成了《盲眼钟表匠》由朗文和企鹅先后推出的两个版本的封面。

我编写计算机生物形态程序所使用的语言是 Pascal。这种语言，是我读研究生时学到的 Algol 60 的直系后代。如今，这两种语言早就被人束之高阁。我一直十分依赖苹果 Mac 的“工具箱”，正是这套固定代码程序，为 Mac 赋予了其标志性的(并常被效仿的)“外观和感觉”。Mac 工具箱的基本技术手册，成了我每日必读的“圣经”。那些书页也在我的翻阅下，变得越来越破旧。

而且，我总是跑去找艾伦·格拉芬，寻求帮助，讨教建议。他对我永远都保持耐心。之所以去找他，并不是因为他在 Mac 编程上比我有经验，事实恰恰相反。我之所以找他，是因为他在智商方面有着无法否认的强大优势。P.G. 沃德豪斯（P.G.Wodehouse）如果在场，一定会说："领扣上方，格拉芬遗世独立。"玛莉安也曾这样说过："格拉芬最讨厌的毛病，就是他总是正确的。"一次，在我的编程马拉松跑到半路时，格拉芬满脸同情地对我说，觉得我很可悲，因为我当时已经深陷入一段难度巨大的代码之中，无法自拔。这样的现实情况，似乎印证了我自己提出的协和谬误。在一定程度上，就相当于如果当时撒手不干，那么就意味着之前做完的所有工作全部废掉了。但还不止如此。我一门心思地想要坚持下去，心中有一种生物学直觉，就好像我这个生物学家长出来一个负责嗅闻直觉的鼻子，而嗅觉告诉我，一定要坚持下去。对此，我当之无愧，甚至还有一些骄傲的心情。我继续马不停蹄地执着向前，心中坚信，我这套能生成生物形态的算法，一定能揭露出一些真正令人兴奋的东西。只要我坚持下去，只要我能从复杂深奥的泥潭中爬出来。

其中的关键，就在于我这套生物形态中嵌入的"胚胎学"的不规则特性，即递归的树形流程。其中的量化细节，由我称之为基因的九个数字所控制。显然，如果你对基因的数值进行改变，也就改变了生物形态的形态学。而不那么显而易见的是，这种改变，常常是朝向在生物学上很有意义的方向而前进的。我通过人工选择的方式，借用无性繁殖，从母生物形态中"孕育"出了子生物形态，从而引入达尔文主义思想。计算机给出一系列子生物形态的选择，每一个都存在稍带突变的基因。再由人工选出其中之一生育下一代，由此推演到无限量的世代。基因的数值并不可见。就像奶牛或玫瑰的繁殖人员一样，生物形态的繁殖员，也只能看到基因改变的结果，即出现在计算机屏幕上的形态学。

我梦想着，会涌现出某些有趣而又令人意想不到的结果。但我从来没敢想过，我的生物形态，竟从植物一路进化到了昆虫！

> 我在编写程序时，以为至多只能进化出树状图的某些变体。我曾梦想过哭泣的垂柳、黎巴嫩的香柏、伦巴第的白杨、海草，或者鹿角。我全部的生物学直觉，全部20年的计算机编程经验，所有最狂放的梦想，在屏幕上真实出现的一幕面前，都显得那么渺小。在一连串的图形之中，我已记不清是从哪里开始看明白，进化的结果竟越来越像昆虫。带着最不羁的猜想，我从最像昆虫的后代那里开始一代接一代地繁殖。随着眼前的图形向昆虫一点点接近，我内心的惊叹和难以置信的心情也跟着澎湃起来……当我第一次看到这些生命形象在我眼前展现开来时，我根本无法掩饰内心的狂喜。远远地，我似乎在心灵深处听到了《查拉图斯特如是说》那充斥着胜利气息的开场旋律。我兴奋地连东西都吃不下。当晚躺在床上，闭上眼睛，却依然看到"我的"昆虫在眼前爬动。
>
> 市场上有种电脑游戏，玩家进入游戏，觉得自己是在地下迷宫中穿行。迷宫有着有限而复杂的线路结构，在其中，玩家会遭遇火龙、牛头怪或其他神秘的敌人。在这些游戏中，怪物的数量并不多。所有的怪物，包括迷宫，都是由人类程序员设计出来的。在进化论的游戏中，无论是计算机版本还是现实中的实际产物，玩家（或观察者）也有同样的感受，都是在由不断分支的通路组成的迷宫中，探索着前行。但在这里，可行的路线数量是无穷无尽的。而且玩家遭遇的怪物，并非人为设计，其形象和能力是不可预知的。我在生物形态之国的水乡四处游荡时，遇到了小虾仙子，阿兹台克寺庙、哥特风格的教堂窗户、原住民风格的袋鼠图画，还有一幅令人印象深刻，却无法重现的图像——威克汉姆逻辑学教授的肖像画。

我从编程实践中，领悟到一个生物学上的道理。这个道理，也体现在后面这一段内容之中。我用想象力的眼睛看到了"生物形态之国"。这片多维形态学的国土，是一个九维超级立方体，其中潜藏着所有可能存在的生物形

“可是哪有为跳蚤唱赞歌的狗儿？”在《上帝的错觉》一书的带动下，先后涌现出了20多部宗教作品，图65展示了其中一部分，其中第五本是《上帝的错觉》。

查尔斯·西蒙尼富有远见卓识，他慷慨地捐助了牛津大学公众科普教授的席位。他爱好广泛，热情奔放。图 66 是他在位于西雅图的一栋豪宅之中拍摄的照片，里面有他的当代艺术藏品。2009 年，西蒙尼参与了太空旅行。图 67 是他和同行宇航员的合影。

我身为第一任西蒙尼公众科普教授，启动了西蒙尼系列演讲，有幸吸引来一批明星演讲嘉宾。图 68 是丹尼尔·丹尼特。图 69 是理查德·格里高利。图 70 是史蒂芬·平克。图 71 是贾雷德·戴蒙德。

图 72 是马丁 · 里斯、
图 73 是理查德 · 利基、
图 74 是卡罗林 · 波克、
图 75 是哈里 · 克罗托、
图 76 是保罗 · 纳斯。

图 77 是我在 BBC 第四台呈现的第一部电视纪录片《打破科学壁垒》。最近，我和罗塞尔 · 巴恩斯合作（图 78，后排中间位置），带领他的团队，包括摄影师蒂姆 · 克拉格（右侧）和音效师亚当 · 普莱斯高德（前排），共同制作了多部影片，包括在贝尔法斯特（图 79）拍摄的《宗教学校的威胁》以及《查尔斯 · 达尔文的天赋》（图 80）。影片中，若那只大猩猩没有在动物园，那么我和它之间定会获得一个爱登堡式的瞬间。

罗塞尔·巴恩斯和我还在《查尔斯·达尔文的天赋》（图 81）中有过合作。这部影片曾在内罗毕的贫民窟中取景。在《一切罪恶的根源？》拍摄过程中，我们造访了洛尔德斯（图 82）和耶路撒冷。在参观哭墙时，我不得不带上一顶帽子（图 83）。

有个说法是：“仿佛一场飓风吹过飞机残骸堆放地，并组装起了一架波音 747。”图 84 拍摄了这个场景，目的是为了推翻这一说法。图 85 是拉拉举着我的所有可能生物形态立方体。

84

85

86

87

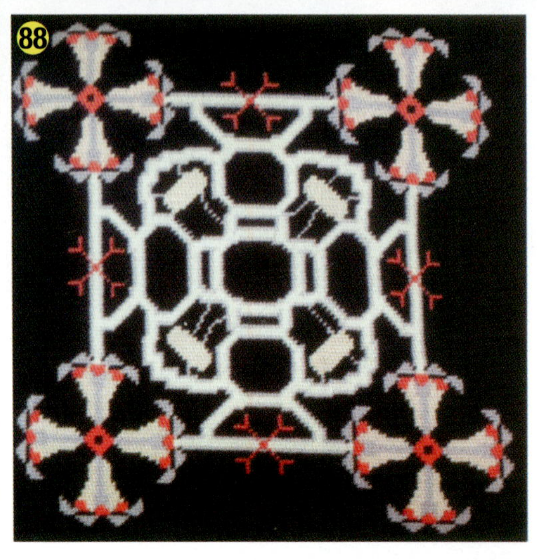
88

我与拉拉认识时，正在一门心思地钻研计算机生物形态（图 86）。计算机生物形态分黑白和彩色两种（图 87 和图 88）。拉拉从中获得灵感，以此为图案绣制出了椅垫（图 87）。每绣一针，都代表一个像素。图 88 并非生物形态，读者如果觉得是生物形态也可以理解。它实际上是玻璃海绵的骨骼结构。

89

90

91

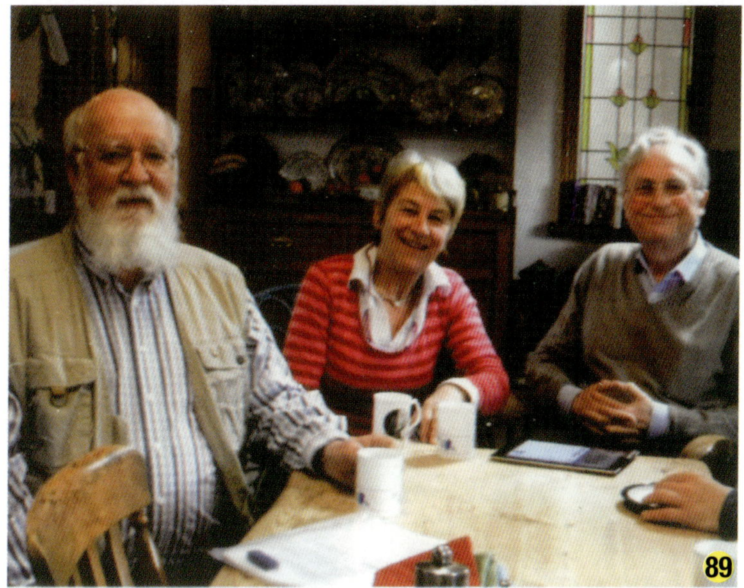

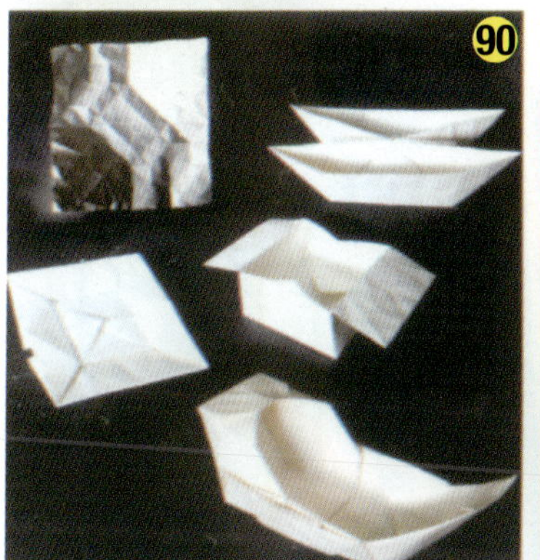

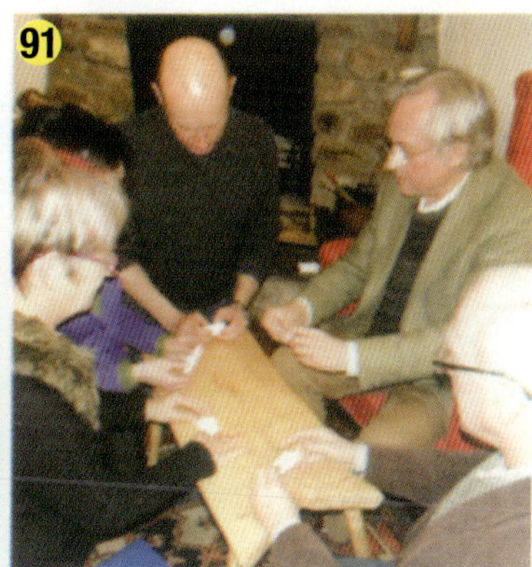

图 89 是在苏珊 · 布莱克摩尔举办的“模因实验室”聚会上，我与丹尼尔 · 丹尼特和苏珊的合影。在其中的一次聚会上，我提出了“纸船”模因（图 90 和图 91）。儿时玩竖笛的经历奠定了我的音乐基础，使得我能够在加纳举办的大型活动中当场演奏电吹管（图 92）。

92

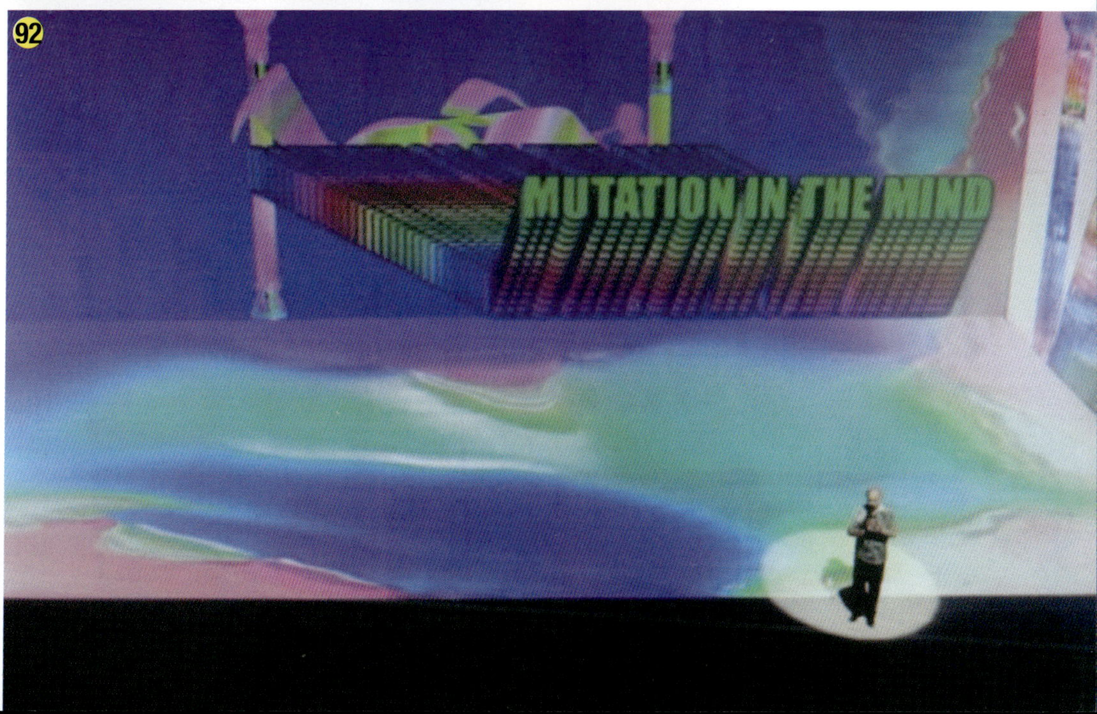

93

图 93 是妻子拉拉在新学院礼堂为我举办 70 岁寿宴时，宾客到场的情景。

态，每一种形态都通过一步步逐渐进化而来的可通行轨迹，与其他任意一种生物形态彼此相连。从理论上讲，虽然因基因数量不确定而使得结构稍显混乱，但我们可以想象，所有可能存在的真实动物，都位于N维超级立方体之中，我在《盲眼钟表匠》的第三章中，将这个立方体称为“遗传空间”。这一“怪兽般的”（我在写下这个词时，是经过谨慎思考的）超级立方体中，大多数居民都从未存在过，而且即使存在，也无法生存。“无论有多少种生存方式，一定存在相比之下要多得多的死亡方式。”（我很欣慰，这句话被收入《牛津语录辞典》）在这个超级空间之中，真实的动物就像小岛，彼此之间保持着疏远的距离，仿佛是一片超级群岛，其中每一个小岛都由近亲动物种类构成的珊瑚礁所围绕，而与其他小岛相隔离。岛与岛之间，是大片由不可能存在的动物所构成的无法逾越的荒芜之地。实际的进化表现为超级立方体中的时间线和发展轨道。读者是否感觉到，虽然我不擅长写公式或做加减法，但我还是渴望拥有数学家一样的灵魂（图11-2为《盲眼钟表匠》中的插图）。

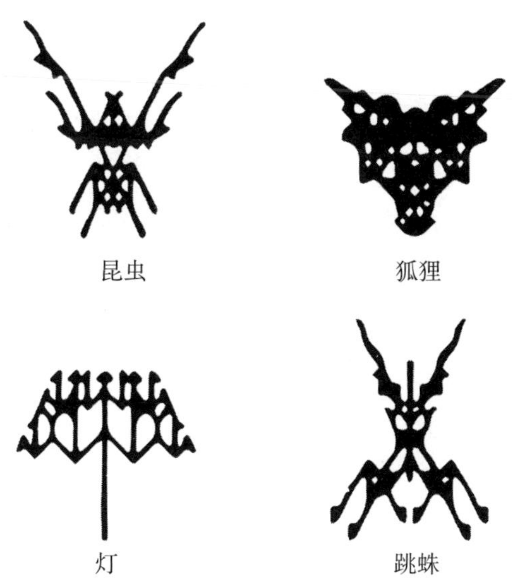

图11-2 《盲眼钟表匠》中的插图

丹尼尔·丹尼特后来以“孟德尔图书馆”为题，对这个思想进行了详尽的阐释。我也在《攀登不可逾越之山》中，借助想象之中“所有可能存在的动物组成的博物馆”，对这一思想进行了深入探讨。

> 请想象，有这样一座博物馆，其展厅向四面八方拓展开来，直到远方。其中的藏品，是曾经存在过的每一类动物形式，以及人类可以想象出来的每一类动物形式。每一种动物的摆放位置，都位于和它最相近的动物旁边。博物馆的每一个维度，即展厅所拓展的每一个方向，都与动物变化的一种维度相对应……在多维空间之中，展厅相互交错。这样的景象，是习惯了寻常三维空间的我们，无法用有限的视野去构思的。

在《攀登不可逾越之山》中，我借用软体动物甲壳这个特殊的例子，引入了“博物馆”的思想。人们已经知道，甲壳是沿对数不断扩张的管状物，从边缘向外生长。如果我们忽略管道的横截面形状（比如假设其是圆形），那么，每一个甲壳的形状，都仅由3个数字决定。在《攀登不可逾越之山》中，我将这3个数字称为火光、蠕虫和尖顶（见图11-3）。火光决定着管道生长的扩张率；尖顶决定着与平面之间的距离。在典型的菊石化石中，尖顶数值等于零（因为所有结构都在一个平面上），而在锥螺属甲壳动物中，尖顶数值则很高。在鸟蛤中，火光数值很高（鸟蛤的“管道”扩张得很快，在真正形成管道形状之前，就走到尽头了），而火光数值在锥螺属甲壳动物中则很低。若以文字的形式对“蠕虫”进行解释，则需要多花一些时间。但旋壳乌贼，则是高蠕虫数值的缩影。正如美国古生物学家戴维·劳普（David Raup）所言，如果只有3个数字控制着一类动物的形状变化，那么所有这些动物，都可以容纳进一个简单的数学空间——三维立方体之中。我们并不需要超级立方体，仅需一个实际的立方体就够了。从这个角度出发，我想到，其实可以编写一个生物形态程序的蜗牛版本，其中只有3个基因，而非9个。这一次，我不用从一套树形生物形态中选择繁殖分支，而是要给出蜗牛形态，或用正规的说法，就是甲壳形态。通过选出一代接一代的受偏好繁殖者，应该可以从任意一种甲壳进化到任意另一种甲壳。进化，就是在由所有可能存在甲壳组成的立方体中，走出的一条一步接一步的曲线。

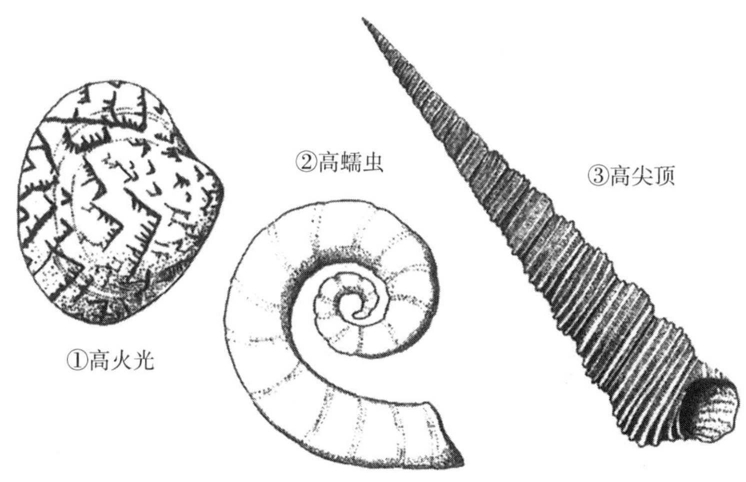

图 11-3　火光、蠕虫和尖顶

为了编出这个程序，我只需用新的 3 基因蜗牛胚胎学模块，替换掉最初的 9 基因生物形态程序。其余部分都是相同的。实际操作证明，很容易从任意一种甲壳繁殖出任意另一种甲壳，只需在每一代选出与目标甲壳最具相似性的甲壳即可。那个时候，3D 打印机还没有出现。如果我那时有一台，一定会将整个立方体“打印”出来的。但当时别无他法，我只能将立方体的 6 个平面打印在纸面上，然后用胶水贴在硬纸盒的外面。插图部分有一张照片，是拉拉举着这个“蜗牛盒”的留影。

真实的进化，是在立方体（由所有可能存在的甲壳组成的博物馆）中自由自在地徜徉。但是，正如劳普之前讲到的一样，还是存在一些体积很可观的“禁行”区域（或称空间）。在这些区域中，虽然数学上的进化是可以成立的，却没有出现过实际生存过的甲壳。这是因为，处在这些区域中的甲壳，从功能上来讲，无法存在。流浪到这片“毒蛇猛兽”区域的突变基因会自动消亡。图 11-4 中有 4 种甲壳，处于立方体中无人居住的区域，却在数学上是可行的。这些形状并不以甲壳的形式存在，但有意思的是，它们却以羚羊角和牛科动物角的形式存在于自然界之中。

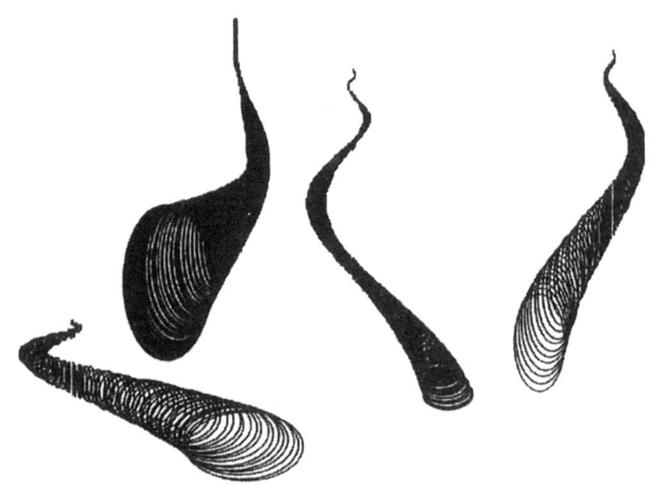

图 11-4　不存在的四种甲壳

但是，“由所有可能存在的甲壳组成的博物馆”是个三维立方体的说法，并不一定是绝对正确的。此处有个重要前提，那就是我们需要忽略不断增长的管道的横截面形状，假设其是正圆形。我尝试着将其改成可变的椭圆形，并在最初的 3 个基因的基础之上，加上第 4 个基因。但现实生活并没有那么完美的几何形态。许多甲壳的横截面形状，都不容易用数学方法进行描述（当然，从原则上讲，用数学方式进行描述是完全可能的）。于是，我只得徒手将其输入程序。除了对胚胎学模块进行的这些改动之外，程序维持不变，只有 3 个基因。我也在计算机屏幕上，繁殖出了越来越真实的一群形态各异的甲壳（见图 11-5）。

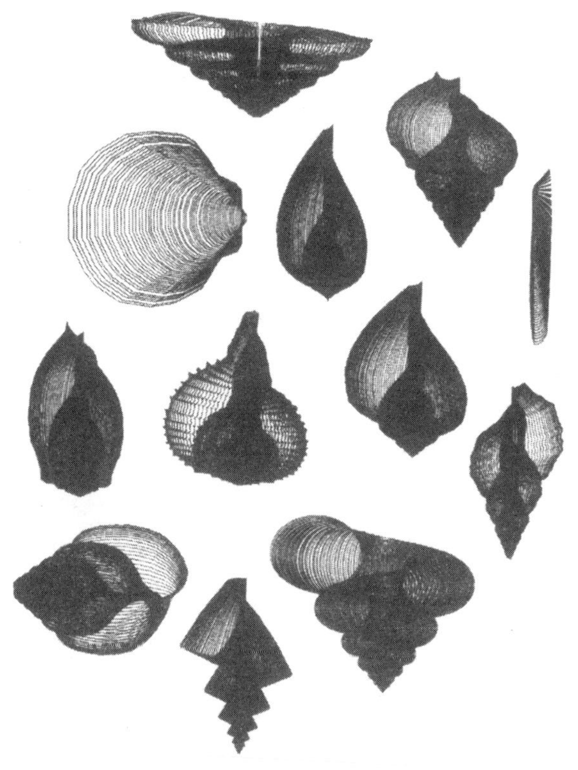

图 11-5 形态各异的甲壳

除了最初的树形胚胎学模块和蜗牛胚胎学模块，是否还存在更多的胚胎学模块可以植入我的进化程序？一直以来，我都对达西·汤普森的“变换”理论心驰神往。这位伟大的苏格兰动物学家的研究成果，是劳普的灵感来源，也是我进行甲壳编程实践时的灵感来源。但他最著名的成就，还是他所做的一场演示。在演示中，他证明了，某种生物形式可以通过数学变换的手段而转变为一种相关形式。我们可以自己动手尝试一下。在一块可伸缩的胶皮上，画一只螃蟹。然后以特定的数学方法对胶皮进行拉伸，你就能将这个形状变换成为其他类型的螃蟹。图 11-6 是达西·汤普森的演示。在一张坐标纸（或胶皮）的左上角画一只螃蟹。通过 5 种不同的数学方法对坐标进行拉伸或扭曲，就能得到其他 5 种类型的螃蟹。

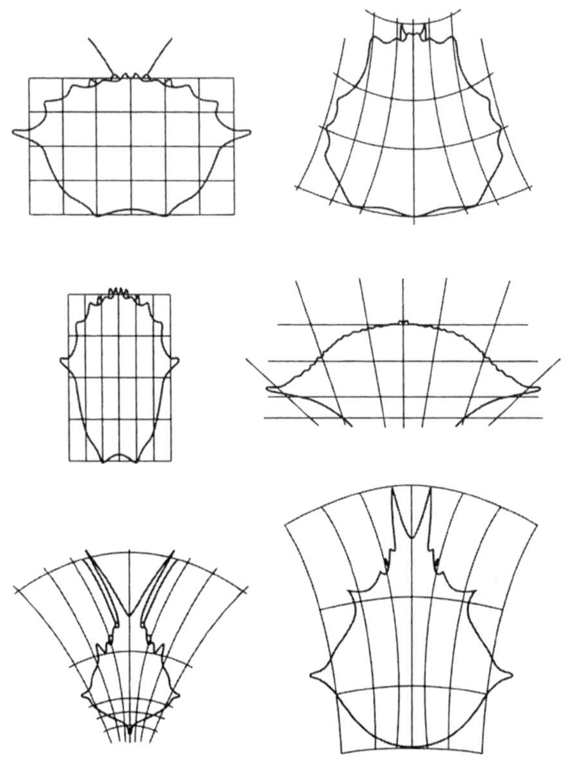

图 11-6　达西·汤普森的伸缩变换演示

一直以来，我都在想，“如果达西·汤普森有一台计算机，他会取得怎样的成果？”有一次，我将这个问题，放在了牛津动物学系的期末考卷上。可惜，没人能写出答案，因为学生们上的课，都没有讲到能回答出这个问题的知识，而且惴惴不安的考生，心中的头等大事就是如何拿到及格分（我想这也是可以理解的）。现在，我想要通过修改生物形态程序的方式，为自己提出的问题找到答案。这回，基因控制的不是树形图的发展，而是以数学的方式，控制着计算机之中虚拟“胶皮”的拉伸。和甲壳形态一样，这次也仅需对原版生物形态程序的胚胎学模块进行修改。剩余的其他部分都保持不变。这个程序，应该可以通过一步一步地选择，从梭子蟹进化到人面蟹。遵从达西·汤普森本人用到的方法，我准备忽略掉“所有螃蟹都是现代物种，哪一种也不是从另一种螃蟹那里进化而来”的事实。存在亲缘关系的动物，可以被看成是彼此经拉伸、旋转或扭曲而形成的另一个版本，都是伟大的“由所有动物组成的数学博物馆”中，身边邻居的扭曲版本。这样的思想，令我痴迷不已。

就算我愿意投入所有的时间和精力去编程，解决这一问题所需的数学和计算机技巧，也超越了我的能力所及。于是，我为了能聘请两位程序员，加入了牛津的财务支持项目，去申请科研经费。其中一位程序员，要在“达西·汤普森”项目上工作，另一位则要投入有关农业的一个与此无关的项目中。分配到“我的”项目上的程序员，名叫威尔·阿特金森（Will Atkinson）。事实证明，他拥有我所期望的全部能力。

在阿特金森的“达西”程序中，“基因”做了许多事情。有些将“弹力胶皮”从长方形拉伸成了梯形，扭曲的程度，由基因的数值决定。有些将一条或两条轴转变成了对数形式。诸如此类的数学变换不胜枚举。随着观察者不断选择着用以“繁殖”的“子孙后代”，胶皮上所体现出来的生物形状，也不断发生着变化。和我最初的那个生物形态程序没什么两样。

阿特金森的程序写得简约明快，但从中“进化”出来的形状，随着世代的延续，却变得越来越缺乏“生物学”特征。进化之中的动物，看起来越来越像其祖先的退化版本，而非具有生存能力的全新转化版，不像我那个生物形态进化程序那样，产出真正的进化后代。我和阿特金森共同努力，找到了其中的原因，而这个原因具有很强的指导力。原来，“达西形态”中不包含胚胎学。从一代进化到下一代的，并非动物形态本身，而是画着动物形态的那块“胶皮”。

而且，达西·汤普森最初的变换理论，也并非真正的进化论内容，因为他所画出的动物，都是成年的、现代的。成年动物，不会变化成其他成年动物。胚胎发育过程，从祖先的胚胎发育过程中进化而来。朱利安·赫胥黎（曾在新学院担任动物学导师，也是我的前任），对达西·汤普森的方法进行了修正，将同样的方法运用在从胚胎向成年动物的转化上。正如彼得·梅达瓦所言，这样就更具生物学实用价值。我最初设计的那个生物形态程序，之所以多子多福、充满创造力，能产生生物学形态，正是因为其中有胚胎学模块。这个模块，就像是一棵递归的、不断涌现新枝的大树，内含着某种潜在力量，能连续进化出饶有趣味的新方向。“甲壳形态”程序，也有其自身（迥异但依然具有生物学趣味）的胚胎学模块，能生成十分写实的、丰富多彩的生物学形式。现实生活中的胚胎学，难道不是如此“富有创造力”的吗？胚胎学本身是否也会进化，变得更善于生成进化？是否存在某种更高层次的胚胎学选择，从进化论的角度，选择那些繁殖能力尤其强大的个体？沿着这条线索，我产生了一个想法，即“可进化性的进化”。稍后，我会对此进行详细讲述。

《盲眼钟表匠》中生物形态程序的最初版本，带有 9 个基因，在九维超级立方体的界限内，漫无目的地走出了它们的进化之路。进化趋势，就是在这个特定超级立方体内，也就是这个包含所有生物形态的九维博物馆之中，一寸接一寸的前行轨迹。我曾想过，是否可以一举逃离这个超级立方体，进入更大的超级立方体之中。若想达到这个目的，其中一种方法，就是替换成完全不同的胚胎学，举例来说，就是将树形胚胎学换成蜗牛胚胎学。我对此进行了尝试。但在我准备投入进去之前，我想到了另一件事情——对影响我现有胚胎学（即最初的树形生物形态中的胚胎学）的基因数量进行增加，会产生什么样的结果。这就相当于要将用以进行进化研究的数学空间维度扩展到 9 个以上。我希望能借此机会，读懂真正的生物学进化。为了做到这一点，我分了两个阶段进行。在第二阶段中，我为基因配上了颜色，并在《攀登不可逾越之山》中对这种方法进行了首次介绍。而第一阶段，一切还是黑白的，并于 1991 年《盲眼钟表匠》再版时，在附录中亮了相。我将基因数量从 9 个上升至 16 个。分支树形胚胎学，依然是其核心，而新基因（再次重申，基因不过是数字而已）则表现出绘制基础生物形态的不同方法。“分割成节型”基因画出了一系列生物形态，很像是蚯蚓或蜈蚣的节状身体。一个基因确定要画出多少节，另一个基因控制着节与节之间的距离，还有一个执行着从头到尾的“梯度”渐进式变化。分割成节的生物形态（见图 11-7），比我一开始做出来的“扎拉苏斯特拉”昆虫，更接近于节肢动物的形象。它们看起来，和真正的生物一样活灵活现，虽然无法将其归类为现实生活中的特定物种。另一类基因，在不同的对称平面上，对生物形态进行“反映”。

图 11-7　分割成节的生物形态

带有新型对称基因和分割成节型基因的 16 维超级立方体，能比最初的 9 维空间进化出多得多的生物形态，甚至还能繁殖出形状不够完美的字母来。我还尝试着用这些字母签了个名（见图 11-8）。如果只有当初的 9 个基因，是完全不可能繁殖出字母的。而 16 维超级立方体所展现出来的不完美字母，也进一步证明，需要更多的基因，才能提高生物形态进化的灵活性。

RICHARD DAWKINS

图 11-8　签名

这样的想法，将我牵引回生物学的怀抱，并使我产生了“可进化性的进化”这一思想。

可进化性的进化

《盲眼钟表匠》出版之后的一年，我受到克里斯多夫·兰顿（Christopher Langton）的邀请，出席在新墨西哥州洛斯阿拉莫斯国家实验室举办的会议。兰顿是位富有远见的科学家，也是人造生命学的创始人。他将在这次会议上正式宣布新学科的创立。此处，正是第一颗原子弹的研究地点。在长期和平的熏陶下，再次看到罗伯特·奥本海默在第一次原子弹实验之后说出的那黑暗秘境般的话语，不禁令人顿生警醒：

> 我们知道，世界将会从此不同。没几个人笑，也没几个人哭，大多数人都陷入了沉默。记得印度教的经文《博伽梵歌》中有这样一句话："如今我成了死神，世界的毁灭者。"我想，我们可能都以不同的方式，有过类似的想法。

第一次人造生命会议的与会者，和奥本海默的同事完全不同。但我可以想象，在这两种完全不同的境遇中，存在着一股相似的气氛：虽然我们的会议洋溢着建设性，他们的会议充斥着毁灭性，但都是各路先锋走到一起，在一个全新而奇异的领域展开合作。除了克里斯多夫·兰顿本人之外，我还有幸见到了来自附近圣塔菲研究所的几位权威级专家人物，包括斯图亚特·考夫曼（Stuart Kauffman）、多恩·法默（Doyne Farmer）和诺曼·帕卡德（Norman Packard）。后面提到的这两位，曾经满怀勇气、生死与共地做过一件十分危险的事。他们二人曾在鞋中藏着微型电脑，用脚趾进行操作，并利用牛顿物理学原理，试图抢劫一家位于拉斯维加斯的银行。这个故事，由托马斯·巴斯写在了他的书里，读来甚是幽默。但我还是不提这本书的题目为好，因为此书在横跨大西洋之后，也被无缘无故地改了名字。

在那样充满冒险精神的氛围里，在新墨西哥州沙漠那梦幻般的景色中，我遇到了一位魅影般的年轻女子。后来，她开车带我回到她位于圣塔菲郊外沙漠深处的家，劝我和她一起吃摇头丸。在此之前，我从未听说过摇头丸这种东西（那是 1987 年）。如今想来，我拒绝她的邀请，其实并没有错，虽然当时让人感觉我颇为懦弱。但是，她那温柔的美丽，她那座怪异的砖石结构房屋，她为我播放的“新世纪”音乐，还有沙漠深处那鬼魅般的寂静和空气中那清冷的凛冽，都如梦境一般，让人感觉远方的山峦忽远忽近，无须毒品，便令我飘飘欲仙。不知为何，她那短暂的陪伴，还有那西南方地平线上幻影般漂浮着的山峦，为那次会议的气氛定下了基调。

我的演讲题目是《可进化性的进化》。那次讲座，以及为那次会议所发表的论文，算是这个说法的首次亮相。如今，“可进化性的进化”这一术语，已被业内人士广为使用。在会议上，我用一台 Mac 电脑进行了演示，其中展示了从 9 个基因增加到 16 个基因，并由此扩展的“生物形态”空间所拥有的更大的自由度。随后，我继续对生物学的道德寓意进行了阐释。

像我这样的坚定的适应主义者，很容易认为自然选择是无所不达、没有局限的。但是，只有在胚胎学抛出来的突变的基础之上，选择才能发挥作用（这是我在 5 年前出版的《延伸的表现性》中列出的“对完美的约束”之一）。进化上的改变，是在“由所有可能存在的动物构成的博物馆”中，沿多维走廊，一步步匍匐着爬过来的。但其中有些走廊，就算没有被完全封死，也要比其他走廊更难穿行。于是，进化就像顺着山坡流淌的溪水一样，去寻找阻力最小的通路。可进化性的进化，其意义就在于此。也许博物馆中一些之前被堵上的或在定量上受阻的走廊，在胚胎学创新的进化发明中，突然间天堑变通途。在前寒武纪的远古时代，出现的第一只节肢动物个体，与其非节肢父母相比，可能更善于生存，也可能更不善于生存。但将其孕育出来的胚胎学革命，激发了一场全新的进化大暴发，就好像一下子打开了泄洪闸门一样。是否存在某种更高层次的自然选择，通过胚胎学的进化“繁殖能力”，来对整个谱系进行选择？对于 20 世纪 80 年代的我，一个忠贞不贰的达尔文学派适应主义者来说，这是个近乎异端邪说的思想，但这一思想，令我为之振奋。

第一只节肢动物，一定有着非节肢的父母。而且，这只动物至少由两个体节组成。节肢的意义在于，体节与体节之间以复杂的方式彼此联系，彼此相近。蜈蚣，就像火车一样，中间有一连串长着腿的车厢，前端有一个装配着感官系统的引擎，后部有一个负责生殖的末尾车厢。人类脊椎的节状结构，节与节之间并非完全相同，但椎骨的形状是一样的，还有着相同的背神经和腹神经，相同的肌肉群，相同的血管等等。蛇类有着数百节脊椎，某些蛇的脊椎骨数量，要比其他蛇多出许多，而这些脊椎骨彼此之间，与“火车”上的前后相邻“车厢”基本相同。蛇类物种都是近亲，因此，一定会偶尔有不一样的个体蛇诞生。这只个体身上的脊椎骨数量，比它父母的多（或者少），而且是多得多（或是少得多）。不会出现半个节的情况。可以从 150 节变成 151 节，但不会变成 150.5 节或 149.5 节。要么就是完整的一节，要么就没有。如今，我们已经搞清楚了其中的原因。这种现象的背后推手，叫作同源异形突变。本科时代苦读动物学教程的多年之后，竟然有了如此令人恍然大悟的新发现。正是同样的同源异形突变，对脊椎动物和节肢动物的体节发挥着调节作用。而且，基因还能从老鼠身上移植到果蝇身上，并表现出令人惊叹的相同效果。

在《可进化性的进化》演讲的之前一年，我在《盲眼钟表匠》中，写下了与“波音 747”相对的“加长型 DC-8”宏突变。著名天文学家弗莱德·霍伊尔（Fred Hoyle）爵士（并非失足误入[①]生物学的头一位物理学家，也不会是最后一位），曾表达过他对达尔文主义的怀疑。他称达尔文主义就像是一阵狂风在垃圾场上席卷而过，碰巧组装成了一架波音 747。这里指的是生命起源（无生源说）。但他的比喻，却被神创论者利用起来，作为对进化论本身的攻击武器。而在这里被忽略掉的，正是累积自然选择的巨大力量，即沿不可逾越之山的缓坡一步步向上的缓慢攀爬过程。插图部分收录了一张照片，是我站在飞机墓地上拍摄的。照片中的我，带着一副忧心忡忡的表情，时刻留

① 甚至可以说是傲慢地闯入生物学领域。他曾展示出著名的始祖鸟化石，并称其是伪造的，说物理学家中不会有人像生物学家那样，将如此劣质的仿品视为证据。他的确是一位优秀的物理学家，他关于化学元素如何在星体内部形成的学说，足以为他争取到诺贝尔奖。事实上，他的确为一位共同参与研究的同事争取到了诺贝尔奖。

意即将到来的狂风，看是否会自动组装出一架波音747。

我还援引了另一类飞机——加长版DC-8，作为比喻，以便对比。加长版DC-8，是DC-8客机的一个版本，通过嵌入两段机身，而在总体上加长了11米。其中，机头增加6米，机尾增加5米。加长版DC-8，就相当于带有两个同源异形突变的普通版DC-8。我们可以将额外多出来的那部分机身中的每一排座位（都带有同样的小桌板、灯光、通风口、呼叫按钮、音乐插口等等），都视作一个体节，是突变之前体节的复制。我借用这个比喻，想要说明的生物学观点是，虽然我们对一次性突变大跃进（霍伊尔口中的747）能造就出全新的复杂动物或复杂器官的说法，表示彻底反对，但从原则上讲，并不反对体节的复制，无论体节本身有多复杂（我的DC-8）。谁也不能无中生有地发明出一节脊椎骨来。但只要有一节脊椎骨存在，你就可以照着这一节脊椎骨，凭借一次突变，而生成第二节。打造出一个体节的胚胎学大机器，也能打造出两节，或十节。而且，现在我们甚至还了解到，是同源异形突变这种机制，在背后做推手。

胚胎学机制还能轻而易举地对一连串体节中的每一个进行拉伸。虽然加长版DC-8并非这样“突变”而来，但我还想继续借用这个比喻，将突变结果称为加长版DC-8。这是因为，这种变化，并非如假设中的“747突变”那样，在复杂程度上出现巨大的跳跃性发展。长颈鹿的颈椎数量，和任何普通的哺乳动物都一样，一共7节。长颈鹿的脖子之所以很长，是因为这7节颈椎骨全部增加了长度。我强烈怀疑长颈鹿的脖子是逐渐延长的，但并不反对原则上的不可逾越的“747”类型，即认为长颈鹿的脖子是在一次同时影响到7节颈椎骨的宏突变中突然延长的。负责生成颈椎骨，包括所有相关神经、血管和肌肉等复杂结构的现有胚胎学技能，都在正常运转之中。我们需要的，只是在某些生长领域进行量化调整，对全部7节颈椎同时进行大规模拉长。同样，以蛇为例，身体的延长，也可以通过对脊椎进行复制而非拉长而实现。

乔治·奥威尔在《1984》中讲述的独裁政权，曾针对一位名叫古德斯坦（映射撒旦神话中的“堕落天使”）的叛徒党员展开每日一次的“两分钟仇恨”。将“仇恨”一词换成“鄙视”，你就能知道我读本科时，牛津动物学系对德裔美国遗传学家理查德·戈尔德施密特（Richard Goldschmidt）所持的整体态度了。戈尔德斯密特受 E.B. 富特的影响颇深，他提出的“有希望的怪物”学说，点明了宏突变的进化学意义，却因该学说所处的特殊领域而受到误导（例如，在非常具有牛津风格的蝴蝶拟态领域）。但因为戈尔德施密特并没有从正直的“加长版 DC-8”领域偏移到“波音 747”的宏突变幻想国度，因此从原则上讲，他并没有越界。而第一只节肢动物的概念，也无法证明“有希望的怪物”这个说法是错的。因为谁也没有亲眼见过形态学批量生产的那批老古董的化石。

宏突变（形成显著影响的突变）的确会发生。原则上，宏突变融入基因池，成为常态，并非完全不可能，但这种情况极为少见。原则上，我所反对的是这样一种思想，认为宏突变能打造出全新的、复杂的、功能性器官或系统，不可能仅在巧合的作用下，造就其中许多部件的同时结合。比如眼睛，带有视网膜、玻璃体、聚焦肌肉、控制孔径的机制等等。原则上，我不反对这种观点，认为“四眼鱼”能在一次宏突变的作用下，额外长出两只眼睛。实际上，四眼鱼之所以有四只眼睛，很可能就是宏突变的结果。这也是同源异形突变形成的加长版 DC-8 进化的典型案例。突变之前的祖先所带有的胚胎学机制，早已“知道”如何造出眼睛。但其中的任意一只眼睛，甚至扩展到任意一只脊椎动物的眼睛，都不可能在一次突变步骤中从无到有地出现：这样的“747 进化”是不可能出现的神迹。脊椎动物眼睛的形成机制，只能是循序渐进、一步接一步逐渐形成的。

讨论到这里，还能顺便为一个幼稚的说法找到答案。这个说法，源自古尔德。他常说，达尔文作为一名“渐进主义者”，一定会对所谓的“点断”进化论持反对意见。如果说达尔文是一名渐进主义者，只是因为他不接受 747 宏突变的思想。虽然达尔文没有用过飞机的比喻，但他坚定的态度，是只排除 747 类型的宏突变，而不排除加长版 DC-8 类型的宏突变的。

语言的进化，也是值得探讨和测试的有趣话题。讲话的能力，是否在一次宏突变中骤然涌现？将人类语言和所有其他动物通信方式区别开来的本质特征，就是句法，即关系从句、介词从句等语法的横向嵌入。在计算机语言中（在人类语言中亦可能如此）让句法成为现实的软件，是递归子程序。子程序是一段代码。当被调用时，能记住其被调用时的位置，并在完成任务后回到原位。递归子程序还拥有额外的本领，能自我调用，并回到本身的外在版本之中（更具全局性）。我在自传上部中，对此进行了详细解释。在这里，仅以图 11-9 为例。这句话，是由我编写的计算机程序生成的。这个程序，能生成无数种拥有完美语法的句子（并不一定具有真实的语意）。母语是英语的读者一看便知，这些句子中的句法结构都是正确的。我利用括号和字体上的区别，对这句话的结构进行了分析。请留意从句是如何嵌入主句内部，而非附着在主句末尾的。

The adjective noun

(of the adjective noun

(which adverbly adverbly verbed

(in noun (of the noun (which verbed)))))

adverbly verbed.

图 11-9 语法程序

这一程序能生成任意数量拥有正确语法的句子（却不具有真实语意），而编写这类程序，易如反掌。但前提是，你的计算机语言，能接受递归子程序。举例来说，这类程序就不能用最初的 IBM Fortran 语言及其同时代的其他计算机语言进行编写。我编写程序时，用到的语言是比 Fortran 稍稍年轻一些的 Algol 60。而若利用更加现代的编程语言，即递归子程序这个“宏突变”发生之后所出现的编程语言，那么编写起语法程序就更是不费吹灰之力了。

人类大脑的运转方式，仿佛是拥有某种相当于递归子程序一样的机制。而这一能力，是通过单一突变而出现的（应该称其为宏突变），这样的想法也并非完全不着边际。事实上，存在某些证据，证明一个名为 Fox P2 的基因，可能参与到了这一过程之中，因为某些带有 Fox P2 基因突变的少数个体，是无法讲出恰当的话来的。更具启示意义的是，这一基因位于染色体中的少数地带，而这些为数不多的少数地带，是人类区别于大猩猩而特有的。但是，关于 Fox P2 的证据并不明确，尚存争议，在此不做深入讨论。我之所以要对宏突变这个问题进行探讨，是出于逻辑推理的缘故。就像没有半个体节一样，在递归和非递归子程序中，也不存在介于两者之间的中间产物。计算机语言要么接受递归，要么不接受。不存在半递归之说。递归子程序，是若有则有，若没有则不存在的软件小技巧。一旦用上这个小技巧，横向嵌入句法就立刻成为可能，而且程序也具有了生成无限种扩展句子的能力。这种宏突变看起来十分复杂，还带有些“747”的气质，但实则不然。其只不过是软件上一笔简单的锦上添花，一个“加长版 DC-8 突变”，并由此突然间失控般地生成大量复杂性，成为其新兴特性。“新兴”，在这里是个重点词。

如果一位突变人类降临于世，突然间能造出真正的层级句法，那你肯定会想，这样一个人能跟谁说话。他会不会觉得无比孤独？如果假设中的“递归基因”是显性基因，那么就意味着，我们的第一位突变个体，能以这种方式进行表达，而且他 50% 的后代也拥有同样的能力。会不会就此出现语言学第一家庭？实际上，Fox P2 就是显性基因，是不是很有意思？另一方面，就算父母一方及其一半的子女都拥有这种句法软件装备，他们如何能立即开始将其运用在沟通之中，也是很难想象的。

在自传上部中，我简要地提到过一点，即这种递归软件，很可能曾用在一些前语言功能之中，比如为捕猎羚羊做计划，或针对附近部落发动战争。猎豹捕猎的每一个阶段，都有一系列能增进食欲的程序，称为从属程序，每一个从属程序，都通过“停止规则”得到终止，而停止规则也是一个信号，标志着整个进程回归到高级程序中调用子程序的那个点上。这种以子程序为基础的软件，是否为语言学句法结构的发展铺平了道路，只不过等待着最后一个宏突变的来临，即允许子程序自我调用、实现递归的突变？

在乔姆斯基这位天才人物的引领下，我们了解了层级嵌套语法结构，以及其他一些语言学上的原则。他认为，人类的孩子，和其他物种的幼兽不同，与生俱来便在大脑中带有通过遗传而植入的语言学习装备。孩子能学会他所在部落或国家的特定语言。学习语言之所以对孩子来说很简单，是因为大脑已经对语言有所“了解”，而孩子只不过是在利用他天生就有的语言机器，进一步充实内容。如今（过去并非如此），知识界具有遗传论倾向的学者，总是与右派政治势力紧密相连。而乔姆斯基，温和点说，就是大声颂扬对立一方的政治势力。这样的脱节，令旁观者觉得颇为矛盾。但从这个例子上来看，乔姆斯基的遗传论姿态是讲得通的，更准确地说，是讲得很有意思。语言的起源，可以作为进化论“有希望的怪物”思想的一个难得的案例。

诸如分出体节或产生语言等“有希望的怪物”，充满戏剧化色彩。而较为平和一些的，则有许多胚胎学创新。这些创新虽不能为其第一位个体基因携带者带来巨大的生存优势，却打开了通往未来进化的泄洪闸门。说到这里，我们又回到了“可进化性的进化”这个话题上。在洛斯阿拉莫斯会议上首次提出这一说法时，我的想法是将我们用回顾的眼光关注到的某种更高层级的自然选择，带入到讨论之中。一种新的创新，无论是否能在短期直接提高个体的生存能力，都能引导出多条进化分支，而由此繁衍而出的后代，逐渐遍及了整个地球。我给出的最重要的例子，就是体节，而语言则是一个比较极端的个例。但除此之外，还有其他一些案例。鱼类离开水域，登上陆地的早期适应，并不仅仅能帮助这些先锋鱼类找到新的食物来源，或找到逃离水中天敌的新方法。而是开创了新的生活环境，不仅仅是为了短期的个体生存，而是为了未来世世代代分支繁衍的发展。就像达尔文主义选择，对能帮助个体生存的适应产生偏好一样，也可能存在一种更高层级的非达尔文主义选择

（或亦属于达尔文主义的范畴，只不过其从属关系有些模糊，有些令人迷惑）。这种更高层级的选择，存在于谱系之中，以提高可进化性的质量为目标。洛斯阿拉莫斯会议上所做的题为《可进化性的进化》的演讲，其主旨就是这一点。为了证明我的观点，我向观众展示了自己的计算机生物形态程序，还有我在重新编写程序，加入体节和各平面对称的新型基因后，所展现出来的全新的进化图景。

讲座之后的问答环节（主办方很贴心地请著名理论生物学家斯图亚特·考夫曼担任主席），有人开玩笑地问，我的生物形态程序，除了能繁殖出字母外，是否还能繁殖出货币。听到这个问题，我立刻将一个还算说得过去的美元标志（请见图 11-8 签名中的字母 S）打到了屏幕上。就这样，我的演讲在全场的会心大笑中宣布结束。

万花筒般的胚胎

虽然我在洛斯阿拉莫斯的演讲，题为《可进化性的进化》，但我并没有在舞台上将这一问题讲深讲透。《攀登不可逾越之山》中有一章，叫作《万花筒般的胚胎》。其中对“可进化性的进化”进行了深入探讨，而且这段文字的发展方向，是我十分满意的。之前提到过，我在生物形态程序的后期版本中，加入了“镜子基因”。在各个平面上控制着动物对称的基因，也可以被视作在胚胎中嵌入“镜子”，就像万花筒中的镜子一样。大部分动物（并非全部），都有一块这样的镜子，存在于身体的中线，令身体的左右两边保持对称。昆虫出现了长出第三条腿的突变，从理论上讲可能只会影响到身体右侧，但实际上，在身体左侧也会出现其映像。从本质上讲，这种映像作用，是一种约束，因为映像作用的存在，会对进化的自由度产生限制。即使没有镜子基因的存在，动物还是有能力实现完美的对称，或说成“有目的地达到”完美对称，更为恰当。这样的对称，是由身体两侧的不同突变所实现的，而同时出现的一定还有许多稀奇古怪的不对称体征。但如果我们假设（在《攀登不可逾越之山》

中，曾讲到过，这样的假设是合理的），左右对称能带来超越自身的更多整体化利益，如果突变能自动在身体两侧出现映像，那么进化发展的速度就会加快。因此，我们可以不将镜子基因看成是约束（严格来讲的确是约束），而将强加在动物身上的对称（胚胎万花筒中的中线“镜子”），看作是可进化性进化的进步。

同样的道理，亦适用于其他平面的对称上，虽然这些对称在真实的生物学中并不是那么常见。图 11-10 左侧，是四向对称的计算机生物形态（对角线存在两个“万花筒镜子”）。图 11-10 中间，是放射虫的骨骼（放射虫是一种结构精美的微观单细胞生物）。图 11-10 右侧是茎水母（很明显，与放射虫不属于同一量级）。三者都在对角线上有“两个镜子”，深深地埋藏在胚胎学之中。在生物形态的例子上，我对此十分确定，因为胚胎学的软件就是我编写的。在两种真实动物的例子上，我并不确定，但我敢拿我的上衣打赌，这种四相对称，是胚胎学中的默认约束。我的猜想是，无论基础胚胎学中的何种创新，形成了这样万花筒般的约束，该创新一定存在优势。我认为，这样的创新，应该属于可进化性进化的进步。

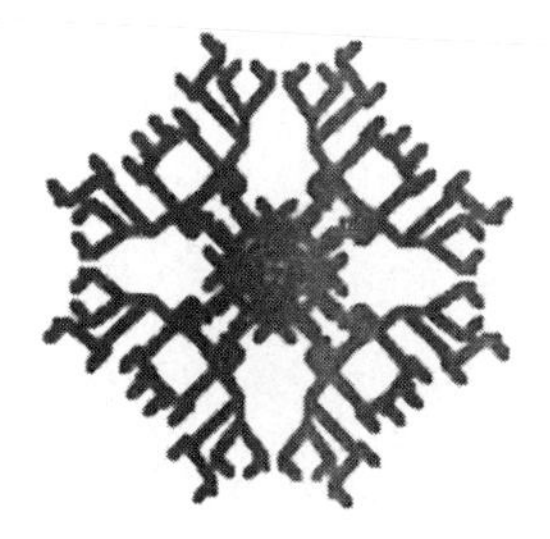
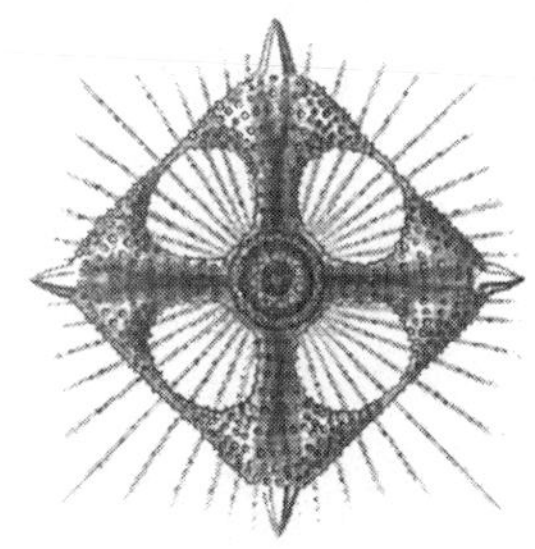
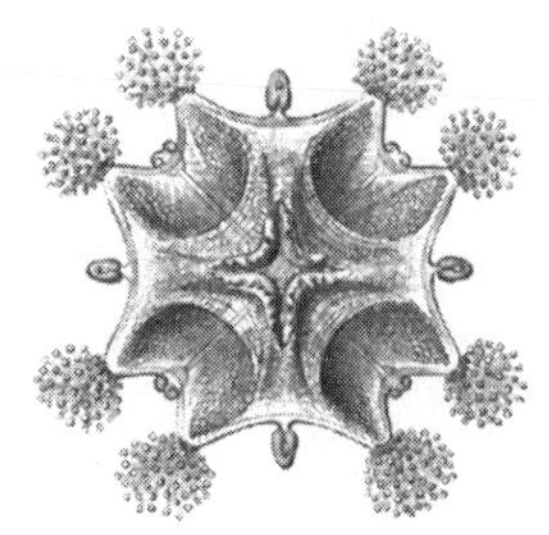

图 11-10　对称

棘皮动物（海星、海胆、海蛇尾等等），大都是五向对称的。同样，我也认为，与此相关的对称规则，存在于胚胎学深层。由此，如果在海星一只触手的尖端出现某种突变，就会同时映射到全部五只触手上（在偶尔出现触手数量多于五只的海星的情况下，这样的泛化现象依然成立）。而且，出于某种原因，对称对于海星来说是件好事，因此，对突变进行“映射”，（与每只触手分别发生改变相比）就是无须偏离五向对称而能实现改变的捷径。因此，可以将其纳入到“可进化性的进化”范畴予以讨论。我在电脑屏幕上繁殖五向对称生物形态的努力，全部以失败告终。原因显而易见。只有彻底重新编写胚胎学程序，才能实现五向对称。在此进一步说明，我们所研究的对象，就是可进化性的进化。我是通过“作弊”的手段，才将棘皮类动物的生物形态繁殖出来，展示在电脑屏幕上的（见图 11-11）。逐一看去，它们表面看起来很像是沙海胆、海胆、海百合、海蛇尾和两只海星。但其中没有任何一个属于五向对称。

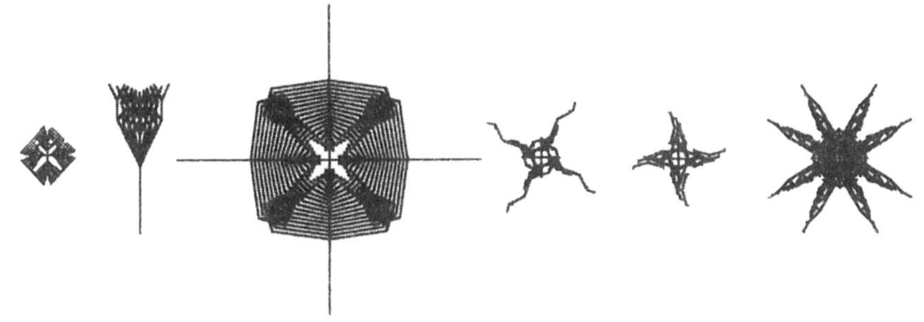

图 11-11　棘皮类动物的生物形态

在洛斯阿拉莫斯会议召开时，还没有彩色 Mac 电脑。待我终于用上彩色 Mac 时，就立即投入到了扩展生物形态染色体的下一步行动之中，为程序增添了一套全新的彩色基因。同时，在胚胎学算法所在的基本树形图的线条上，我增加了一些基因，以便对其进行修正。修正之后，依然接受简单线条的存在，但我还引入了一种新的基因，对线条的粗细进行改变，还有其他一些新基因，将线条的形状从简单的线形改变为长方形或椭圆形；控制这些形状是实心还是空心；并控制线条颜色或填充颜色。这些额外增加的基因，打开了进化的新闸门，吸引做出选择的人类，去繁殖出更加惟妙惟肖的生物形态，有些像热带花朵，有些像桌布，有些像蝴蝶。我曾想过，要将计算机拿到花园中，给真正的蜜蜂蝴蝶看一看，让它们去挑选屏幕上的“鲜花”和“蝴蝶”。我希望，真正的昆虫能亲自动手，能从非花形态开始，培育出真正花朵物种的拟像，可惜，当我真的这样做时，将这些昆虫吸引出来的耀眼阳光，也令屏幕变得昏暗不明。其实早该想到这样的结果。于是，我也将这个打算，和许多看起新颖的想法一起，抛在了脑后。也许能试试夜行的飞蛾？像 iPad 那样的触屏设备，若稍加改造，能否对飞蛾的触碰产生直接反应？

我创造彩色生物形态的时候，正是我遇到拉拉的时候。她心灵手巧，很擅长刺绣。那时，她还没有将兴趣转移到马赛克拼画、陶器绘画和（她目前最喜爱的）缝纫机编织与绘画上。她受到彩色四向对称生物形态的启发，在沙发垫和椅套上刺绣出相同的花样，每一针，都对应电脑屏幕上的一个像素（见插图部分）。20 年之后的今天，这些刺绣作品的魅力依然不减当年。

所有这些生物形态风格的程序，都用到了人工选择，而非自然选择。对于如何别开生面地模拟自然选择这样的难题，我只敢想一想，不敢尝试。其难度很大这个事实，本身就具有指导意义。我们能想象，在我的生物形态程序中，加入“尖顶”或“圆形”的选择指标。我也的确尝试着这样去做了。如此，就绕过了人眼这种选择中介，而且也确实发挥了作用。但从生物学角度来看，并不是特别有意思。为了对在“世界”中的生存进行模拟，就必须构建起这个世界来，而这个世界，要带有自身的物理学，自身的（三维）地理学，自身关于生物形态如何与世界中的其他物体及其他生物形态进行互动的规则，以及如何不占用其他物体的同一块实体空间的规则，等等。在《盲眼钟表匠》出版之后的几年间，聪明的程序员开发出了带有自身“物理学”的人工世界，比如史蒂夫·格兰德（Steve Grand）和他的“造物”、托斯坦·里尔（Torsten Reil）和他的“自然运动”，以及“第二人生”风格的各种幻想环境。这些新兴事物，远远超出了我的水平，而且不管怎样，我已然戒掉了编程的瘾。

关节形态

可进化性的进化，就是打开了通向新型创造性发展的大门。我在洛斯阿拉莫斯会议上首次提出这一思想，而这次会议本身也成了这一思想的某种比喻。正是因为这次会议的召开，我内心也掀起了一股创造性大潮（也许其他与会者也是一样）。对于我来说，这次创造性大潮的巅峰，就是《攀登不可逾越之山》。此书是我所有著作中，最不受人关注的一本（读到这本书的人数最少，虽然此书是继《延伸的表现型》之后，最具创新意义的一本著作）。

这次会议，还开启了另一扇大门。正是在这次活动上，我遇见了泰德·克勒（Ted Kaehler）。克勒是苹果公司的明星程序员，他所拥有的原创思想风格，正是这家富有艺术气息的创意公司所独有的特质。他出席会议的一部分原因，是为了给计算机演示提供支持（其中也包括我的演示），但他的专业能力和兴趣方向，远远超越了技术本身。我也和他就进化论思想展开了许多讨论。后来，艾伦·凯在洛杉矶开办了由苹果公司赞助的教育项目，克勒也参与其中。该项目组建了一个令人压力颇大的智囊团，我曾有幸加入了一段时间。那时，我住在好客的格温·罗伯茨家，也正是在那段时间，我进行了大量的彩色生物形态编程工作。共事的这段日子，我与克勒经常见面。我们怀着越来越高涨的热情，掀起了头脑风暴。这种感觉棒极了，正如我在讲到黄蜂的那几章中所描述的一样，当二人的思想并驾齐驱，在快车道上飞驰之时，真是酣畅淋漓。我们都对可进化性的进化思想怀着痴迷般的执着，尤其是其中的体节。我们还共同酝酿了一个计划，打算编写一个新的生物形态风格的人工选择程序，将重点放在节肢动物一样拥有体节的人工创造物上，并在其中加入其他一些重要的生物学原则。我们将这种新的人工创造物，称为“关节形态”。

《盲眼钟表匠》中最初的生物形态，拥有 9 个基因。洛斯阿拉莫斯版本的生物形态，拥有 16 个基因。而彩色版则拥有 36 个基因。染色体的每一次扩大，虽然都约束在“富有建设性”的方式上，比如体节的出现或“万花筒中的镜子”，但都打开了我所谓的“泄洪闸门”，极大地扩展了进化“创造力”。但每一次大发展，都依靠程序员的干预。我必须回到原点，写出一大堆新代码来才行。从某种角度上理解，这也是可进化性的进化的一个恰当比喻。因为我认为，在真实的生物学之中，我们所讨论的全新的分水岭事件，无论是体节的出现、多细胞性的出现、性别的出现，还是棘皮动物五向对称的出现，都是罕见而具有灾难性的动乱，就像对计算机程序进行大规模改写一样。事实上，就连程序纠错，都与真实的生物学现象存在类似之处。因为我们知道，当革命性的突变通过选择而进入基因池时，就会展示出震撼性的效果，而如此震撼的效果，需要在该突变发生之后，得到适当的缓和，需要通过后续选择，对随之而来的一系列小突变实现偏好，从而消除一个总体来看利大于弊的大型突变之中的副作用。

但真正的生物学知道，存在一个中间层级的突变。这种突变，不像多细胞性、性别、体节或新颖的对称“镜子”那样具有革命性，但比沃森 - 克里克核苷酸转变成为 C、T、G、A 中的另一种这样的寻常点突变要激进一些。这种中间类别的突变，包括对整条染色体的复制（或反过来——消除）。基因复制，是染色体越变越大的主要方式。在《祖先的故事》中（特别是在《七鳃鳗的故事》中），我讲到了血红蛋白这一特定案例。在此简要复述一遍：我们拥有五条不同的“珠蛋白”链，由位于染色体不同位置的不同基因进行标注。而全部五条珠蛋白链，都传承自一个单一的祖先珠蛋白，而这个珠蛋白，则由一个单一的祖先基因所标注。祖先基因（如今是我们的原始远亲七鳃鳗所拥有的单一基因），在进化的过程中成功实现复制，才有了我们如今的多个“珠蛋白基因”。一般情况下，当我们说到进化趋异时，我们指的是祖先物种从一种分裂为两种。行走着的、呼吸着的两群动物，就此分手，各行其道。在这里，从另一方面来看，虽然我们仍然在讨论进化趋异的话题，但我们也要讲到每个单一个体内部所发生的分裂。这样的内部分裂，会形成两条分子谱系后裔，它们肩并肩，存在于未来世世代代个体的身体之中。

顺便提一句，经常有人问我，如果我要重新撰写《自私的基因》这本书，那么如今不断发展的基因学，是否会令我对当初书中的一些说法进行改动。答案是否定的。这个否定，令我颇为迟疑，因为真正的科学家常常在新证据问世之时改变想法，并以此为傲。如果要与新的基因学发现联系起来，那么我会说，我于 1976 年提出的“基因眼光”观点，恰恰被这些新证据，诸如《七鳃鳗的故事》中讲到的基因复制等事实所强化了。这是因为，我们现在将进化趋异视为发生在个体内部基因层面的事情，而这一点则弱化了个体（而非基因）作为选择层面的重要性。

我和克勒二人在编写关节形态程序的过程中，并没有试图去模拟血红蛋白式的基因复制。但我们的新程序，的确拥有一种基因复制和删除的形式。经实践证明，这种形式非常具有指导意义。在此之前，我所有的生物形态程序，都拥有固定的基因总数（三个版本分别拥有 9 个、16 个和 36 个基因），而关节形态程序所拥有的基因数量，则是可变的，而基因数量本身，也受制于突变。读者是否能感觉到，我们此时，正在逐渐将重写软件的工作，移交到进化的手中，而之前，生物形态可进化性的每一次大规模突变发展，都需要我坐下来写上一大堆的代码。

我们将分节机制深深地植入了关节生物形态的胚胎学之中，也允许遗传上出现单一体节的情况。左右映像，属于默认的约束：所有的关节形态，都是左右对称的。每个体节，都包括一个椭圆形的身体结构（其具体形状和大小受遗传控制），并拥有长出一双对称腿足的能力。而每一双足，都拥有分支成钳状的能力。截至目前，都充满了节肢动物的特征。每一条腿的关节数量，包括每个关节的大小和关节的活动角度，都受遗传控制。终端钳子的大小和角度，也受遗传控制。

从胚胎学角度看，更有意思的是几组临近的体节（连续体节）共享影响场。举例来说，头三个体节可能彼此之间更加相似，但和后两节体节之间存在更多的区别，而和再后面四节体节所具有的区别更大。这样的结构，让人联想到头部、胸部和腹部（见图 11-12 左）。我们将每一个这样的体节组（其中体节的数量并不一定是三个，因为体节数量本身也受制于遗传变异），称为体区（tagma），这个称谓也是节肢生物学中的正确名称。但体区之内的每一个体节，并不一定是完全相同的。每个体节，受其自身特定体区基因的影响，而该特定基因，不受其他体节的控制，可自由实现独立突变。体区内部的相对统一性，通过将每个体节的遗传量与某个专属该体区的数字（一个“基因”）相乘而得来。图 11-12 右，与关节形态 1 比较相似，除了其中的 3 号体节，虽然能看出其是 1 号体区的一员，但腿部却比 1 号体区的另外两个体节更长。3 号体区，从整体来看，也有着不一样的腿部。

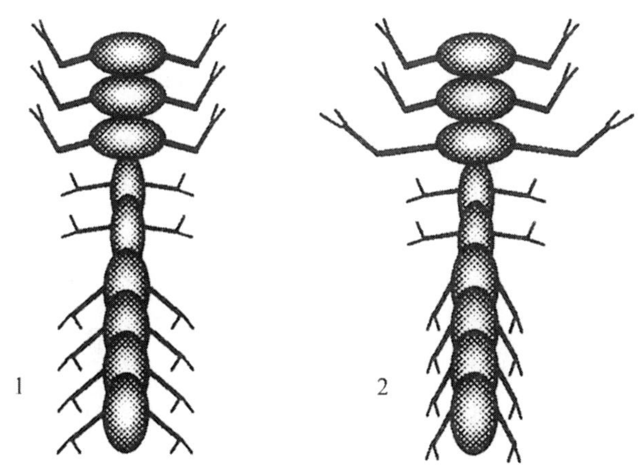

图 11-12 关节形态

从更高的层级上看，还有其他一些基因，与整个有机体全部体区的所有基因值相乘。最后，我们加入了“梯度”基因，随着有机体从前向后，与其他遗传效果（逐渐上升或下降的数字）相乘。通过基因复制（或删除），还能实现体区数量的增加（或下降），以及每个体区之内体节数量的增加（或下降）。

这就是关节形态的胚胎学，读者会发现，从生物角度来看，它比生物形态胚胎学更加复杂而有趣。正是关节形态的胚胎学，将我逼到了编程技术的极限，以至于我不得不依靠克勒那高超的编程经验。代码的编写工作，是我自己完成的（我用的 Pascal 语言，并非克勒所好。之前也提到过，如今这种语言早就销声匿迹了）。但克勒用电子邮件的方式，为我提供指导。他的邮件内容，可谓是与正式英语有些类似的伪计算机语言。有时，我感觉，他一定对我的缓慢进展感到不耐烦，因为我的水平，实在不及苹果公司职业软件工程师的标准，但他一直有问必答，我们也终于为这项任务画上了圆满的句号。只要过了胚胎学程序这个难关，余下的任务，就是将其嵌入最初的生物形态程序之中，以便在屏幕上进行“繁殖”选择。图 11-13 中的动物园（说成是跳蚤乐园更为贴切），就是我在编程完成之后，通过人工选择的手段，繁殖出来的无数关节形态之中的一部分。

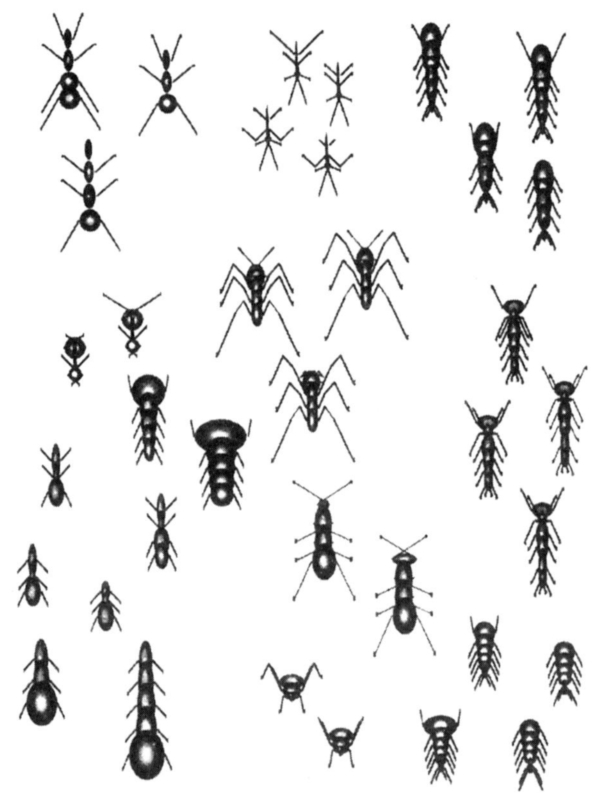

图 11-13　跳蚤乐园

克里斯多夫·兰顿的人造生命大会，继续一届接一届地召开。同时，还有另外一个叫作“数字生物群”的系列会议也在举办之中。兰顿本人参加了第二届数字生物群大会。这次大会于 1996 年召开，会议地点是剑桥大学莫德林学院。我应邀发表了主题演讲，题目是《真实生命的视角》。我的目的一目了然，就是想在这些极客探索玄妙的虚拟世界之时，将他们拉回到真实生物学的层面上来。对我来说，这次会议的难忘之处，在于聆听了道格拉斯·亚当斯的即兴演讲（这段演讲内容收录在《怀疑的鲑鱼》中），也在于我遇见了《创造：生命及生命形成》的作者史蒂夫·格兰德。格兰德的这本大作，与他精湛的人造生命程序——造物，可谓相得益彰。也正是在那次会议上，我见识到了虚拟世界的神奇。在虚拟世界之中，来自世界各地的玩家所拥有的“化身”，可以在华美的城堡、宫殿、赌场和街道上纵情游荡，所有的场所，都以公共项目的形式建成并管理。虽然我对虚拟世界编程的卓越功绩感到心驰神往，但总觉得，以化身形式居住其中的人们所表现出来的某些极端行为，有些恐怖。“好好过日子”这个说法，常常被人们挂在嘴边。但我总是禁不住去想，这句话应该在“第二人生”中，写在高高飘扬在城市上空的旗帜上。第二人生中的人，甚至还能和他们从未谋面的人“结婚”，并因为在虚拟空间中的“不忠”而“离婚”。也许，这就是未来的存在方式，说不定哪一天，我还要用虚拟的方式“食”掉我真实的“言”。

合作基因

我在“死者的遗传书”中，对物种基因池的强调（而非个体染色体），也树立起了我世界观中的另一个中心支柱：合作基因。这一思想虽然让人一目了然，却具有重要意义。因为从功能性的观点出发，如果单个基因脱离了基因池中其他基因的共存，就会失去作用。此处所说的其他基因，即与单个基因在漫长而广袤的时间和空间范围内，共享大量个体身体的基因。在《解析彩虹》中，有一章名为《自私的合作者》，就是专门对此进行论述的。但这一思想，在《自私的基因》中就已初现雏形（请忽略本书的题目）：

> 一个基因，如果能与在相继出现的身体中的大多数其他基因和平共处，即与全部基因池中的其他基因和平共处，那么这个基因就会拥有优势。
>
> 举个例子，成功的食肉动物的身体，需要具有一系列重要特征，比如尖利的切牙，用于消化肉类的内脏等等。另一方面，成功的

> 食草动物，需要平滑的磨牙，以及拥有完全不同消化能力的、长得多的内脏。在食草动物基因池中，如果一个新基因为其占有者赋予尖利的食肉牙齿，则不会成功。并不是因为食肉行为是一无是处的坏事，而是因为不存在适用于消化肉类的内脏，不具备其他肉食生活方式的特征，则无法有效地食用肉类。实现尖利肉食牙齿的基因，并非从根本上就是坏基因。只有将其放置在充满食草特质基因的基因池中，才是坏基因。
>
> 这一思想，微妙而复杂。之所以复杂，是因为基因所处的“环境”，大都由其他基因组成，而其中的每一个基因，本身都是因为拥有与环境中其他基因合作的能力，而得到选择的。

我十分乐意再出一本新书，题为《合作的基因》，但这本书的内容，与《自私的基因》完全相同，一字不差。此处并无悖论。自私的基因，在其所处的环境中实现生存。此处所指的环境，包括我们能看到的外部环境：气候、天敌、寄生虫、食物供给等等。但对于任何基因来说，更重要的一部分环境，是物种基因池中的其他基因，即从统计学角度讲很可能与其共享同一身体的一组基因。与世隔绝的基因，不会有表现性效果。而基因的表现性效果，取决于短期来看存在于身体之中的其他基因，长期来看存在于基因池中的其他基因。自然选择，在每一个独立位点上，都会对与其他基因共享一连串身体的等位基因产生偏好。这就意味着，在其他位点上，基因会与对其表示合作的等位基因进行合作。合作，是这场游戏的主题。结果，就是基因池中发展出许多由相互合作的基因组成的大集体。如果从一个大集体中拿走一位成员，并将这位成员安插到另一个大集体之中，结果不会是成功的。我对这一重要观点的理解，受到牛津 E.B. 富特学派的强烈影响。富特及其同事通过杂交试验展示出一个现象：当飞蛾的基因暴露在外来“遗传环境”（即属于另一物种的外来遗传环境）之中时，其复杂特征就会瓦解。我读本科时，跟随富特的年轻同事罗伯特·克利德上辅导课。他在课上讲到的这一试验，给我留下了很深的印象。以下，就是我在《解析彩虹》中写下的感触。引述了如此之长的一段文字，在此向读者道歉。但我实在找不出更确切的语言，来对这一常常被人误解的观点进行解释了。

> 人们很容易将“整只猎豹”或“整只羚羊”说成是“作为一个单元”而被选择。很容易这样说，但这样的说法却仅涉及表面现象，而没有深入其中，而且还是懒惰的。我们需要再继续思考一番，才能看清真实的情况。为食肉内脏制定程序的基因，在已经被那些为食肉大脑制定程序的基因所主宰的遗传环境中，兴旺发达。反之亦然。为防御性伪装制定程序的基因，在已经被那些为食草牙齿制定程序的基因所主宰的遗传环境中，兴旺发达。反之亦然。生存，有着许多许多的方式。仅以几种哺乳动物为例，猎豹是一种方式，黑斑羚是一种方式，鼹鼠是一种方式，狒狒是一种方式，考拉是一种方式。没有必要认为某种方式比其他方式更优越。所有这些生存方式，都是有效的。只有在身体中一半的适应以某种生活方式为目标，另一半的适应以另一种生活方式为目标，这样的情况，才是不好的。
>
> 这类讨论，最好在不同基因的层面上展开。在每一个遗传位点上，最有可能得到偏好的基因，是那个能与由其他基因所形成的遗传环境和谐共处的基因，那个通过重复世代在环境中生存下来的基因。由于这个标准适用于构成环境的所有基因之中的每一个，由于每一个基因都有可能是其他任意一个基因所在环境的一部分，结果就是，物种的基因池很容易合并成为由相互之间和谐共处的伙伴组成的大群体。

从这个角度出发去理解，就能明白，基因既是“自私”的，又是“合作”的。这是我的思想基础，也可以冒昧地称之为我的“世界观”。用这种眼光去看待合作的进化，比起那种有机体整体选择的花拳绣腿般的观点，更有条理，也更为深刻。

无处不在的达尔文主义

1982 年，是达尔文逝世 100 周年。全世界都掀起了一股纪念风潮。而其中活动举办得最热烈的，当属剑桥大学。这里，正是年轻时代的达尔文攻读神学的地方，也是他“与亨斯洛散步”，采集甲虫标本的地方。我应邀在会议上讲话，感到受宠若惊，并将演讲题目定为《无处不在的达尔文主义》。这次演讲的中心思想是，自然选择，不仅仅是我们所知的这个星球上生命进化背后的驱动力量而已。据我们所知，再没有其他任何一种力量，能担当得起适应性进化的终极重任。“适应性”，在这句话中，是个必不可少的词。在分子层面上，随机的遗传漂变，造成了绝大部分进化改变，却不能为功能性、适应性进化负责。据我们所知，据任何人的想象力所及，只有自然选择，才能造就出仿佛经工程师设计过一般的身体器官：展翅高飞的翅膀、拥有视觉的眼睛、听到声音的耳朵、麻痹猎物的蜇刺。这就是我的主张。我的言外之意就是，如果我们能在宇宙的其他地方发现生命，那么这样的生命也是符合达尔文主义的生命，会遵从那个星球的达尔文主义原则而实现进化。

我的观点在逻辑上并非无懈可击。但我依然认为，此观点站得住脚。事实上，这一观点，为我的一个问题给出了答案。这个问题曾出现在约翰·布罗克曼的“边缘年度问题”中“什么是你相信却无法予以证明的？”我给出的答案，用一句话概括，就是：“尚未有人构想出自然选择的可行替代方案。”我必须承认，这种说法未免有些绝对，因为只要有人真的找到替代方案，此论点就会立刻被推翻。但身为科学家，应该给自己的直觉留一点空间。而我的直觉十分强烈，坚信对此观点的反驳，不可能成立，也永远不会成立。我认为，自己所坚信的，不仅仅在事实上，而且在原则上也是无懈可击的，并且对所有现存的所谓自然选择的替代方案予以正面回击，尤其针对以拉马克学派理论为代表的“有用与无用”学说，以及后天习得特征的遗传学说。迄今为止，生物学家一直跟随着新达尔文主义综合论的百年奠基人——恩斯特·迈尔（Ernst Mayr）的脚步。而迈尔认为，拉马克的假设从原则上讲是一个优秀的假设，只不过在托马斯·亨利·赫胥黎（Thomas Henry Huxley）所谓的“丑话”面前，变得不堪一击。后天习得的特征，事实上并非遗传而来。迈尔的观点，还有一层引申含义，那就是，如果存在一个星球，在那里，后天习得的特征都是遗传而来的，那么这个星球上的进化，就是拉马克式的进化，而且也能照常运转。这种观点，就是我不遗余力想要推翻的。至今为止，尚未有人发表任何驳斥言论。

经常为某一特定任务而使用的肌肉，会越长越大，而且会越来越善于完成这项任务。这是事实。经常练习举重，肌肉就会增大。经常光着脚到处走，你的脚底皮肤就会变得坚韧。经常跑马拉松，就会越来越擅长跑马拉松：你的心脏、肺部、腿部肌肉等器官和身体部位，都会朝着善于跑马拉松的目标而发展。因此，在我们这个拥有拉马克式进化的假想星球上，更加强大的肌肉、更加坚韧的足部和饱经训练的肺部，都会传承给下一代。拉马克认为，正是因为这一原则的存在，万事万物才会因进化而发展提高。通常，人们对此所持的反对意见认为，后天习得的特征，说句“丑话”，并非遗传而来。我的反对意见则与此不同，我不利用事实证据，而是从原则上分析出了三个要点。

第一，就算后天习得的特征是遗传而来的，有用与无用的原则，也太过粗糙，没有重点，除了能套用少数几个适应性进化的案例之外，别无他用。眼睛的玻璃体，并不是由穿越其中的光子而洗清的。肌肉的增大，是适用于有用与无用理论的为数不多的罕见案例。只有自然选择，才拥有足够精细、足够尖利的凿子，以及足够精准的目标，去雕刻出进化之中那众多细微而精密的发展。有用与无用原则，太过粗糙，并不适用。另外，任何由遗传所调和的发展，无论多么细微，无论在有机体细胞化学中埋藏得多深，对自然选择这座精磨细作的大磨坊来说，都是磨盘之中的谷粒。

第二，只有少数后天习得的特征，属于发展的行列。的确，当你经常使用肌肉时，肌肉会增大，但身体中的绝大部分，会随着重复使用而逐渐现出残旧之态，变得更小、更差，遍体伤痕。举个人们听腻了的俗例，许多世代以来，因宗教原因而进行的包皮环切术，并没有令后代因进化而出现包皮缩短的现象。拉马克的进化论，需要借用某种“选择”机制，将少量的几种“发展”（比如坚韧的足部）从许许多多的“不发展”（比如胯关节出毛病等）中分离出来，而这样的分离与提炼，听起来与达尔文主义选择十分相似！

我们的身体，并不储存祖先的伤疤和残肢断臂。这样的事实与某些流行的思想相悖。我母亲曾养过一只宠物狗，名叫邦奇。邦奇喜欢用四条腿中的三条跳着走（膝盖松脱是小型犬的常见疾病）。母亲有位邻居，她家养了一只年岁更大的狗，名叫笨笨。笨笨因事故而失去了一条腿，只能靠余下的三条腿蹦着走。这位邻居一直想让母亲相信，笨笨是邦奇的爹！

请读者允许我在此抒发一下心中的情绪。这周，我偶然翻到了一个尘封的夹子，里面是我父母多年以来为彼此收集的诗歌。里面的文字，都是他们一笔一画抄录下来的。我在母亲的笔迹中，找到了下面这段文字。一看便知，这是在邦奇刚刚去世时母亲写下的。从文字上的修修改改来看，这段诗歌尚未完成。但我觉得，文字很美，值得与读者分享。如果连自传都不能抒情一下，那么，还能在哪里呢？

亲爱的开心小鬼头
多少年，在我身边欢快遨游
再没有哪只狗狗
能像你一样温暖心头
眼泪流光，也道不清哀愁
泪水，从心而流
因你我本不分左右
田野风光，鸟儿啁啾
丛林郁郁，群山幽幽
你不在了

再美的景色，也是子虚乌有
你不在了——你不在了

亲爱的邦奇！如果有人说，对狗狗的思念之情无法和人与人之间的思念相提并论，那他就是一派胡言。或者，换种说法，从悼念的角度来看，狗狗的确可以变成“人”。

针对以后天习得特征遗传为基础的进化论思想，我的第三个反对意见，并不一定适用于所有地方的所有生命形式。但该意见是针对拥有“表观遗传”胚胎学的生命形式的，而非针对“胚中预存”式胚胎学的生命形式的。从理论上讲，胚中预存式胚胎学是否能正常运转，依然值得讨论（改日再谈）。表观遗传，胚中预存，这些专业术语，究竟是什么意思？这些说法，要追溯到生物学历史往前很长一段时间。现在，我分别称之为“折纸”胚胎学和“3D 打印机”胚胎学。折纸胚胎学，就像我在《祖先的故事》和《地球上最伟大的表演》中讲到的一样，按“菜谱”或“程序指令”上的要求来创造身体，长出组织，将其折叠、内凹、再折叠、反转。折纸（表观遗传）胚胎学的本质，是无法逆转的。你不能拿来一具身体，并逆向推导出将这具身体造就出来的指令，就像你不能拿一只折好的千纸鹤或纸船，对其折叠顺序进行逆向推导，不能看到一盘精美菜肴，对其菜谱进行逆向推导一样。

胚中预存（或“蓝图”）胚胎学，与此完全不同，是可以反推的，而且不存在于我们这个星球的生物学之中。这就是为什么我们不能将 DNA 称为“蓝图”的原因。如果蓝图胚胎学存在的话，就会是可逆推的。你可以对一座房子的房间尺寸进行测量，按比例缩小，然后重新画出房子的蓝图。而无论你对动物的身体进行多么精密细致的测量，都无法对其 DNA 进行重建。

胚中预存或“蓝图”胚胎学，可通过 3D 打印机来体现。3D 打印机，是普通纸质打印机的自然延伸，一层一层地构建起“打印”的物体。我第一次见到这种令人惊叹的机器，是在埃隆·马斯克（Elon Musk）的 SpaceX 火箭工厂中。那台3D打印机，当时正在展示如何打印出国际象棋的棋子。3D打印机与铣刨机不同。铣刨机是由计算机控制的雕刻师，能以消除多余部分的方式，将物体从金属块中刻画出来。而3D打印机则是以添加的方式，一层一层地将物体构建起来。其将现有3D物品的一系列层次扫描出来，然后以全新复制物体的形式，将这些层次再次构建起来。我们所知的生命，是通过表观遗传的方式发展起来的[①]，而非胚中预存的方式。

我们能想象（也许只能想象），在宇宙中的某个地方，存在胚中预存式的生命形式。其胚胎学，有着3D打印机一样的效果，能对父母的身体进行扫描，然后将子女一层接一层地构建起来。从理论上讲，这样的生命形式，能将后天习得的特征传承到下一代身上。无论对现有身体进行复制的机制是怎样的，该机制都能对其后天习得的变化进行复制（也许还包括因受伤而留下的疤痕、肢体残缺、衰老破损等等）。这种对父母身体进行扫描，并将扫描得来的信息存入基因，从而传输到下一代的思想，目前仅以理论形式存在。在我们这个星球上，关于DNA和以蛋白质为基础的生命，我们所了解的全部事实，都与这种理论相悖。3D打印机的方式，不是也不可能是DNA的运转方式。你不能从动物的身体出发，对其染色体进行重建。我们所知的唯一一种利用基因实现身体建设的方式，就是在子宫或卵中孕育胚胎。而且，再次引用一下包皮环切术的例子，对身体进行扫描，会将所有的伤痛，以及“有用和无用”式发展都囊括在内。

因此，我得出结论：恩斯特·迈尔的说法是不正确的。他曾说过：“只要接受拉马克的前提，那么拉马克的适应理论，就和达尔文的理论一样，都是

① 最近，有人将“表观遗传学”这个说法劫持，挪作他用。这种时髦的前卫思想，认为基因表达的改变（在正常胚胎发育过程中，无疑会时常发生这样的情况，否则身体中所有的细胞都会是相同的了），可以被传递到未来的世代。这样的跨世代效果，可能偶尔会发生，虽然发生的机会很少，却是十分有趣的现象。只可惜，在大众流行文字中，“表观遗传”这个说法被人误用，就好像跨世代传输属于表观遗传学定义之中的一部分，而非罕见而有趣的异常现象。

成立的。可惜，没想到这些前提却是站不住脚的。”这些前提，不是“没想到”站不住脚，而是即使站得住脚，从原则上讲也无法落实。我希望，正是我的坚持，给了弗朗西斯·克里克动力，将自己先前的说法改成了下面这句话：“这种机制的效率为什么一定比自然选择的效率低，没有人给出通用的理论反驳。”

在我演讲结束时，古尔德站起身来，用他能言善辩的讲话风格，再一次向人们展示了学贯古今的大师级人物，有时头脑也会过载，以至于将讨论重点都忽略掉了。他以精准而流利的话语指出，在 19 世纪末 20 世纪初时，曾出现许多盛极一时的自然选择替代学说，比如突变论和骤变说等等。从历史角度讲，这个说法是正确的，却根本没说到点上。就像拉马克学说一样（正如我在剑桥讲座中所讨论的问题），突变论和骤变说，以及 19 世纪涌现出来的各类相关学说，从原则上讲，都不能对适应性进化进行调和。

以“突变论”为例。威廉·贝特森（William Bateson）和当时许多遗传学家一样（贝特森是提出“突变论”这个说法的学者），都认为孟德尔的遗传学能取代自然选择，而突变，在没有选择的情况下，能对进化予以充分解释。我在《盲眼钟表匠》中，引述了两段他的文字：

> 我们为达尔文给出的无可比拟的事实证据而跟随他的脚步，（但是）……他为我们讲述的无非是权威的哲学理论。我们拜读他的进化论思想，就像我们阅读卢克莱修或拉马克一样。

还有一段：

> 生物群体在选择的引导下，不知不觉地通过细微的步伐，发生转变。如今，我们都能明白，这样的说法，是站不住脚的。我们只能看到这类思想的拥护者所展示出来的探究愿望，还有曾一度被人打造出来的貌似行得通的法医技术。

简直一派胡言。古尔德说的没错，从历史事实的角度讲，除了达尔文和拉马克的进化理论之外，还有其他人提出的一些进化理论，曾于19世纪到20世纪早期盛极一时，贝特森也是其中一位。我的目的，不是要否认历史，而是要证明，其他这些理论，和拉马克主义一样，从原则上讲都是错误的，而且是从始至终、彻头彻尾的大错特错。我们坐在原处，动动脑筋就能想清楚，根本用不着凭借事实证据加以推翻。达尔文主义自然选择，不仅仅获得了事实证据的支持。当我们谈及适应性进化和能实现功能性发展的进化时，自然选择无疑是我们所知的，从原则上讲，唯一能完成这项工作的理论。直觉告诉我，该理论的泛化，将会延伸到我们尚不了解的理论上。

我在剑桥会议上，并没有对无处不在的达尔文主义进行很好的讲解，而且极大地低估了展开讨论所需要的时间。那段日子，我还没锻炼出面对错误面不改色心不跳的本事。这次演讲，并不是唯一一次时间不够用的场合。至今，我仍清晰地记得，当时急得满脸通红，浑身冒汗，紧张得慌了手脚。在我自认为失败的演讲结束后，茶歇时间，我独自一人郁郁寡欢地坐在空荡荡的演讲厅里。一位贴心的朋友，看出了我的情绪，于是默默地走到我身后，吻了一下我的头顶，用手轻轻拍了拍我的肩膀。女性柔情所散发出来的温暖，让我刹那间重拾抬头向前的动力。在《盲眼钟表匠》的最后一章，当讲到无处不在的达尔文主义时，我重新整理了思路，将故事讲得更加完整。

模因

在《自私的基因》（第一版）最后一章，我提出了无处不在的达尔文主义思想。在这段论述中，我放低了基因的位置，而在整本书的其他章节，基因都是其中明星般的英雄。我提出，任何自我复制的编码信息，都能作为DNA的替补，进入“进化”的剧作之中。也许，在遥远的某个星球上，已经发生了这样的事情。但我在《自私的基因》中，并没有将问题说清楚。直到《延伸的表现型》，我才找到机会补充说明，这位替补演员，还需要一点额外的特质：影响其自身复制概率的能力。事实上，我在为这本书定名为《延伸的表现型》

之前，记得利物浦大学的进化论理论先锋杰弗里·帕克（Geoffrey Parker），曾问我，下一部著作打算写什么，我回答说“能力”。帕克当即明白了我的意思。我想，能从一个词中悟出全篇思想的人，没有几个。

1976年，我在《自私的基因》中介绍无处不在的达尔文主义思想时，遇到了一个问题。有什么东西，能体现出拥有潜在能力的复制器，即假想的DNA替代物所具有的特征，并作为其实例？计算机病毒是个好例子。但当时，计算机病毒还在那些未来黑客的小脑瓜里酝酿着，没有成为现实。而且，即使当时我想到了这个例子，也不想写出来对其进行宣传。于是，我讲到了外星球上存在奇特复制器的可能性，并继续说道：

> 但是，我们是否一定要到遥远的另一个世界，去寻找其他类型的复制器，以及由其他类型复制器而引发的其他类型的进化？我认为，在我们生活的地球上，最近也出现了一种新型复制器。它正向我们袭来。虽然尚在婴儿期，虽然尚在原生汤中笨拙地四处游荡，但它已经在发生着进化改变，其改变速度，将传统意义上的基因远远抛在了后面。

文化进化的速度，与基因进化的速度根本不在一个数量级上。这是事实。但如果我说，模因的自然选择，包揽文化进化的所有内容，那就未免太过鲁莽了。这样的说法未必不正确，却比我想要说明的思想更加大胆。举例来说，语言的进化，更多的是模因漂移，而非自然选择。我在书中继续讲述，并第一次提出了这个说法：

> 新的一碗汤，是人种文化之汤。我们需要为这种新型复制器取个名字。这个名字，要能代表文化传输的单位，或模仿的单位。“Mimeme”这个希腊词根，较为适用。但我想要找到一个与“基因”相仿的单音节词。希望古典主义学者朋友，在看到我将mimeme简化成为meme（模因）时，能原谅我的唐突。换种方式理解，如

> 果能更容易让人接受的话，还可以将其想成与“memory”（记忆）一词相关，或与法语里的 même 相关。其发音，与“cream”同韵。

基因由于相互之间的和谐共处而得到选择。从原则上讲，模因也可能同理。许多有关模因学的文献，都用到了“模因复合体”的说法。在《自私的基因》中，我再次提及合作基因复合体的思想（我在书中的说法，是“进化稳定基因组”），并尝试性地引入了模因对等物。请看下文：

> 在食肉动物基因池中，进化形成了相互之间配合的牙齿、钳子、内脏和感官系统。而食草动物基因池中，也进化形成了一套完全不同的稳定的特征组合。而模因池中，是否会发生类似的事情呢？上帝模因，是否与其他任何特定模因产生关联，而这样的关联，是否能有助于其中模因的生存？也许，我们能将有组织的教堂，包括其建筑、仪式、法律、音乐、艺术和文字传统，视为一群互相帮助的模因在共同适应的作用下形成的稳定组合。

还有另一种很有意思的可能性：如果我们认为，模因和基因都经过了自然选择，那么相互之间和谐共处的模因和基因复合体，就可能在其各自的选择领域，共同获得偏好。由此来看，如果“死者的遗传书”是对祖先环境的描述，那么这些基因的祖先环境中，为什么不能包括祖先模因呢？难道祖先的社会习俗、祖先宗教、祖先婚姻传统和战争习惯，不是祖先基因所生存的世界中很重要的一部分吗？反之亦然。

除了地区性气候差异、阳光照射的接受程度、牛奶的获取等等，人群之间，在文化、宗教、习俗、婚姻传统等方面还存在着重要区别，而这些区别，可能会引导出不同的基因选择效应。这样的说法，并非不可置信。我们所讨论的人群，在很长时间里，都因地理原因而相互分离。因此，在“死者的遗传书”中，很可能包括对祖先文化的描述。换种方式说，就是基因和模因以相互之间和谐共处的形式，彼此合作。这就是爱德华·O. 威尔逊很久之前说到的“基因 - 文化共同进化”意思。是否存在一本“死者的模因书”？这样一本书中，是否包括对祖先基因和模因的描述？我将这个问题视为一片未经开垦的良田，赠予读者，供你们耕耘。并撒下一颗种子，提出这样一个建议：基因流传或模因流传之中存在的文化、语言或宗教壁垒，在进化趋异的发展过程中，也会发挥与地理屏障相同的作用。有趣的是，这种文化壁垒，就算人群之间的地理距离小到可以忽略不计，依然存在并发挥作用。如果新几内亚高原上临近山谷之间的敌对势力，对陷入战争的人群进行充分的隔离，足以进化出一千种彼此之间无法交流的语言，那么这样的情况，会对群体间的基因流动造成什么样的影响？如果“死者的遗传书”是对祖先世界的描述，其中也包括对其文化的描述，那么为什么不能有一本“死者的模因书”将对祖先基因的描述包含在内呢？更确切的说法是，为什么“死者的遗传书”不能包括祖先模因的描述呢？

自从提出模因这个说法之后，我的关注点就转向了其他领域。但模因学已发展成为一个学科。关于模因学的文献和著作不胜枚举，有许多书籍，还将“模因”这个词用在题目之中（插图部分收录了一系列这样的著作）。如今，模因理论已取得长足发展，其中最著名的专著，有苏珊·布莱克摩尔的《模因机器》、罗伯特·恩格尔（Robert Aunger）的《电子模因》（*The Electric Meme*）、丹尼尔·丹尼特的一系列作品（他在多部著作中引用了模因的概念，这些著作包括《意识的解释》、《达尔文的危险思想》、《打破魔咒》和《直觉泵》）。丹尼特和布莱克摩尔，都认为模因学在人类进化过程中发挥了至关重要的作用，这里所说的进化，还包括思想的进化。苏珊·布莱克摩尔在她家位于德文郡的那幢风格独特而优美的宅邸中，组织了一系列“模因实验室”研讨会。她的丈夫，电视科学主讲亚当·哈特 - 戴维斯（Adam Hart-Davis）也参与其中（在牛津大学出版社推出《自私的基因》一书时，亚当也参与其中）。每一次研讨会，都是周末家庭大聚会。与会者在家中就寝，共同就餐。对于我来说，这样的研讨会，总能激起我所向往的那种朋友之间无话不谈的快感。如果天气好的话，研讨会结束后，我们还会在风中一起攀上达特穆尔的突岩。有一次这样的场合，令我印象尤为深刻。丹尼尔·丹尼特在研讨会上做了发言，并一如既往地激起了所有人的兴趣。

小纸船和传话游戏

我为苏珊·布莱克摩尔的著作《模因机器》写了序言，并利用这次机会，对模因理论的一种主要的批评论调进行了答复。该批评认为，模因和基因不同，没有高保真复制能力。随着世代的推移，信息会逐渐退化，而这样的退化，对进化而言是致命的。在 DNA 中，ATGCGATTC 这样的一个序列，会得到精准的拷贝（如果拷贝错误，也会包括一个确切的、分立的、可识别的错误）。但如果一个模因，比如一段童谣，从父亲传给孩子，那么这样的复制就是不严密的。孩子的音调更高，元音的发音也和父亲不完全相同。因此，模因和基因不同，不能被视作进化的基础，因为复制的保真度没有那么高。

这样的批评言论，表面看来似乎有道理，但无疑是错误的。我利用一系列思想实验，给出了答案。这些思想实验，是孩子们玩的“传话游戏”的另一个版本（美国孩子叫“打电话”）。假设有 20 个孩子排成一队。我在第一个孩子的耳边悄悄说一句话。这句话可能是“幽深峡谷里有一只老牛在啃豆谷”。第一个孩子将他听到的话悄悄传给第二个孩子，一直这样传到队尾，并由第 20 个孩子将这句“进化过的”句子大声说出。句子在传话过程中，很可能会变得面目全非，并由此引爆笑点。但是，如果是短句，尤其是在孩子的语言中具有意义的一句话，那么传话过程，就很可能会将原话原封不动地保留到队尾。现在，我们拿出一个特例来分析，这个特例，就是从头到尾得到正确传达的句子。我要说明的是这样一点：每个孩子的句子发音，是否与之前一个孩子的发音保持完全一致，其实并不重要。一个孩子可能有爱尔兰口音，另一个孩子可能有苏格兰口音，还有一个孩子可能是约克郡口音等等。因为这句话对于孩子们来说，在他们共享的语言中具有意义，所以每个孩子都会对这句话做“常态化”处理。苏格兰口音和约克郡口音相比，有着不同的元音发音，但这样的区别，并不会对内容造成影响。一个来自澳大利亚的孩子听到这句话，意识到句中的词汇和句法是从他们共有的英语语言中抽取出来的，并正确地将这句话传递给下一个带有美国口音的孩子，而美国孩子也同样能加以理解和传递。

一路传下来，可能会在某处发生“突变”。举例来说，第 14 位孩子可能会将“幽深”说成“幽真”，然后这个突变出来的“幽真”，便会一直传递到队尾。这样的发展，本身很有意思。但我们还是先回头来看看没有突变发生时的情形。现在，假设一位实验人员带着录音机，偷听每个孩子的悄悄话，并将 19 份录音分别存进录音带，打乱顺序。之后，实验人员请独立的观察人员听磁带，让他们对磁带中话语与最初那句话的相似程度进行排名。读者应该能想到最后的结果。假设没有幽深 / 幽真之类的突变发生，那么排队靠前的录音，就不会比排队靠后的录音更优质。随着复制流程的延续，并不存在退化倾向。这一现实本身，就足以用来推翻我刚才提到的批评意见。

但我还想将这个思想实验向前推进一步。假设这句话的语言，是孩子们不懂的。假设这句话是 Arma virumque cano, Troiae qui primus ab oris。这回，不用做实验，读者就能猜到结果是什么样的。孩子们不懂拉丁文，只能从发音上尽量模仿。第 20 位孩子最后说出来的话，肯定和对第一位孩子说出的话风马牛不相及。而且，如果我们同样将孩子们的悄悄话录下来，并打乱顺序，读者也能猜到最后的结果。观察人员，一定能依据录音与第一句话的近似程度而辨别出磁带的顺序，因为随着队伍传话的延续，一定存在相对于最初一句话的稳定退化。

我们也能用技能而非语言的形式，来进行类似的实验。以木工手艺为例（木工师父向徒弟传授技能，并一直传 20 代，并以这种方式对传输进行模拟）。在这里，与共享语言中相同的“常态化”，我认为，是该技能在设计之初希望达到的目标。举例来说，如果师父教徒弟钉钉子的技能，徒弟不会对锤子砸下的次数和力道进行准确无误的模仿，而是对师父想要达到的目标进行模仿。这个目标，即“钉子头与木头齐平”。徒弟会一直对着钉子砸锤子，直到完成任务。他所模仿的，正是这个目标，而这个目标，也是将要被传承给下一代“徒弟”的技能。

我为布莱克摩尔写的序言中，利用另一种手工技能作为例子：小纸船的折纸工艺。折叠小纸船的技能，可以被理解为一种模因。因为我在上寄宿学校时，将折纸船的方法告诉同学之后，小纸船就在学校里像流感一样迅速传播开来。更有意思的是，折纸船的手艺，是我跟我父亲学来的，而父亲则是在同一所学校中 20 多年前爆发的一场“折纸船流行病”中学会的。

在学习折纸技巧时，每个孩子都会模仿。而模仿的内容，不是教授折纸的孩子的每一个手部动作，而是对这个孩子想要达到的目的进行理解之后而形成的“常态化”版本。举例来说，“徒弟”孩子会猜想，“师父”孩子想要将纸对折。如果“师父”手有点笨，对折之后纸张有一点点偏离中线，“徒弟”也会忽略这个错误，尽量将纸张严丝合缝地按中线折叠。现在，相当于打乱磁带顺序的工作，就是向观察人员询问这 19 只小船的顺序。假设其中没有发生大型突变（而突变本身也是很有意思的现象），那么排在队列后方的纸船，就不会表现出比排在队列前方纸船更多的“退化”。这些小纸船中，一定有的折得好，有的折得差，因为我想，折纸手法娴熟的孩子，不会模仿那些对折都对不齐的作品，而是会对其进行“常态化”处理。

对模因 / 基因类比提出的反对意见中，有一些是中肯的。但因为低保真复制而出现的“退化”，并非其中之一。

如果我们想要进行一场关于模因学的实验，要怎么做呢？也许可以找一个带有常规发音的词，创造出一个“突变”发音，然后对其进行传播，每天传给数以万计的人。之后过一段时间，再去调查这种突变发音是否在模因池中占据优势，成为常态。这样的实验，无疑会斥资巨大，而且不容易获得科研经费的支持。但有幸的是，碰巧这场实验中代价最为昂贵的部分，已经有人做了。伦敦地铁里有一套车载扩音系统，每天都向来来往往的乘客播送着站点的名称。马里波恩站的发音，在突变之前，是“马里波恩”。而在贝克鲁线上播放的站点名称，是由一位年轻女性的语音说出来的，她将这个站名念成了“马力本”。这场实验余下所需进行的工作，就是对贝克鲁线上的乘客进行随机取样，问他们这个站名怎么发音，并以年为单位进行重复性的调查工作。之后，对英国人口做整体取样，并对该模因的扩散形态进行分析。我猜想，突变发音已经开始大规模传播。可能，最后一个坚守传统发音堡垒的地方，就是著名的马里波恩板球俱乐部了。

世界的模型

在贺拉斯·巴洛的影响下，我逐渐开始将动物的感官系统看作是该动物所生存世界的某种模型，尤其是动物大脑中协调的认知神经。在同样思路的影响下，我提出，动物的基因，也是过往世界的数字化描述，是一种动物祖先生存条件和生存环境的统计学平均。我将物种的基因池视为一台平均化计算机，将祖先世界的特质进行平均化处理。在更短的时间范围内，大脑随着不断的学习，也会做类似的事情，对自身生命期间多体验到的周遭世界的统计学特质进行平均化处理。正如自然选择这位雕塑家对基因池的不断磨砺，将其塑造成为平均化祖先世界的描述性模型一样，个体经验，也会按照当下的世界，雕塑出大脑模型。在两种情况下，模型都能通过从世界中采集到的数据而进行更新，却是在两种不同的时间尺度上进行的。一种是基因池模型的世代时间尺度，另一种是大脑模型的个人发展尺度。我一直很喜欢朱利安·赫胥黎的这首诗，并引述在《魔鬼的牧师》一书之中。

万事万物进入你婴儿般纯洁的心界
占据了那尊水晶匣
匣子之中，最陌生的伙伴相遇

事物变成了思想，在伙伴间扩散而去
因为在这里，真切的事实能与精神团聚
事实与你，彼此相欠
建起了你的小小世界
小小世界，尚有大批任务需要迎接
逝去的人能在此重生，星星也能与你私语窃窃
赤道与南极搭起了桥梁，黑夜与白天如此和谐
精神化解了物质间的边界
相隔万里也能彼此联结
宇宙生生不息，繁忙地规划着一切
最终，在人们心中，塑造起上帝的疆界

现在，我想模仿赫胥黎的风格，为此诗再加上一段：

祖先的世界闯入你物种的基因，
为尘封的死亡和生命进行编码，树立丰碑
那是记录生存的数字化文本
从染色体中凝聚而成的碎屑一杯
何谓往昔？何谓历史？谁解其中味？
而一切，都写进了你的DNA。

回到朱利安·赫胥黎的诗上，再谈建设在个人发展时间尺度上的大脑模型。20世纪90年代，我的许多公开讲座，都与这一主题相关。记得我做圣诞大讲堂那年，头一次了解到了虚拟现实软件，受到了很大的启发，还为孩子们在皇家学会的演讲厅里进行了虚拟现实的演示。我将这些内容，全部记录在了《解析彩虹》的《再析世界》一章。

当我们认为自己正在观察外面的真实世界时，可以理解为，我们正在观察一个模拟的世界，这个世界由大脑构建而成，但受到从真实世界传入信息

的限制。就好像大脑里有许多密室，其中装满各种模型，只要感官系统传达的信息一声令下，模型就会被调用出来。就像理查德·格里高利在其著作中讲到的一样（以及他在牛津西蒙尼讲座中提到的一样），从某种“证明规则的例外情况”角度讲，是虚拟错觉将我们说服。纳克方块就是著名的错觉图像，我也在《延伸的表现型》中将其作为类比，介绍了看待自然选择的两种方式：基因视角和“交通工具”视角。纳克方块是一个二维图像，可以被同时理解为两种不同的三维模型。人的大脑可能对二者之一更为敏感，并坚持自己的认知。实际上，正确的理解方式应该是先拿出一个模型，对着它看上几秒钟，然后将其放回，再拿出另一个模型。这样，我们就会首先看到一个方块，之后看另一个，随后再看第一个，以此类推。

其他一些著名的错觉图像，还包括魔鬼的音叉（见图 11-14），不可能三角形（我在圣诞大讲堂上进行了演示），以及空心面具错觉。这些错觉图像，都以一目了然的方式，证明了同样的观点。

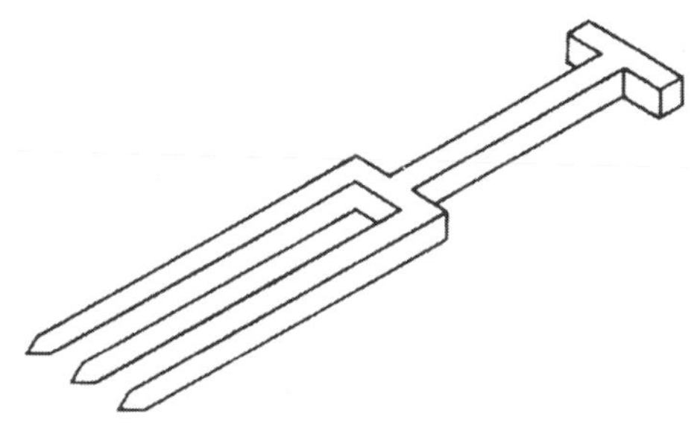

图 11-14　魔鬼的音叉

我们在虚拟现实的世界中游移。如果我们处于理智的、未服用兴奋剂的清醒状态下，那么我们所存在和行走的这个构建而成的虚拟现实，就会受到感官数据的限制，而这样的限制是有助于我们的生存的。这是真实的世界，而非梦幻或虚构的世界。在真实世界中，我们必须要生存下去。计算机软件可以让我们行走于想象中的世界里，梦幻般的世界里，行走在希腊神庙或仙界，行走于外星球的科幻之国。当我们转动头部时，头盔中的加速传感器会记录下头部的移动，而计算机在我们眼前展现出来的图像，也随着记录下来的头部移动而变换。感觉上，我们就像是在希腊神庙中转身一样，一转身，就能看到我们“身后”的一尊雕像。当我们进入梦乡时，大脑自身的虚拟现实软件就会从现实中解脱出来，让我们在思想的辽阔疆域中自由驰骋，或在惊慌失措的噩梦中，慌不择路地逃离大脑构建出来的恶魔。

在《解析彩虹》和我20世纪90年代的讲座中，我曾幻想过某种未来的外科医生。这位医生坐在手术室外面的另一个房间，通过病人体内的内窥镜所反馈的真实模拟数据，在病人体内进行手术。当医生转头时，内窥镜的探头也跟着向同方向转动。医生在虚拟内脏（但由内窥镜所反馈的真实情况而受限）中行进，直到他发现肿瘤就在面前。这时，医生拿出工具箱中的虚拟电锯，内窥镜顶端相应的微创刀片，就会按照他的肢体运动，模仿出细微的动作，将肿瘤切除。还有另一个幻想，是关于未来的水管工的。水管工能在虚拟下水道中行走，甚至游泳，而在真正的下水道中，则安放了一个负责清理障碍物的小机器人。关键就在于限制：我们所行走坐卧的虚拟世界，并非完全是空想出来的，而是由数条轨道所指引，而这些轨道则受到限制，令其以有利的方式贴近现实。

我们人类的心智密室，装满了各种脸部模型，即使从光学神经得到最不起眼的一点点信息，我们也会迫不及待地将模型调用出来。这就让人想到无数神奇的故事，在这些故事中，都有人声称看到耶稣或圣母玛利亚出现在面包片上或受潮的墙壁上。空心面具错觉（我也在圣诞大讲堂中对此进行过演示，请见插图部分），是对我们这套酷爱面孔的模型调用装置的最佳诠释。而且，还有一种叫作“面孔失认症”的大脑缺陷。患上此症的人，看什么都与正常人无异，却无法识别面孔，就连他们熟识的家人都不认识。

我在《上帝的错觉》中谈及这一主题，并以此向读者展示，视觉和幻影效果、魑魅魍魉、天使仙女等错觉是多么不真实。我们的大脑，是虚拟现实艺术大师。创造出头戴光环，身体散发光芒，披着袍子的形象，简直如儿戏般轻而易举，同样，在沙漠中听到低吟之声，也是不足挂齿的小伎俩。许多人都对他们见证上帝的经历深信不疑。上帝跟他们讲话了，在梦中现身了等等。人们真的不用信以为真。看一看理查德·格里高利和心理学家的书，认识到错觉的力量，搞清楚幻象如何不费吹灰之力地就变成了错觉。比如，上帝的错觉。

因个人怀疑而发的议论

在《盲眼钟表匠》中，我提出“因个人怀疑而发的议论”这一说法，作为神创论主要“议论”的概括总结。若减少点讽刺意味，则可以说成是“从统计学非概率性而来的议论”或“因复杂性而起的议论”。因统计学非概率性，是对复杂性的相关测量，也是对怀疑的挑衅。这样的议论，都跑不出同一个套路。议论者对某种复杂的生物结构进行赞颂，因为其中有许多部件，以精准的方式排列成一个整体。若将部件随机打乱，则一切皆乱。经过计算，得出可能的部件组合方式，而组合的数量大得惊人。由此，复杂的部件排列组合，不可能是单凭运气而碰出来的。就是在这里，议论者会搬起石头砸自己的脚，说上帝是幕后主使。

达尔文专门用书中的一段文字,对他所谓的“极端完美和极端复杂的器官”进行了描述。段落一开始，他写下了这样一句常常被神创论者挂在嘴边的话：

> 认为眼睛这种无与伦比的巧妙发明，能针对不同的距离进行焦距调整，接受不同明暗的光线，对球差和色差进行修正，而所有这些能力，都是凭借自然选择的力量形成的。这样的说法，我必须承认，看起来简直荒谬至极。

读者一定能从达尔文语句的口气中听出来，他话还没说完。难道这样的口气，不是一个清晰的信号，预示着“但是”或“然而”即将到来吗？他甚至有可能是故意先误导读者，将读者的注意力吸引到他身边来，以便真正一锤定音之时，造就最具震撼力的效果:“然而，从道理上讲……”用谷歌搜索，只能找到 39 300 个有关后面这句话的词条，而紧接着这句话的前面一句“荒谬至极”，则有 130 000 个词条。就像达尔文本人在另一个场合中说到的一样:“固执的曲解有着巨大的力量……”

由统计学非概率性而来的议论，之所以不正确，是因为自然选择并非一个关于机遇的理论。自然选择是对随机变化进行的非随机过滤。自然选择之所以会发挥作用，是因为其发展是累积的、渐进的。在《盲眼钟表匠》中，我用密码锁的比喻对此进行了诠释，比如银行保险库大门上的密码锁装置。在 BBC《地平线》栏目组推出的一部影片中，我还实际演练了一番，试图用随机数字去开启真正的银行保险库大门。密码锁的用意，就在于你必须要有极其碰巧的运气,才能通过随机拨号的方式开启大门。但如果密码锁出现故障，每次数字拨对一次,大门就会打开一条缝隙,那么任何人都能轻而易举地进入。这就相当于渐变式的自然选择。

后来，我用不可逾越之山的比喻，也进行了同样的解释。之前简要提到过，我和罗塞尔·巴恩斯在影片《一切邪恶的根源？》上合作时，在科罗拉多斯普林斯“上帝的花园”中，对不可逾越之山进行了模拟。影片中，我站在陡峭的悬崖之巅，代表这座大山的“神创论者”一面，或称“千载难逢的运气”一面。在这里，想要一步跨越不可逾越之山，就相当于想要一下子从山脚跳到山顶。之后，镜头重新定位，而我则要佯装轻松地沿大山“进化”一面的缓坡，开始长途跋涉。在这面缓坡之上，只要给出足够的时间，允许沿缓慢的梯度向上发展，都可以进化出拥有无限复杂性的器官。电视节目，看的只是一个效果，所以缓坡和悬崖，实际上是在两座不同的大山上拍摄的。

人们为神学信仰赋予了许多解释。我至今为止见到的最为普遍的说法，便是因统计学非概率性而起的议论。这种议论，总是用天真的数学计算，来说明,诸如眼睛或血红蛋白分子等复杂事物,通过“撞大运”的方式成为现实，是概率多么渺小的一件事。这种说法还延伸到宇宙大爆炸是万物起源的思想上。以下是从《耶和华见证手册》中摘录的几个典型例子：

> 请想象，有人告诉你，说在一家印刷厂发生了一起爆炸事件，墨水喷洒到墙上和房顶上，就这样形成了一部完整的字典。你会相信吗？充满秩序的宇宙之中的万事万物，都是一次随机大爆炸的结果，这样的说法，难道比印刷厂爆炸案更可信吗？
>
> 如果你走在一片森林之中，发现了一座美丽的小木屋，你会这样认为吗？“真棒！这些树都以恰当的方式掉落下来，形成了这座房子。”当然不会！因为这样讲不通。那么，为什么我们会认为，宇宙中的万事万物就这样碰巧地出现了呢？

我必须承认，这样的文字，会令我心烦意乱，甚至失去耐心，有时事后还有那么点后悔。之所以对这些说法心生厌烦，有三个原因。第一，如果说，对看来似乎经过设计的事物进行的自然主义解释，其发生概率相当低，以至于在非自然解释面前无足轻重，那么，只有同样无足轻重的傻瓜才会信以为真。我从来不喜欢站在权威的角度将自己降到这类议论的层面，但面对这样的说法，难道在神创论者心中，就连一丝的疑虑都不存在吗？难道就没有人，在转念之中想到，那些创造出如此壮观的非概率性的人，其实并没抓住要领吗？科学家有时也会犯错，但科学家绝不会犯下如此重量级的错误。

第二个气愤的原因，是因为“针对盲目撞大运而发的议论”，忽略了太多具有真正价值的信息，尤其忽略了科学的优雅及其巨大力量。而这种科学思想的集中体现，就是达尔文的理论。达尔文主义非常强有力，但又极为简约，可谓是从人类头脑中诞生出来的最美妙的思想之一。而那些没开窍的人，却对此视而不见。更可悲的是，如果他们将这样的误解强加到孩子身上，也就相当于阻断了孩子们感受科学之美和智慧成就之美的机会。

第三，由统计学非概率性（或复杂性）而来的议论，之所以令人愤怒，是因为由盲目撞大运而生的复杂性所具有的天文学概率，只不过是对一个问题的重申。这个问题，任何有关于存在的理论都会去想办法解决，无论是宇宙大爆炸，进化论，还是上帝理论。谁都知道，存在之谜的答案，不可能是盲目撞大运，或是一片混沌中突然冒出了存在这回事。尤其是在生命存在的例子上，因为其中所具有的设计错觉，有着非常强大的说服力。问题就在于，怎样找到盲目撞大运的替代性解释。生命的非概率性，正是我们需要解决的问题所在。上帝理论明显无法予以解决，只不过是对问题进行重申。而具有渐进和累积特性的自然选择，能对问题予以解决，而且可能是唯一一个可以对其进行解决的思维过程。通过塑造出一个叫作上帝的复杂实体，来试图解决生命复杂性的问题，无疑是徒劳的。同样的道理，也适用于宇宙起源的问题。神创论者越是抓着统计学非概率性不放，越是相当于搬起石头砸自己的脚。

上帝的错觉

关于统计学非概率性的讨论，贯穿于《盲眼钟表匠》和《攀登不可逾越之山》。并且，我在《上帝的错觉》中，公开宣布，这一主题是全书的中心思想（当然，这一思想并非我的原创）。《上帝的错觉》出版之后，引发了大量的激烈回应，尤其针对书中所谈到的，认为上帝是复杂的，因此并非复杂性之谜的正解这一说法。这些回应大同小异，全都站不住脚，可以用一句话加以概括："上帝并不复杂，而是简单的。"我们怎么知道呢？因为是神学家这样说的，而且他们是研究上帝的专家，难道不是吗？真简单。轻而易举就赢得了论战的胜利！但你不能鱼与熊掌兼得。上帝要么是简单的，而如果简单，他就不具有知识和设计能力，无法为我们提供对复杂性的解释。要么，上帝就是复杂的，而在这种情况下，他本身就需要人们去解释，而这样的解释，不亚于对万事万物复杂性的解释。你将上帝塑造得越简单，他就越不具备解释能力，不能解开世界复杂性的谜团。你将上帝塑造得越复杂，他本身所需要的解释就越多。

彼得·阿特金斯在他的优秀著作《再谈创世论》(*Creation Revisited*)中，针对这一问题进行了戏剧化处理。其中，他假设有一位“懒惰的上帝”，随后，一步接一步地说明这位懒惰的上帝为了创造出我们所见到的宇宙，而需要做到的事情。最后他总结道，懒惰的上帝需要去做的事情太少了，根本用不着存在。至于为上帝赋予那些在人们心目中应该具备的附加技能，比如同时倾听70亿人的心声(暂且不提要与死者对话)，回应人们的祷告，原谅他们的罪孽，在人们死后予以惩罚或奖励，选择性地拯救一部分癌症患者而放弃另一部分患者，这些只能凭空大大增加问题的难度。

达尔文主义进化论，能从独特的视角出发，对生命的统计学非概率性问题进行解答。因为进化论具有累积性和渐进性，真的可以在原生的质朴和最终的复杂性之间，拉起合理的纽带。而且，进化论是目前已知的唯一能做到这一点的理论。人类工程师能通过设计而制作出复杂的产品，但人类工程师本身的设计思想与设计能力，也是需要解释的。而自然选择造就的进化，在对生命进行解释的同时，也对自身进行了解释。

当然，《上帝的错觉》一书，除了关于统计学非概率性的中心思想之外，还有许多内容。其中讲到了宗教的进化起源，道德存在的根源，宗教经典的文学价值，宗教儿童虐待等等。我认为，这本书充满幽默感和人文情怀，并没有某些人口中所谓的愤怒情绪，也没有咄咄逼人的论战腔调。我承认，有的笑话带点讽刺，甚至带有嘲笑的意味。的确，这类笑话所指的对象，很难区分出我的话是善意的嘲笑还是仇恨言论。我从彼得·梅达瓦身上学到的一件事，就是有目标对象的讽刺性嘲笑，并非粗鄙的辱骂。但尽管如此，以宗教为驱动力的评论者，还是无法看清其中的区别。甚至还有人认为我患有污言秽语综合征。我想，此人可能根本没读过我的书，只不过是自我陶醉在自己的这个比喻里罢了!

此书中的某些言论被人认为过于尖刻，而我在数百次公开露面的场合，包括许多次现身于美国所谓的“圣经带”地区，都基本上没有遇到过闹事的情况，就连向我提出批评性问题的人都很少。这样的事实，令我颇为失望，因为我发现自己很享受那些例外事件。其中有一次，我应邀到弗吉尼亚州的兰道夫麦肯女子学院（现在这所学院也接受男生）进行演讲。兰道夫麦肯学院，是一所优秀的文理学院，有着严格的高标准。而著名的杰瑞·法维尔（Jerry Falwell）成立的利伯缇大学，也在同一座城市。演讲当天，利伯缇的大批学生乘大巴前来，占满了兰道夫麦肯学院演讲礼堂的前排座位。这些学生将问答部分全盘占据，排着队在麦克风后面等着提问。他们的问题都彬彬有礼，但全部受到原教旨主义基督教的煽动。进入那所“大学”的入学条件之一，就是要信仰原教旨主义基督教。我面对这些问题，轻松无碍地逐一给出答案，并赢得了来自兰道夫麦肯学院的女生们的一致欢呼。其中一位提问者，在提问之前，先讲到利伯缇大学有一尊恐龙化石，上面标注的年代是3000年前。他询问我的看法，对这样的年代标注应如何解释。我解释说，化石的年代，是通过几种不同的原子钟进行年代测量的。这些原子钟的速度有着很大的差别，而所有原子钟的计时，都认同这样一个事实，那就是，恐龙的存在年代，不少于6 500万年。我接着补充说：

> 如果利伯缇大学的博物馆，真的有标注年代为3000年前的恐龙化石，那么这就是教育界的耻辱。这样的做法，愧对于“大学”的名号。我强烈建议，利伯缇大学今天到场的学生，从这所学校退学，转去一所正规的大学。

这段发言，获得了当晚最热烈的欢呼。因为兰道夫麦肯就是一所正规大学。当晚的另一个问题是：“你若是错了呢？”（请用谷歌搜索这个问题），后面附有我的答案。那段对话在网上广为流传。

唯一一次带有敌意的骚乱事件，发生在俄克拉何马州。当时，在一座巨大的体育场馆中，我的演讲正进行到一半，一名男子突然站起身来，大声喊道：“你侮辱了我的救世主！”随即，他便被身着制服的保安带了下去。而其实，我并不希望他离开。同样的场合，在俄克拉何马大学，我经历了唯一一次利用法律手段阻止我讲话的事件。州议员托德·汤姆森（Todd Thomsen）向州立法机构提交了一份议案，我在此引述其中一段（当你看到满页上都是“鉴于”字样，你就知道自己碰到麻烦了）。

> 鉴于，俄克拉何马州大学，作为达尔文2009项目的一员，邀请牛津大学的理查德·道金斯在校内进行公开演讲。道金斯的公开思想，如他在2006年出版的著作《上帝的错觉》中所展示，亦如他对进化论所做的公开声明，都反映出他对文化多元性和思想多样性的不容忍态度。同时，他的观点，并不被俄克拉何马的广大市民所接受，也不能代表广大市民的思想；并且鉴于，邀请理查德·道金斯于2009年3月6日周五在俄克拉何马大学校内演讲，只得作为对进化论这种抵触其他不同思想的偏见哲学的展示。这次演讲，并非是对科学概念的教育工作。
>
> 因此，众议院在第五十二次俄克拉何马立法会议第一次分会上决定：
>
> 俄克拉何马众议院坚决反对俄克拉何马大学邀请牛津大学的理查德·道金斯来校进行演讲。道金斯关于进化论的公开言论，及其对不相信该理论人士所持的态度，与俄克拉何马州广大市民的观点和意见向左，是对广大市民的冒犯。

汤姆森议员继续宣称，我来进行演讲，是拿了3万美元的出场费，还要以挥霍公众财物为由，对大学工作人员进行惩罚。他这句话等于是抽了自己一个嘴巴，因为我既没有收取，也没有索要一分钱。而且，他提出的法案并没有通过。最令我感到震惊的，是他对我演讲的最大反对意见，在于我所持的进化论思想，“并不被俄克拉何马的广大市民所接受，也不能代表广大市民的思想”。汤姆森议员，请问，您觉得设立大学的目的是什么？

《上帝的错觉》一书中的某些说法，在批评者看来，是野蛮、强硬的，过于激进或带有侮辱性质的。但在我本人看来，却是善意的讽刺，也许有一点点尖刻，却和谩骂或粗鲁的侮辱相去十万八千里。此处为读者呈现一个例子。书中的一段文字指出，罗马天主教，虽自称一神论，却存在多神论倾向。圣母玛利亚是个形同虚设的女神，而吸引人们向其祷告的众多圣徒，都是各有所长的半神半人。我继续写道：

> 教皇约翰·保罗二世所创造出来的圣徒数量，比过往几个世纪所有前任创造圣徒数量的总和还要多，而他对圣母玛利亚也有着特殊的喜好。他对多神论的渴望，在 1981 年罗马刺杀事件中尤为突出地显现了出来。他将自己大难不死的功德，归在了法蒂玛圣母的名下："母性之手，指引了子弹的走向。"听到这里，人们不禁会去想，为什么法蒂玛圣母不将子弹引向别处，令他毫发无伤呢。还有一些人觉得，对他进行了连续 6 个小时手术的外科医生团队，至少也应该发挥了点正面作用。但也许，外科医生的手，也被母性之手所指引。这里要点明的是，在教皇看来，为子弹提供指引的母性之手，不仅仅是圣母的，而且是法蒂玛圣母的。很可能，我们的卢尔德圣母、瓜达卢普圣母、默主哥耶圣母、秋田圣母、泽图恩圣母、伽拿班度圣母和诺克圣母，当时都在忙其他的事情。

这样说，可能有点讽刺的味道，但总不至于被扣上"咄咄逼人"的高帽吧？而且也肯定不是"污言秽语综合征"的症状。我觉得，这样的讽刺是合理的，而且还很好笑，但没想到，这样的说法令天主教徒感觉受到了莫大的污辱，就连前途远大、受人尊敬的非宗教信徒，文化评论家兼活动家梅尔文·布莱格，都对此颇有微词。我认为，这些言论之所以会引发谴责，是因为我们一直秉承着"宗教不可批评"的传统，就连上文中温和的嘲笑都要予以禁止。道格拉斯·亚当斯曾在《上帝的错觉》一书出版几年之前，在剑桥发表了一次即兴演讲：

> 宗教……的核心，存在某些特定思想，即我们所谓的神圣、

> 庄严等等。这些思想的意思是:“这里有一种思想或观念,对此,你不能说任何坏话。就是不能。为什么不能?因为你不能!”如果有人给你不支持的党派投了票,你可以自由自在地想说什么就说什么;每个人都有自己的态度,没人会因持有态度而感到委屈。如果有人觉得,税收应该上涨或下调,你可以谈天论地地对此进行评论。但另一方面,如果有人说“周六一定不能动电灯开关”,你要说“我尊重你的做法”。
>
> 支持劳动党还是保守党、民主党还是共和党,这种经济学模型还是那种经济学模型,苹果电脑还是 Windows 电脑,为什么我们可以就上述问题自由表态,却不能对宇宙起源、宇宙的创始者等问题阐述自己的观点?……不行,因为这个话题是神圣的?……我们早已习惯不对宗教思想发出挑战,而当道金斯进行挑战时,竟激起了如此强烈的轩然大波,真是很有意思!每个人都变得气急败坏,因为你根本不能说出这些话来。但当你理性地审视这一问题时,会发现,这些思想没有理由不像其他论题那样供人公开交流,只不过我们之间已经达成默契,认为这些话题就是不应该被讨论。

我在《上帝的错觉》平装版序言部分,再次强调了这种双重标准(这段讨论,是围绕着人们常常听到的含糊其辞的说法:“我是无神论者,但是……”;我已经提到过萨尔曼·鲁西迪最近提出的“但是派”这一称谓)。我将自己书中的评论文字,和我们习以为常的剧作批评言论、政治评论,甚至餐厅评论中的野蛮文字进行了对比:“……自从我上小学吃过几只蚯蚓之后,这顿饭是我迄今为止往嘴里放过的最恶心的东西”“……简直就是伦敦最差劲的餐厅,可能在全世界都能排倒数……”

那段关于 8 位天主教圣母的著名文字,出现在《上帝的错觉》第二章。同一章的开篇段落,是令反对者感到最受冒犯的一段,甚至有人因此给我扣上了“反犹太主义”的帽子。关于这一点,我在之前的章节中有所提及。

> 《旧约》中的神，可以说是所有虚构小说类文学作品中最令人不快的人物。他满腹妒忌，还以此为傲；他小肚鸡肠、心态不公正，还是个记仇的控制狂；他报复心强，是个嗜血成性的种族灭绝主义者；他厌恶女人，反对同性恋，种族歧视，滥杀婴儿，种族灭绝，连自己的子女都不放过，还引发瘟疫，妄自尊大，施虐受虐，心肠歹毒、反复无常地欺压良善。

而无论基督教辩护士们多么不喜欢这段文字，其中的每一字，都能找到充分的证据。《圣经》中到处都是例子。我本想在此列出，但很快便意识到，这些作为证据的引述，写满一本书也写不完。讲到此处，我突然灵光一现。这个想法真不错，出一本书！我的朋友丹·巴克（Dan Barker），就是有能力写出这样一本著作的不二人选。我将这个想法转达给他，他二话不说，立刻开始行动。

巴克以前曾是一名传道士。2008 年，他出版了一本著作，题为《无神：基督教福音派传教士是怎样成为全美领袖级无神论者的》。我为他的这本著作写了引言：

> 巴克对《圣经》的了解，可谓细致入微，正如查尔斯·达尔文对甲虫和藤壶的了如指掌。我很高兴，他接受了我的建议，正在撰写另一本著作，对我第二章的开篇言论，从头至尾逐一列出《圣经》原文之中的证据。

基督教辩护士回应称，我们当然知道《旧约》中那些言辞怪异的段落。但《新约》又作何解释呢？的确，我们能从耶稣的教导中，找到一些颇具人文气质的智慧。其中，《山顶布道》讲得如此精彩，真希望能有更多的基督教徒遵从耶稣的教导。但《新约》最核心的传说（公平点说，在这里要负责任的是圣保罗而非耶稣），和亚伯拉罕险些牺牲以撒[①]的创世记传说，同样面

① 在该传说的伊斯兰版本中，此人名为以实玛利。

目可憎。而《新约》的传说，很可能就是从创世记中衍生出来的。我在《上帝的错觉》中对此进行了表述，后来在2009年推出的《地球上最伟大的表演》中，仿效P.G.沃德豪斯的幽默文笔，再次予以说明。出于版权因素的考虑，我不得不将文中的名字改去，不用吉福斯、伯蒂和奥布里·普强（Anbrey Upjohn）教士的原名。普强教士，曾经在学校获得圣经知识大奖赛冠军。

“所有关于因罪孽、救赎和赎罪而死的话题，哈维斯。所有这些话题，还有‘在他的鞭策下我们获得痊愈’的说法。低调点说，我跟老艾普洛克手中那条鞭子也算熟识，所以咱们打开天窗说亮话，我什么时候出现过不正当行为，或是做过坏事，哈维斯？”

“先生，取决于事件的严重性，两种说法中的任意一种都可能是。”

“那么，就像我刚才说的一样，当我进行不正当行为或做坏事时，被逮了个正着，我能指望这个报应会直接砸到沃夫特的屁股上，而不会落到某个无辜倒霉蛋的头上，是不是这样？”

“当然了，先生。替罪羊原则，一直在道德上和法理上存在合法性的疑点。现代刑罚理论，对报应的思想持怀疑态度，就算犯罪分子本人遭到惩罚，也是一样。相应来讲，对无辜替罪者实施的无端惩罚，很难证明其正确性。很高兴听到你获得了恰当的惩戒，先生。”

“的确，哈维斯。”

“实在抱歉，先生，我不是想……”

“够了，哈维斯。这里不是地牢。没人记仇。我们沃夫特家族的人，知道何时应该放下介怀向前看。而且不仅如此，我还没讲完呢。刚才说到哪了？”

“您的演讲刚刚触及代理惩罚的不公正性，先生。”

“是的，哈维斯，你说得很对。不公正是对的。不公正的说法一语中的，余音绕梁三日。而且还不止如此。现在，请像美洲狮一样敏捷地跟随我的思路。耶稣是神，我说的对吗？”

“根据早期教堂神父所宣扬的三位一体教旨，耶稣是三一神的第二人。”

“和我想的一样。那么，神，同样一位神，创造了世界，造就了丰沛的精神世界，供人们在其中徜徉，并将爱因斯坦搁置在了浅水滩。这位全能的、无所不知的神，万事万物的创世主，对这尊锁骨之上的头颅，这智慧和力量的源泉，一开一合。难道，他就不能想出一种更好的方式，原谅我们的罪孽，而非将自己置于地方警察的境地，还要让自己的身形出现在面包片上。哈维斯，请回答我这个问题。如果神想要饶恕我们，为什么不饶恕我们呢？为什么要让我们受折磨？为什么要有鞭子、蝎子、钉子和永世不得超生的痛苦？为什么不简简单单地饶恕我们呢？试着回答这个问题吧，哈维斯。”

“的确，先生，您超越了您自己的高度。这段话说得精准到位。若恕我直言，您还可以将话题继续引申。根据传统神学文献中许多高水平段落的分析来看，耶稣所赎的最主要罪孽，就是亚当的原罪。”

“糟糕，哈维斯，你说的没错。我记得曾对某些狂热人士说过同样的道理。事实上，我认为，正是这种说法，让天平朝向我这一方倾斜，还为我赢得了圣经知识比赛的大奖。但还是请你继续，哈维斯，你的话令我产生了某种奇特的兴趣。亚当的原罪是什么？我想，他一定是犯下了某种后果不堪设想的大事，是在精心策划之后，对地狱的基础都造成动摇的大案？”

“传统解释认为，他在吃苹果时被逮到了，先生。”

“偷吃？就这样？这就是耶稣根据选择，必须偿赎的原罪？我曾听说过以眼还眼，以牙还牙，但仅因为偷吃就被钉上了十字架？哈维斯，你喝酒了。这些话不是认真的吧？”

“创世记并没有认定被偷窃食物的具体品种，先生，但传统解释一直认为，是一个苹果。但是，这一思想来自学术派，因为现代科学告诉我们，亚当实际上并没有存在过，因此也就不存在犯下原罪一说了。”

“哈维斯，这话说得有味道。本来耶稣为救赎其他人的原罪而受折磨，就够惨的了。而现在你告诉我，他救赎的人，只有一个，岂不更惨。更有甚者，这个被救之人犯下的过错，不过是尝了一口苹果的味道。简直惨到极点。现在你又告诉我，这个可恶的家伙一开始就不存在。哈维斯，我脑子不灵光，但就连我都能想明白，这是通篇疯话。”

“我自己不敢冒用这样的修饰语，先生。但您刚才讲出了很多内容。若能稍作缓解，我想提一下，现代神学家认为，亚当的故事以及他的原罪，并非字面意义，而是一种象征。”

“象征，哈维斯？象征？但鞭子可不是象征。十字架上的钉子可不是象征。哈维斯，如果我在奥布里神父的研究中，尽力配合，称自己做过的所谓不正当行为或坏事，都只不过是象征的，你认为他会怎么说？”

“我能想象，他这样一位上师，会用宽容的怀疑主义态度，去面对您的辩护诉求的，先生。”

“你是正确的，哈维斯。奥普洛克是块滚刀肉。我现在依然能感觉到潮湿天气引起的刺痛。但是，可能我没有将象征主义的要点与核心串联起来？”

“先生，可能有些人会认为您所做的判断略显仓促。神学家可能会断言，亚当的象征性原罪，并不能轻易忽视，因为这份原罪所象征的，正是人类的所有罪孽，包括那些尚未犯下的罪孽。”

“哈维斯，这简直就是胡说。‘尚未犯下的罪孽？’请允许我将你的思路带回到那宣判命运的场景之中。假设，我带着十足的优越感说：‘校长，您在宣判我那六大罪名时，能允许我请求您再多判六条，这些罪名包括所有其他的坏事和过失，而我不保证在无限未来的任何时间段犯下或不犯下这些罪名。哦，还请将所有这些未来的坏事，无论是我犯下的还是我的同伴犯下的，都一并算到我头上。’哈维斯，这根本说不通。没办法引起我的共鸣。”

“我也倾向于同意您的意见，先生，如果您能接纳我的想法。现在，先生，劳驾了。我想要继续用这些基督教饰品来装点房间，准备迎接圣诞节的到来。”

《旧约》和《新约》之中，都包括一些优秀的段落，也能找到一些内容恶劣的段落。但是，在对段落是好是坏的甄别上，还是需要有一定的指标。为了避免自说自话，这一标准必须摘自经文之外。我们很难将道德主要指标的来源搞清楚，但很明显，这些指标都存在于我所称的“不断变化的道德思潮”之中。如今，我们都是21世纪的道德论者，无一例外地秉承着21世纪的价值观。就连最先进、最进步的19世纪思想家，比如托马斯·亨利·赫胥黎、查尔斯·达尔文和亚伯拉罕·林肯等人，如果他们亲自现身于当代的某个晚宴或网络聊天室，都会因他们所持的种族歧视和性别歧视态度而令我们瞠目结舌。赫胥黎和林肯都想当然地认为，黑人是下等人，美国的开国元勋中，许多人都有奴隶。全世界大多数民主国家，直到20世纪20年代，才开始为女性赋予选举权，法国是1944年，意大利是1946年，希腊是1952年，而瑞士直到1971年才最终通过。对女性选举权的反对之声，包括许多令人难以置信的说法：“没这个必要，因为女人反正要跟她们的丈夫投同样的票。”道德风潮不可抗拒地朝向一个方向奔涌而去，而结果就是，19世纪最进步的思想家，在面对21世纪最落后的思想家时，也会相形见绌。正是根据21世纪的文明对话标准，我们对《圣经》进行摘取，决定哪些段落是不好的，哪些是好的。由于我们已经认可这种摘取的标准，那为什么还要在寻求道德指导时，以《圣经》为依据呢？为什么不抛开经文这个二道贩子，而直接看看我们的时代道德风潮呢？

另一方面，将经文视作文学作品进行阅读，还是存在合理的原因的。因为，就像我在《上帝的错觉》中讲到过的，我们的整个文化与《圣经》密不可分，如果不懂圣经，就听不懂典故，看不懂历史。事实上，我用了两页纸，密密麻麻地写满了从《圣经》上摘录的段落。这些文字都是人们耳熟能详的，但其经文出处，却很少有人知道。虽然我极力反对给孩子们灌输成长环境之中的某种特定宗教传统，但我十分赞成为孩子们普及有关宗教的教育。我不只一次提到过，虽然我们在碰到“存在主义儿童”“后现代主义宝宝”“凯恩斯主义之子”或“货币主义小朋友”之类的说法时，会觉得有些别扭，但我们整个社会，无论是世俗派还是宗教派人士，对于“天主教儿童”或“穆斯林儿童”这类说法，都不会觉得有半点异样。我们需要有意识地反对这类说法，就像女权主义者成功地让人们意识到，“一个男人一张票”这样的说法是不正确的一样。在此恳求读者，请不要再说天主教儿童、基督教儿童或穆斯林儿童之类的话。而是将这些孩子称为“天主教父母养育的孩子”或“穆斯林父母养育的孩子”。人口统计学上的计算,总是能得出某些危言耸听的结论，比如“截至哪年，法国人口中穆斯林就会占多数”。这样的说法，完全是建立在不合理的假设上。这些假设认为，孩子会自动传承父母所信仰的宗教。

有一个问题，自从我出版《上帝的错觉》之后，经常有人提到。这个问题就是，我们在与宗教界人士发生争论时，是否应持有一种调解和“妥协”的态度，还是完全直言不讳。之前，在讲到由劳伦斯·克劳斯和尼尔·泰森公开向我提出问题时，曾讲到过这一点。我想，上述两种方法，都能发挥作用，但要看针对什么样的听众。我曾听过一场精彩演讲，题目是《别做混蛋》。演讲者向观众提问:“如果有人说你是大傻子，你会或多或少地被他们的观点所说服吗？”提出问题之后，演讲者请观众以举手的方式示意。可以想见，基本上没有人举手。但是，这位演讲者其实可以问出另一个问题:“如果你是第三方，处于中立位置，听着两个人之间的争论，其中一人认为另一人是个大傻子，而且给出了恰当的理由，那么这样的偏见，是否会让你偏袒其中一方或另一方？”我希望自己永远不要因针对个人的侮辱而屈服，但我的确觉得，幽默或讽刺的手法，是一种强有力的武器。这种武器，必须一矢中的。美国有一部充满讽刺意味的动画片，名叫《南方公园》。其中有一集，还把我稍带了进去。这一集动画片中，有一半的内容是精准到位的讽刺“连环炮”（讲述了未来的一个世纪，无神论“运动”分裂成几个彼此敌对的派系），另一半内容并没有针对任何目标，所以从哪个角度讲都不能称之为讽刺（我的卡通形象在骚扰一位秃顶的变性人）。

如果《上帝的错觉》这部著作中的段落，能被敏感的读者理解成为带有强烈评论语气，而实际上并非“咄咄逼人”，那么，这本书从头到尾都称得上彬彬有礼。最后一部分题为《穆斯林面纱的母亲》，是一种扩展的比喻手法。穆斯林面纱上那一条令人生困窘不堪的细缝，代表着前科学世界观的狭隘。我继续讲到了展开面纱的各种方法，以及由此提升生命质量和幸福程度的可能性。举例来说，科学，通过展示出我们人类的感官系统只能觉察到电磁频谱中的一小部分，就可以将面纱展开。

这本著作的开篇，是一段怀旧的故事。其中讲到我中学时期的一位牧师。他年少时，一次，躺在草地上，将脸埋在茵茵绿草中，突然之间有了一种顿悟，决定将宗教作为毕生跋涉的道路。“一刹那，草地上那片微观小森林便迅速膨胀起来，变成了一个大大的宇宙，任由这位专心致志的少年沉思默想。”我对于他的顿悟，充满尊重之情，并说道：“在另一个时间和地点，这位少年，可能就是站在星空之下的我，因猎户座、仙后座和大熊座的灿烂群星而意乱神迷，因银河这首无声的旋律而满眼热泪，因非洲花园中盛开的鸡蛋花和喇叭花在夜晚散发出的幽香而头晕目眩。”

之所以提到大熊星座，是因为当时想起了记忆中的一首诗。这首诗的作者，正是少女时代的母亲。诗中的最后一段，是这样写的：

头朝下的大熊，站在天际
熊掌，搭在苹果树的枝干里
幽暗之下，有着更加幽暗的天空做底
树枝在风中摇曳，轻轻拍击

那微弱的声响，孤独而凄离
融在暮色中那空旷的黑暗里

开篇章节的最后一段，还是那令人感到温暖的怀旧情绪。其中讲到，我们上学时，总是想办法在牧师上课时打岔，让他给我们讲他在战时当兵的故事。我还以牧师的名义，引用了贝杰曼那首充满柔情的诗歌《我们的牧师》。

我们的牧师，是一位老飞行员
如今已与翅膀无缘
但教区花园的旗杆依然直指苍天
迎接着神明的垂爱顾盼

我的著作出版之后，很高兴地看到同一所学校毕业的一位老校友，给我的网站发来一首小诗：

我认识你的那位牧师飞行员
因为他正是我的舍监
你全盘接受他的自由观点
而我，则将他的漂亮女儿拥在胸前

不管英国私立学校教育有多少问题，看到有奥多的校友写出这样的东西，起码说明，就这所学校而言，还是颇有可取之处的。

永恒存于文字里

如今要画上句号了，还是从提笔的地方讲起。那是我70岁生日那天，拉拉为我举办了一场盛大的生日宴会，来宾多达百人，地点在新学院大礼堂。合唱团唱起了勾人乡愁的歌曲，拉拉亲自登台致辞，然后是我的明星学生兼后来的导师艾伦·格拉芬，之后还有英国前任驻日本大使、现任剑桥大学丘吉尔学院院长约翰·博伊德爵士。所有人讲完之后，我自己登台，讲了几句话。千言万语，都凝结在了一首小诗里（其实就是几段文字，我觉得自己这番话，还不配称为诗歌）。我将这段诗文，献给豪斯曼，献给《赞美诗》，献给乔治·盖希文，献给英国板球大赛，献给莎士比亚、G.K. 彻斯特顿、安德鲁·马维尔、迪伦·托马斯和济慈。

二十乘三再加十
人逢七十古来稀
七十年来走一遭
岁月凝于故事里
若将风声作鹤唳
轻信古代经文集
拍着胸脯告诉你
我才不信那东西
抛开玄虚与神秘
相信真实和统计
圣经又老又离奇
权威地位应怀疑
张弓射箭去攻击
童叟不可轻相欺
不达目标不放弃
到老也要尽努力
直到生命目的地
永不回头永不离
岁月如梭如飞翼
送我躺在棺材里
不是时候叙别离
人生尚未达目的
新的彩虹待解析
永恒存于文字里

Brief Candle in the Dark

My Life in Science

图片致谢

Every effort has been made to trace copyright holders, but any who have been overlooked are invited to get in touch with the publishers.

Credits read from top left clockwise on double-page spreads.

Section one

Sir Peter Medawar: © Godfrey Argent Studio; Nikolaas Tinbergen: courtesy Lary Shaffer; Douglas Adams: © LFI/Photoshot; Carl Sagan, *c*. 1984: NASA/Cosmos; David Attenborough and RD: © Alastair Thain; John Maynard Smith: courtesy the University of Sussex; Bill Hamilton: photo courtesy Marian Dawkins

Cutting from the *Gainesville Sun*, 11 May 1979: courtesy Jane Brockmann; view of the Smithsonian Tropical Research Center, Panama, 1977: © STRI; Michael Robinson; Fritz Vollrath: photos supplied by the author; *Sphex ichneumoneus*: courtesy Jane Brockmann

Schlosshotel, Kronberg: © imageBROKER/Alamy; Karl Popper, 1989: IMAGNO/Votava/TopFoto; first meeting of the Human Behavior and Evolution Society, Evanston, Illinois,

August 1989: courtesy Professor Edward O. Wilson; RD at Melbu, 1989: photo by Tone Brevik courtesy Nordland Akademi, Melbu; Betty Pettersen, 1992: courtesy Nordland Akademi, Melbu; general view of Melbu: photo Odd Johan Forsnes courtesy Nordland Akademi, Melbu; Jim Lovell and Alexei Leonov; Starmus conference, June 2011: both © Max Alexander; spaceman drawing: STARMUS courtesy Garik Israelien

RD and Neil DeGrasse Tyson, Howard University, September 2010: Bruce F Press, Bruce F Press Photography; RD and Lawrence Krauss: photo supplied by the author

Section two

RD and Lalla, 1992: © Norman McBeath; RD and the Archbishop of Canterbury, Rowan Williams, Oxford, February 2012: Andrew Winning/Reuters/Corbis; Robert Winston and RD, Cheltenham Literature Festival, October 2006: © Retna/Photoshot; RD and Joan Bakewell, Hay Festival, May 2014: © Keith Morris News/Alamy; RD at a book-signing: Mark Coggins

Alan Grafen and Bill Hamilton at the Great Annual Punt Race, mid-1970s: both courtesy Marian Dawkins; RD, Francis Crick, Lalla, Richard Gregory, Oxford, early 1990s: photo by Odile Crick supplied by the author; RD having received an honorary degree from Richard Attenborough, University of Sussex, July 2005: photo courtesy the author; Mark Ridley, *c.* 1978: courtesy Marian Dawkins; Great Annual Punt Race, *c.* 1976: photo Richard Brown

Royal Institution Christmas Lectures, London 1991 and Japan 1992, left-hand page: all stills from *Growing Up in the Universe*;, right-hand page: all © The Yomiuri Shimbun

RD in front of the Triton: courtesy Edith Widder; Raja Ampat, Indonesia: ©Images & Stories/Alamy; RD in a canoe: photo lan Kellet supplied by the author; RD on Heron Island: photo supplied by the author; Heron Island, Great Barrier Reef © Hilke Maunder/Alamy; Edith Widder in Triton; RD, Mark Taylor and Tsunemi Kubodera in Triton; giant squid: all courtesy Edith Widder

Paternal clan chart (slightly amended): © Oxford Ancestors; RD and James Dawkins: photo supplied by the author

Section three

Commander Gennady Padkalka (top), Charles Simonyi (centre) and Flight Engineer Michael R. Barratt on Expedition 19 launch day in Kazakhstan, March 2009: NASA/Bill Ingalls; Charles Simonyi at home in Seattle, *c.* 1997: © Adam

Weiss/Corbis; Martin Rees, Astronomer Royal, May 2009: © Jeff Morgan 12/ Alamy; Richard Leakey in Kenya, January 1994: David O'Neill/Associated Newspapers/Rex; Paul Nurse, October 2004: © J. M. Garcia/epa/Corbis; Harry Kroto, 2004: Nick Cunard/Rex; Carolyn Porco presenting the first images transmitted from the spacecraft Cassini at a news conference in Pasadena, July 2004: Reuters/Robert Galbraith; Steven Pinker, 1997; Jared Diamond, Aspen, Colorado, February 2010: © Lynn Goldsmith/Corbis; Daniel Dennett, Hay Festival, May 2013: © D. Legakis/Alamy; Richard Gregory: Martin Haswell

Enemies of Reason team; Tim Cragg and Adam Prescod filming *Genius of Charles Darwin*: both courtesy ClearStory; RD at the Wailing Wall, Jerusalem; RD, Lourdes: both Tim Cragg, *Root of All Evil*; RD and gorilla: Tim Cragg, *Genius of Charles Darwin*; RD and Russell Barnes, *Faith Schools Menace*: courtesy ClearStory

RD in a junkyard: photo courtesy author; Daniel Dennett, Sue Blackmore and RD at Memelab, Devon, 2012; making Chinese junks at Memelab: both photos by Adam Hart-Davis, courtesy Sue Blackmore; chair covers and Lalla with cube: all supplied by the author; RD at home, 1991: Hyde/Rex

70th birthday dinner, New College, 2011: photo Sarah Kettlewell

Brief Candle in the Dark

My Life in Science

译者后记

熟悉理查德·道金斯的读者，应该都是从《自私的基因》开始的，我也不例外。作为具有颠覆意义的演化生物学家、坚定的达尔文主义适应论者、无神论四大骑士之一，在动手翻译本书之前，道金斯给我的感觉是博学的、雄辩的、好战的。而在我完成本书的翻译之后，我才算真正走进了这位当代最伟大的思想家。原来他是那样多情、诗意、温暖、与人为善。

道金斯出身典型的英国贵族阶层，父辈均在政府机构任职，且家族有多位长辈在牛津就读。在这部温暖的自传中，道金斯回忆了对他影响颇深的众多长辈，包括身为无线电工程师的外祖父、植物学家的父亲、统计学家的叔父，拥有艺术天赋的母亲等。与长辈之间的温情故事，读之令人动容。

道金斯在自传中透露了很多鲜为人知的故事：与我们印象中的大科学家不同，道金斯本人十分多才多艺，酷爱诗歌、朗诵和音乐，精通乐器。他的妻子拉拉，曾经是红极一时的演艺明星，20 世纪 80 年代英国家喻户晓的热播剧《神秘博士》的女主角。道金斯是在参加著名作家道格拉斯·亚当斯的生日宴会时与妻子相遇的，也是一段佳话。

道金斯的朋友圈，也显示出让人震惊的一面。丹尼尔·丹尼特、史蒂芬·平克、贾雷德·戴蒙德都是其座上宾。除了著名学者之外，道金斯也有诸多“圈外”好友，他是“第三种文化”的倡导者和实践者，用他的话说，他的家庭宴会，就是“第三种文化”的典型聚会。在他 70 岁寿宴之时，现场云集了上百位大咖，真可谓众星云集，星光熠熠。

阅读一个人的自传，就仿佛经历了他的一生。道金斯用他的诚恳、真挚和热情，感动了我。我也希望，我的翻译，能感动到你——亲爱的读者!

在本书的翻译过程中，我得到了许多人的帮助和指导。尤其要感谢湛庐文化简学老师的耐心和支持。还要感谢狄雅、丁志义、付雪、李知博、刘玉、刘月、隋亚男、王婷、徐爱迪、徐畔、张英杰等人的帮助。在此一并致谢。

湛庐，与思想有关……

如何阅读商业图书

商业图书与其他类型的图书，由于阅读目的和方式的不同，因此有其特定的阅读原则和阅读方法，先从一本书开始尝试，再熟练应用。

阅读原则1 二八原则

对商业图书来说，80%的精华价值可能仅占20%的页码。要根据自己的阅读能力，进行阅读时间的分配。

阅读原则2 集中优势精力原则

在一个特定的时间段内，集中突破20%的精华内容。也可以在一个时间段内，集中攻克一个主题的阅读。

阅读原则3 递进原则

高效率的阅读并不一定要按照页码顺序展开，可以挑选自己感兴趣的部分阅读，再从兴趣点扩展到其他部分。阅读商业图书切忌贪多，从一个小主题开始，先培养自己的阅读能力，了解文字风格、观点阐述以及案例描述的方法，目的在于对方法的掌握，这才是最重要的。

阅读原则4 好为人师原则

在朋友圈中主导、控制话题，引导话题向自己设计的方向去发展，可以让读书收获更加扎实、实用、有效。

阅读方法与阅读习惯的养成

（1）回想。阅读商业图书常常不会一口气读完，第二次拿起书时，至少用15分钟回想上次阅读的内容，不要翻看，实在想不起来再翻看。严格训练自己，一定要回想，坚持50次，会逐渐养成习惯。

（2）做笔记。不要试图让笔记具有很强的逻辑性和系统性，不需要有深刻的见解和思想，只要是文字，就是对大脑的锻炼。在空白处多写多画，随笔、符号、涂色、书签、便签、折页，甚至拆书都可以。

（3）读后感和PPT。坚持写读后感可以大幅度提高阅读能力，做PPT可以提高逻辑分析能力。从写读后感开始，写上5篇以后，再尝试做PPT。连续做上5个PPT，再重复写三次读后感。如此坚持，阅读能力将会大幅度提高。

（4）思想的超越。要养成上述阅读习惯，通常需要6个月的严格训练，至少完成4本书的阅读。你会慢慢发现，自己的思想开始跳脱出来，开始有了超越作者的感觉。比拟作者、超越作者、试图凌驾于作者之上思考问题，是阅读能力提高的必然结果。

好的方法其实很简单，难就难在执行。需要毅力、执著、长期的坚持，从而养成习惯。用心学习，就会得到心的改变、思想的改变。阅读，与思想有关。

[特别感谢：营销及销售行为专家 孙路弘 智慧支持！]

我们出版的所有图书，封底和前勒口都有“湛庐文化”的标志

并归于两个品牌

找“小红帽”

为了便于读者在浩如烟海的书架陈列中清楚地找到湛庐，我们在每本图书的封面左上角，以及书脊上部47mm处，以红色作为标记——称之为**“小红帽”**。同时，封面左上角标记**“湛庐文化Slogan”**，书脊上标记**“湛庐文化Logo”**，且下方标注图书所属品牌。

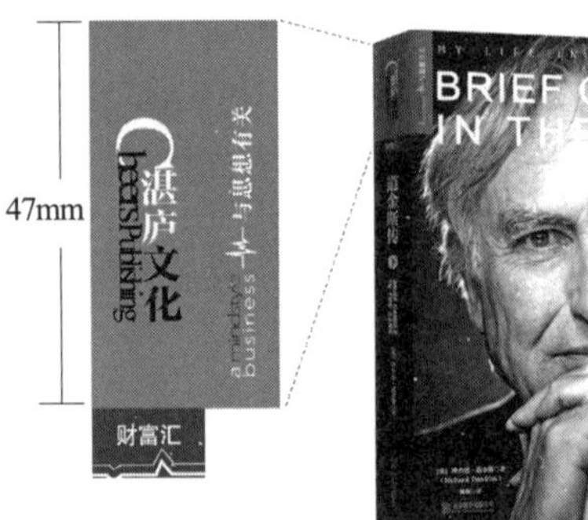

湛庐文化主力打造两个品牌：**财富汇**，致力于为商界人士提供国内外优秀的经济管理类图书；**心视界**，旨在通过心理学大师、心灵导师的专业指导为读者提供改善生活和心境的通路。

阅读的最大成本

读者在选购图书的时候，往往把成本支出的焦点放在书价上，其实不然。

时间才是读者付出的最大阅读成本。

阅读的时间成本=选择花费的时间+阅读花费的时间+误读浪费的时间

湛庐希望成为一个“与思想有关”的组织，成为中国与世界思想交汇的聚集地。通过我们的工作和努力，潜移默化地改变中国人、商业组织的思维方式，与世界先进的理念接轨，帮助国内的企业和经理人，融入世界，这是我们的使命和价值。

我们知道，这项工作就像跑马拉松，是极其漫长和艰苦的。但是我们有决心和毅力去不断推动，在朝着我们目标前进的道路上，所有人都是同行者和推动者。希望更多的专家、学者、读者一起来加入我们的队伍，在当下改变未来。

湛庐文化获奖书目

《大数据时代》

国家图书馆“第九届文津奖”十本获奖图书之一

CCTV“2013中国好书”25本获奖图书之一

《光明日报》2013年度《光明书榜》入选图书

《第一财经日报》2013年第一财经金融价值榜“推荐财经图书奖”

2013年度和讯华文财经图书大奖

2013亚马逊年度图书排行榜经济管理类图书榜首

《中国企业家》年度好书经管类TOP10

《创业家》“5年来最值得创业者读的10本书”

《商学院》“2013经理人阅读趣味年报•科技和社会发展趋势类最受关注图书”

《中国新闻出版报》2013年度好书20本之一

2013百道网•中国好书榜•财经类TOP100榜首

2013蓝狮子•腾讯文学十大最佳商业图书和最受欢迎的数字阅读出版物

2013京东经管图书年度畅销榜上榜图书，综合排名第一，经济类榜榜首

《牛奶可乐经济学》

国家图书馆“第四届文津奖”十本获奖图书之一

搜狐、《第一财经日报》2008年十本最佳商业图书

《影响力》（经典版）

《商学院》“2013经理人阅读趣味年报•心理学和行为科学类最受关注图书”

2013亚马逊年度图书分类榜心理励志图书第八名

《财富》鼎力推荐的75本商业必读书之一

《人人时代》（原名《未来是湿的》）

CCTV《子午书简》•《中国图书商报》2009年度最值得一读的30本好书之“年度最佳财经图书”

《第一财经周刊》• 蓝狮子读书会•新浪网2009年度十佳商业图书TOP5

《认知盈余》

《商学院》“2013经理人阅读趣味年报•科技和社会发展趋势类最受关注图书”

2011年度和讯华文财经图书大奖

《大而不倒》

《金融时报》• 高盛2010年度最佳商业图书入选作品

美国《外交政策》杂志评选的全球思想家正在阅读的20本书之一

蓝狮子•新浪2010年度十大最佳商业图书，《智囊悦读》2010年度十大最具价值经管图书

《第一大亨》

普利策传记奖，美国国家图书奖

2013中国好书榜•财经类TOP100

《真实的幸福》

《第一财经周刊》2014年度商业图书TOP10

《职场》2010年度最具阅读价值的10本职场书籍

《星际穿越》

2015年全国优秀科普作品三等奖

《翻转课堂的可汗学院》

《中国教师报》2014年度“影响教师的100本书”TOP10

《第一财经周刊》2014年度商业图书TOP10

湛庐文化获奖书目

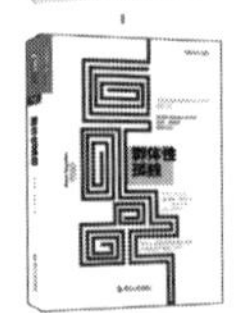

《爱哭鬼小隼》
国家图书馆“第九届文津奖”十本获奖图书之一
《新京报》2013年度童书
《中国教育报》2013年度教师推荐的10大童书
新阅读研究所“2013年度最佳童书”

《群体性孤独》
国家图书馆“第十届文津奖”十本获奖图书之一
2014“腾讯网•啖书局”TMT十大最佳图书

《用心教养》
国家新闻出版广电总局2014年度“大众喜爱的50种图书”生活与科普类TOP6

《正能量》
《新智囊》2012年经管类十大图书，京东2012好书榜年度新书

《正义之心》
《第一财经周刊》2014年度商业图书TOP10

《神话的力量》
《心理月刊》2011年度最佳图书奖

《当音乐停止之后》
《中欧商业评论》2014年度经管好书榜•经济金融类

《富足》
《哈佛商业评论》2015年最值得读的八本好书
2014“腾讯网•啖书局”TMT十大最佳图书

《稀缺》
《第一财经周刊》2014年度商业图书TOP10
《中欧商业评论》2014年度经管好书榜•企业管理类

《大爆炸式创新》
《中欧商业评论》2014年度经管好书榜•企业管理类

《技术的本质》
2014“腾讯网•啖书局”TMT十大最佳图书

《社交网络改变世界》
新华网、中国出版传媒2013年度中国影响力图书

《孵化Twitter》
2013年11月亚马逊（美国）月度最佳图书
《第一财经周刊》2014年度商业图书TOP10

《谁是谷歌想要的人才？》
《出版商务周报》2013年度风云图书•励志类上榜书籍

《卡普新生儿安抚法》（最快乐的宝宝1•0~1岁）
2013新浪“养育有道”年度论坛养育类图书推荐奖

延伸阅读

《语言本能》

◎ 当代最伟大思想家、世界顶尖语言学家和认知心理学家史蒂芬平克扛鼎之作；

◎“语言与人性”四部曲之一；

◎ 一扇了解语言器官、破解语法基因、进入人类心智的大门；

◎ 一些令人信服、生动有趣的例证，一场常识对谬论的彻底胜利。

扫码直达本书购买链接

《思想本质：语言是洞察人类天性之窗》

◎ 一扇进入人类心智的窗户；

◎ 一次针对语言与思想之间的关系最深刻的论述；

◎ 一场思想之本质的探索之旅。

扫码直达本书购买链接

《心智探奇》

◎ 当代最伟大思想家、世界顶尖语言学家和认知心理学家史蒂芬平克扛鼎之作；

◎“语言与人性”四部曲之一；

◎ 权威解答“什么是智能”这一深刻问题，破解机器人难题；

◎ 详细剖析心智的四大能力，权威解读“心智如何工作”；

◎ 一扇窥视人类心智活动神奇与奥秘的窗户，一场探索心智本质的奇幻之旅。

扫码直达本书购买链接

《超级合作者》

◎ 哈佛大学数学与生物学教授，进化动力学中心主任马丁·诺瓦克权威作品；

◎ 一部洞悉人类社会与行为的里程碑式科普著作；

◎ 合作是继突变和自然选择之后的第 3 个进化原则。

扫码直达本书购买链接

图书在版编目（CIP）数据

道金斯传（全2册）/（英）道金斯著；魏薇译. —北京：北京联合出版公司, 2016.5

ISBN 978-7-5502-7515-7

Ⅰ.①道… Ⅱ.①道… ②魏… Ⅲ.①道金斯，R.—自传 Ⅳ.①K835.616.15

中国版本图书馆CIP数据核字（2016）第069370号

著作权合同登记号

图字：01-2016-2142

上架指导：社会科学／人物传记

本书法律顾问　北京市盈科律师事务所　崔爽律师

张雅琴律师

道金斯传（全2册）

作　　者：[英] 理查德·道金斯

译　　者：魏　薇

选题策划：湛庐文化 Cheers Publishing 简　学

责任编辑：李　征　宋延涛

封面设计：门乃婷工作室 Tel:010-64822410

版式设计：湛庐文化 Cheers Publishing 李新泉

北京联合出版公司出版

（北京市西城区德外大街 83 号楼 9 层　100088）

北京鹏润伟业印刷有限公司印刷　新华书店经销

字数 626 千字　720 毫米 ×965 毫米　1/16　46.25 印张　28 插页

2016 年 6 月第 1 版　2016 年 6 月第 1 次印刷

ISBN 978-7-5502-7515-7

定价：169.90 元（全 2 册）